Sachkundenachweis
Pflanzenschutz

Sachkundenachweis Pflanzenschutz

Ackerbau, Gartenbau, Obstbau, Weinbau, Zierpflanzenbau

Lehrgangs- und Unterrichtsunterlage
für Anwender und Abgebende

Bearbeitet von Peter Harmuth

Unter Mitarbeit von H.-H. Kassemeyer,
F. Merz, H.-G. Michel,
M. Reinhard, K. Schmidt, G. Schruft, P. Titzmann,
K. Wagner, P. Wohlfahrt

59 Abbildungen
39 Tabellen

E.U.
VERLAG
EUGEN
ULMER

CIP-Titelaufnahme der Deutschen Bibliothek

Harmuth, Peter:
Sachkundenachweis Pflanzenschutz
Peter Harmuth.
Stuttgart: Ulmer, 1990
ISBN 3-8001-1073-3

Wollgrasweg 41, 7000 Stuttgart 70 (Hohenheim)
Printed in Germany
Einbandgestaltung: Alfred Krugmann, Freiberg am Neckar
Lektorat: Werner Baumeister
Herstellung: Otmar Schwerdt
Gesamtherstellung: Wilhelm Röck, Weinsberg

Vorwort

Das Inkrafttreten des neuen Pflanzenschutzgesetzes zum 1. Januar 1987 hat, wie beabsichtigt, vielfältige Änderungen und Auswirkungen auf dem Gebiet des Pflanzenschutzes zur Folge. Das Gesetz bezweckt insbesondere die Abwehr von Gefahren, die durch die Anwendung von Pflanzenschutzmitteln oder durch andere Pflanzenschutzmaßnahmen für die Gesundheit von Mensch und Tier und für den Naturhaushalt entstehen können. Wer im Pflanzenschutzmittelverkauf tätig ist oder Pflanzenschutzmittel anwendet, muß daher die dafür erforderlichen fachlichen Kenntnisse bzw. Fertigkeiten besitzen, er muß im Pflanzenschutz sachkundig sein.

Die Sachkunde kann im Rahmen der Ausbildung in einem Beruf des Agrar- oder des Einzelhandelsbereiches erworben werden sowie bei besonderen Schulungen und Kursen. Letztere werden von der Landwirtschaftsverwaltung, Ausbildungseinrichtungen und Privatorganisationen durchgeführt. In dem vorliegenden Buch sind die wichtigsten Grundlagen zum Erwerb der Sachkunde zusammengefaßt. Neben dem allgemeingültigen Lehrstoff sind in den Spezialanhängen zum Acker-, Garten-, Obst-, Wein- und Zierpflanzenbau bereichstypische Beispiele, Ergänzungen und Anmerkungen zusammengetragen.

Das Buch soll primär den in der Ausbildung Stehenden und den Anwendern oder Abgebern von Pflanzenschutzmitteln, die die Sachkunde nachzuholen haben, als Lern- und Unterrichtsvorlage dienen; aber auch den bereits Berufserfahrenen bei der Wissenserweiterung und -festigung hilfreich sein.

Das Buch wurde von einem Autorenteam, bestehend aus Mitarbeitern der Landesanstalt für Pflanzenschutz Stuttgart und des Staatlichen Weinbauinstituts Freiburg, zusammengestellt.

Stuttgart, Frühjahr 1990 P. Harmuth

Die Mitarbeiter an diesem Werk

Landesanstalt für Pflanzenschutz, Stuttgart:
Dr. Peter Harmuth
Dr. Friedrich Merz
Dipl.-Ing. (FH) Hans Günter Michel
Dipl.-Ing. agr. Maria Reinhard
Dipl.-Ing. Klaus Schmidt
Dipl.-Ing. (FH) Petra Titzmann
Dr. Karl Wagner

Staatliches Weinbauinstitut Freiburg:
Dr. Hanns-Heinz Kassemeyer
Dr. Günter Schruft
Peter Wohlfahrt

Inhaltsverzeichnis

Allgemeiner Teil

1 Sachkunde im Pflanzenschutz

Der Umgang mit Pflanzenschutzmitteln erfordert besondere Vorsicht und ein ausgeprägtes Verantwortungsbewußtsein, denn Pflanzenschutzmittel können wie alle anderen Chemikalien bei nicht vorschriftsmäßiger Verwendung umweltbelastend sein und in vielfältiger Weise ein Gefährdungspotential darstellen. Seit dem 1. Juli 1988 müssen daher gewerbs- oder berufsmäßige Anwender aus dem Agrarbereich und Verkäufer von Pflanzenschutzmitteln auf Grund rechtlicher Vorschriften bestimmte persönliche Anforderungen erfüllen und die erforderliche Sachkunde besitzen. Ein Nachweis über die Sachkunde kann von den zuständigen Behörden (z. B. Landwirtschaftsämtern) gefordert werden. Diese können das Ausbringen und den Verkauf von Pflanzenschutzmitteln ganz oder teilweise untersagen, wenn der Nachweis nicht erbracht werden kann, daß die fachlichen Kenntnisse bei Verkäufern und Anwendern sowie notwendige Fertigkeiten bei Anwendern vorliegen.

Das Pflanzenschutzgesetz, die Pflanzenschutz-Sachkundeverordnung sowie landesrechtliche Vorschriften bestimmen Art, Umfang und Inhalte der Sachkunde, die Prüfungsvoraussetzungen, die Möglichkeiten für die Anerkennung der erworbenen Sachkunde im Rahmen der Ausbildung in einem Agrar- bzw. nahe verwandten Beruf[1] oder im verkäuferischen Tätigkeitsbereich[2] sowie im Bereich der Fort- oder Weiterbildung. Für diejenigen, die einen Nachweis für die Sachkunde (z. B. Abschlußzeugnis im Ausbildungsberuf, Fortbildungsmaßnahme) noch nicht erlangt haben, bietet die Landwirtschaftsverwaltung Kurse mit anschließender Prüfung an. Es ist beabsichtigt, durch landesrechtliche Vorschriften festzulegen, nach welcher Übergangsfrist die Erbringung des Nachweises zur Sachkunde obligatorisch sein soll.

Unabhängig von den Nachweisvorschriften muß grundsätzlich jeder, der Pflanzenschutzmittel einsetzt und im Einzelhandel abgibt, sachkundig sein.

[1] bestandene Abschlußprüfung als Landwirt, Gärtner, Winzer, Forstwirt, Pflanzenschutzlaborant, landwirtschaftlicher Laborant, landwirtschaftlich-technischer Assistent, bestandene Abschlußprüfung zum Fachagrarwirt Landtechnik oder abgeschlossenes Hochschulstudium in Agrar-, Gartenbau- oder Forstwissenschaften.

[2] Approbation als Apotheker oder pharmazeutisch-technischer Assistent.

2 Geschichte und Bedeutung des Pflanzenschutzes

2.1 Geschichte des Pflanzenschutzes

Über den Befall und die Beeinträchtigung von Pflanzen durch Krankheiten und Schädlinge liegen unzählige geschichtliche Beschreibungen vor. Es gibt sogar zahlreiche Belege über Flecken, Pusteln und Fruchtkörper von Krankheiten an fossilen Pflanzenteilen sowie frühe Hinweise aus der Malerei von Pflanzenmotiven. Mit Beginn des planmäßigen Pflanzenbaus im Vorderen Orient um 6000 v. Chr. wurden Krankheitssymptome als Auslöser von Schäden in Form von Ernteverlusten und somit als existensbedrohend erkannt. In der Bibel, dem Koran und anderen Religionsschriften wird u. a. ausführlich auf Pflanzenkrankheiten (Hagel, Dürre, Heuschrecken, Raupen etc.) und deren Folgen hingewiesen.

Der heutige wissenschaftliche Pflanzenschutz geht zurück auf den Griechen Theophrast (372–285 v. Chr.), einen Schüler des Aristoteles (384–323 v. Chr.). Entscheidend für ihn war die Frage nach den Ursachen für das beobachtete Krankheitsgeschehen, um hieraus rationale Bekämpfungsverfahren abzuleiten. Von den römischen Schriftstellern sind Cato (234–149 v. Chr.) und Varro (116–27 v. Chr.) bedeutsam.

Damals waren die Möglichkeiten der Schadensverhütung gering oder überhaupt nicht gegeben. Erst sehr viel später wurden Möglichkeiten zur Krankheitsbekämpfung erforscht und entwickelt. Glauber (1604–1670) führte als erster Getreidebeizversuche durch und berichtet über stimuliertes Wachstum. Tillet (1714–1791) bewies erstmals die infektiöse Natur einer Pflanzenkrankheit, des Weizensteinbrandes, und die Möglichkeit der Bekämpfung durch Beizung.

Die Frage, ob Erreger ursächlich für Krankheiten sind, war Mitte des 18. Jahrhunderts noch offen und wurde heftig diskutiert, als um 1840 die Kartoffelkrautfäule in Europa seuchenhaft auftrat und verheerende Hungersnöte auslöste. Die Pflanzenkrankheit griff von Irland aus auf das europäische Festland über und bewirkte in Irland, daß von den 8 Millionen Einwohnern von 1845 bis 1851 ca. 1 Million durch Hunger und Krankheiten starben. Etwa 2 Millionen wanderten nach Amerika aus. Im Steckrübenwinter 1916/17 wurde in Deutschland die Kartoffelernte durch dieselbe Krankheit weitgehend vernichtet, 70000 Menschen verhungerten.

Derartige Katastrophen waren seit den Pestzügen des Mittelalters nicht mehr aufgetreten. Berkeley (1803–1889) klärte 1846 eindeutig, daß der Pilz *Phytophthora infestans* diese Krankheit verursacht. Julius Kühn (1825–1910) sowie A. de Bary (1831–1888) trugen mit ihren Arbeiten zur Weiterentwicklung der krankheitsbezogenen Ursachenforschung bei landwirtschaftlichen Kulturpflanzen im Pflanzenschutz bei. Verheerende Auswirkungen hatte 1852 die Ausbreitung der aus Amerika eingeschleppten Reblaus, die große Teile des hiesigen Weinbaus zum Erliegen brachte.

Nach dem 2. Weltkrieg vollzog sich eine rasante Entwicklung auf dem Gebiet des Pflanzenschutzes, insbesondere des chemischen Pflanzenschutzes. Aufgrund der Abwanderung von Arbeitskräften aus Landwirtschaft und Gartenbau in Industrie und Dienstleistungsbereiche, war der Einsatz chemischer Pflanzenschutzmittel oft die einzige Möglichkeit, die Pflanzenproduktion rentabel zu gestalten. Weitere Gründe für die Zunahme waren die rasche und gute Wirksamkeit der Mittel, der verhältnismäßig niedrige Preis und steigende Ansprüche der Verbraucher an die Qualität der pflanzlichen Lebensmittel. In der Anfangsphase wurden daher auch Nachteile, die mit der Pflanzenschutzmittelanwendung verbunden sein konnten, wenig beachtet und in Kauf genommen.

Die zunächst verfügbaren Pflanzenschutzmittel waren hochgiftig (Nikotin, Arsen, Blausäure, Quecksilber), schwer abbaubar (chlorierte Kohlenwasserstoffe) und teilweise auch pflanzenschädigend (Schwefel, Kupfer). Diese wurden im Laufe der Zeit durch weniger giftige und umweltverträgliche Präparate ersetzt. Heute sind nur noch 8% der im Handel befindlichen Wirkstoffe (ca. 220) als giftig eingestuft gegenüber 40% im Jahr 1945 (24 Wirkstoffe). 86% der etwa 1000 bei uns zugelassenen Pflanzenschutzmittel sind nicht bienengefährlich.

Heute versucht man durch die Weiterentwicklung und Einführung des Integrierten Pflanzenschutzes wirtschaftliche und ökologische Anforderungen weitgehend in Einklang zu bringen und die Anwendung von Pflanzenschutzmitteln auf den unbedingt notwendigen Umfang zu beschränken.

2.2 Bedeutung des Pflanzenschutzes

Pflanzenschutz ist die Voraussetzung für eine leistungsfähige Pflanzenproduktion. Er dient der Ertragssicherung, trägt zur Vermeidung von Ernteverlusten bei und zur Bereitstellung qualitativ hochwertiger pflanzlicher Lebensmittel und Rohprodukte zur industriellen Weiterverarbeitung. Aufgabe des Pflanzenschutzes ist es, die Kulturpflanze von der Aussaat bis zur Ernte, vom Verarbeitungsprozeß bis zum Verbrauch, gegen tierische und pflanzliche Schaderreger zu schützen.

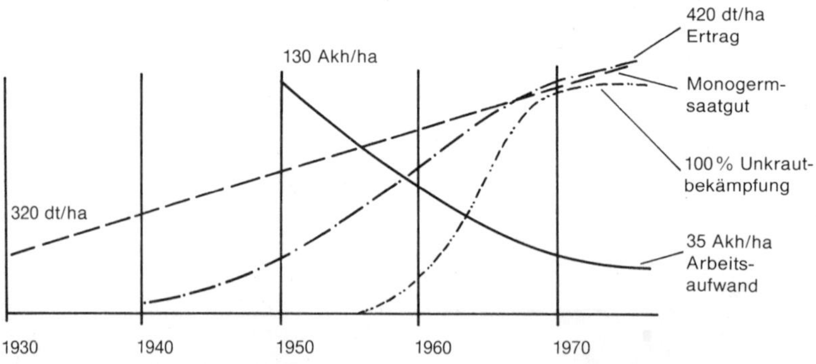

Abb. 1. Herbizidanwendung und Anbaumethoden im Zuckerrübenanbau (nach Götz/Konrad 1978).

2.2.1 Betriebswirtschaftliche Bedeutung

Pflanzenschutz ist für den Landwirt, Gärtner usw. eine wichtige Maßnahme zur Sicherung des Betriebseinkommens, denn Ertragsverluste werden weitestgehend vermieden und die erforderliche Qualität garantiert. Aus folgenden Gründen kann der Einsatz von Pflanzenschutzmitteln eine lohnende Maßnahme sein:

- Arbeitskosten werden vor allem in der Landwirtschaft durch die Anwendung von Herbiziden gesenkt (Abb. 1)
- hohe Lohnkosten und nur gering angestiegene Erzeugerpreise haben dazu geführt, daß im Rübenanbau und in anderen Kulturarten überwiegend chemische Unkrautbekämpfungsmaßnahmen durchgeführt werden.

Vereinfachte Fruchtfolgen und veränderte Produktionsverfahren (z. B. Mulchsaat, Dauerbepflanzung) führen zu neuen Pflanzenschutzproblemen. So treten in getreidereichen Fruchtfolgen häufig Fußkrankheiten auf. Stark mit Stickstoff gedüngte Pflanzen haben dünnere Zellwände und sind z. B. für Pilze oder Blattläuse leichter anfällig. In winterungsreichen Fruchtfolgen nimmt das Schneckenproblem zu. Ein weiteres Beispiel ist auch der mehrjährige Anbau von Erdbeeren auf derselben Fläche ohne Zwischenkultur. Hier kommt es in der Regel zu Wachstums- und Ertragseinbußen, die nur in Einzelfällen mit direkten Pflanzenschutzmaßnahmen vermieden werden können.

Die Preisfestsetzung für Obst und Gemüse wird nach den Qualitätskriterien der EG-weit gültigen Handelsklassen durchgeführt. Erfüllt das Produkt diese Ansprüche nicht, kommt es zu entsprechenden Preisabschlägen. Aufgrund der Vorschriften des Saatgutverkehrsgesetzes darf kein Saatgut oder Pflanzgut gehandelt werden, das von Pilzen (z. B. Weizensteinbrand oder Zwergsteinbrand bei Getreide) und anderen Schadorganismen befallen ist.

2.2.2 Volkswirtschaftliche Bedeutung

Der Anbau von Pflanzen wird vom Menschen betrieben, um qualitativ hochwertige Nahrungsmittel in ausreichender Menge sowie pflanzliche Rohstoffe für die industrielle Weiterverarbeitung zu erzeugen. Unter anderem werden zur Erreichung dieses Zieles auch Pflanzenschutzmittel zur Sicherung der Qualität und Verhinderung von Ertragsausfällen eingesetzt.

Das Bereitstellen von genügend Nahrungsmitteln ist in unserem Kulturkreis dank angepaßter Pflanzenschutzmaßnahmen derzeit kaum ein Problem. Dagegen wird die innere und äußere Qualität der Pflanzenprodukte durch den Befall mit Krankheitserregern und Schädlingen häufig gemindert (s. Tab. 1). Getreide darf z. B. nicht von Pilzkrankheiten befallen sein, wenn es als Nahrungsmittel, Futtermittel

Tab. 1. Mögliche Qualitätseinbußen durch unterlassenen Pflanzenschutz (nach FÜAK, München)

Beispiel	Schaden
Knollenfäule	Faule, ungenießbare Kartoffelknollen
Steinbrand	Nach Heringslake stinkendes, ungenießbares Getreide
Schimmelpilze	Gesundheitsgefährdung durch giftige Stoffwechselprodukte
Spelzenbräune	Schmachtkorn bei Getreide
Apfelwickler	Fraßgänge und Kot, Fäulen und Schimmel als Sekundärschäden
Blattläuse, Raupen und Schnecken im Gemüse	Unansehlichkeit, Ungenießbarkeit

Tab. 2. Ernteverluste durch Schadorganismen (aus Heitefuß, Pflanzenschutz, 1975)

Erntegut	Verluste (%)
Getreide	35
Kartoffel	35
Zuckerrübe	32
Gemüse	28
Obst	29
Anbaugebiet	**Verluste (%)**
Amerika	21
Europa	15
Asien	53
Italien	57
Japan	14

Tab. 3. Durch Schadorganismen jährlich verursachte Ernteverluste

An Welternte insg.	35%
Davon durch:	
– Pflanzenkrankheiten	12%
– Schädlinge	14%
– Unkräuter	9%

oder auch als Saatgut verwendet wird. Von den Pilzen werden teilweise hochgiftige Stoffe (Mykotoxine) ausgeschieden. So können z. B. Fruchtbarkeitsstörungen bei Nutztieren von Futtermischungen mit

Tab. 4. Ertragsverluste durch Pilzkrankheiten

Schwarzbeinigkeit (Getreide)	bis 30%
Echter Mehltau (Getreide)	bis 25%
Halmbruchkrankheit (Getreide)	10–15%
Maisbeulenbrand (Mais)	
Einzelpfl. Stengelbefall	um 30%
Einzelpfl. Kolbenbefall	100%
Kraut- und Knollenfäule (Kartoffel)	8–10%
Apfel	
Schorf je nach Sorte	20–50%

verpilztem Getreide herrühren. Andererseits werden von den Verbrauchern teilweise übertriebene Anforderungen an die äußere Qualität von Obst und Gemüse gestellt.

Tab. 5. Ertragsverluste durch Viruskrankheiten

Blattrollkrankheit (Pflanzgut)	bis 87%
Vergilbungskrankheit (Z-Rübe)	bis 30%
Scharka (Zwetsche/Pflaume) je nach Empfindlichkeit der Sorte, dem Standort und Witterungsverlauf	bis 90%

Auch heute noch verursachen Krankheiten, Schädlinge und Unkräuter beträchtliche Ernteausfälle und vernichten weltweit ca. 35% der Ernte (Tab. 2–6). Dabei bestehen große Unterschiede zwischen den einzelnen Kulturpflanzenarten sowie zwischen den verschiedenen Erdteilen und Ländern. Die Ausfälle in Asien liegen z. B. bei ca. 50%, in der Bundes-

Tab. 6. Ertragsverluste durch Schädlinge

Sattelmücke (Getreide)	bis 15–30%
Maiszünsler (Körnermais)	bis 10–20 dt/ha
Zystennematoden (Kartoffel) frühe und mittelfrühe Sorten	bis 60%
Rübenkopfälchen (Z-Rübe)	bis 200 dt/ha

republik und Europa bei etwa 15%. Im Gegensatz zu den direkten Verlusten werden die Qualitätseinbußen, da schwierig einzuschätzen, oftmals überhaupt nicht berücksichtigt.

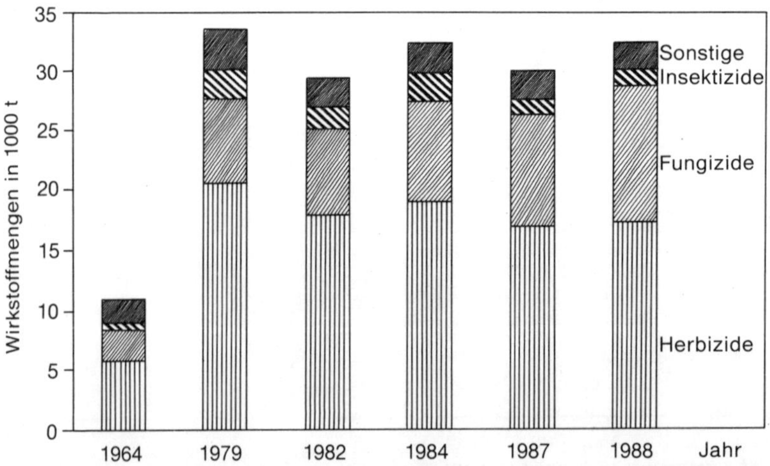

Abb. 2. In der Bundesrepublik Deutschland abgesetzte Wirkstoffmengen von Pflanzenschutzmitteln.

Tab. 7. Pflanzenschutzmittelverbrauch pro Jahr in der Bundesrepublik Deutschland nach Kulturen

Kultur	Fläche in % der land- bzw. forstwirtschaftlich genutzten Fläche	Stoffauftrag in Prozent der angebauten Flächen		
		Herbizide	Fungizide	Insektizide
Waldfläche	29,5	2,0	1,0	2,0
Landwirtschaftliche Fläche	49,0			
Winter-, Sommergetreide	20,6	95,0	15,0	5,0
Zuckerrüben	1,8	100,0	10,0	50,0
Futterrüben	0,6	75,0	–	50,0
Kartoffeln	1,0	30,0	40,0	50,0
Mais	3,4	100,0	–	10,0
Raps, Rübsen	0,6	60,0	–	90,0
Obstanlage	0,2	60,0	100,0	100,0
Rebland	0,4	60,0	100,0	100,0
Hopfen	0,08	–	100,0	100,0
Grünland	18,9	5,0	–	–

Quelle: Umweltgutachten 1978, Chemie und Umwelt, Heft Boden, VCI, August 1988

2.2.3 Umfang des Pflanzenschutzmitteleinsatzes

Insgesamt ist die Menge an eingesetzten Wirkstoffen in der Bundesrepublik Deutschland im Verlauf der letzten Jahre ziemlich konstant geblieben und hat sich bei ca. 31000 t eingependelt (Abb. 2). 1952 und 1964 wurden bundesweit ca. 12000 t Wirkstoff bzw. 11000 t abgesetzt. Anhaltspunkte für den Verbrauch von Pflanzenschutzmitteln in einzelnen Kulturen gibt Tab. 7.

Bei uns haben die Herbizide mit rund 60% den größten Anteil an den eingesetzten Pflanzenschutzmitteln. Rund ¼ der abgesetzten Wirkstoffmenge sind Fungizide. Insektizide und sonstige Mittel, wie z. B. Halmverkürzer, haben jeweils 7% Anteil am gesamten Inlandsabsatz.

Der Absatzrückgang bei den Herbiziden 1987 war lediglich witterungsbedingt, ebenso die Zunahme bei den Fungiziden, die auf den starken Pilzbefall bei Getreide und Sonderkulturen beruhte. Bei den Herbiziden macht sich auch der zunehmende Absatz von Mitteln mit geringeren Aufwandmengen bemerkbar.

Die 1988 abgesetzte Wirkstoffmenge entspricht der von 1984. Die Steigerung gegenüber dem Vorjahr beruht auch hier auf einer witterungsbedingten Zunahme des Absatzes bei den Fungiziden.

2.2.4 Belastungen durch Pflanzenschutzmittel

Die Bundesrepublik Deutschland hat verschiedene Rechtsvorschriften erlassen, um mögliche nachteilige Folgen des Einsatzes von Pflanzenschutzmitteln für Mensch, Tier und Naturhaushalt zu verhindern. Die Entwicklung der Belastung von Lebensmitteln pflanzlicher Herkunft mit Pflanzenschutzmitteln in den vergangenen Jahren zeigt, daß hier Erfolge erzielt wurden (Tab. 8 u. 9).

Trotz gezielter Probenwahl waren nur bei 2,6% der Erzeugnisse Höchstmengenüberschreitungen zu registrieren. Importierte Produkte wiesen dabei häufiger überhöhte Rückstände auf als Inlandsware (Tab. 8 u. 9). Aus den Untersuchungsergebnissen von 1984 bis 1988 geht hervor, daß Überschreitungen mit 1,7% bei Obst und 3,2% bei Gemüse festgestellt wurden (Abb. 3).

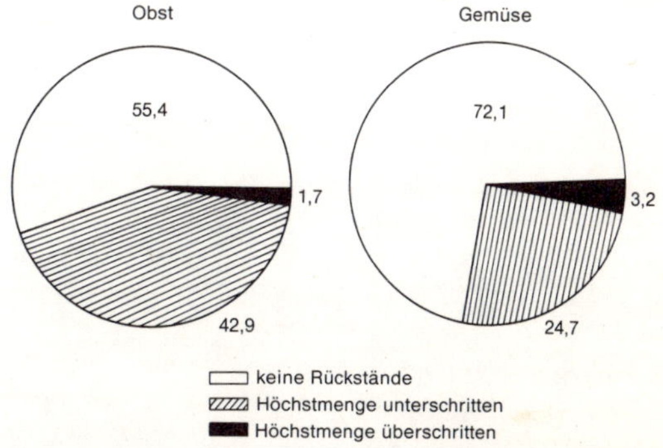

Abb. 3. Rückstände in Obst und Gemüse. Ergebnisse der Lebensmittelüberwachung von 1984 bis 1988.

Die Kontaminationshäufigkeiten bei frischem Obst und Gemüse zeigen gegenüber früheren Jahren einen teilweise deutlichen Anstieg (Tab. 8). Dies dürfte aber vorwiegend auf die verfeinerte Nachweismethodik sowie einen verbesserten Informationsfluß, aber auch auf Nichtbeachtung bestehender Rechtsvorschriften durch Importhändler zurückzuführen sein.

Obwohl in der Bundesrepublik Deutschland im Durchschnitt der Jahre ca. 220 Wirkstoffe zugelassen sind und weitere Verbindungen in der Pflanzenschutzmittel-Höchstmengenverordnung limitiert

Tab. 8. Zeitliche Entwicklung der Kontaminationshäufigkeiten und Beanstandungsquoten

Untersuchungsamt	Herkunft	Proben mit Rückständen über der Höchstmenge % 1982	1984	1985
Obst (inkl. Zitrusfrüchte)				
München	Inland	0	0	0
	Ausland	0	2,8	2,1
Stuttgart	Inland	0	0	0
	Ausland	1,6	2,8	0,6
Karlsruhe	Inland	0	0	2,6
	Ausland	0	1,2	2,2
Münster	Inland	3,1	0	0
	Ausland	5,7	9,2	32,9
Hamburg	Inland	0	0	0
	Ausland	0	3,1	2,4
Gemüse (inkl. Kartoffeln)				
München	Inland	2,3	3,0	0
	Ausland	1,9	5,7	14,2
Stuttgart	Inland	0	0	0,9
	Ausland	2,4	0	0
Karlsruhe	Inland	0,5	0	4,6
	Ausland	2,3	4,6	3,1
Münster	Inland	0	6,3	8,5
	Ausland	2,1	4,1	16,2
Hamburg	Inland	0	1,2	0
	Ausland	5,1	3,2	2,8

[1] ohne Erdbeeren aus Selbstpflückkulturen
Quelle: Ernährungsbericht 1988

Tab. 9. Belastung von Lebensmitteln pflanzlicher Herkunft mit Rückständen von Pflanzenschutzmitteln – Zusammengefaßte Ergebnisse der amtlichen Lebensmittelüberwachung aus den Jahren 1984–1986

Produktgruppe	Gesamtzahl[1])	Rückstände über der Höchstmenge (%)
Lebensmittel pflanzlicher Herkunft (insgesamt)	18762	2,6
Obst (ohne Zitrusfrüchte)	4497	1,7
davon: Inland	1652	0,3
Ausland	1909	3,5
Zitrusfrüchte	1657	1,1
Gemüse (ohne Kartoffeln)	5876	3,2
davon: Inland	2201	2,1
Ausland	2305	5,3
Speisekartoffeln	428	0,2
Getreide, Getreideprodukte	1479	1,0
Brot, Kleingebäck, Feine Backwaren	72	0
Teigwaren	111	0,9
Tee, ähnliche Erzeugnisse	568	5,8
Säuglings-, Kleinkindernahrung	568	0
Gewürze, Würzmittel	155	3,9
Hülsenfrüchte, Ölsaat, Schalenobst	768	11,6
Pflanzliche Fette und Öle	319	1,3
Marmeladen und Konfitüren	16	0
Honig	380	0,3
Kaffee, Kaffee-Ersatz	22	0
Kakao, Schokolade	14	7,1
Fruchtsäfte, alkoholfreie Getränke	134	0
Wein	345	0
Bier	36	0

[1] Die Diskrepanz zwischen der Gesamtprobenzahl und der Summe der Einzelprodukte ist auf die teilweise unzureichende Aufschlüsselung der mitgeteilten Ergebnisse zurückzuführen.
Quelle: Ernährungsbericht 1988

sind, konnten bei den amtlichen Untersuchungen nur insgesamt ca. 80 verschiedene Wirkstoffrückstände nachgewiesen werden, die zudem überwiegend sporadisch auftraten. Das angestrebte Ziel ist, in Lebensmitteln möglichst keine bzw. geringe Rückstände zu haben. Wichtig ist, im Interesse von Landwirt und Verbraucher, daß die erlaubten Höchstmengen unterschritten werden, da diese Grenzwerte aufgrund wissenschaftlicher Untersuchungen die Gefährdung durch Pflanzenschutzmittel auf ein vertretbares Restrisiko reduzieren. Hier gilt: Das nicht angewendete Mittel bringt die geringste Belastung.

Die Verunreinigung des Grundwassers mit Pflanzenschutzmitteln ist zu verhindern. Daher werden leicht bewegliche Pflanzenschutzmittel mit Wasserschutzgebietsauflagen versehen, wodurch die Anwendung in Wasserschutzgebieten verboten wird. In und an Gewässern dürfen grundsätzlich keine Pflanzenschutzmittel eingesetzt werden. Bestimmte Pflanzenschutzmittel dürfen nur in einem Abstand von 10 m (Feldkulturen) von Gewässern, bei Raumkulturen 20 m, 50 m bzw. 100 m, ausgebracht werden.

Die Ausweisung von Wasserschutzgebieten und Trinkwasserfassungen trägt zum Schutz vor Verunreinigungen bei. Im Rahmen der derzeit geführten Diskussion zur Reinhaltung des Grundwassers werden weitergehende Maßnahmen, wie z. B. verstärkte Beschränkung der Mittelanwendung oder gänzliches Verbot auf hydrogeologisch ungünstigen Flächen, nicht ausgeschlossen. Diese Überlegungen resultieren aus der Tatsache, daß bei Untersuchungen Pflanzenschutzmittelrückstände über dem Grenzwert der Trinkwasserverordnung von 0,1 µg/l Wasser festgestellt wurden.

Pflanzenschutzmittel gelangen bei der Ausbringung in die Luft. Unter bestimmten Voraussetzungen (z. B. Wind, Thermik) können sich dort zeitweise bestimmte Anteile anreichern und über größere Entfernungen verfrachtet werden. Hieraus ergeben sich zunehmend nachbarrechtliche Probleme, insbesondere in stadtnahen Wohnbereichen. Diese können i. d. R. durch Maßnahmen zur Verhinderung der Abtrift (z. B. Abstand, Windstille, Schutzhecke) vermieden werden. Für die Beurteilung der Ferndrift und Verweildauer feinster Anteile von Pflanzenschutzmitteln in der Luft werden in nächster Zeit entsprechende Vorgaben zu erwarten sein.

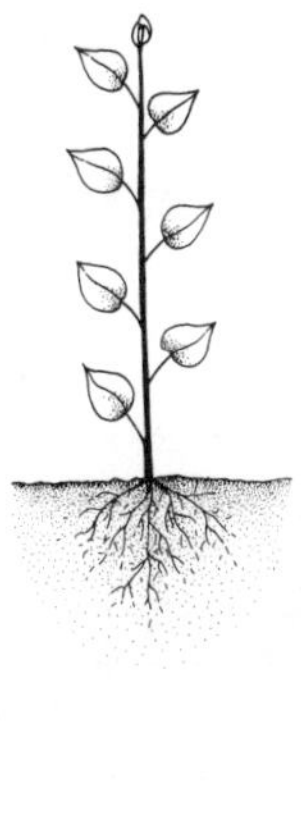

Abb. 4. Ursachen von Pflanzenschäden und Ertragseinbußen.

3 Schadursachen bei Pflanzen und Pflanzenerzeugnissen

Sachgerechter und gezielter Pflanzenschutz ist nur möglich, wenn Schadursachen erkannt, richtig bestimmt und angemessen beurteilt werden. Dazu ist die Kenntnis der Ursachenkomplexe und typischen Schadsymptome erforderlich. Pflanzen können durch belebte (parasitäre) und unbelebte (nicht parasitäre) Schadeinflüsse beeinträchtigt werden (Abb. 4). Die Anfälligkeit der Pflanzen wird beeinflußt durch die eigene Konstitution, Erbanlagen und Umwelteinflüsse sowie die Aggressivität der Schaderreger.

3.1 Belebte Schadursachen

Zu den belebten oder parasitären Schadursachen gehören:

- pflanzliche Mikroorganismen – Pilze und Bakterien
- Mikroorganismen – Viren
- tierische Schaderreger – Insekten, Milben, Nematoden, Schnecken, Vögel, Säugetiere
- Schadpflanzen – Unkräuter und Ungräser

Typische Schadsymptome von Mikroorganismen sind Verfärbungen, Welkeerscheinungen sowie veränderte Wuchsformen bei Pflanzen. Tierische Schaderreger verursachen Saug- und Fraßschäden.

3.1.1 Unkräuter und Ungräser

Unkräuter sind Pflanzen, die
- nicht absichtlich angebaut werden
- mit Kulturpflanzen eine Lebensgemeinschaft bilden können
- mehr schaden als nützen.

Nicht jede Wildpflanze auf Kulturland ist ein Unkraut. Es kommt dabei auf den wirtschaftlichen Schaden an. Die Schadwirkung eines Unkrautes muß daher für jeden Einzelfall festgestellt werden. Zu den Unkräutern können neben Wildpflanzen auch unerwünschte Kulturpflanzen zählen, z. B. Gerste in Winterweizen. Unkrautsamen werden von der Natur zur Erhaltung der Art im »Überfluß« bereitgestellt. Entsprechende Mengen liegen somit in der bearbeiteten Bodenschicht bereit.

Beispiele:

Flughafer	50–1000 Samen pro Pflanze
Windhalm	1000–10000 Samen pro Pflanze

Unkräuter schädigen auf unterschiedliche Weise:
1. Konkurrenz um Licht, Wasser und Nährstoffe (Ertragsminderung) (Tab. 10)
2. Erschwernis der Pflege- und Erntearbeiten (Klettenlabkraut, erhöhte Feuchtigkeit, Hackfruchtbau, Feldgemüsebau)
3. Qualitätsminderung der Ernteprodukte (Verunreinigung von Saatgut mit Unkrautsamen oder Geschmacksbeeinflussung der Milch durch Laucharten)
4. Giftwirkung für das Vieh (Sumpfschachtelhalm, Herbstzeitlose auf Grünland)
5. Überträger von Pflanzenkrankheiten und Schädlingen (Halmbruchkrankheit, Mutterkorn bei Gräsern)
6. Zunehmende Folgeverunkrautung.

Einteilung der Unkräuter und Ungräser

Nach Art ihrer Vermehrung und Verbreitung:
Samenunkräuter. Fortpflanzung und Verbreitung ausschließlich durch Samen; Pflanzen sind entweder einjährig, überjährig oder zweijährig (Löwenzahn, Scharfer Hahnenfuß).
Wurzelunkräuter. Ausdauernde oder mehrjährige Pflanzen, die sich außer durch Samen auch vegetativ vermehren, z. B. durch unterirdische oder oberirdische Ausläufer oder durch Zwiebeln und Knollen (Quecke, Ackerdistel, Ackerschachtelhalm, Herbstzeitlose).

Nach standortkennzeichnenden Eigenschaften:
Kalkliebende Unkräuter. Ackersenf, Flughafer.
Säureliebende Unkräuter. Echte Kamille, Windhalm.
Stickstoffliebende Unkräuter. Klettenlabkraut, Vogelmiere.
Nässeliebende Unkräuter. Ackerschachtelhalm, Kriechender Hahnenfuß.

Tab. 10. Samenproduktion, Wasserverbrauch, Nährstoffentzug von Unkräutern und Kulturpflanzen (nach Korsmo)

Samenproduktion	Unkraut		Kulturpflanze	
je Pflanze	Kamille	10–200000	Roggen	250
	Ackerfuchsschwanz	40–400	Gerste	180
Wasserverbrauch in g (in 3 Tagen je g oberirdischer Pflanzenmasse)	Kamille	8,3	Kartoffeln	1,4
	Ackersenf	5,0	Weizen	3,9
			Gerste	5,0

Nährstoffentzug kg/ha	N	P_2O_5	K_2O
Hederich	44	16	44
Ackerdistel	138	31	117
Quecke	49	31	68
Roggen	50	30	60

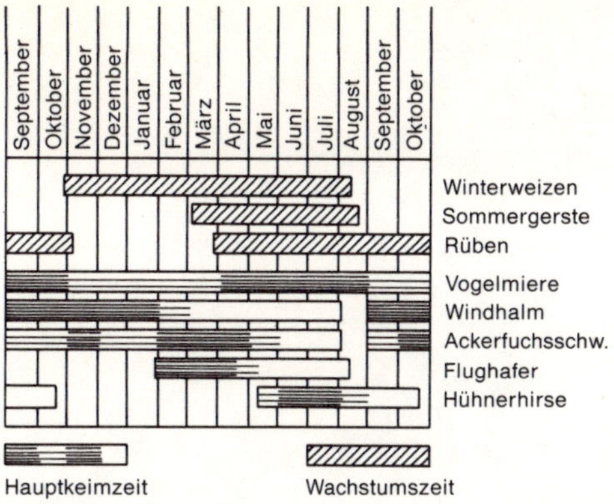

Abb. 5. Wachstumsverlauf von Kulturpflanzen und Unkräutern in Süddeutschland.

Nach der Vergesellschaftung mit Kulturpflanzen:
Winterungsunkräuter. Vogelmiere, Kamille, Ackerfuchsschwanz, Windhalm.
Sommerungsunkräuter. Hohlzahn, Flughafer.
Hackfruchtunkräuter. Franzosenkraut, Melde, Hirse.
Grünlandunkräuter. Löwenzahn, Ampferarten, Bärenklau, Herbstzeitlose.

Nach ihrer Keimzeit:
Frühjahrskeimer. Knötericharten, Weißer Gänsefuß, Flughafer.
Sommerkeimer. Melde, Franzosenkraut, Hirsearten.
Herbstkeimer. Windhalm, Efeublättriger Ehrenpreis.
Herbst- und Frühjahrskeimer. Ackerfuchsschwanz, Klettenlabkraut, Kamille.
Ganzjährig keimend. Vogelmiere, Persischer Ehrenpreis, Hirtentäschelkraut.

Unkrautgesellschaften sind an die jeweilige Kulturpflanzenart in der Entwicklung angepaßt (Abb. 5). In Getreide kommen z. B. andere Arten wie in Rüben vor. Bei den einjährigen Kulturpflanzen wirkt eine weitgestellte Fruchtfolge der Massenvermehrung der gut angepaßten Unkräuter entgegen. Die Zusammensetzung der Unkrautflora hat sich gewandelt und wird dies auch zukünftig aufgrund veränderter Bewirtschaftungs- und Ernteverfahren tun. Insgesamt ist die Zahl der Unkrautarten zurückgegangen; häufig sind die verbliebenen Arten schwer bekämpfbar. Die Bekämpfungsmaßnahmen sind auf die jeweiligen Bedingungen nicht nur kurz- sondern auch langfristig einzustellen.

3.1.2 Pilzkrankheiten

Zahlreiche Pilze sind die Ursache für eine Vielzahl von Krankheiten an den Kulturpflanzen. Die Schadenshöhe hängt vom Befallsgrad und dieser wiederum von der Witterung und der Anfälligkeit der Sorte oder der Pflanzenart ab.

Der Pilzkörper besteht aus **Pilzfäden** (Hyphen), die besondere Aufgaben übernehmen können:
- als **Saugorgan** entziehen sie der Wirtspflanze die benötigten Nährstoffe
- als **Haftorgan** dienen sie zur Befestigung eines oberflächlich auf der Pflanze wachsenden Pilzes.

Der Befall der Wirtspflanze durch den Pilz kann über **Wunden, Spaltöffnungen,** aber auch **direkt** durch die Blattoberfläche erfolgen. Letzteres können nur wenige Pilzarten, z. B. die Rostpilze und Echten Mehltaupilze. Dabei bilden die Sporen einen Keimschlauch aus, der in die Pflanze eindringt (s. Abb. 6). Mit den Saugorganen wird die Nahrung aus der Zelle entnommen.

Die Pilzfäden bilden auch dichte harte Gebilde, die als Dauerkörper bei ungünstiger Witterung oder während des Winters für die Erhaltung des Pilzes sorgen. Solche Dauerkörper treten z. B. bei Rapskrebs, Kleekrebs und Mutterkorn auf. Unter ungünstigen Bedingungen keimen sie aus und bilden wieder **Sporen** (Fortpflanzungszellen). Die anderen Pilze bilden

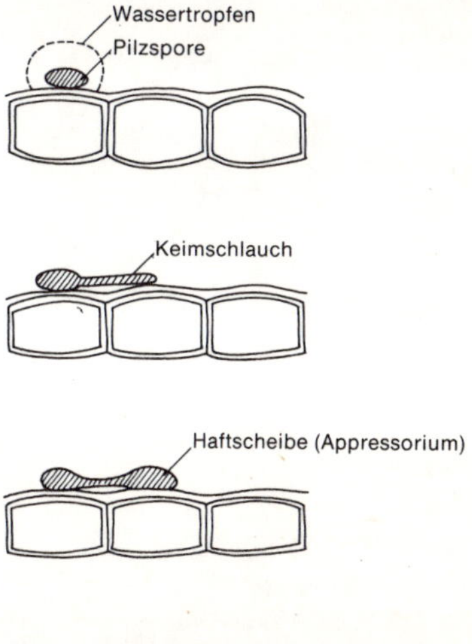

Abb. 6. Infektionsvorgang, Sporenkeimung und Eindringen eines Pilzes durch die unverletzte Kutikula.

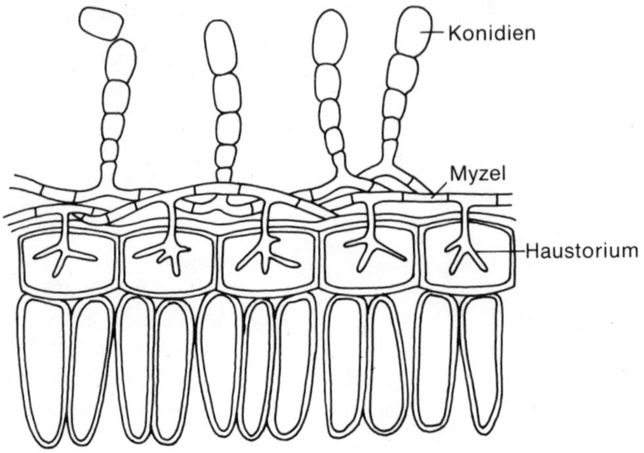

Abb. 7a. Sporenbildung beim Echten Mehltau.

ihre Sporen in anderen Spezialorganen des Pilzgeflechtes aus.

Die **Verbreitung** erfolgt oft über weite Entfernungen durch Wind, Wasser, Tiere und Geräte. Einige Sporen bewegen sich mit Geißeln aktiv vorwärts

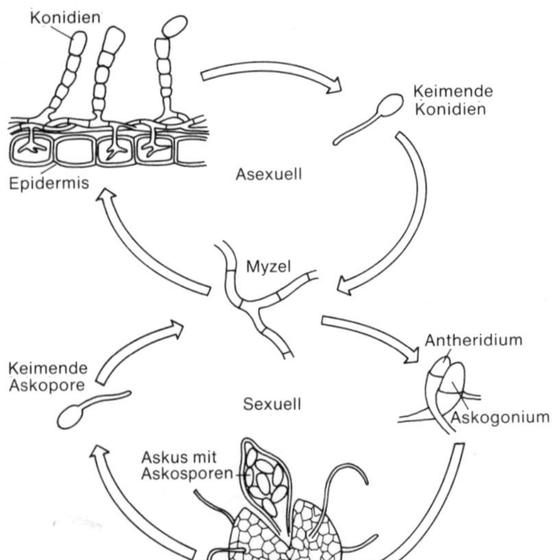

Abb. 7b. Entwicklung des Echten Mehltaus.

z. B. die Sporen des Erregers der Roten Wurzelfäule an Erdbeeren. Andere werden durch ihre speziellen Formen passiv verbreitet. So sind die Echten Mehltausporen oval geformt und können im Gegensatz zu den länglichen Sporen des Pilzes der Halmbruchkrankheit durch den Wind kilometerweit verweht werden. Durch große Sporenmengen wird die Arterhaltung gesichert. Allein 1 g einer Weizensteinbrandbutte enthält etwa 450 Millionen Sporen.

Einige Pilze bilden während des Winters auf **Zwischenwirten** Wintersporen aus, die in der Regel, außer z. B. beim Birnengitterrost, für die Verbreitung des Pilzes nur von geringer Bedeutung sind und daher eine Bekämpfung des Zwischenwirtes nicht lohnend ist.

Beispiele: Weizenbraunrost auf Wiesenraute, Roggenbraunrost auf Ochsenzunge, Birnengitterrost auf Wachholder-Arten.

Die Pilze überwintern auf verschiedene Weise. Der Erreger der Halmbruchkrankheit beispielsweise als Pilzgeflecht im Boden **an Pflanzenrückständen,** der Erreger des Weizen- und Gerstenflugbrands als Pilzgeflecht **im Getreidekorn** und beim Weizensteinbrand und Haferflugbrand haften die Sporen **außen am Korn.** Die Bildung von Dauerkörpern zur Überwinterung wurde schon erwähnt.

3.1.3 Viruskrankheiten

Menschen, Tiere und Pflanzen können von Viruskrankheiten befallen werden. Zu ihnen gehört aber auch der gesamte Komplex der Abbaukrankheiten bei Kartoffeln, die Vergilbungskrankheit der Zukkerrüben, Scharka an Zwetschen und Pflaumen.

Viren sind sehr klein, viel kleiner als Bakterien, und konnten deshalb erst nach der Erfindung des Elektronenmikroskopes als Erreger von Krankheiten erkannt werden (Abb. 8).

Viren gehören nicht unmittelbar zu den Lebewesen, weil sie sehr einfach gebaut sind und sich **nur in einem anderen Organismus vermehren können.** Sie besitzen außerdem keinen eigenen Stoffwechsel und können nicht selbständig aktiv in Pflanzenzellen eindringen.

Von praktischer Bedeutung sind die Übertragungsmöglichkeiten der Viren von Pflanze zu Pflanze, weil daraus eine wirksame Bekämpfung abgeleitet werden kann.

Die Gefährlichkeit der Virosen drückt sich nicht nur in hohen Schäden durch Ertragsverluste und Qualitätsminderung aus, sondern auch in der schwierigen Bekämpfung. Chemische Mittel können bislang nicht gegen Viren eingesetzt werden, weil Substanzen, die die Virusentwicklung in der pflanzlichen Zelle beeinträchtigen, auch die Kultur schädigen.

Folgende Übertragungsmöglichkeiten sind bekannt:

1. **Pfropfung:** Infektion, wenn kranke Reiser in Baumschulen verwendet werden. Sie dient auch als Test im Labor, um festzustellen, ob Pflanzen von Viruskrankheiten befallen sind.
2. **Mechanische Übertragung:**
   a) Berühren von Blatt zu Blatt durch Wind sowie Verschleppung durch Mensch, Tier und Arbeitsgerät
   b) Bodenübertragung: Stabile Viren (z. B. Tabakmosaikvirus) können über ein Jahr im Boden wirksam bleiben.
3. **Pflanzgutübertragung:** Mit Pflanzkartoffeln werden z. B. Viren übertragen.
4. **Durch Pilze:** Tabaknekrose-Virus, Rübe: *Polymyxa betae*
   durch Pollen: Kirsche: Ringflecken-Virus
   über Boden: Rattle-Virus
5. **Tiere als Überträger:** Thripse, Blattläuse, Zikaden, Schildläuse, Milben, Weiße Fliege, Nematoden und Bienen (bei pollenübertragbaren Viren, wie z. B. der Stecklenberger Krankheit der Sauerkirsche).

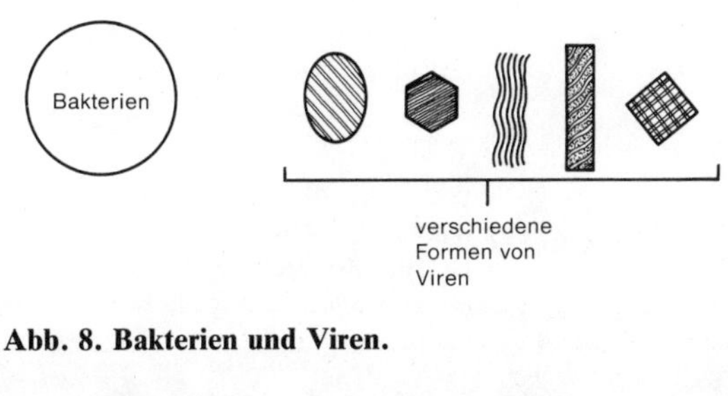

Abb. 8. Bakterien und Viren.

Die Blattläuse spielen als Überträger die bedeutendste Rolle. Sie können mit dem Wind große Entfernungen zurücklegen und so verschiedene Viren sehr weit verbreiten. Die Grüne Pfirsichblattlaus kann ca. 100 Virenarten übertragen, die kleine Pflaumenblattlaus z. B. Scharka.

Einteilung der Viren nach ihrer Übertragung durch Insekten:

1. **Dauerhafte (= persistente) Viren:** Die Blattläuse müssen einige Stunden an einer viruskranken Pflanze saugen, um das persistente Virus aufzunehmen. Danach können die Blattläuse das Virus lebenslang auf jede andere Pflanze übertragen. Eine weitestgehende Verhütung der Virusübertragung ist oft durch eine rechtzeitige Bekämpfung der Insekten möglich.
   Beispiele: Vergilbungsvirus der Zuckerrübe, Blattroll-Virus der Kartoffel.
2. **Nicht dauerhafte (= nichtpersistente) Viren:**
   Ein kurzer Einstich der Blattläuse genügt, um nichtpersistente Viren aufzunehmen oder zu übertragen. Nach ein paar Stunden geht das Virus in der Blattlaus zugrunde und kann nicht weiter verbreitet werden. Die Verbreitung geht deshalb langsam vor sich. Die Bekämpfung mit Insektiziden unterbricht die Übertragung nicht, wenn Blattläuse bevor das Insektizid wirkt noch Einstiche setzen können. Diese genügen zur weiteren Übertragung.
   Beispiele: Y-Virus und A-Virus der Kartoffel.

Verhinderung von Viruskrankheiten in der Praxis durch vorbeugende Maßnahmen (Beispiele):

Kartoffelanbau:

- nur gesundes Saat- und Pflanzgut verwenden
- Pflanzkartoffelerzeugung nur in Gesundlagen mit genauer Kontrolle und Bereinigung (Beseitigung) der virusverseuchten Pflanzen
- junge Pflanzen werden stärker befallen als ältere, deshalb Vorkeimung der Kartoffel, angepaßte N-Düngung und gute P-Düngung zur Förderung der Altersresistenz durchführen
- Unterlassen von Pflegearbeiten im geschlossenen Kartoffelbestand (Kontaktübertragungen)

- gezielte Bekämpfung der Überträger (z. B. Blattläuse)
- frühe Krautabtötung verhindert, daß Viren vom Kraut in die Knolle gelangen
- Maschinen und Geräte reinigen, geeignete Kultur- und Pflegemaßnahmen (wichtig bei mechanisch übertragbaren Viren).

Obstbau:

Verwendung von virusfreiem oder virusgetestetem Vermehrungs- und Pflanzmaterial.

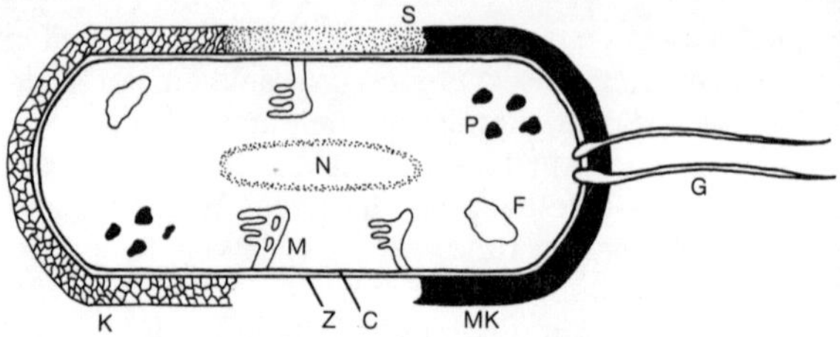

Abb. 9. Schematischer Aufbau einer Bakterienzelle. K = Kapsel, S = Schleimschicht, M = Mitochondrien, G = Geißel, N = Zellkern, P = Polyphosphatkörner, F = Fettgrana, Z = Zellwand, C = Cytoplasmamembran.

3.1.4 Bakterienkrankheiten

Bakterien sind einfache, mikroskopisch kleine, meist einzellige chlorophyllfreie Lebewesen. Sie sind von einer Zellwand umgeben, besitzen eine Art Zellkern und sind zum Teil beweglich (begeißelt).

Die meisten Bakterien sind sehr wichtige Zersetzer von organischem Material und damit von großer Bedeutung für den Stoffkreislauf in der Natur. Daneben gibt es aber auch solche, die Pflanzen schädigen. Die Symptome bakterieller Erkrankungen der Pflanzen reichen von Vergilbungen, Welke- und Absterbeerscheinungen, Gewebeflecken, Tumoren und Gallen bis hin zu den weit verbreiteten Weichfäulen.

Bakterien vermögen die intakte Oberfläche oberirdischer Pflanzenteile nicht zu durchdringen. Sie sind deshalb auf natürliche Öffnungen oder Wunden angewiesen. Außerdem benötigen sie zur Fortbewegung und Vermehrung Wasser. Bakterien vermehren sich i. d. R. durch Teilung oder die Ausbildung von Endosporen.

Nicht nur größere, klaffende Wunden sind als Eintrittspforten für Bakterien geeignet, oftmals genügen kleinste Risse oder feinste Verletzungen. Diese kön-

Tab. 11. Entwicklungskreislauf pflanzenpathogener Bakterien

Feuerbrand an Obstgehölzen	Tomatenwelke	Schwarzbeinigkeit der Kartoffel
Überdauerung in holzigen Trieben (Rindenbrand)	Überdauerung an Samen	Überdauerung im Boden; auf Knollen; in Knollengewebe
↓	↓	↓
Vermehrung und Schleimtropfenbildung an Läsionen	Vermehrung, Keimlingsinfektion	Vermehrung zwischen den Zellen (Stengelgrundfäule)
↓	↓	↓
Übertragung durch Regentropfen, Wind und Insekten auf Blüten, Blätter	Übertragung auf Nachbarpflanzen durch mechanische Beschädigung (Ausgeizen)	Vermehrung: Infektion der Pflanzknolle bzw. des Austriebes
↓	↓	↓
Infektion, Vermehrung zwischen den Zellen, Schleimbildung (Blüten-, Blattfäule)	Ausbreitung im Gefäßsystem (Partielle Welke)	Übergang auf neugebildete Knollen (Naßfäule)
↓	↓	↓
Einwandern in einjährige Triebe, Vermehrung im Rindengewebe (Rindenbrand)	Eindringen in Früchte Kontamination der Samen	Kontamination gesunder Knollen beim Ernteprozeß Bodenverseuchung durch Ernterückstände

nen durch Frost, Insekten und Nematoden oder an leicht zerbrechlichen Blatthaaren entstehen. Die Ausbreitung der Erreger erfolgt weniger durch Wind als vielmehr durch Tiere, den Menschen und, auf kurze Distanz, durch Niederschlagswasser. Besondere Bedeutung für die Übertragung von Bakterien haben mit dem Messer ausgeführte Pflegemaßnahmen (Ausschneiden und Ausgeizen). Der Entwicklungszyklus einiger Bakterienarten ist in Tab. 11 dargestellt.

Bakteriosen gibt es in fast 70 Pflanzenfamilien. Bedeutende Bakterienkrankheiten sind die Tomatenwelke, Wildfeuer an Tabak, Knollennaß- und Ringfäule der Kartoffel, Wurzelkropf und Feuerbrand an Obstgehölzen.

3.1.5 Insekten

Die Insekten stellen mit 800000 Arten etwa 75% aller Tierarten. Nach Schätzungen betragen die Ertragsverluste durch Insekten weltweit jährlich 40 Milliarden DM. Auch in Deutschland spielt eine Vielzahl von Insekten als Schädlinge im Ackerbau, Obst-, Wein- und Gartenbau eine bedeutende wirtschaftliche Rolle.

Bau und Entwicklung

Die Insekten sind typisch dreigeteilt in Kopf, Brust und Hinterleib. Der Kopf trägt ein Paar Antennen und die Brust die Fortbewegungsorgane: drei Beinpaare und meistens zwei Paar Flügel. Die Mundwerkzeuge der als Schadorganismen wichtigen Arten sind entweder beißend oder stechend-saugend (Abb. 10). Nach der Entwicklung unterscheidet man zwei Gruppen (s. Abb. 11a):

1. Unvollständige Umwandlung: z. B. bei Blattläusen oder Wanzen. Die Jungtiere ähneln den erwachsenen Tieren während der Entwicklungsphase.

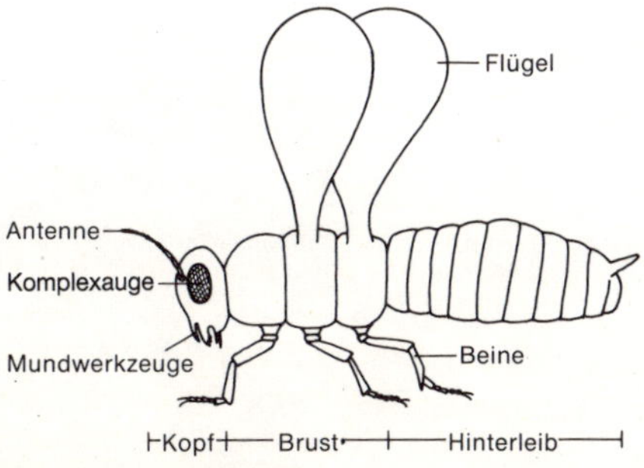

Abb. 10. Aufbau eines Insekts.

2. Vollständige Umwandlung: z. B. bei der Kohlschotenmücke oder den Schmetterlingen. Die Tiere durchlaufen nach dem Schlüpfen aus dem Ei die Stadien Larve, Puppe (Nymphe), Vollinsekt.

Weiterhin unterscheidet man nach der Ernährungsweise und den Mundwerkzeugen in beißende (Käfer, Fliegenmade, Blattwespen- und Schmetterlingsraupe usw.) und saugende (Läuse, Blattsauger, Thrips, Wanze usw.) Insekten.

Bei saugenden Insekten sind die Larven und Vollinsekten schädlich, bei den beißenden meistens die Larvenstadien (Ausnahme: viele Käferarten). Die Unterscheidung in beißende und saugende Insekten ist wichtig für die Auswahl des geeigneten Bekämpfungsverfahrens.

Insekten vermehren sich geschlechtlich über das Eistadium (Käfer, Schmetterlinge). Ungeschlechtliche Vermehrung ist bei manchen Arten (Blattläuse) neben der geschlechtlichen Vermehrung möglich. Dadurch können in kurzer Zeit Massen von Schädlingen auftreten. Insekten befallen sowohl oberirdische als auch unterirdische Teile von Pflanzen.

Neben Saugschäden (Blattaufhellungen, Kräuselungen durch Wanzen, Blattläuse), Fraß an und in Stengeln und Früchten sowie der Bildung von lokalen Blattverfärbungen und Gespinsten, verursachen die Larven und ausgewachsene Tiere folgende Schadsymptome:

Fensterfraß. Die Haut einer Blattseite bleibt stehen (Getreidehähnchen, Kohlmotte).

Lochfraß. Die Blätter bzw. Knollen werden lochartig durchfressen (Erdflöhe, Engerlinge).

Randfraß. Vom Rand her werden Teile der Blattfläche weggefressen (Blattrandkäfer, Dickmaulrüßler).

Skelettierfraß. Nur die dickeren Blattadern bleiben stehen (Kartoffelkäfer, Großer Kohlweißling, z. T. Kleiner Frostspanner).

Kaufraß. Das Blatt wird zerkaut und der austretende Saft aufgesaugt (Getreidelaufkäferlarve).

Totalfraß bzw. **Kahlfraß.** Das ganze Blatt wird abgefressen bzw. das Blattwerk der ganzen Pflanze wird weggefressen (Maikäfer, Goldafter).

Minierfraß. Eine Larve frißt im Blatt oder Stengel, die obere und untere Haut bleibt stehen (Rübenfliege, Großer Rapsstengelrüßler, Pfennigminiermotte an Apfel).

Bohrfraß. Die betreffenden Pflanzenteile werden ausgehöhlt (Drahtwurm, Ungleicher Holzbohrer an Obstgehölzen).

Fruchtfraß. Larven fressen in den Früchten (Obstmade vom Apfelwickler, Apfel- und Pflaumensägewespe, Kirschfruchtfliege).

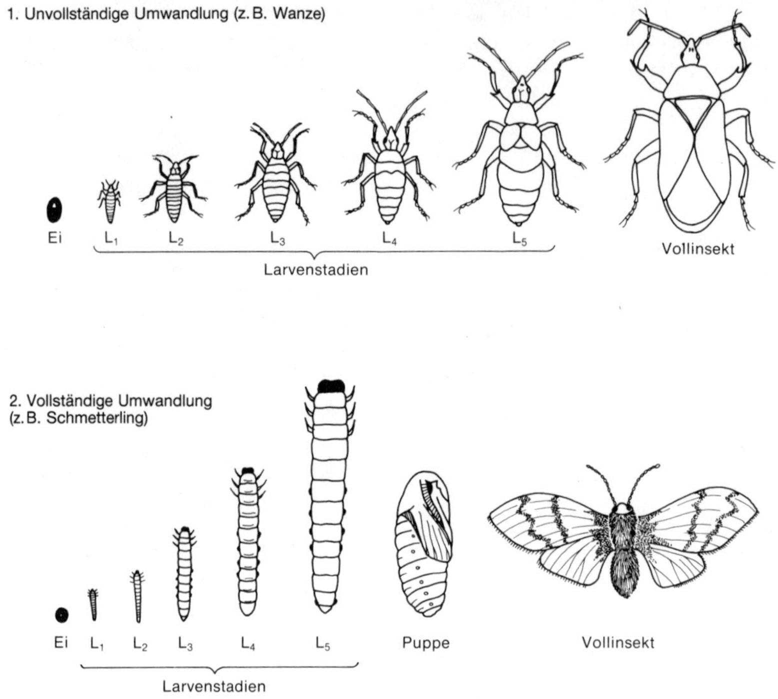

Abb. 11a. Entwicklung von Insekten.

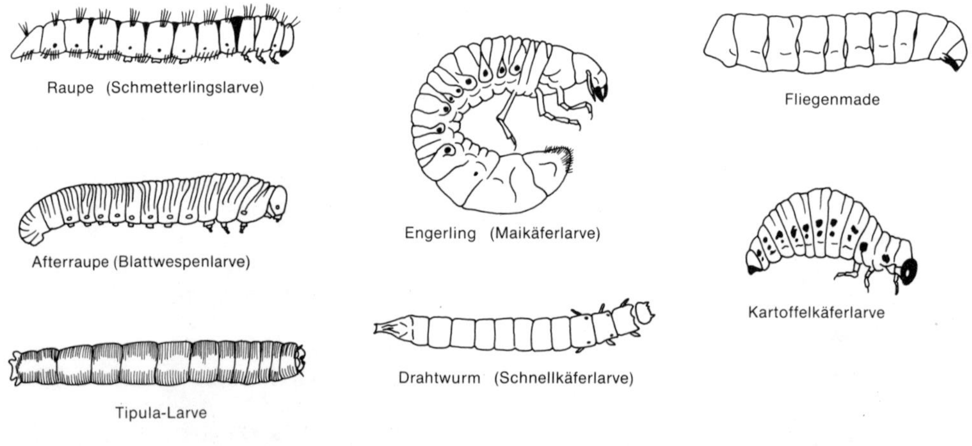

Abb. 11b. Verschiedene Larvenformen von Insekten.

3.1.6 Milben

Man kennt etwa 10000 Milbenarten. Die Milben gehören zu den Spinnentieren. Sie sind meist unter 1 mm lang. Viele Arten leben von pflanzlichen und tierischen Abfallstoffen. Daneben gibt es Vorratsschädlinge und Parasiten an Tier und Mensch. Räuberische Milben vertilgen Nematoden, Milben, kleine Insekten und Insekteneier. Pflanzenschädliche Arten stechen das Gewebe von außen an, besaugen einzelne Zellen und geben Speichel ab. Toxisch wirkende Speichelaussonderungen verursachen die Bildung von Gallen (Gallmilben) und andere Mißbildungen. Virusübertragung ist möglich (z. B. Brennesselblättrigkeit).

Der Körper der Milbe ist ungegliedert und hat bei der Larve drei Beinpaare (Ausnahme: Gallmilbe zwei Beinpaare) und beim erwachsenen Tier vier Beinpaare. Der Kopf ist kiefer- und fühlerlos und mit dem Körper verschmolzen.

Milben sind meist getrenntgeschlechtlich und eierlegend. 20 bis 500 Eier werden von einem Weibchen abgelegt. Das ausgewachsene Tier entwickelt sich vom Ei über die Larve und 1 bis 3 Nymphenstadien. Viele Milbenarten haben eine kurze Generationsdauer und daher auch bei mäßiger Fruchtbarkeit eine hohe Vermehrungsrate. Vor allem bei Spinnmilben wird die Vermehrung oft durch warme, trockene Witterung begünstigt; Regen kann stark dezimierend wirken.

Wesentlichen Einfluß auf die Zahl der Milben haben ihre Feinde. Dazu zählen Raubmilben, Käfer, Wanzen und Netzflügler (z. B. Florfliegen) und viele andere.

Wegen ihrer geringen Größe können Milben aktiv nur kurze Strecken zurücklegen. Neue Pflanzenbestände befallen sie deshalb überwiegend nach passivem Transport durch Tiere (z. B. Insekten und Vögel) und Menschen (z. B. über befallenes Pflanzenmaterial) oder mit dem Wind.

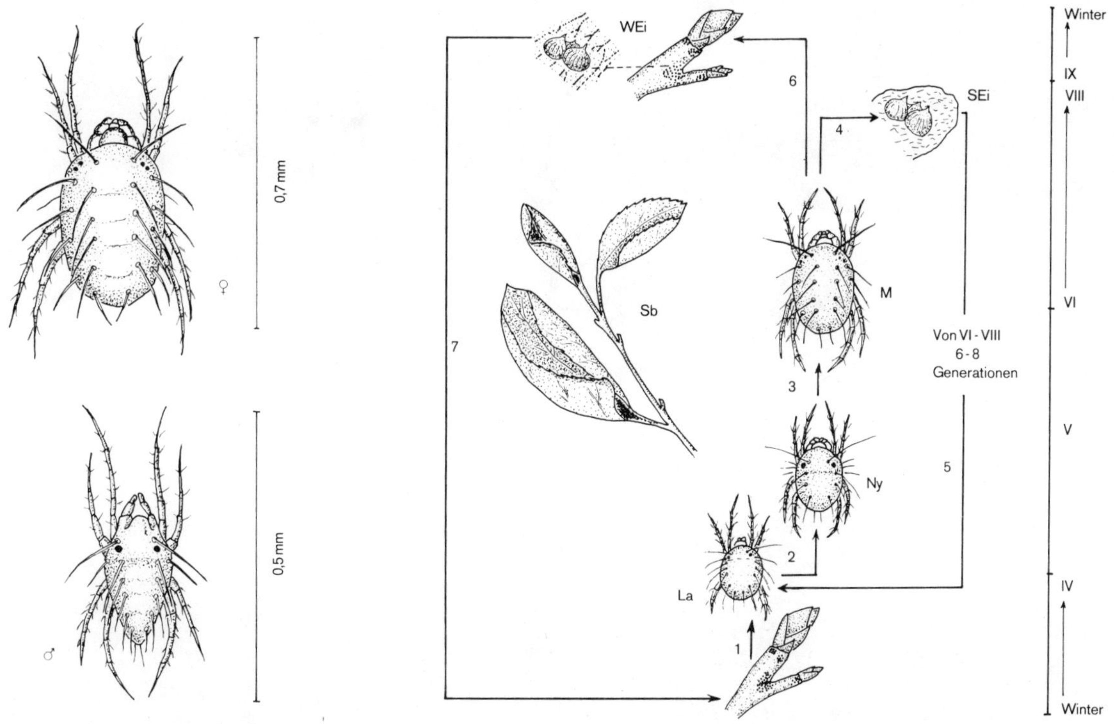

Abb. 12. Entwicklungskreislauf der Obstbaumspinnmilbe. La = Larve, Ny = Nymphe, M = adulte Milbe, Sb = Schadbild, SEi = Sommereier, WEi = Wintereier.

Insbesondere die Spinnmilben bereiten dem Pflanzenschutz Probleme. Ursache sind unter anderem auch die Reduzierung von Nutzinsekten und Raubmilben, die Resistenz gegen häufig eingesetzte Wirkstoffe sowie die günstigen Entwicklungsbedingungen an den gut mit Nährstoffen versorgten Kulturpflanzen.

Milbenbefall ist an den Blättern auf folgende Weise erkennbar:

Verfärbungen. Weiße bis gelbe Flecken bzw. graubraunes Blatt (Spinnmilben).

Welkeerscheinungen. Meist mit Einrollen der Blätter (Spinnmilben).

Mißbildungen. Blattkräuselung (Erdbeermilbe), Pocken (Birnen-, Rebenpockenmilbe), Knospengallen (Johannisbeergallmilbe).

Sonstige Anzeichen. Vorzeitiger Blattfall, bei einigen Arten auch Gespinste an Blättern und Trieben, leere Eihüllen auf Blättern.

Im Obst-, Wein- und Gartenbau werden seit einigen Jahren Raubmilben vermehrt in die Abwehrstrategien mit einbezogen.

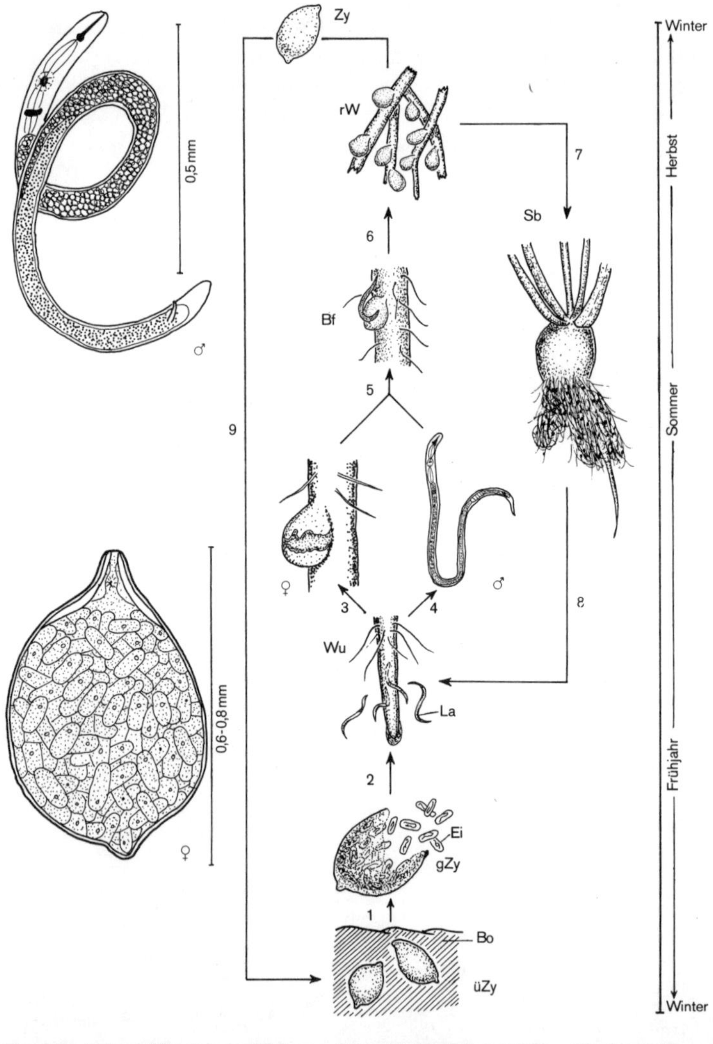

Abb. 13. Entwicklungskreislauf des Rübenzystenälchens. Bf = Befruchtung, Bo = Boden, gZy = geplatzte Zyste, La = Larven, rW = reifende Weibchen, Sb = Schadbild, üZy = überwinternde Zysten, Wu = Wurzel, Zy = Zyste.

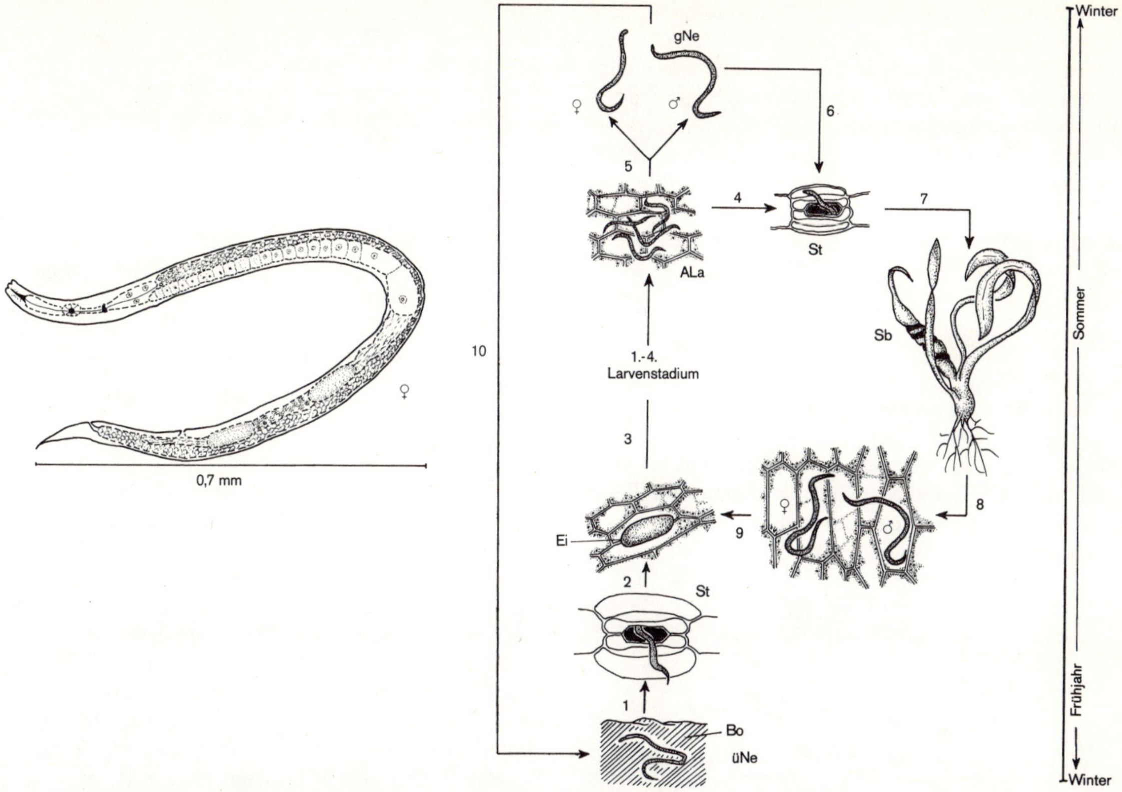

Abb. 14. Entwicklungskreislauf des Stengel- oder Stockälchens. ALa = Altlarve (4. Stadium), Bo = Boden, gNe = geschlechtsreife Nematoden, Sb = Schadbild, St = Stomata, üNe = überwinternde Nematoden.

3.1.7 Nematoden

Pflanzenparasitäre Nematoden (Älchen) sind gefährliche **Fruchtfolgeschädlinge.** Sie sind auf Wirtspflanzen spezialisiert. Stehen diese nicht zur Verfügung, so können die Nematoden im Boden trotzdem längere Zeit überleben. Das Rübenzystenälchen kann z. B. bis zu neun Jahre lang im Boden überleben.

Die Lebensweise der verschiedenen Nematoden ist recht unterschiedlich, dennoch haben sie folgende Gemeinsamkeiten:

Es sind kleine (1 mm), kaum sichtbare, lange schlanke und glashelle Fadenwürmer. Die Weibchen einiger Arten können im Verlauf ihrer Entwicklung zu rundlichen Zysten anschwellen (Abb. 13). Ihr Körper ist dann prall gefüllt mit Eiern und Larven. Die Fortpflanzung erfolgt geschlechtlich über Eier und mehrere Larvenstadien zum erwachsenen Tier (Abb. 14). Mit ihrem **Mundstachel** stechen sie die Pflanzen an. Während die Nematoden den Pflanzensaft saugen, entlassen sie Giftstoffe in die Pflanze, die zum Anschwellen des Pflanzengewebes führen. Dadurch wird der Wasser- und Nährstofftransport in der Pflanze gestört, was zu Stauchungen, Schwellungen, Verkrümmungen und zum Absterben von Pflanzenteilen führen kann.

Daneben gibt es auch noch indirekte Schadwirkungen, wie Schwächung der Widerstandsfähigkeit der Pflanze gegen andere Schadorganismen, Schaffung von Wunden, die als Eintrittspforten für fäulniserregende Mikroorganismen dienen und direkte Übertragung von Pilzen, Bakterien und – besonders wichtig – Viren.

Die **Verbreitung** der Nematoden erfolgt aktiv auf kurzen Strecken durch schlängelnde Bewegungen; weitere Entfernungen werden mit befallenen Ernteprodukten, verseuchter Erde an Maschinen, Arbeitsgeräten und Schuhen, durch Tiere, Wind und Wasser überwunden. Der Befall äußert sich in einer nesterweise auftretenden mehr oder weniger starken Wachstumshemmung.

Neben den pflanzenschädigenden Nematoden gibt es auch Arten, die als natürliche Gegenspieler von Schädlingen, wie z. B. dem Dickmaulrüßler, erfolgreich zu deren Abwehr eingesetzt werden (s. Seite 182).

3.1.8 Schnecken

Die Schnecken gehören zu den Weichtieren. Mehr als 100000 Arten sind bekannt. Die meisten leben im Salz- und Süßwasser, viele sind Landbewohner, einige kommen sogar in sehr trockenen Lebensräumen vor. Alle Schnecken sind feuchtigkeitsliebend. Die Gehäuseschnecken überstehen wegen ihres besonderen Verdunstungsschutzes vorübergehende Trockenperioden besser.

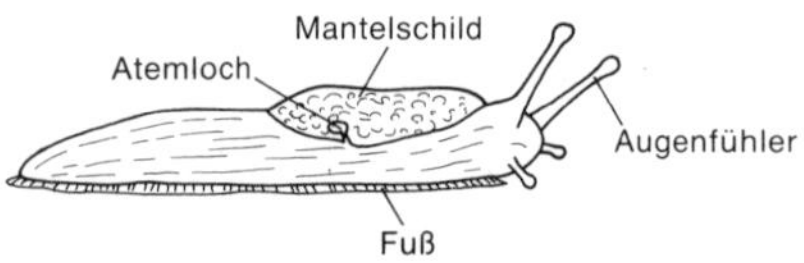

Abb. 15. Nacktschnecke.

Pflanzenschädliche Schnecken sind bis zu 4,5 cm lang und an den 4 Körperabschnitten (Kopf, Fuß, Mantel, Eingeweidesack) zu unterscheiden. Typisch ist das als Radula (Reibplatte) bezeichnete Fraßorgan und die Absonderung von Schleim. Schnecken verursachen durch den Schabefraß an Pflanzenteilen erhebliche Verluste, die bei auflaufenden Pflanzen und Jungpflanzen bis zum Kahlfraß führen können. Schnecken können innerhalb eines Tages fast die Hälfte ihres Eigengewichts an grünem Blattmaterial fressen. Schäden verursachen vor allem Nacktschnecken während und nach feuchtkühlen Perioden. Häufig konzentriert sich der Schaden an den Feldrändern, die an Grünlandflächen angrenzen, da sich die Schnecken tagsüber auf die feuchteren Wiesen zurückziehen. Geschädigt werden Ackerbau- und Gemüsekulturen sowie Erdbeeren und Futterpflanzen. Dauerbepflanzung und Mulchsaaten führen zu erhöhtem Schneckenbefall. Schädlich werden bei uns vor allem die Graue und die Genetzte Ackerschnecke.

Tab. 12. Schaden und Nutzen durch Vögel

Vogelart	Schaden	Nutzen
Star	Fraß von Früchten in Obst- und Weinberganlagen	Vertilgen von Würmern, Schnecken, Insektenlarven
Krähen	Wintersaaten, reifende Früchte, Kartoffelgelege	Vertilgen von Engerling, Drahtwurm, Schnecke, Maus

3.1.9 Vögel

Es gibt etwa 8600 Vogelarten. Sie ernähren sich meist sehr vielseitig (Allesfresser) und passen sich häufig an das jahreszeitliche Nahrungsangebot an. Verschiedene Arten werden schädlich durch Fraß von Knospen, Blüten, Früchten, Jungpflanzen oder Saaten sowie als Wegbereiter für Fäulniserreger an beschädigten Früchten. Schäden können verursachen z. B. Taube, Amsel, Fasan, Sperling, Star, Wacholderdrossel und Krähe. Die Beurteilung der Schadenswirkung gegenüber dem Nutzen ist schwierig, da Schaden verursachende Arten, wie z. B. Star und Krähe, insbesondere während der Brutaufzucht auch als Vertilger von tierischen Schädlingen auftreten (Tab. 12).

3.1.10 Säugetiere

Insgesamt gibt es ca. 7000 Säugetierarten mit sehr unterschiedlicher Lebensweise. Manche Formen sind nützlich durch Vertilgung von Nagern oder Insekten. Wichtige Schädlinge sind vor allem unter den Nagetieren zu finden. Dazu gehören Maus, Wühlmaus, Bisam und Ratte. Sie schädigen durch Zerstörungen an den Kulturpflanzen und am Erntegut (Vorratshaltung) sowie durch die Anlage von unterirdischen Gangsystemen. Die Vermehrungsrate ist hoch. Während der Wintermonate schädigen Hase, Kaninchen und Feldmaus durch Abnagen der Rinde junge Obstgehölze und Forstpflanzen.

3.2 Unbelebte Schadursachen

Gesundheit und normale Entwicklung der Pflanzen sind beim Fehlen von Schaderregern nur gewährleistet, wenn die Umweltbedingungen den Ansprüchen der Pflanze entsprechen. Die Grenzen der Belastungsfähigkeit der Pflanze können leicht überschritten werden, z. B. wenn bei der Standortwahl biologische Gesichtspunkte zu Gunsten von ökonomischen vernachlässigt werden bzw. vom Anbauer nicht beeinflußbare Schadwirkungen vorhanden sind. Wächst eine Pflanze unter ungünstigen Umweltbedingungen (z. B. Grenzlage) auf, erhöht sich die Anfälligkeit gegenüber Schadorganismen.

Unbelebte Krankheitsursachen treten im Zusammenhang mit Witterungs- und Bodenbedingungen, Agrartechnik sowie Immission auf (Tab. 13). Die Erkrankungen sind nicht übertragbar, manche können nach der Beseitigung des auslösenden Faktors geheilt werden. Die große Bedeutung dieser Faktoren liegt nicht immer allein darin, daß sie unmittelbar Pflanzen krank machen und schädigen. In vielen Fällen schaffen sie erst die Voraussetzung für einen Befall oder sie beeinflussen Schwere und Verlauf einer Erkrankung.

Tab. 13. Unbelebte Krankheitsursachen in der Übersicht

Ursachen	Erscheinungsformen
Klima und Witterung:	
Temperatur	Kälte, Frost, Hitze
Licht	Mangel, Dauer, Intensität
Niederschlag	Regen, Schnee, Hagel
Luftbewegung	Wind, Sturm, Böen
Bodenbedingungen und Mangelkrankheiten:	
Feuchtigkeit	Nässe, Trockenheit
Struktur	Verdichtung, Porenvolumen
chemische Zusammensetzung	Nährstoffmangel, -überschuß, giftige Verbindungen
Bodenreaktion (pH-Wert)	sauer, neutral, alkalisch
Agrartechniken:	
mechanische Schäden	fehlerhafter Einsatz von Geräten (Pflug, Egge, Grubber usw.)
Einsatz von Chemikalien	fehlerhafte Anwendung von Dünge- und Pflanzenschutzmitteln
Immissionen:	
schädliche Auswirkungen auf Pflanzen	Smog, Schwefeldioxid, Fluor-, Chlorwasserstoffe, Nitrogene, Ozon usw.
auf Boden, Wasser	Eintrag unerwünschter Stoffe und Chemikalien

Merke:

Pflanzenschäden durch oben aufgeführte Ursachen kann der Anbauer nur zum Teil beeinflussen. Wichtig ist jedoch, daß sie als schaderregerunabhängige Ursachen erkannt werden, um unnötige chemische Maßnahmen zu vermeiden.

3.2.1 Schäden durch Klima und Witterungsbedingungen

Infolge von Frosteinwirkungen kann bei Beta-Rüben und anderen zweijährigen Pflanzenarten Schosserbildung auftreten. Indirekte Frostschäden führen durch Auffrieren des Bodens zum Zerreißen der Pflanzenwurzeln und tragen zum Beispiel zur Getreideauswinterung bei. Mehrjährige Arten (Obstbäume, Rebe usw.) können durch Frosteinwirkung stark geschädigt bzw. zum Absterben gebracht werden. Bei wertvollen Kulturarten wird Frostschutz durch Wärmezufuhr, Beregnung, Nebeln sowie Räuchern betrieben.

Schäden durch zu hohe Temperaturen sind in unserem gemäßigten Klima selten. Im Extremfall kann es aufgrund von Wassermangel zum Verhungern oder Verdorren der Pflanzen kommen.

Hagel wirkt sich an den betroffenen Pflanzen als Anschlag, Knickung, Bruch, Abschlag und Durchschlag aus. Je nachdem, in welchem Entwicklungsstadium bestimmte Pflanzenorgane schwerpunktmäßig betroffen sind, können geringe Schäden bis Totalausfall auftreten. Die Auswirkungen sind während der Reifezeit bzw. vor der Ernte am gravierendsten.

3.2.2 Bodenbedingungen und Mangelkrankheiten

Stauende Nässe oder übermäßige Bodenfeuchtigkeit kann zum Abfaulen bzw. zu erhöhter Anfälligkeit gegenüber Krankheiten bei Saaten oder Wurzelfäulen bei Erdbeeren und Himbeeren führen. Feuchte Witterung und entsprechende Temperaturen können zum Ansteigen von Pilzkrankheiten beitragen. Mangelnde Pflanzenentwicklung wird oftmals durch die Bearbeitung feuchter oder nasser Böden selbst verursacht.

Pflanzen benötigen für ihre Entwicklung neben Wasser, Licht usw. auch Nährstoffe. Der pH-Wert beeinflußt in vielfältiger Weise Eigenschaften und Vorgänge im Boden und damit das Pflanzenwachstum (Abb. 16).

Die günstigsten Bedingungen liegen in einem pH-Bereich von 5 bis 7,5. Ein erhöhter Gehalt an z. B. Fe, Mn, Cu, Zn, bedingt durch niedrigen pH (sauer), führt zu schweren toxischen Schäden an den Pflanzen. Säureschäden zeigen sich in Wachstumshemmung, Blattvergilbung, Blattflecken und Wurzelschädigungen. Daneben kann zu niedriger oder sehr hoher pH-Wert auch Mangel an Spurenelementen, wie z. B. Mo, hervorrufen. In sehr alkalischen Böden (z. B. Überkalkung) kommt es zu Störungen des Pflanzenwachstums bedingt durch Mangel an Spurenelementen, wie z. B. Bor (Herz- und Trokkenfäule der Rübe) oder Mangan (Fleckenkrankheit des Hafers). Wachstumsbeeinträchtigungen und Veränderungen (z. B. Vergilben) an der Pflanze werden ebenfalls durch den Mangel an **Hauptnährstoffen,** wie z. B. N, K, P, Mg und S, verursacht. Der pH-Wert läßt sich durch Zufuhr sauer wirkender Dünger oder Kalkdünger korrigieren. Böden in unserem Klimagebiet neigen zur Versauerung (Auswaschung) und bedürfen daher der regelmäßigen Kalkzufuhr. Zu den säureliebenden Pflanzen zählen Lupine, Roggen, Kartoffel, Hafer, zu den kalkliebenden Luzerne, Gerste, Zuckerrübe, Weizen (Abb. 17).

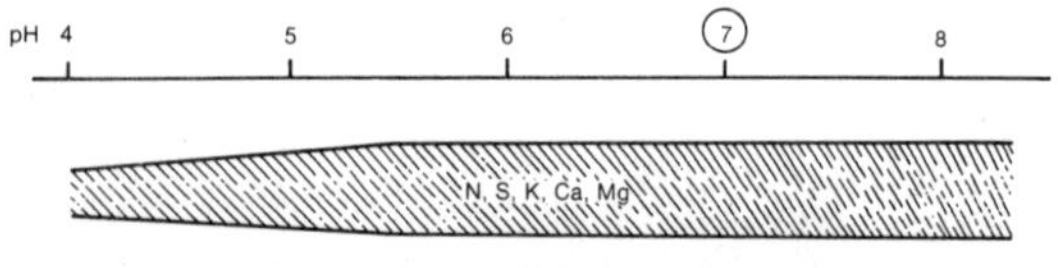

Abb. 16. Veränderung der Gehalte an verfügbaren Nährstoffen und Aluminium in Abhängigkeit vom pH-Wert.

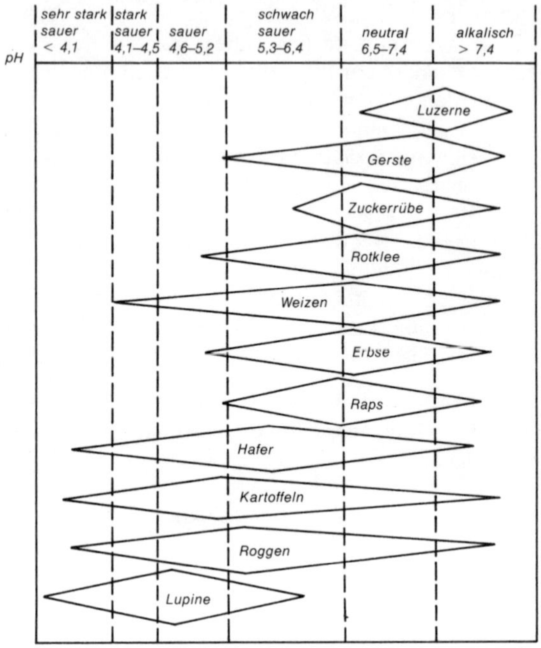

Abb. 17. Optimale Reaktionsbereiche verschiedener Kulturpflanzen.

Ursachen für das Auftreten von Nährstoffmangel und -überschuß sind:

- unzureichende Versorgung der Böden mit Nährstoffen (Tab. 14)
- Nährstoffentzug durch Kulturpflanzen ohne angepaßten Nährstoffersatz
- Nährstoffauswaschung, -festlegung
- ungünstiger pH-Wert
- einseitige Düngungsmaßnahmen und Mineralstoffanreicherungen
- hohes Ertragsniveau mit überhöhtem Nährstoffbedarf.

Bei der Mineralstoffaufnahme der Pflanzen und der Möglichkeit eines Auftretens von abiotischen Schadsymptomen kommt der Bodenstruktur (Krümel- oder Einzelkornstruktur; lockere oder verdichtete Lagerung) und dem damit verbundenen Lufthaushalt des Bodens, dem Anteil an Sauerstoff und CO_2 eine ganz besondere Bedeutung zu. Auf schweren, wenig durchlässigen Böden kann es durch Wasserstau zu einem zeitweiligen Sauerstoffmangel kommen. Dies beeinflußt die Wurzelatmung und kann zur Abnahme der Wasser- und Mineralstoffaufnahme führen.

Tab. 14. Mangelkrankheiten bei unzureichender Düngung

Nährstoff	Mangelkrankheit	Symptome
Stickstoff		Pflanzen klein und kümmerlich ältere Blätter hellgrün-gelb
Kalium	»Welketracht«	Pflanzen wirken schlaff und welk
Phosphor	»Starrtracht«	kleine Pflanzen mit aufrechtem Wuchs, starre Blätter
Bor	Herz- und Trockenfäule	Herzblätter klein, Rübenkopf durch Trockenfäule schwarz und zerstört
Mangan	Dörrfleckenkrankheit des Hafers	nesterweise Pflanzen mit gehemmtem Wuchs, Blätter knicken und sterben ab
Kupfer	Heidemoorkrankheit des Hafers	Blattspitzen weiß, Rispenbildung unterbleibt
Kalzium	Stippigkeit des Apfels	Triebspitzen gestaucht, Früchte stippig

3.2.3 Agrartechniken

Die Bearbeitung des Bodens zur Unzeit oder mit falschen Bodengeräten führt zu Bodenverdichtungen (Krumenverdichtung, Pflugsohlenbildung, Bodenverschlemmung und -verkrustung) mit der Folge reduzierter Nährstoffaufnahme, Wachstumshemmung und Ertragsminderung.

Spritzschäden können bei unsachgemäßer Dünge- und Pflanzenschutzmittelausbringung zustande kommen. Durch das Zusammenfließen der Blattdünger an Blattspitzen oder durch Tropfenbildung können unsymmetrisch ausgebildete Nekrosen entstehen. Ähnliche Schäden treten bei fehlerhafter Dosierung von Herbiziden und anderen Pflanzenschutzmitteln auf. Durch Abtrift, besonders beim Feinsprüh- und Nebelverfahren mit geringen Spritzbrühemengen, können unbehandelte Nachbarpflanzenbestände Schadsymptome zeigen. Abtrift und fehlerhafte Applikation sind unbedingt zu vermeiden.

3.2.4 Immissionen

Bei Verbrennungvorgängen (Öl, Kohle, Müll usw.) in Industrieanlagen sowie durch den Straßenverkehr entstehende Abgase und Flugstaub können zu abiotischen Schäden bei Pflanzen führen. Luftverunreinigungen verursachen Wachstums- und Ertragsreduktion (s. Tab. 15, S. 32), sichtbare Beschädigungen und Qualitätseinbußen, die wirtschaftliche Schäden bedingen. Die Empfindlichkeit der Pflanzen gegenüber Trockenheit, Frost sowie Krankheits- und Schädlingsbefall wird erhöht. Als Schadgase sind u. a. bekannt: Schwefeldioxid, (SO_2), Ozon (O_3), Fluorwasserstoff (HF), Stickoxide (NO und NO_2), Ammoniak (NH_3). Luftverunreinigungen können Pflanzen auch ohne sichtbare Symptome beeinträchtigen und zu Ertragsminderungen führen.

4 Maßnahmen und Verfahren im Pflanzenschutz

Zum modernen Pflanzenschutz gehört eine Vielzahl von Maßnahmen, die alle darauf abzielen, die Massenvermehrung von Krankheiten, Schädlingen und Unkräutern in den Kulturen so zu begrenzen, daß die Sicherung des Ertrages und die Gesunderhaltung der pflanzlichen Erzeugnisse gewährleistet ist. Dabei sollte durch die Ausnutzung der technischen Möglichkeiten der Arbeitsaufwand für den Landwirt und

Tab. 15. Ertragseinbußen (%) bei verschiedenen Kulturen als Folge von Verschmutzung aus der Luft (aus PSP 2/89)

Kultur	Ertragseinbuße (%) HF	O_3	SO_2	Gesamt
Getreide	0,0	1,7	0,8	2,5
Hülsenfrüchte	0,3	6,6	1,2	8,1
Grassaatzucht	0,0	1,6	1,4	3,0
Kartoffeln	0,0	6,3	1,1	7,4
Futterpflanzen	0,0	6,2	0,0	6,2
Grünland	0,8	1,6	1,1	3,5
Gemüse	0,0	4,4	0,9	5,3
Früchte	0,1	0,0	1,0	1,1
Blumen	2,6	0,0	1,2	3,8
Bäume	1,7	0,0	0,3	2,0
Blumenzwiebeln	3,0	0,0	0,5	3,5
Gemüse (Gewächshaus)	0,0	3,1	1,8	4,9
Schnittblumen (Gewächshaus)	0,0	6,3	0,9	7,2
Topfpflanzen (Gewächshaus)	0,7	4,6	2,5	7,8
Total	0,4	3,4	1,2	5,0

die Belastung der Agrarlandschaft möglichst gering bleiben.
Dazu zählen:
- **vorbeugende** Maßnahmen (Standort- und Sortenwahl, Fruchtfolge, Düngung usw.)
- **direkte** Maßnahmen (chemische, physikalische, biologische, biotechnische)
- **integrierte** Maßnahmen (Kombination der o. a. Maßnahmen).

Vorgehensweisen
Die Wahl des richtigen Zeitpunkts zur Durchführung von Maßnahmen, wie z. B. Pflanzen, Aussaat (Tab. 16), Pflege, Unkrautbekämpfung, Ernte, kann von entscheidender Bedeutung für die Entwicklung von Schadorganismen sein. Bei der Unkrautbekämpfung muß die Schadpflanze rechtzeitig erfaßt werden, und die Kulturpflanze darf im Wachstum nicht beeinträchtigt werden. Bei der Ernte kann es sinnvoll sein, Ernterückstände und Wirtspflanzen restlos zu entfernen, um eine weitere Vermehrung von Schadorganismen zu unterbinden (z. B. Nematoden, Viren bei wildem Kartoffelaufwuchs, Fritfliegen bei Hafer) oder zur Schadensverhinderung die Ernte vorzuverlegen (Verhinderung der Virusabwanderung in Kartoffelknollen durch Frührodung).

4.1 Vorbeugende Pflanzenschutzmaßnahmen

Planvoller und auf Langfristigkeit angelegter Pflanzenschutz baut hauptsächlich auf vorbeugende Maßnahmen auf.

Dazu zählen:

- **Kulturmaßnahmen**
- Standortwahl und -verbesserung
- Fruchtfolge
- Sortenwahl
- gesundes Saat- und Pflanzengut
- Bodenbearbeitung, -vorbereitung
- Saatzeit
- Bestandesdichte
- Düngung entsprechend dem tatsächlichen Pflanzenentzug und der Nährstoffnachlieferung
- Pflegemaßnahmen
- mechanische Unkrautbekämpfung
- Erntemaßnahmen, Lagerung (Vorratsschutz)

- **Verhinderung der Einschleppung von fremden Schaderregern**

- **Produktion von gesundem Saat- und Pflanzgut**
- Sortenzulassung

– Saatgut- und Pflanzgutanerkennung
– Verwendung virusfreier- oder virusgetesteter Pflanzware

- **Resistenzzüchtung**

– Züchtung von Sorten mit erhöhter Widerstandsfähigkeit (Resistenz bzw. Toleranz) gegen Krankheiten und Schädlinge.

Beispiele für die weitreichende Bedeutung vorbeugender Maßnahmen sind die im Zuckerrübenanbau einzuhaltende mehrjährige Anbaupause zur Verhinderung einer starken Vermehrung der Rübennematoden, die Kalkung zur Verminderung des Kohlherniebefalls oder auch die Verwendung von Spurenelement-Düngern zur Verhinderung von Mangelerkrankungen. Durch vorbeugende Maßnahmen kann der Umfang der direkten Maßnahmen zwar vermindert werden, jedoch reichen vorbeugende Maßnahmen in Anbetracht der hohen Produktionsintensität in vielen Fällen für einen wirksamen Schutz der Pflanzen nicht aus; andererseits kann eine vorbeugende Maßnahme aber auch die einzig wirksame Möglichkeit für den Aufbau gesunder und leistungssicherer Bestände darstellen, wie z. B. die Verwendung virusfreien Pflanzenmaterials im Obst- oder Kartoffelbau.

Merke:

Planvoller Pflanzenschutz beginnt mit vorbeugenden Maßnahmen!

4.1.1 Standortwahl und Standortverbesserung

Gesundheit und optimale Entwicklung von Pflanzen sind gewährleistet, wenn ihre Ansprüche an die Umweltbedingungen möglichst gut erfüllt sind. Der Anbau der Kulturpflanzen sollte an geeigneten Standorten erfolgen, um das Krankheits- und Befallsrisiko zu minimieren. Da auch Schadorganismen bestimmte Ansprüche an die Umwelt stellen, sollte auch dies mitberücksichtigt werden. Bei feuchter Witterung werden die Pilz- und Bakterienkrankheiten begünstigt, bei trockener Witterung die Schädlinge.

Die Standortbedingungen sind im wesentlichen vorgegeben, und eine Veränderung zur Anpassung an die Ansprüche bestimmter Kulturpflanzen ist nur in engen Grenzen durch Verbesserung einzelner Faktoren möglich. Deshalb ist die Auswahl gut angepaßter Kulturpflanzen oder resistenter und toleranter Sorten zweckmäßiger.

Tab. 16. Einfluß von Saat und Pflanzung auf den Befall durch Schadorganismen

Saat/Pflanzung	Kulturpflanze	Förderung	Minderung
Frühe Saat im Frühjahr	Beta-Rüben Getreide Sommergetreide	Wurzelbrand	Rübenvergilbung Getreidemehltau Fritfliege
Frühe Pflanzung im Frühjahr	Kartoffel	Rhizoctonia-krankheit	Viruskrankheiten
Frühe Saat im Herbst	Winterweizen und Wintergerste	Mehltau Halmbruch Fritfliege	Brachfliege
Späte Saat im Herbst	Winterweizen und Wintergerste Getreide Winterweizen	Brachfliege Schneeschimmel Zwergsteinbrand	Mehltau, Halmbruch Fritfliege
Zu tiefe Saat	Mais Getreide	Keimlingskrankheit Halmbruch	

Eine Standortverbesserung kann erreicht werden durch:
- Bodenmelioration
- Bodenbearbeitung (Wachstumsförderung)
- Düngung (harmonische Ernährung)
- Schutzpflanzungen (Eindämmung der Frostgefahr und der Luftbewegung, Nützlingsansiedlung)
- Unkrautbekämpfung (Beseitigung von Zwischenwirten o. ä. und Konkurrenten um lebensnotwendige Faktoren).

4.1.2 Fruchtfolge

Ununterbrochener oder häufiger Anbau einer einzigen Pflanzenart auf derselben Fläche kann zur Übervermehrung von Krankheiten und Schädlingen führen und extremen Ertragsabfall bis hin zur »Bodenmüdigkeit« auslösen. Diesem Phänomen wird durch geregelte Fruchtfolgen begegnet. Die Maßnahme wirkt in erster Linie gegen bodenbürtige Schaderreger, die in befallenen Pflanzenrückständen überleben oder ohne Wirtspflanzen nur kurze Zeit überdauern können. Mit Hilfe einer ausgeglichenen Fruchtfolge können Schaderreger unter der wirtschaftlichen Schadensschwelle gehalten werden. Neben der engen Fruchtfolge kann auch der Anbau von Winter- und Sommerkulturarten in unmittelbarer Nähe zur weiteren Verbreitung und Zunahme von Schaderregern beitragen.

Wichtige Fruchtfolgekrankheiten sind:
Getreide: Schwarzbeinigkeit, Halmbruchkrankheit, Blattdürre des Weizens, Zystennematoden
Kohl und Raps: Kohlhernie, Rübenzystennematode
Kartoffeln: Kartoffelkrebs, Zystennematode
Rübe: Zystennematode
Klee: Kleekrebs

4.1.3 Sortenwahl

Die Sortenwahl ist eine wichtige Maßnahme zur Herabsetzung der Schadenswahrscheinlichkeit und Ertragssicherung. Sie ist einfach, wirksam, umweltgerecht und preiswert. Kriterien der Sortenwahl sind:
- Leistungsfähigkeit in Qualität und Ertrag
- Standorteignung
- Widerstandsfähigkeit gegen Schadorganismen und Umwelteinflüsse.

Die Widerstandsfähigkeit von Sorten gegen Schaderreger beruht auf Resistenz oder Toleranz. Resistente Pflanzen verhindern das Eindringen von Schadorganismen bzw. ihre Weiterentwicklung in der Pflanze, tolerante Pflanzen nehmen durch den Befall keinen oder nur geringen Schaden. Die Verwendung resistenter oder toleranter Sorten ist in Kulturen, für die zur Bekämpfung gegen bestimmte Schaderreger keine Pflanzenschutzmittel ausgewiesen sind (z. B. Falscher Mehltau an Spinat und Feldsalat), nicht selten die einzig praktikable Pflanzenschutzmaßnahme.

4.1.4 Saat- und Pflanzgut

In der Bundesrepublik Deutschland darf nur amtlich anerkanntes und geprüftes Saat- und Pflanzgut in den Handel gebracht werden. Mitentscheidend für den Anbauerfolg ist die Qualität des Saat- und Pflanzgutes. Ein wichtiges Kriterium ist dabei der Gesundheitszustand, denn zahlreiche samenbürtige Krankheitserreger und Bakterien, Dauerstadien von Schadorganismen sowie Virosen können mit ihm übertragen werden. In den verschiedenen Saatgutkategorien (zertifiziertes Saatgut, Basissaatgut) sind zulässige Höchstgrenzen für den Fremdbesatz festgelegt. Neben dem Gesundheitszustand bestehen Anforderungen an die Sortenechtheit, Sortenreinheit und Mindestkeimfähigkeit. Der Gesundheitszustand von Saatgut läßt sich verbessern durch Entfernung von Verunreinigungen mit Unkrautsamen sowie Schaderregern und deren Dauerstadien. Voraussetzungen zum Aufwuchs gesunder Pflanzenbestände werden durch die Saatgutbehandlung mit Beiz- bzw. Inkrustierungsmitteln geschaffen.

Für den Bereich des Obstbaues gilt, daß, soweit für die einzelne Kulturart die Voraussetzung besteht (z. B. Kern- und Steinobst), nur virusfreies bzw. virusgetestetes Pflanzmaterial gehandelt werden darf (gemäß der Obst-Virus-Verordnung).

4.1.5 Bodenbearbeitung

Durch die Bodenbearbeitung sollen optimale Voraussetzungen für das Wachstum der Kulturpflanze geschaffen werden.
Dies wird erreicht durch:
- ausreichend tiefen Wurzel- und Nährstoffraum
- lockeres, krümeliges, abgesetztes Saatbett
- optimale Einmischung von Pflanzen- und Ernteresten bzw. Zwischenfrüchten
- mechanische Bekämpfung von Schadorganismen
- Vermeidung verdichteter, verschlämmter, verkrusteter Bodenoberflächen.

Tab. 17. Einfluß der Bearbeitungsgeräte auf Boden und Schadorganismen

Gerät	Wirkung auf den Boden	Wirkung auf Schaderreger
Schälpflug	vermindert Wasserverdunstung der Bodenoberfläche	Bekämpfung von Unkräutern und Ausfallgetreide; Unterbrechung von Infektketten z. B. Gelbrost
Grubber	Lockerung der obersten Bodenschichten	Bekämpfung von Unkräutern und Ausfallgetreide
Scheibenegge	Lockerung der obersten Bodenschichten	Bekämpfung von Engerlingen, Drahtwürmern, Maiszünslerraupen und Unkräutern
Fräse	Lockerung, oberflächliche Bodenbearbeitung	
Pflug	Wenden und Lockern	Vermindert Schwarzbeinigkeit des Getreides und Anzahl Puppen der Brach- und Fritfliege, Unkrautbekämpfung
Schlepper-Raddruck	Verdichten	Begünstigt Beinigkeit und Wurzelbrand der Rüben, Nematoden, Schwarzbeinigkeit und Knollenfäule der Kartoffel, Unkräuter (z. B. Ackerminze)

Wichtig ist die Beachtung des Bodenzustandes und die Kenntnis über die Wirkungsweise der Bodenbearbeitungsgeräte (Tab. 17). Durch Schälen und tiefes Pflügen vor der Saat und nach der Ernte werden zahlreiche Schadorganismen durch Verschütten vernichtet.

Scheibenegge und andere rotierende Geräte können zur Bekämpfung von Bodenschädlingen, wie Engerlingen, Drahtwurm und Brachfliege eingesetzt werden. Auf die Saat folgende Bodenbearbeitungsmaßnahmen, wie Eggen, Hacken und Walzen, können zur Unzeit angewendet die Entwicklung der Kulturpflanzen hemmen. Durch die Verlängerung des Jugendstadiums wird die Anfälligkeit gegenüber Schadorganismen begünstigt. Optimale Bodenbearbeitung in Zusammenhang mit ausgewogener Humusversorgung und Gründüngung fördert im Boden die Zunahme von Organismen, die pflanzenschädigende Krankheiten und Tiere reduzieren.

4.1.6 Düngung

Eine harmonische Versorgung der Pflanze mit den notwendigen Haupt- und Spurennährstoffen ermöglicht eine optimale Entwicklung und reduziert die Anfälligkeit gegenüber Schadorganismen. Einseitig mit Stickstoff versorgte Pflanzen sind durch Krankheiten gefährdet, z. B. Getreide durch Rost- und Mehltaupilze (Abb. 18). Eine gute Ernährung mit Kalium wirkt resistenzerhöhend und begünstigt die Standfestigkeit z. B. bei Getreide sowie die Verstärkung der Außenhaut. Dadurch wird das Eindringen von Schadorganismen erschwert.

Viren finden auf gut ernährten Pflanzen bessere Vermehrungsbedingungen. Umgekehrt finden auf geschwächten und ungenügend mit Nährstoffen versorgten Pflanzen bestimmte Schaderreger bessere

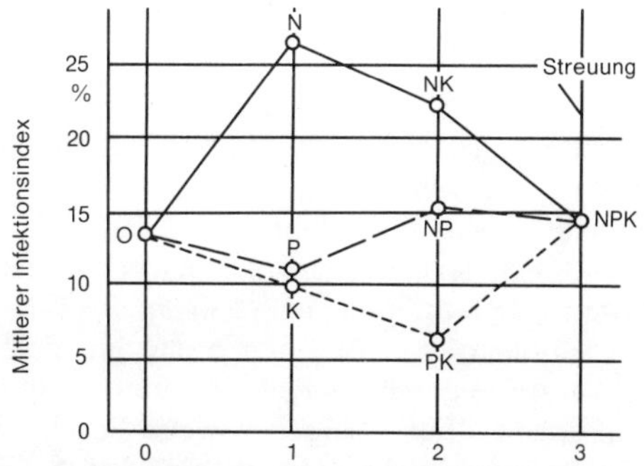

Abb. 18. Der Einfluß verschiedener Nährstoffe auf den Befall von Sommergerste mit Mehltau.

Entwicklungsbedingungen. Beispielsweise treten erhöhte Schädigungen von schlecht ernährten Rübenkeimpflanzen durch Wurzelbranderreger, bei Kartoffeln durch Weißhosigkeit und bei Getreide durch Schwarzbeinigkeit auf. Bei Unterversorgung mit den Spurenelementen Kupfer und Mangan treten die Mangelkrankheiten Dörrfleckenkrankheit und Heidemoorkrankheit bei Hafer auf (siehe Tab. 14). Kohl bzw. Kruziferen sind auf sauren Böden durch die Dauersporen des Erregers der Kohlhernie gefährdet, da sie unter diesen Bedingungen auskeimen und die Pflanzen infizieren.

4.2 Direkte Pflanzenschutzmaßnahmen

Bei starkem Auftreten von Schadorganismen (z. B. Krankheiten, Unkräuter, tierische Schädlinge, schädliche Mikroorganismen) werden direkte Maßnahmen zur Verhinderung von Ertrags- und Qualitätsverlusten erforderlich. Ihre Anwendung muß in Verbindung mit den Kulturmaßnahmen und der Pflanzenhygiene erfolgen, um einen möglichst sicheren und nachhaltigen Schutz der Pflanzen zu erreichen. Im einzelnen kommt die Anwendung chemischer, physikalischer, biologischer und biotechnischer Maßnahmen in Betracht.

4.2.1 Chemische Maßnahmen

Auf die Anwendung chemischer Pflanzenschutzmittel kann heute auch bei Ausnutzung aller anderen Möglichkeiten zur Abwehr von Schadorganismen noch nicht verzichtet werden. Der Einsatz von Pflanzenschutzmitteln hat sich allerdings auf das absolut notwendige Maß zu beschränken und an den vorhandenen wirtschaftlichen Schadensschwellen zu orientieren. Die Beachtung dieser Kriterien, die vorsorgliche Anbauplanung und die Kombination möglicher Pflanzenschutzmaßnahmen sind Voraussetzung für die Anwendung chemischer Pflanzenschutzmittel nach guter fachlicher Praxis im Integrierten Pflanzenschutz.

Bei akuter Schadensgefahr sind Pflanzenschutzmittel mit sicherer und schneller Wirkung einsetzbar. Sie sind wirtschaftlich, bei sachgemäßer Anwendung gesundheitlich unbedenklich und für die Kulturpflanze sowie den Naturhaushalt ohne schädliche Auswirkungen. Die Vorgehensweise nach dem Schadschwellenprinzip ermöglicht einen ganz gezielten Einsatz der Pflanzenschutzmittel im Rahmen des Integrierten Pflanzenschutzes. Neben den Vorteilen der Pflanzenschutzmittelanwendung bestehen aber auch Nachteile; z. B. besteht unter bestimmten topographischen und hydrogeologischen Bedingungen die Gefahr der Verunreinigung von Grund- und Oberflächengewässern. Dies hat der Anwender zu beachten (weitere Beispiele s. S. 44).

Merke:
Chemischen Pflanzenschutz auf das notwendige Maß beschränken und Mittel nur dann einsetzen, wenn andere Möglichkeiten nicht in vertretbarem Maß zur Verfügung stehen.

4.2.2 Physikalische Maßnahmen

Physikalische Pflanzenschutzverfahren hatten vor der Entwicklung der chemischen Pflanzenschutzmittel eine viel größere Bedeutung als heute, einige sind allerdings immer noch unentbehrlich (z. B. Saatgutreinigung, Bodenbearbeitungsmaßnahmen, Abschreckeinrichtungen, Fanggeräte). Zu den physikalischen Maßnahmen gehören mechanische und thermische Verfahren sowie Verfahren zur Fernhaltung und zum Fang von Schadorganismen.

Physikalische Maßnahmen
- Unkrautbekämpfung durch Striegeln, Eggen, Hacken
- Abflammen (Infrarot), versengen von Unkräutern
- Abschneiden erkrankter Pflanzenteile (Obstbau)
- Bodenentseuchung durch Dämpfung (Gartenbau)
- Fallenfang bei Nagern
- Saatgutreinigung.

Mechanische Verfahren
Hierzu zählen in erster Linie Bodenbearbeitungsmaßnahmen zur Unkrautbekämpfung, wie z. B. Eggen, Hacken, Striegeln sowie die mechanische Vernichtung von Bodenschädlingen mit entsprechenden rotierenden Bodenbearbeitungsgeräten. Das Ab- und Ausschneiden erkrankter Pflanzenteile (z. B. Mehltau in Obstgehölzen) kann eine wirksame Maßnahme darstellen. Bei der Abwehr von Nagetieren, wie Wühlmaus und Bisam, bietet sich der Fallenfang an. Auf kleinen Flächen und in Spezialkulturen kann das Absammeln von Schaderregern zweckmäßig sein. In Vermehrungsbeständen kommt das Auslesen und Entfernen kranker Pflanzen (z. B. viruskranker

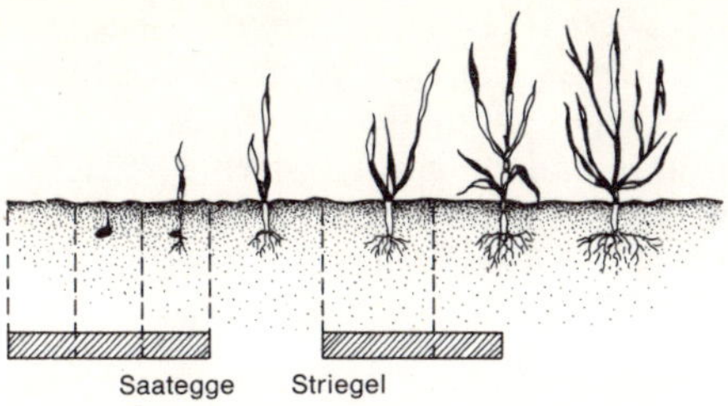

Abb. 19. Mechanische Pflege des Sommergetreides.

Kartoffelstauden) oder von Schadpflanzen (Getreidedurchwuchs in Getreide, Flughafer, Windhalm) in Betracht. Schadtiere (Kohlfliege, Schadvögel usw.) können durch Anbringen von Zäunen, Mauern, Hekken, Schutzgeflechten oder Netzen mechanisch von Pflanzenkulturen ferngehalten werden.

Thermische Verfahren

Thermische Verfahren werden in verschiedenen Bereichen eingesetzt. Eine weit verbreitete Methode im Gartenbau unter Glas ist die Entseuchung von Kulturflächen und Erden mit Dampf. Dabei werden Krankheitserreger mit Dauerstadien, tierische Schädlinge und ihre Entwicklungsstufen, Samen und vegetative Vermehrungsorgane von Unkräutern durch feuchte Wärme bei Temperaturen von 90 °C und einer Einwirkungsdauer von 20 Minuten zerstört. Freigesetzte Nährstoffe, insbesondere Stickstoff und Mangan, können auf die nachgebauten Kulturen (z. B. Salat) schädigend wirken. Sie sind bei der Düngerbemessung mit zu veranschlagen.

Virusfreies Pflanzenmaterial wird über Wärmetherapie erzeugt. Unkräuter können durch Abflamm- und Infrarotgeräte bekämpft werden. Eine früher häufig verwendete Methode ist die Heißwasser- und Warmwasserbeize gegen samenbürtige Krankheitserreger im Getreide. Die Frostberegnung schützt hochwertige Kulturen (Rebe, Obst) vor dem Abfrieren.

4.2.3 Biologische Maßnahmen

Hierher gehört die Verwendung von Lebewesen (einschließlich Viren) zur Begrenzung schädlicher Tier- oder Pflanzenarten (Tab. 18, 19). Hierzu werden:
- Nützlinge eingebürgert
- Nützlinge periodisch freigelassen und
- selektive biologische Präparate (spezifische Bakterien, Pilze, Viren usw.) verwendet.

Nutzorganismen (Räuber, Schmarotzer sowie spezifische Krankheitserreger) sind natürliche Feinde von Schädlingen. Die periodische Freilassung von Nutzorganismen ist erforderlich, wenn diese unter den vorhandenen Umweltbedingungen nicht dauerhaft existieren können. Als Nutzorganismen eingesetzte Krankheitserreger erlauben eine sehr spezifische Bekämpfung und entsprechen in der Applikationstechnik den chemischen Verfahren. Biologische Bekämpfungsverfahren sind insgesamt positiv zu beurteilen. Die Verwirklichung scheitert häufig daran, daß gegen viele Schaderreger keine brauchbaren Verfahren vorhanden sind. Bewährt haben sich:

Tab. 18. Verfahren der biologischen Schädlingsbekämpfung

Kulturart	Schadorganismus	Nützling/Verfahren
Saat- und Speisemais	Maiszünsler *(Ostrinia nubilalis)*	Schlupfwespe *(Trichogramma evanescens)*
Tomate,* Gurke	Weiße Fliege *(Trialeurodes vaporariorum)*	Schlupfwespe *(Encarsia formosa)*
Gurke,* Paprika	Gem. Spinnmilbe *(Tetranychus urticae)*	Raubmilbe *(Phytoseiulus persimilis)*
Paprika*	Blattlaus *(Myzus persicae)*	Florfliege *(Chrysoperla carnea)* Gallmücken *(Aphidoletes aphidimyza)*
Bohne	Blattlaus *(Aphis fabae)*	Pilz *(Verticillium lecanii)* in Erprobung
Obst/Wein	Wickler *(Tortricidae)*	Lockstoffe (Pheromone) Granulosevirus
Freilandgemüse Obst, Forst	Maikäfer *(Melolontha sp.)*	Pilz *(Beauveria brongniartii)* in Erprobung

* nur bei Gewächshauskultur

Tab. 19. Fraßtätigkeit von Nützlingen

Nützling	Warum nützlich?
Marienkäfer und Larve	1 Käfer frißt 120 Blattläuse/Tag Larven vertilgen 60–120 Blattläuse/Tag
Florfliege und Larve (Blattlauslöwe)	Larven vertilgen 20–30 Blattläuse/Tag
Schlupfwespe	entwickeln sich in Insekten und töten diese dadurch ab praktische Anwendung: Massenzucht und Freilassung
Raubmilbe	saugen 5 ausgewachsene oder 20 junge Spinnmilben/Tag aus. Praktische Anwendung: Massenzucht und Freilassung
andere Nützlinge: Schwebfliege Gallmücke	1 Larve tötet ca. 10 Blattläuse/Tag
Spitzmaus, Maulwurf, Igel, Fledermaus	insektenfressende Säugetiere

- *Bacillus thuringiensis* bei Kohl
- die Maiszünslerbekämpfung mit der Schlupfwespe *Trichogramma* (Ackerbau)
- Raubmilben (*Phytoseiulus persimilis*, *Amblyseius cucumeris, Neoseiulus barkeri*) gegen Spinnmilben und Thripse (unter Glasanbau)
- Schlupfwespe (*Encarsia formosa*, *Diglyphus isqea, Dacnusa sibirica*), gegen Weiße Fliege und Minierfliege (unter Glasanbau)
- Florfliege und Gallmücke gegen Blattläuse
- Apfelwickler-Granulosevirus gegen Apfelwickler
- Pilze (z. B. *Verticillium lecanii*) gegen Blattläuse, Weiße Fliege und Rostpilze.

Im Obst- und Weinbau werden Bakterienpräparate, Pheromone und natürlich vorkommende Nutzorganismen zur Regulation von Schaderregerpopulationen verwendet (z. B. Raubmilben). Beim biologischen Pflanzenschutz wird ein Restbefall von Schaderregern toleriert, damit das Überleben des verwendeten Nützlings sichergestellt ist. Ein Beispiel für eine erfolgreiche Einbürgerung eines Nutzorganismus ist in Baden-Württemberg durch die seßhaft gewordene Schlupfwespe *Prospaltella perniciosi,* dem natürlichen Feind der San-Jose-Schildlaus, gelungen.

4.2.4 Biotechnische Maßnahmen

Bestimmte physikalische oder biochemische Reize lösen bei einer Reihe von Schädlingen spezifische Reaktionen aus. Diese können zum Schutz von Pflanzen genutzt werden. Schädlinge lassen sich in ihrem Verhalten durch optische Signale oder durch akustische Mittel beeinflussen und reagieren auf Lockstoffe (Pheromone) und Abschreckstoffe (Repellents).

Akustische und optische Verfahren

Akustische und optische Verfahren werden zum Fernhalten und Vertreiben von Vögeln eingesetzt.

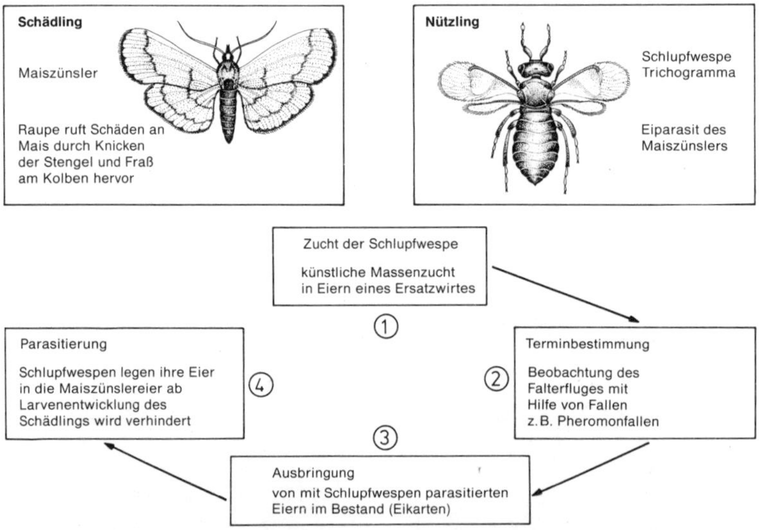

Abb. 20. Maiszünslerbekämpfung mit Trichogramma.

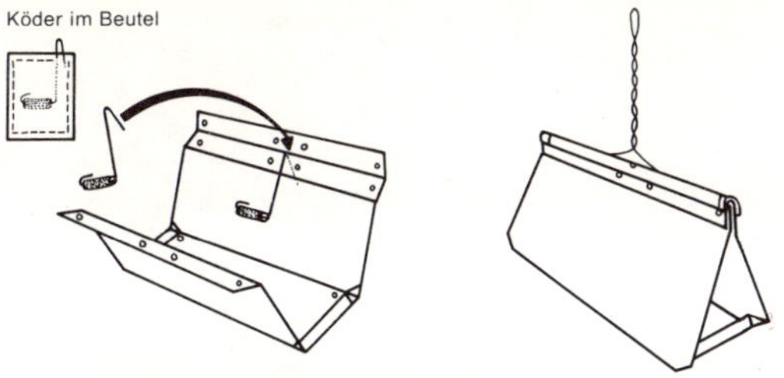

Abb. 21. Pheromonfalle für Schadfalterprognose (z. B. Maiszünsler, Erbsenwickler).

Dabei werden Knallscheuchen und Tonbandaufnahmen von Klage- und Warntönen, Angst- und Todesschreien und anderen abschreckenden Geräuschen benutzt. Vögel können auch durch optische Methoden, wie Scheuchen, Blinkketten oder Habichtsattrappen, ferngehalten werden. Nachteilig ist die besonders rasche Gewöhnung der Tiere. Lichtsuchende Schädlinge können mit Lichtfallen gefangen werden. Diese dienen, ebenso wie beleimte Farbtafeln (Kirschfruchtfliegen-Leimfallen) oder wassergefüllte farbige Behälter, Prognose- und Warndienstzwecken (Gelbschalenmethode).

Signalstoffe

Diese Stoffe (Pheromone, Sexualduftstoffe) werden zur Anlockung von Männchen in Fallen oder zur Verwirrung verwendet. Fallenfang dient im allgemeinen zur Überwachung des Schädlings für Bekämpfungsprognosen sowie zur Befallsreduzierung bei der Verwirrung (Abb. 21). Zu den Signallockstoffen zählt man auch die Abschreckstoffe, die gegen Wild im Forst oder Ackerbau Verwendung finden. Maissaatgut wird beispielsweise mit Vergällungsmitteln gegen Fasanenfraß behandelt.

Neben Signalstoffen werden auch Hormone als Wachstums- oder Entwicklungshemmer gegen Insekten angewandt.

Tab. 20. Integrierter Pflanzenschutz

Kombination von vorbeugenden	und direkten Maßnahmen
Fruchtfolge	Physikalische Maßnahmen: – mechanische, thermische Verfahren, Fallenfang
Standortwahl	Biologische Maßnahmen: – Einsatz von Nützlingen (Zehrwespe, Schlupfwespe, Gallmücke, Nematode)
Bodenbearbeitung	– Granulosevirus – Bakterien *(Bacillus thuringiensis)*
Sortenwahl	Biotechnische Maßnahmen: – Lockstoffe, Abschreckstoffe – Häutungs-, Entwicklungshemmer – akustische, optische Verfahren
Düngung	Chemische Maßnahmen: – Situationsgerechte Anwendung von Herbiziden, Fungiziden, Insektiziden
Nützlingsförderung	(Ganz-, Teil-, Rand-, Saatgutbehandlung)

4.3 Integrierter Pflanzenschutz

Definition nach Pflanzenschutzgesetz:

Integrierter Pflanzenschutz: Eine Kombination von Verfahren, bei denen unter vorrangiger Berücksichtigung biologischer, biotechnischer, pflanzenzüchterischer sowie anbau- und kulturtechnischer Maßnahmen die Anwendung chemischer Pflanzenschutzmittel auf das notwendige Maß beschränkt wird.

Die Definition »Integrierter Pflanzenschutz« beschreibt ein Produktionssystem, bei dem zum Schutz der Kulturpflanzen vor Schadorganismen alle möglichen vorbeugenden und direkten Maßnahmen sinnvoll angewandt werden unter besonderer Beachtung ökologischer Gesetzmäßigkeiten. Das wesentliche Merkmal ist die Schonung und Förderung natürlicher Gegenspieler der Schadorganismen und die Herabsetzung der Anfälligkeit der Kulturpflanzen. Dadurch soll einer Übervermehrung von Schaderregern langfristig vorgebeugt werden. Voraussetzung dafür ist eine frühzeitige Planung und weitgehende Abstimmung anbautechnischer Maßnahmen auf diese Zielsetzung. Auf chemische Bekämpfungsmaßnahmen wird dann zurückgegriffen, wenn eine Übervermehrung von Schaderregern vorliegt und keine vergleichbaren alternativen Verfahren zur Verfügung stehen. Sie sind im Sinne einer nach unten gerichteten »Befallskorrektur« anzuwenden. Das Ziel ist, ökologisch verträgliche anbautechnische Maßnahmen zu einem Abwehrsystem zu bündeln, damit ohne wirtschaftliche Nachteile eine Reduzierung des Einsatzes von Pflanzenschutzmitteln ermöglicht wird. Daneben soll vermeidbaren Rückstandsbelastungen des Erntegutes und Beeinträchtigungen des Naturhaushalts vorgebeugt werden. Allerdings können in Kulturpflanzenbeständen und Agrarökosystemen die Ziele nicht erreicht werden, wenn die Schaderregerentwicklung dem freien Spiel der Kräfte, wie in einem natürlichen Ökosystem, überlassen bleibt.

Die sinnvolle Verknüpfung aller Bemühungen zum Schutz der Pflanze stellt erweiterte Anforderungen an die Entscheidungsgrundlagen für den Anwender.

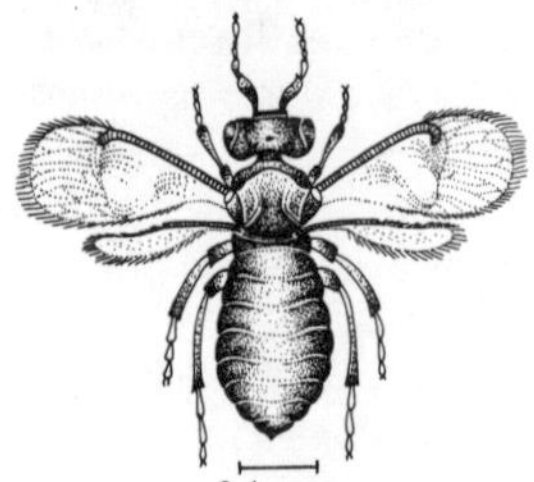

Trichogramma evanesceus

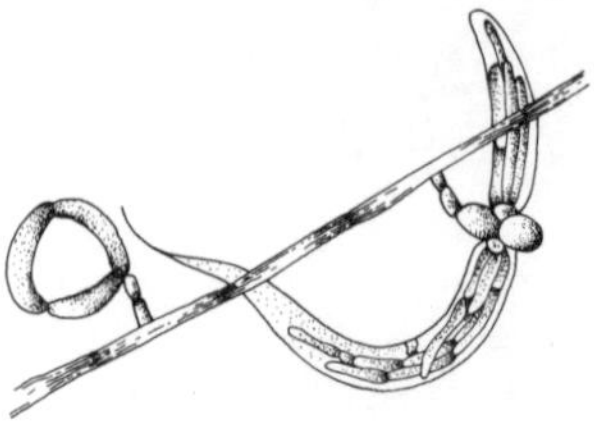

Nematode in der kontrahierten Schlinge eines nematodenfangenden Pilzes

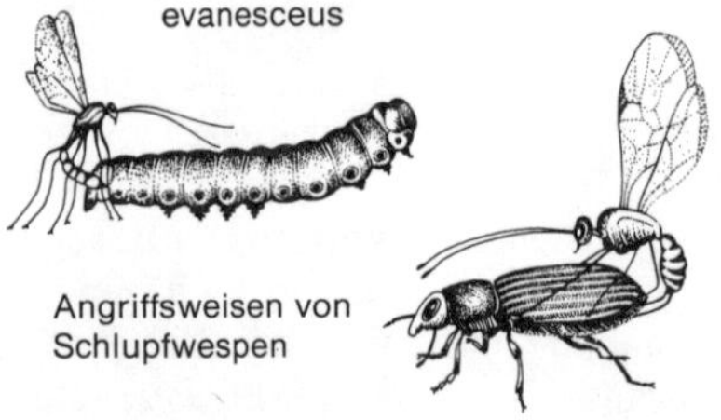

Angriffsweisen von Schlupfwespen

Larve des Marienkäfers

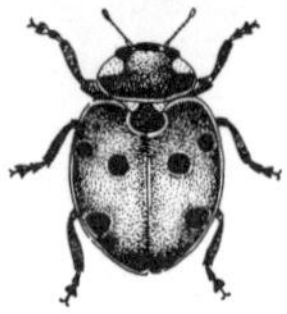

Marienkäfer

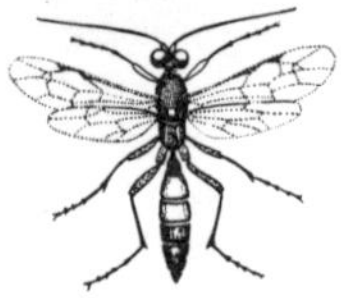

Schlupfwespe

Beispiele für Nützlinge:

- Marienkäfer und -larve (fressen Blattläuse, Spinnmilben u. a.)
- Florfliegen und -larven (fressen Blattläuse)
- Schwebfliegenlarven (saugen Blattläuse aus)
- Erzwespen (fressen Blattläuse u. a. Insekten)
- Ohrwürmer (sind Läusevertilger)
- Schlupfwespen (legen Eier in Schädlingsraupen oder Blattläuse)
- Raupenfliegen (legen Eier auf Schädlinge)
- Spinnen (fangen Schädlinge in Netzen)
- Raubwanzen (sind Insektenjäger)
- Laufkäfer (fressen Drahtwürmer, Engerlinge, Raupen, Kartoffelkäferlarven u. a.)
- Spitzmäuse (vertilgen Insekten)
- verschiedene Vogelarten (fressen Insekten oder Nagetiere)
- Raubmilben (saugen Spinnmilben aus)
- nematodenfangende Pilze

Larve der Schwebfliege

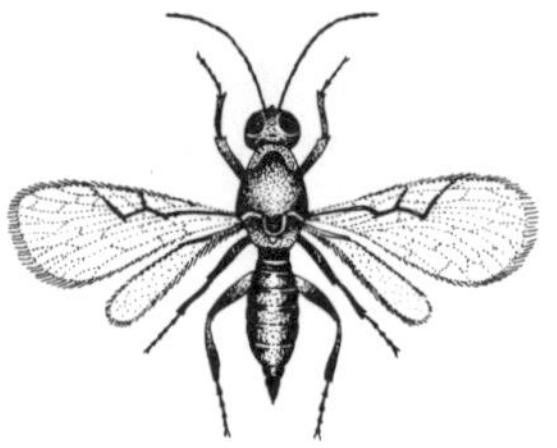

Erzwespe

Schwebfliege

Larve der Florfliege „Blattlauslöwe"

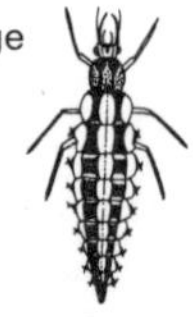

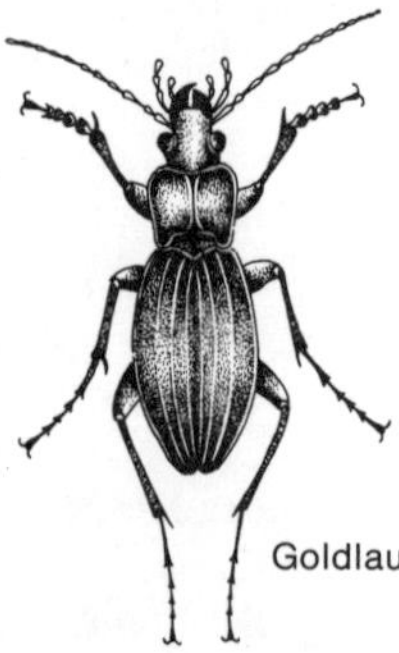

Goldlaufkäfer

Larve des Laufkäfers

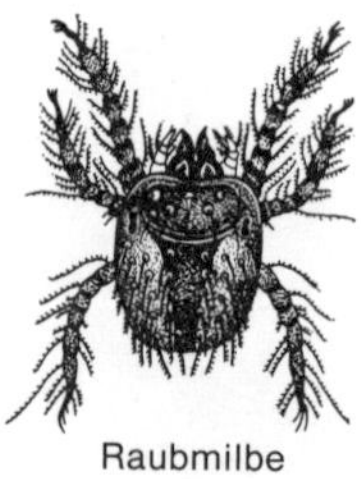

Raubmilbe

Florfliege

Abb. 22. Beispiele für Nützlinge.

Die von der Forschung und Beratung angebotenen Entscheidungskriterien sind vom Anwender auf Grund eigener Erfahrungen an den jeweiligen Standort angepaßt anzuwenden. Integrierter Pflanzenschutz setzt möglichst genaue Kenntnisse voraus über die

- Lebensweise, Vermehrung und Ausbreitung von Schadorganismen, Nützlingen und indifferenten Organismen im Kulturpflanzenbestand
- Eigenschaften der Kulturpflanze und ihre Reaktionen auf Kulturmaßnahmen zur Herabsetzung der Schadenswahrscheinlichkeit
- Auswirkung chemischer Pflanzenschutzmittel auf Schädlinge und Nützlinge
- Höhe der wirtschaftlichen Schadensschwelle und deren Veränderung durch biologische, ackerbauliche und wirtschaftliche Einflußgrößen.

Außerdem müssen dem Anwender eine Auswahl sicherer Methoden zum korrigierenden Eingriff zur Verfügung stehen und gestellt werden.

Merke:

Der Integrierte Pflanzenschutz ist ein Verfahren, bei dem alle wirtschaftlich, ökologisch und toxikologisch vertretbaren Methoden verwendet werden, um Schadorganismen unter der wirtschaftlichen Schadensschwelle zu halten, wobei die bewußte Ausnutzung natürlicher Begrenzungsfaktoren im Vordergrund steht (FAO-Definition).

4.3.1 Natürliche Begrenzungsfaktoren

Natürliche Begrenzungsfaktoren sind z. B. klima- und ortsbedingte Einflüsse sowie alle am Standort vorkommenden Nützlinge (z. B. Marienkäfer, Florfliege, Schwebfliege, Abb. 22). Dies sind Lebewesen, die im Stande sind, Schadorganismen in ihrer Entwicklung so zu hemmen, daß sich Ertrags- und Qualitätseinbußen in tolerierbaren Grenzen halten oder verhindert werden.

Die Nutzung dieses »kostenlosen Pflanzenschutzes« setzt genaue Kenntnisse, eine gute Beobachtungsgabe und regionale Erfahrungen voraus. Pflanzenschutzverfahren sind so anzuwenden, daß Nützlinge gefördert und möglichst wenig behindert werden. Um natürliche Helfer nicht zu beeinträchtigen, sollten nützlingsschonende Mittel jenen mit größerer Wirkungsbreite (z. B. Pirimicarb gegen Blattläuse, Diflubenzuron gegen Raupen und Birnenblattsauger, Fenoxycarb gegen Fruchtschalenwickler, *Bacillus thuringiensis* gegen Schmetterlingsraupen) vorgezogen werden. Selektiv wirken natürlich auch die in Massenzuchten bereitgestellten Nützlinge (wie z. B. *Encarsia*- und *Trichogramma*-Schlupfwespen). Beispiele für die Möglichkeit zur Verknüpfung verschiedener Pflanzenschutzmaßnahmen sind in den Spezialteilen Ackerbau, Gartenbau, Obst- und Weinbau enthalten.

Merke:

Vor jeder chemischen Maßnahme ist zu überprüfen, ob eventuell Nützlinge vorhanden sind, die diese unnötig machen.

4.3.2 Wirtschaftliche Schadensschwellen

Pflanzen sind in der Regel in der Lage, einen gewissen Befall mit Schaderregern oder eine gewisse Ver-

Abwägen bei der Entscheidung, ob sich eine Pflanzenschutzmaßnahme lohnt

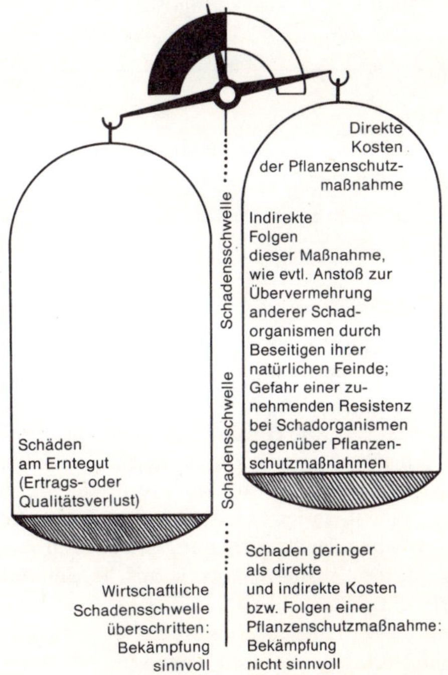

Abb. 23. Wirtschaftliche Schadensschwelle.

unkrautung des Bestandes ohne Ertragseinbußen zu tolerieren. Wenn die Abwehrkräfte mit zunehmender Zahl der Schaderreger und Konkurrenz sinken, treten meßbare Schäden ein. Eine Bekämpfung ist erst dann erforderlich, wenn die wirtschaftliche Schadensschwelle überschritten wird. Die Schadensschwelle ist durch die Befallsstärke bzw. Verunkrautung dann erreicht, wenn der zu erwartende Schaden finanziell so hoch ist wie die Bekämpfungskosten.

Pflanzenschutz nach Schadensschwelle bedeutet nicht, auf den Einsatz von Pflanzenschutzmitteln generell zu verzichten! Vielmehr soll eine Bekämpfungsmaßnahme nach diesen Kriterien nur durchgeführt werden, wenn Erlös- oder Ertragsminderungen zu erwarten sind, die über die Kosten für Pflanzenschutzmittel und deren Ausbringung hinausgehen. Dies kann aber bedeuten, daß gelegentlich einige Unkräuter oder Gräser aus dem Bestand herausragen, geringfügiger Krankheitsbefall geduldet wird oder Schädlinge an den Pflanzen zu finden sind. **Nicht der makellose, unkrautfreie Kulturbestand gilt als Maßstab für einen guten Landwirt!**

Durch Beachtung der wirtschaftlichen Schadensschwellen können mitunter die Zahl der Anwendung chemischer Mittel reduziert, Nützlinge weniger beeinträchtigt und die Gefahr der Resistenzbildung beim Schadorganismus verringert werden.

Merke:
Gezielter Pflanzenschutz bedarf der Beachtung des Schadensschwellenprinzips!

4.3.3 Prognosen

Zur Erfassung des Auftretens und der Entwicklung von Schadorganismen müssen in geeigneten Zeitabständen Stichproben (z. B. Zählen, Schätzen) gemacht werden. Mit Hilfe dieser Daten und spezifischer Witterungsangaben kann für einige Schadorganismen die weitere Entwicklung und Schadensrelevanz prognostiziert werden. Bei Systemen, die auf kurzfristig angelegten Erhebungen basieren, kommt meist nur als Regulativ eine chemische Behandlung in Betracht.

Zentrale Prognosen für größere Gebiete können nur Hilfestellungen für den Anbauer sein. Der Praktiker muß aufgrund dieser Empfehlungen und unter Berücksichtigung der Gegebenheiten an seinen eigenen Standorten über die Notwendigkeit von Pflanzenschutzmaßnahmen entscheiden. Hilfreich sind auf EDV-gestützte Prognosesysteme, z. B. Dialogprogramme, die Entscheidungshilfen für oder gegen eine Maßnahme durch standortbezogene Daten geben (z. B. Unkrautprognosemodelle, EPIPRE, HORDEPROG, Phytoprog, Septprog).

Bei Kartoffeln hat sich die Krautfäulevorhersage bewährt. Dabei wird anhand der wöchentlichen Lufttemperatur, relativer Luftfeuchtigkeit und Niederschlag die Gesamtbewertungsziffer (GBZ = 150) zur Beurteilung des frühesten Befallstermins errechnet. Behandlungen auf im Erhebungsgebiet befindlichen Flächen sind erst nach Erreichen des Grenzwertes erforderlich. Entsprechende Prognosen stehen zur Verfügung für Halmbruch, andere Krankheiten und Blattläuse bei Weizen (Septprog, EPIPRE), Krankheiten bei Gerste (HORDEPROG), Apfelschorf bei Kernobst und Peronospora bei Hopfen. Bei einigen Prognosesystemen sind neben der Ermittlung der Witterungsdaten auch Erhebungen zum Schaderregerverlauf erforderlich.

4.4 Warndienst

Der Warndienst wird vom amtlichen Pflanzenschutzdienst (Landwirtschaftsämter, Regierungspräsidien, Landesanstalt für Pflanzenschutz) durchgeführt. Dabei wird auf das Auftreten von Schadorganismen und notwendige Bekämpfungsmaßnahmen termingerecht hingewiesen. Es werden aber auch gezielte Informationen gegeben, um von unnötigen und ökologisch nicht vertretbaren Behandlungen abzuraten. Im Rahmen dieser Aufgabe werden während der Vegetationsperiode regelmäßige Beobachtungen über Zeitpunkt und Umfang des Auftretens von wirtschaftlich wichtigen Schadorganismen durchgeführt. Die Bekanntgabe erfolgt in schriftlichen Warndienst-Aufrufen, in Mitteilungen über automatische Telefonauskunftgeber, in Fach- und Tageszeitungen, in Rundfunkmeldungen und durch Bildschirmtext. In diesen Pflanzenschutz-Informationen, Hinweisen oder aktuellen Warnmeldungen

- berichtet der Warndienst über das Auftreten von Unkräutern und Ungräsern sowie über den Befall mit tierischen und pilzlichen Schaderregern
- weist der Warndienst termingerecht auf unbedingt erforderliche und vertretbare Abwehrmaßnahmen hin und nennt gegebenenfalls geeignete Pflanzenschutzmittel entsprechend dem aktuellen Stand der amtlichen Zulassungen

- gibt der Warndienst die vorgeschriebene Aufwandmenge des Pflanzenschutzmittels und wichtige Anwendungsvorschriften an
- informiert der Warndienst gegebenenfalls über Wartezeiten, Vorsichtsmaßnahmen und andere Vorschriften
- empfiehlt der Warndienst zweckentsprechende Anwendungstechniken.

Die Ansagen des telefonischen Warndienstes und die Btx-Hinweise werden während der Vegetationsperiode in der Regel jede Woche mindestens einmal aktualisiert. Die für Sie aktuellen Rufnummern des Baden-Württembergischen Auskunftgeberdienstes können Sie hier eintragen.

Telefonnummer des örtlichen Warndienstes:

....

Btx-Code des Warndienstes:

....

---

5 Pflanzenschutzmittel

Pflanzenschutzmittel bestehen aus dem aktiven Wirkstoff und Zusatzstoffen, sogenannten Begleit- oder Füllstoffen. Durch die Zusatzstoffe wird den Mitteln eine bessere Trag-, Haft- oder Netzfähigkeit verliehen. Daneben dienen sie als Warnstoffe oder zur Verhinderung von Oxidationsvorgängen. Pflanzenschutzmittel werden als Emulsion oder Suspension angewandt sowie in Staub- oder Granulatform ausgebracht.

Pflanzenschutzmittelformulierungen

Emulsion:	Spritzbrühe mit ölartigen Wirkstoff-Komponenten als feine Tröpfchen im Wasser verteilt
Suspension:	Staubförmige, feste Wirkstoffteilchen befinden sich im Wasser im Schwebezustand
Streu- und Stäubemittel:	Granulate (Streumittel) und Stäube, hergestellt mit pulverisierten, gelösten oder flüssigen Wirkstoffen auf körnigem Trägermaterial
Aerosole:	flüssige Wirkstoffteilchen in Luft vorhanden

Pflanzenschutzmittel sind Stoffe, die dazu bestimmt sind:
- Pflanzen und Pflanzenerzeugnisse vor Schadorganismen zu schützen
- als Abwehrstoffe (z. B. Vergällungsmittel, Wildverbißmittel) zeitweise schädigende Tiere fernzuhalten
- Lebensvorgänge von Pflanzen zu beeinflußen, ohne ihrer Ernährung zu dienen (Wachstumsregler)
- das Keimen von Pflanzenerzeugnissen zu hemmen
- die Wirkung von Pflanzenschutzmitteln zu verbessern (Zusatzstoffe)
- Pflanzen abzutöten oder Flächen von Pflanzenwuchs freizumachen oder freizuhalten.

Wasser, Düngemittel und Pflanzenstärkungsmittel (z. B. Wasserglas oder Steinmehl) sind somit keine Pflanzenschutzmittel. Dasselbe gilt für Holzschutz-, Entwesungs- und Konservierungsmittel.

Vor- und Nachteile der Pflanzenschutzmittelanwendung

Die Anwendung vorbeugender Maßnahmen gegen Schadorganismen reicht nicht immer aus; oft bestehen keine Alternativen zum chemischen Pflanzenschutz. Verstärktes Auftreten eines Schadorganismus und dadurch bedingte Ertragsausfälle, hohe Lohnkosten, teilweise überhöhte Qualitätsansprüche der Verbraucher an pflanzliche Produkte und eine intensive Bewirtschaftung der landwirtschaftlichen Nutzflächen machen zwangsläufig den Einsatz chemischer Pflanzenschutzmittel notwendig.

Die Anwendung der Pflanzenschutzmittel muß jedoch aus wirtschaftlichen, umweltrelevanten und gesundheitlichen Gründen auf ein unbedingt notwendiges Maß beschränkt bleiben und darf nicht zur unbedachten Routinemaßnahme werden. Bei der Anwendung von Pflanzenschutzmitteln gibt es Vor- und Nachteile.

Vorteile:
- Schaderreger werden schnell und sicher abgetötet bzw. unter die wirtschaftliche Schadensschwelle gedrückt
- Kulturpflanzen werden bei sachgemäßer Anwendung nicht wirtschaftlich geschädigt
- Verfahren zum Ausbringen der Mittel sind technisch einfach und wenig arbeitsintensiv
- Pflanzenschutzmittel sind bei gezieltem Einsatz wirtschaftlich

- hygienisch-toxikologische Bedenken bestehen bei zugelassenen Mitteln nicht, wenn sie sachgerecht und bestimmungsgemäß angewandt werden
- Pflanzenschutzmittel ermöglichen die Bekämpfung nach dem Schadensschwellenprinzip (Integrierter Pflanzenschutz).

Mögliche Nachteile:

- Resistenzbildung bei Schaderregern durch häufige Anwendung gleicher Wirkstoffe
- Nützlinge werden möglicherweise vernichtet, wechselseitige Beziehungen natürlicher Lebensgemeinschaften von Organismen werden gestört
- falsche Dosierung kann zu Schäden an Kulturpflanzen und am Naturhaushalt führen
- unsachgemäße Anwendung kann den Anwender gesundheitlich schädigen
- die zulässige Höchstmenge unterschreitende Rückstände können bei sachgemäßer Anwendung auf oder in pflanzlichen Produkten verbleiben, sie sind nach wissenschaftlichen Erkenntnissen aber vertretbar
- in einem gewissen Umfang besteht ein Einfluß auf die Umwelt, d. h. den Menschen, das Tier, die Pflanze, den Boden, die Luft und das Wasser
- mitunter treten Nebenwirkungen auf, die in ihren Einzelheiten nicht immer bekannt sind.

Resistenzprobleme beim Einsatz von Pflanzenschutzmitteln

»Resistenz gegen ein Pflanzenschutzmittel« bedeutet, daß bei üblicher Dosierung eines Präparates die Mehrzahl der Schadorganismen nicht mehr abgetötet wird. Resistenz kann gegen Herbizide, Insektizide und Fungizide auftreten. Die Resistenzentwicklung setzt ein, wenn einzelne Schaderreger gegen einen bestimmten Wirkstoff weniger empfindlich sind als andere. Sie vermehren sich weiter und geben diese »Unempfindlichkeit gegen das Mittel« an ihre Nachkommen weiter. Bei erneuter Anwendung sind wesentlich weniger Organismen betroffen als vorher. Bei weiteren häufigen Behandlungen wird der Erfolg immer geringer. Auch eine Erhöhung der Aufwandmenge kann diese Entwicklung nur kurzfristig und vorübergehend hemmen.

Bei Mais sind verschiedene Unkräuter, wie z. B. der Weiße Gänsefuß, die Vogelmiere oder das Franzosenkraut, an einzelnen Standorten resistent gegen den Wirkstoff Atrazin und somit zu Problemunkräutern geworden. Auch verschiedene systemische Fungizide haben ihre Wirksamkeit gegen Pilzkrankheiten verloren. So traten vor einigen Jahren lokal im Obstbau Probleme bei der Schorf- (Benzimidazole) und Grauschimmelbekämpfung auf. Im Ackerbau waren vorwiegend in Norddeutschland bei der Bekämpfung des Mehltaus, der Halmbruchkrankheit (Benzimidazole) und der Kraut- und Knollenfäule Schwierigkeiten bekannt geworden.

Wenn ein Pflanzenschutzmittel zu häufig gegen dieselben Schadorganismen eingesetzt wird, ist die Entstehung einer Resistenz möglich.

Merke

Möglichst nicht ständig hintereinander dieselbe Kultur mit demselben Wirkstoff behandeln!

Wirkstoffwechsel!

Merke:

Pflanzenschutzmittel sind:

- ▶ Stoffe, die Pflanzen und Pflanzenerzeugnisse vor Schadorganismen schützen
- ▶ Abwehrstoffe
- ▶ Wachstumsregler
- ▶ Keimhemmungsmittel
- ▶ Zusatzstoffe
- ▶ Stoffe, die Flächen von Pflanzenbewuchs freihalten.

Wasser, Düngemittel und Stärkungsmittel sind keine Pflanzenschutzmittel.

Allgemeine Begriffe über die Wirkungsweise von Pflanzenschutzmitteln

Wirkungsdauer. Zeitraum, während dem ein chemisches Mittel wirksam ist (Sofortwirkung z. B. Insektizide, Dauerwirkung z. B. Bodenherbizide).

Wirkungsbreite. Mittel wirkt gegen eine größere Anzahl verschiedener Krankheiten, Schädlinge oder Unkrautarten (z. B. »Breitband«-Herbizide, Universal-Beizmittel).

Kontaktwirkung. Wirkung bei Berührung.

Tiefenwirkung. Durch die Behandlung werden auch von Pflanzenschutzmitteln nicht direkt getroffene Schädlinge z. B. auf der nicht behandelten Blattunterseite oder in Früchten, erfaßt (z. B. Diazinon gegen Rübenfliege).

Systemische Wirkung. Der in der Pflanze durch Blatt und Wurzel aufgenommene Wirkstoff (Insektizid, Herbizid, Fungizid) wird im Wasser- und Saftstrom der Pflanze weitertransportiert und tötet saugende Insekten (= systemische Insektizide, z. B. Metasystox) oder das Unkraut selbst (= Wuchsstoffmittel).

Akute Wirksamkeit. Sofortige Wirkung (z. B. E 605 forte).

Kumulative Wirksamkeit. Wirkung tritt erst nach Anhäufung des Wirkstoffes durch mehrmalige Aufnahme ein (z. B. Cumarin zur Rattenbekämpfung).

Kurative Wirkung. Heilende Wirkung (z. B. Derosal zur Halmbruchbekämpfung).

Prophylaktische Wirkung. Vorbeugende Wirkung (z. B. Dithane Ultra zur Krautfäulebekämpfung).

Selektive Wirkung. Auslesende Wirkung; Eigenschaft eines Wirkstoffes, unter verschiedenen Krankheiten, Schädlingen und Pflanzenarten die einen zu schädigen oder abzutöten, andere aber zu verschonen.

Diese Eigenschaft ist abhängig von:

- besonderer Empfindlichkeit der einzelnen Organismen gegen einen Wirkstoff (z. B.erfaßt Pirimicarb nur Blattläuse)
- besonderer biochemischer Unverträglichkeit eines Wirkstoffes für den betreffenden Organismus, (z. B. Asulox zur Ampferbekämpfung auf Grünland)
- besonderen abweisenden Eigenschaften eines Organismus gegenüber einem Anwendungsverfahren, z. B. Wachsschichten auf den Blättern, Blattstellung, (z. B. Wuchsstoffherbizide in Getreide)
- dem Alter der abweisenden Pflanzen (z. B. Spezialherbizide gegen Ungräser).

Abbau von Pflanzenschutzmitteln

Der Abbau von Pflanzenschutzmitteln kann in oder außerhalb der Pflanze stattfinden (Abb. 24). So können z. B. die Rübe und einige Unkräuter, wie Klettenlabkraut, Bingelkraut und Flughafer, den Wirkstoff des Pyramins in **einen anderen Stoff umbauen** (metabolisieren), der keine herbizide Wirkung mehr hat. Aus diesem Grunde werden die Kulturpflanze und die genannten Unkräuter nicht geschädigt. Einige Herbizide (z. B. Avadex) oder Mittel mit hohem Dampfdruck (Bodenentseuchungsmittel) **verflüchtigen** sofort, wenn sie nicht in den Boden eingearbeitet werden. Im Boden gibt es die Möglichkeit der **Verlagerung** der Pflanzenschutzmittel mit dem Bodenwasser, der **Bindung** an Bestandteile des Bodens oder des **Abbaues** durch Mikroorganismen.

So werden atrazinhaltige Mittel (Maisherbizide) leicht im Boden verlagert und haben deshalb auch eine Wasserschutzgebietsauflage (W); Betanal dagegen wird stark im Boden gebunden, wenig verlagert

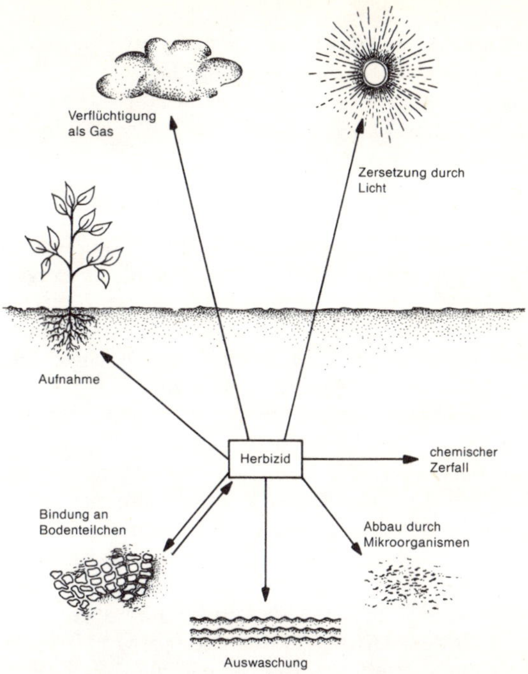

Abb. 24. Inaktivierung und Abbau von Pflanzenschutzmitteln.

und ist nach ein bis zwei Monaten abgebaut. Der Wirkstoff Paraquat z. B. wird ebenfalls fest im Boden gebunden, braucht jedoch Jahre für seinen Abbau. Weitere Abbauwege sind die Zersetzung durch Licht (z. B. extrem hoch bei natürlichen Pyrethrinen) und chemischer Zerfall der Wirksubstanz.

Merke:
Beim Um- und Abbau von Pflanzenschutzmitteln spielen physikalische (Licht, Verflüchtigung), chemische und biologische (Mikroorganismen) Vorgänge eine Rolle.

5.1 Einteilung nach Anwendungsgebieten

Aufgrund ihres Einsatzgebietes werden Pflanzenschutzmittel folgendermaßen eingeteilt:

Herbizide – Mittel gegen Unkräuter und Ungräser
Fungizide – Mittel gegen Pilzkrankheiten

Insektizide	– Mittel gegen Insekten
Akarizide	– Mittel gegen Milben
Nematizide	– Mittel gegen Nematoden
Molluskizide	– Mittel gegen Schnecken
Rodentizide	– Mittel gegen Nager

5.1.1 Herbizide

Zur Unkrautbekämpfung steht eine große Zahl von Mitteln zur Verfügung. Bei der Auswahl des geeigneten Mittels und der Anwendung ist zu beachten, daß ein Herbizid grundsätzlich nicht nur für Unkräuter und -gräser schädlich ist, sondern bei unsachgemäßer Anwendung auch für Kulturpflanzen.

Man unterscheidet nach der Wirkungsbreite zwischen Totalherbiziden und selektiven Herbiziden. Totalherbizide vernichten alle behandelten Pflanzen, während selektive Mittel nur bestimmte schädigen. Die Selektivität kann z. B. auf unterschiedlich dicken Wachsschichten auf den Blättern, unterschiedlichen Abbauarten in der Pflanze, aber auch auf dem applizierten Mittelaufwand beruhen.

Nach dem Ort der Aufnahme des Mittels unterteilt man in **Blatt-** und **Bodenherbizide.** Blattherbizide können als Kontaktmittel oder systemisch wirken. Kontaktmittel wirken nur am Ort der Benetzung, während systemische Mittel in der Pflanze transportiert werden und so auch die Wurzel abtöten können. Zu den systemischen Herbiziden werden auch die Wuchsstoffpräparate gerechnet. Diese Präparate enthalten Stoffe, die den natürlich in der Pflanze vorkommenden Wuchsstoffen ähnlich, aber unkontrolliert wirksam sind.

Bei Bodenherbiziden erfolgt die Wirkstoffaufnahme hauptsächlich über die Wurzel. Entscheidend für den Bekämpfungserfolg sind ausreichende Bodenfeuchtigkeit und Berücksichtigung des Ton- und Humusgehalts des Bodens. Nach dem Anwendungszeitpunkt werden schließlich Vorsaat-, Vorauflauf- und Nachauflaufherbizide unterschieden.

Bezeichnung von Herbiziden

Wirkungsbreite	– Totalherbizide – selektive Herbizide
Aufnahmeort	– Bodenherbizid –Blattherbizid
Wirkungsweise	– Kontaktherbizid – systemisches Herbizid
Anwendungstermin	– Vorsaatherbizid – Vorauflaufherbizid – Nachauflaufherbizid

Einteilung der Herbizide nach ihrem Wirkungsmechanismus

Kontaktmittel = das ausgebrachte Mittel wirkt nur am Ort der Benetzung von Pflanzenteilen und wird innerhalb der Pflanze nicht weitertransportiert.

Man unterscheidet Kontaktherbizide:
a) **mit ätzender** Wirkung (= Ätzmittel)
b) **ohne ätzende** Wirkung

Wuchsstoffmittel = ursprünglich in der Pflanze erzeugte, das Wachstum fördernde bzw. regulierende Stoffe. In der Unkrautbekämpfung werden künstlich hergestellte, diesen Wuchsstoffen chemisch verwandte oder ähnlich wirkende Stoffe verwendet. Die Pflanzen werden durch übersteigertes Wachstum (aufgrund der Überdosierung des Wuchsstoffmittels) und Mißbildungen zerstört. Die Aufnahme des Wirkstoffes erfolgt über Blatt und/oder Wurzel, außerdem wird er in der Pflanze transportiert **(= systemische Wirkung).**

Totalherbizid = alle behandelten Pflanzen werden abgetötet; **keine selektive Wirkung.**

Blattherbizid = Mittel, das auf die Blätter der Unkräuter gespritzt wird und dort entweder **ätzend** (= Ätzmittel) wirkt oder von den Blättern aufgenommen wird. Der aufgenommene Wirkstoff kann nun **systemisch** (= Wuchsstoffmittel) oder nur am Ort der Benetzung wirken (= Kontaktherbizid).

Bodenherbizid = Mittel, das auf den Boden gespritzt oder gestreut wird, um das keimende Unkraut zu vernichten oder in das wachsende Unkraut einzudringen.

Für den Bekämpfungserfolg ist eine ausreichende Bodenfeuchtigkeit und bei einigen Mitteln eine sorgfältige Einarbeitung entscheidend.

Anwendungsverfahren von Herbiziden

Vorsaatverfahren = eine Anbaufläche wird vor der Aussaat der Kulturpflanzen mit einem Herbizid behandelt (Abb. 25).

Vorauflaufverfahren = eine Anbaufläche wird nach der Saat, aber vor dem Auflaufen der Kulturpflanzen behandelt, entweder mit einem Blattherbizid (Unkraut bereits aufgelaufen) oder mit einem Bodenherbizid (Unkraut noch nicht aufgelaufen).

Nachauflaufverfahren = die Bekämpfung eines Unkrautes erfolgt gezielt, wenn die Kulturpflanze bereits aufgelaufen ist. Dabei sind die Herbizide unter Beachtung der Entwicklungsstadien von Kultur-

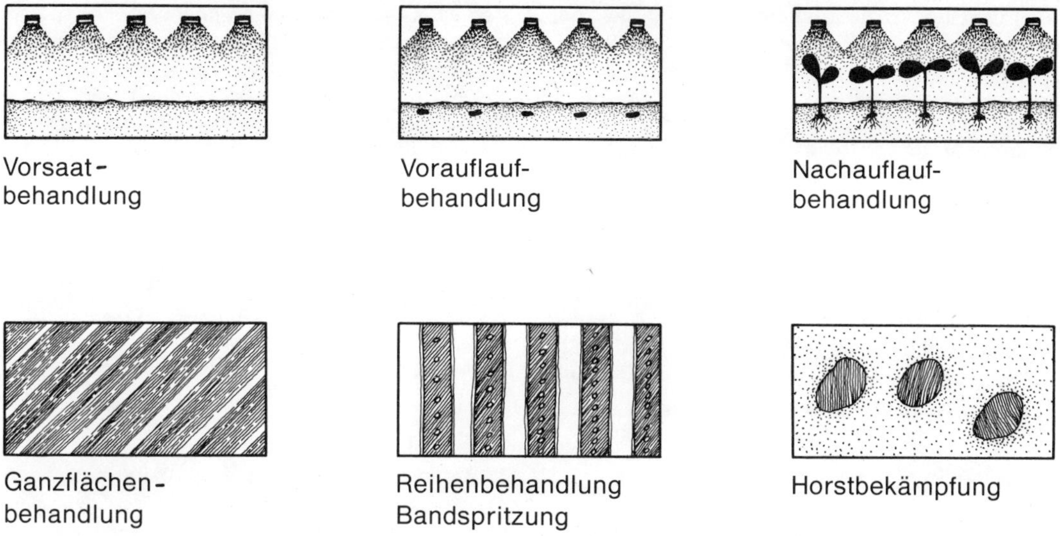

Abb. 25. Anwendungsverfahren von Herbiziden.

pflanzen und Unkraut anzuwenden. Hierzu gehören auch die Einsätze in Dauerkulturen, wie z. B. Obstbäumen.

Ganzflächenbehandlung = Ausbringung eines Mittels auf der gesamten Fläche eines Feldes.

Horstbekämpfung = gezielte Ausbringung eines Mittels auf die zu bekämpfenden Unkräuter (z. B. Ampfer).

Bandspritzung = Ausbringung eines Mittels nur auf die Saat- oder Pflanzenreihe. Am rationellsten und zuverlässigsten gekoppelt mit dem Drill- oder Hackvorgang.

Der Einsatz der chemischen Mittel verlangt vom Anwender ein hohes Maß an Kenntnissen und an Verantwortungsbewußtsein, denn Herbizide sind, falsch angewendet, auch kulturpflanzenschädlich. **Keines dieser Mittel ist also »narrensicher«!** Jedes muß überlegt und sachgemäß angewendet werden.

Folgende Grundsätze sind bei der Anwendung von Herbiziden zu beachten:

- der Einsatz hat sich nach dem vorhandenen Unkrautbesatz zu richten. Man unterscheidet zwischen Unkräutern und Ungräsern.
- die einzelnen Wirkstoffe haben unterschiedliche **Wirkungsbreiten,** d. h. nicht jeder Wirkstoff greift jedes Unkraut an und ist nicht mit jeder Kulturpflanze verträglich. Erst die richtige Mittelauswahl (Gebrauchsanleitung, Beratung) läßt die Maßnahme zum Erfolg werden.
- entscheidend ist der **Anwendungszeitpunkt.** Das setzt die Kenntnis der Unkräuter auch im frühen Entwicklungsstadium voraus.
- der optimale Termin wird häufig erst bei bestimmten **Witterungs- und Bodenverhältnissen** erreicht. So wirken Bodenherbizide bei anhaltender Feuchtigkeit im Boden am besten. Wuchsstoffe erreichen ihre optimale Wirkung nur bei wüchsiger Witterung. Kühle und feuchte Witterung sowie mangelhafte Wüchsigkeit der Unkräuter oder zu hohe Temperaturen können die Wirkung vermindern.
- Anwendung immer gleicher Unkrautbekämpfungsmittel kann zur Selektion bestimmter Unkräuter führen. Auch bei der Mittelwahl kann daher ein gewisser **Wechsel** notwendig werden.
- **Schadensschwellen** geben gute Entscheidungshilfen.

Einzelheiten über den Herbizideinsatz (Schadensschwellen, Mittelwahl, Aufwandmenge, spezielle

Anwendungshinweise) können den alljährlich neu herausgegebenen Merkblättern des Pflanzenschutzdienstes entnommen werden.

Herbizide für besondere Einsätze
Bestimmte Herbizide werden auch außerhalb der pflanzlichen Produktion auf Nichtkulturland (z. B. Gleisanlagen, Industrieanlagen) angewendet. Hierfür ist allerdings nach bundes- und landesrechtlichen Vorschriften eine Ausnahmegenehmigung erforderlich.

Daneben gibt es Spezialherbizide im Ackerbau zur Ernteerleichterung sowie zur Kraut- und Blattabtötung bei der Saat- und Pflanzgutgewinnung (z. B. Kartoffel, Raps-, Klee-, Grassamen).

5.1.2 Fungizide

Fungizide sind Pflanzenschutzmittel, die pilzliche Schaderreger abtöten. Entsprechend der Wirkungsweise (Abb. 26) werden vorbeugende (protektive = Kontakt) und heilende (kurative = systemische) Fungizide unterschieden.

Einteilung und Wirkungsweise
Kontaktfungizide. Der Wirkstoff dringt nicht oder nur in geringem Umfang in das Pflanzengewebe ein (z. B. Grünkupfer, verschiedene Wirkstoffe in Beizmitteln). Solche Fungizide umgeben die behandelten Pflanzenteile mit einem »Schutzmantel« und verhindern das Eindringen von Schadpilzen, indem sie die keimenden Sporen abtöten.

Daraus ergibt sich:

1. Kontaktfungizide müssen vorbeugend eingesetzt werden (prophylaktische Wirkung), um den Pilz vor dem Eindringen in die Pflanze zu treffen.
2. Eingedrungene Krankheitserreger werden nicht oder nur unzureichend erfaßt.
3. Der Spritzbelag muß auf der Oberfläche der Pflanze möglichst gleichmäßig verteilt sein (gute Wirkung).
4. Neu zuwachsende Pflanzenteile werden nicht geschützt.
5. Der Spritzbelag ist den Umwelteinflüssen (z. B. Abwaschung durch Regen) ausgesetzt.
6. Bei starkem, über einen längeren Zeitraum anhaltenden Infektionsdruck sind die Fungizidmaßnahmen zu wiederholen.
7. Es ist keine Resistenz zu erwarten.

In wein- und hopfenbaulich genutzten Böden haben kupferhaltige Pilzbekämpfungsmittel infolge häufiger Anwendung zu erheblichen Belastungen geführt, da sich das Schwermetall Kupfer im Boden anreichert. Zu bedenken ist auch, daß Kupferverbindungen schädlich für Regenwürmer sind.

Systemische Fungizide. Der betreffende Wirkstoff wird je nach Anwendungsart durch Wurzeln und Blätter aufgenommen und mit dem Saftstrom der Pflanze transportiert. Bei den meisten z. Z. im Handel angebotenen Fungiziden dieser Art erfolgt der Transport nur zur Spitze hin, sie werden deshalb auch als »teilsystemische oder tiefenwirksame« Fungizide bezeichnet (z. B. Benomyl, Desmel, Baycor, Derosal). Ein systemisches Fungizid, das in beide Richtungen des Saftstromes verlagert wird, ist z. B. Aliette.

Daraus ergibt sich:

1. Bereits eingedrungene Krankheitserreger werden während und kurz nach der Eindringungsphase noch erfaßt (heilende Wirkung, in der Regel jedoch nur während der ersten drei bis fünf Tage nach erfolgter Infektion).

1\. Krankheiten mit längerer Infektionsperiode (z. B. Halmbruchkrankheit) können noch bekämpft werden.

3. Es bestehen Vorteile im Hinblick auf Verteilung und Witterungsbeständigkeit.
4. Wiederholte Behandlungen erhöhen die Gefahr der Resistenzbildung (z. B. Grauschimmelfäule im

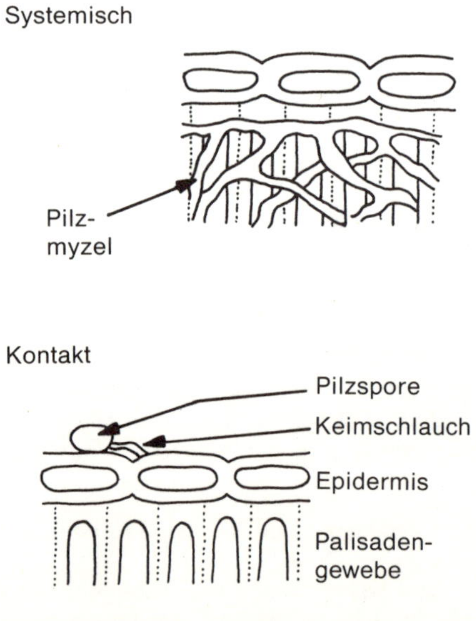

Abb. 26. Wirkungsweise von Fungiziden.

Weinbau, Schorf bei Äpfeln, Mehltau und Halmbruchkrankheiten in Getreide, Kraut- und Knollenfäule der Kartoffel).
5. Nach dem Eindringen des Mittels ist die Gefahr des Abwaschens durch Niederschläge nicht mehr gegeben.

Die Wirkungsweise der systemischen Fungizide beruht z. B. auf der Hemmung der Atmung, von Stoffwechselprozessen oder der Kern- und Zellteilung des Pilzes. Der Abbau im Boden geht je nach Wirkstoff mehr oder weniger schnell vonstatten. Regenwürmer im Boden werden durch Benzimidazole ungünstig beeinflußt.

5.1.3 Insektizide

Wirkungsweise von Insektiziden

Insektizide werden gegen beißende und saugende Insekten angewendet. Sie wirken als Fraß-, Atem- und Kontaktgifte oder zeigen mehrere Wirkungsmechanismen. So wirken Phosphorverbindungen als Kontakt- und Fraßgifte, solche mit hohem Dampfdruck (z. B. Diazinon) auch als Atemgifte.

Fraßgift = Mittel, das nach dem Fraß oder Saugen im Magen oder Darm des Schädlings wirksam wird

Atemgift = Mittel, das über die Atemorgane des Schädlings wirkt

Kontaktgift = Mittel, das nach Berührung auf den Schädling wirkt

Die **Wirkungsdauer** ist bei den Insektiziden recht unterschiedlich. Je nach Wirkstoff kann die insektizide Wirkung nur wenige Stunden anhalten oder mehrere Wochen erhalten bleiben.

Insektizide mit teilweise sehr langer Wirkungsdauer, wie z. B. bestimmte chlorierte Kohlenwasserstoffe, können 10 Jahre und länger im Boden verbleiben; sie sind daher in der Bundesrepublik nicht mehr zugelassen und dürfen auch nicht angewandt werden.

Achtung!

Einige Insektizide sind sehr giftig für Mensch und Tier. Bienen- und Gewässerschutz beachten!

Wirkort der Insektizide

Es werden Mittel mit lokaler und systemischer Wirkung unterschieden.

Insektizide mit **lokaler Wirkung** treffen den Schädling direkt oder werden von ihm aufgenommen. Sie müssen gleichmäßig auf der Pflanze verteilt sein. Viele Mittel haben eine gute Tiefenwirkung im Blatt, so daß auch minierende Schädlinge erfaßt werden (z. B. Made der Rübenfliege).

Insektizide mit **systemischer Wirkung** werden von der Pflanze aufgenommen und im Gefäßsystem transportiert.

Vorteile der systemischen Insektizide sind:
- die schnelle Aufnahme durch die Pflanze vermindert das Ausmaß der Gefährdung nützlicher Insekten. Schon kurze Zeit nach der Anwendung werden nur noch pflanzensaugende und -fressende Insekten erfaßt, ihre natürlichen Feinde oder Bienen, die keinen Pflanzensaft aufnehmen, dagegen nicht mehr
- die gute Verteilung in der Pflanze erreicht in der Regel auch versteckt sitzende oder an nicht direkt getroffenen Pflanzenteilen sitzende Schädlinge, die z. B. mit lokal wirkenden Mitteln nur schlecht oder gar nicht erfaßt werden
- die Anforderungen an die Verteilung und Witterungsbeständigkeit sind für systemische Pflanzenschutzmittel meistens geringer, denn durch die schnelle Aufnahme werden die Wirkstoffe dem Einfluß der Außenfaktoren weitgehend entzogen.

Einteilung der Insektizide nach chemischen Gruppen

Die wichtigsten Insektizidgruppen sind organische Phosphorverbindungen, Carbamate, Chlorierte Kohlenwasserstoffe, Pyrethroide und Mineralöle. Hier einige allgemeine Anmerkungen zu den Eigenschaften und Wirkungsweisen der Gruppen und ihrer Mittel.

Organische Phosphorverbindungen. Wirken als Nervengift für die Insekten und auch für Warmblütler. Einige Verbindungen werden besonders schnell abgebaut. Man unterscheidet:
a) nicht systemisch wirkende Phosphorsäureester mit Tiefenwirkung
b) systemisch wirkende Phosphorsäureester.

Insektizide Carbamate. Wirken ebenfalls als Nervengift auf die Insekten. Diese können sich jedoch bei zu geringer Dosierung wieder erholen. Beißende Insekten werden am besten erfaßt.

Chlorierte Kohlenwasserstoffe. Schon vor Erlaß der entsprechenden Anwendungsverbote und -beschränkungen hat die Bedeutung dieser Mittelgruppe in der Bundesrepublik Deutschland stark abgenommen. Es besteht die Gefahr der Anreicherung im

Boden und in der Nahrungskette. Weltweit noch von Bedeutung ist z. B. DDT (BRD seit 1972 verboten) zur Bekämpfung des Überträgers der Malaria-Krankheit.

Pyrethroide. Synthetisch hergestellte Mittel. Sie werden im Boden von Mikroorganismen abgebaut und sind wenig toxisch für Warmblütler, aber hoch fischgiftig und bienengefährlich.

Mineralöle. Sie verstopfen die Atemorgane und ersticken die Insekten. Im Obst- und Weinbau werden sie zur Austriebsspritzung z. B. gegen Wintereier der Obstbaumspinnmilbe eingesetzt, an Ziergehölzen gegen einige Schildlaus- und Schmierlausarten.

5.1.4 Akarizide

Akarizide werden gegen Spinn- sowie gegen Gall- und Weichhautmilben eingesetzt.

Viele der gegen Insekten ausgewiesenen organischen Phosphorverbindungen haben auch eine Wirkung gegen Spinnmilben. Nach häufiger Anwendung ist bei diesem Mittel eine Wirkungsminderung eingetreten. Dies hat zur Entwicklung einer Reihe von Spezialpräparaten beigetragen. Damit Raubmilben nicht geschädigt werden, sollten bei Übervermehrungen der Spinnmilben nützlingsschonende Akarizide eingesetzt werden.

5.1.5 Molluskizide

Mit ihnen werden die besonders in feuchten Jahren schädigenden Nacktschnecken bekämpft. Die Ködermittel enthalten Metaldehyd bzw. Methiocarb als wirksame Substanz. Im Prinzip ist die Bekämpfung von Nacktschnecken auch mit wasserentziehenden Mitteln möglich, doch sind Branntkalk, Staubkainit und ungeölter Kalkstickstoff in ihrem Erfolg stark witterungsabhängig.

5.1.6 Nematizide

Sie werden zur Eindämmung des Befalls mit pflanzenschädigenden Fadenwürmern (Nematoden) verwendet. Nematizide sind mit einer Wasserschutzgebietsauflage versehen und dürfen daher nur außerhalb von Wasserschutzgebieten eingesetzt werden. Die Anwendung erfolgt mit Spezialgeräten.

5.1.7 Rodentizide

Zur Bekämpfung schädlicher Nagetiere, wie Wanderratte, Hausratte, Haus-, Wühl-, Feld-, und Erdmaus, steht neben der mechanischen Bekämpfung mit Fallen der Einsatz von Rodentiziden in Form von Fraß- und Atemgiften zur Auswahl. Diese Mittel wirken entweder als Akut- oder als Langzeitgifte. Dazu zählen die Blutgerinnung hemmende Präparate (Ratte, Hausmaus), Zinkphosphid (Feldmaus) und phosphorwasserstoffentwickelnde Präparate (Schermaus).

Da alle Rodentizide auch für andere Säugetiere und Menschen gefährlich sind, ist große Vorsicht beim Umgang mit ihnen geboten. Köder dürfen nur so ausgelegt werden, daß sie für andere Tiere unzugänglich sind. Einzige Ausnahme ist der Lepit Feldmausköder, der flächig angewendet werden darf. Die Gebrauchsanleitung ist unbedingt zu beachten.

5.1.8 Wachstumsregler

Das Wachstum der Pflanzen und bestimmte Lebensvorgänge in der Pflanze werden durch Phytohormone (Wuchsstoffe) gesteuert. In der Wirkung ähnliche Substanzen werden synthetisch hergestellt und als »Wachstumsregler« bezeichnet.

Wachstumsregler werden an Pflanzen angewendet, um bestimmte **Lebensvorgänge zu beeinflussen.** Sie schützen weder vor Schadorganismen oder Krankheiten, noch dienen sie ihrer Ernährung.

Die Wirkstoffe haben einen entwicklungsbeeinflussenden Effekt auf Pflanzen.

Beispiele:

- Halm-, Stengelverkürzung und -festigung bei Getreide
- Fruchtausdünnung bei Äpfeln
- Reifeverfrühung bei Obst und Gemüse
- Förderung der Verzweigung von Obstgehölzen im Anzuchtjahr in der Baumschulvermehrung
- Hopfenputzen
- Förderung der Bewurzelung bei Zierpflanzenstecklingen
- Beeinflussung des Blühzeitpunktes und Blütenansetzens bei Zierpflanzen
- Stauchen von Zierpflanzen.

5.1.9 Keimhemmungsmittel

Substanzen, die das Austreiben von Vermehrungsorganen hemmen. Beispiele: Keimhemmung bei Kartoffeln und Zwiebeln.

5.1.10 Saatgutbehandlungsmittel

Die Verwendung von Saatgutbehandlungsmitteln bietet große umweltrelevante Vorteile, da die Mittel ganz gezielt und in relativ geringer Aufwandmenge wirksam eingesetzt werden. Bekämpft werden an Samen und Keimlingen gefährliche samenbürtige Krankheitserreger und Fraßschäden verursachende Schädlinge.

Saatgutbehandlung ist rentabel und notwendig, da gegen viele Krankheiten (z.B. Flugbrand und Zwergsteinbrand) nach der Saat nicht mehr vorgegangen werden kann. Der gleichmäßige Aufgang der Saat wird gesichert. Zertifiziertes Saatgut wird in der Regel behandelt geliefert. Allerdings ist beim Kauf auf die jeweils erforderliche Wirkungsbreite gegen zu erwartende Krankheitserreger und Schädlinge zu achten.

Die Saatgutbehandlung wird in Form von Beizung, Puderung, Anwendung von Vergällungsmitteln oder Inkrustierung vorgenommen. Früher war die Heiß- und Warmwasserbehandlung üblich, Verfahren, die biologische Betriebe heute wieder nutzen.

Beizung

Die chemische Behandlung zum Schutz vor **pilzlichen** Schaderregern ist mit Trocken-, Flüssig- und Schlämmbeizmitteln möglich. Die Durchführung erfolgt als Trocken- oder Feuchtbeize. In der Praxis hat die Feuchtbeizung große Bedeutung. Sie ist anwenderfreundlich (staubfrei) und erfolgt mit Feucht- und Flüssigbeizmitteln bzw. Schlämmbeizmitteln. Ende 1989 liefen die Zulassungen für Trockenbeizmittel aus.

Puderung

Die chemische Behandlung zum Schutz vor **tierischen** Schaderregern (Bodenschädlingen) erfolgt mit Saatgutpudern. Gepudert wird (z.B. gegen Brachfliege, Fritfliege) in einem getrennten Arbeitsgang **nach** der Beizung gegen pilzliche Schaderreger bevorzugt bei feucht gebeiztem Saatgut.

Vergällung

Vergällungsmittel sind Abwehrstoffe, welche den Fraß, Biß oder Einstich von Schadorganismen verhindern sollen.

Saatgut wird zum Schutz gegen Vogelfraß mit Vergällungsmitteln behandelt. Dadurch wird nur das Korn, nicht aber der Keimling oder die junge Pflanze geschützt. Einigen Beizmitteln sind Abwehrstoffe gegen Krähenfraß bereits beigegeben.

Inkrustierung

Chemische Behandlung des angefeuchteten Saatgutes (z.B. Mais, Rübe, Gemüsesämereien) zum Schutz vor tierischen Schaderregern mit Inkrustierungsmitteln gegen Bodenschädlinge z.B. bei Rübe, gegen Schadvogelfraß und Fritfliege bei Mais, gegen Rapserdfloh, Kohlgallenrüßler und Möhrenfliege bei Raps und in gärtnerischen Kulturen.

5.1.11 Durchführung der Saatgutbehandlung

Die Saatgutbehandlung sollte **grundsätzlich nur im Beizgerät** erfolgen, und zwar bei geschlossener Beiztrommel. Auf Handelsebene werden Spezialbeizgeräte verwendet. Die Beizung **muß** mit der vorgeschriebenen Aufwandmenge durchgeführt werden. Überdosierungen können zu Keimschäden führen; zu geringe Schutzbeläge an den Samen bewirken einen schlechten Beizgrad und gewähren daher keine ausreichende Wirkung.

Bei **pneumatischen Drillmaschinen** kann es zur Entbeizung des Saatgutes kommen. Die Haftfähigkeit des Beizmittels kann mit einer 0,2%igen Dextrinlösung (2 g Rohdextrin auf 1 Liter Wasser) verbessert werden. Vor Beginn des Beizvorganges werden 300 bis 500 ml Dextrinlösung je dt Saatgut in das Beizgerät gesprüht. Die genannten Aufwandmengen dürfen keinesfalls überschritten werden (Verklebungen!).

Eine **Beizung im Säkasten der Drillmaschine ist vollkommen unzureichend,** da auf diese Weise eine gleichmäßige Verteilung auf dem einzelnen Korn nicht möglich ist. Ein Teil der Körner kommt mit dem Beizmittel gar nicht in Berührung, ein anderer Teil hingegen erleidet Keimschäden durch Überdosierungen.

Eine Behandlung von Getreide, das mehr als 16% Wassergehalt aufweist, kann zu Auflaufschäden führen. Daher muß stets auf den vorgeschriebenen Wassergehalt des Saatgutes der jeweiligen Kulturpflanze geachtet werden.

Ausnahme: Spezial-Drillmaschine mit Beizvorrichtung. Die Verteilung der Beizmittel auf das Saatgetreide ist jedoch noch nicht bei allen Geräten technisch einwandfrei gelöst, so daß bei diesen Maschinen Unter- bzw. Überbeizung nicht in jedem Fall auszuschließen sind.

Wichtig!

Gebeiztes Saatgut nie zur menschlichen Ernährung oder als Viehfutter verwenden. Auch nicht, wenn es mit anderem Getreide o.ä. vermischt oder vorher gewaschen wird!

5.2 Entwicklung und Zulassung von Pflanzenschutzmitteln

Pflanzenschutzmittel, die in der Bundesrepublik Deutschland in den Verkehr gebracht oder eingeführt werden, bedürfen der Zulassung durch die Biologische Bundesanstalt für Land- und Forstwirtschaft mit den Einvernehmensbehörden Bundesgesundheitsamt und Umweltbundesamt. Bis es zur Zulassung eines Mittels kommt, sind umfangreiche Untersuchungen und Prüfungen erfolgt.

5.2.1 Entwicklung

Die Entwicklung von Pflanzenschutzmitteln liegt in den Händen der **chemischen Industrie.** Mehrere tausend chemische Verbindungen werden jährlich in besonderen Testverfahren auf herbizide, insektizide, akarizide und nematizide Eigenschaften sowie auf ihre Pflanzenverträglichkeit geprüft. Von 10000 bis 15000 untersuchten Substanzen erreicht im Durchschnitt nur eine die Marktreife. Bei positiver Beurteilung folgen betriebsinterne Gewächshaus- und Freilandversuche.

Parallel dazu werden auf Antrag Versuche zur Wirksamkeit bei den **amtlichen Pflanzenschutzdienststellen** durchgeführt.

Neben der biologischen Prüfung sind von der Industrie Unterlagen über die Gifteigenschaften (akut, chronisch), das Abbauverhalten und die Rückstandssituation in Pflanze, Boden und Wasser zu erarbeiten. Die Entwicklung eines Pflanzenschutzmittels benötigt ca. 10 Jahre und verursacht Kosten bis zu 150 Mio. DM (Abb. 27). Darin sind auch die Entwicklungskosten für Wirkstoffe enthalten, die nicht bis zur Verkaufsreife gebracht werden.

5.2.2 Prüfung und Zulassung

Basierend auf den Ergebnissen dieser grundlegenden Untersuchungen können Hersteller, Vertriebsunternehmen oder Importeure von Pflanzenschutzmitteln einen Antrag auf Zulassung des Mittels bei der Biologischen Bundesanstalt in Braunschweig stellen. Das Zulassungsverfahren endet mit der Mit-

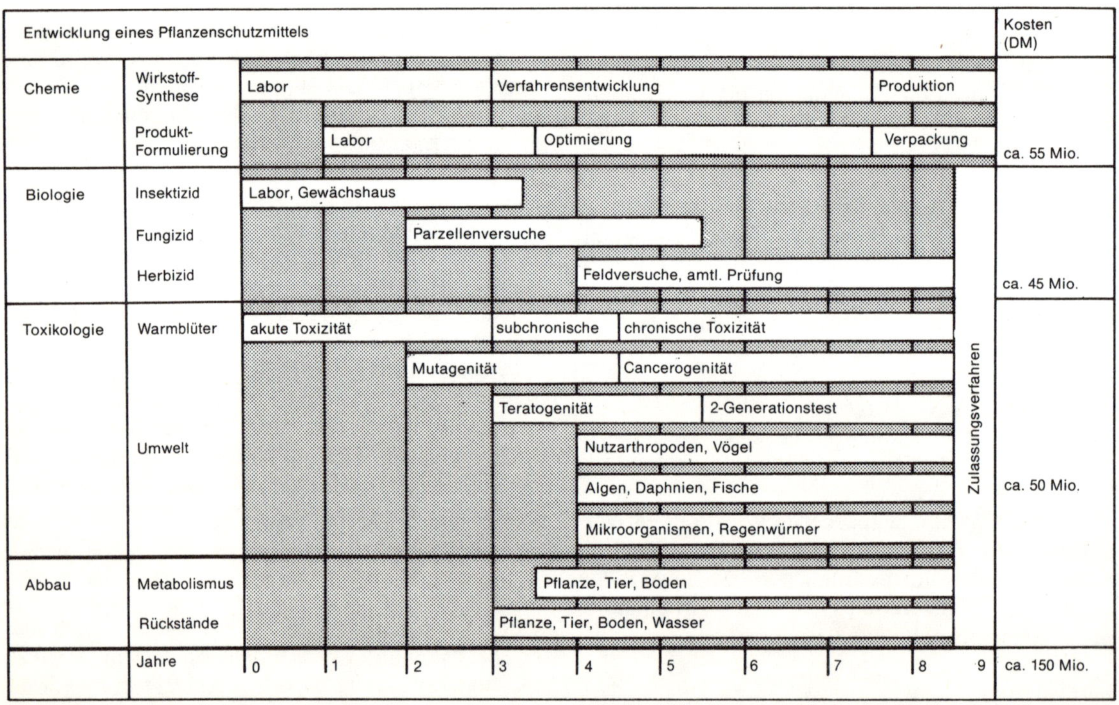

Abb. 27. Verfahrensablauf und Kosten für die Entwicklung eines Pflanzenschutzmittels.

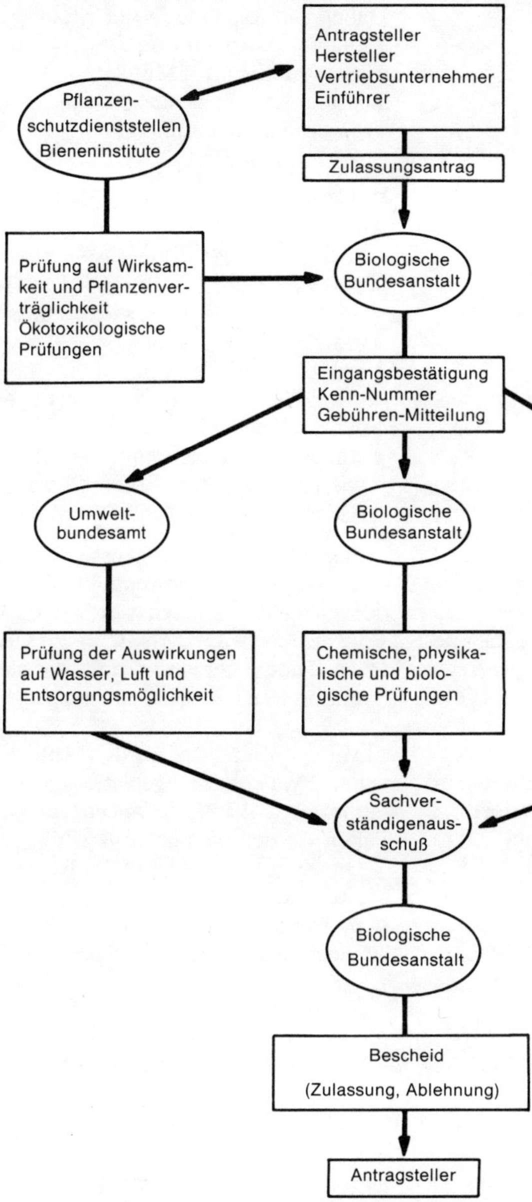

Abb. 28. Ablauf des Zulassungsverfahrens für Pflanzenschutzmittel.

teilung des Bescheids durch die Zulassungsbehörde (Abb. 28).

Der Zulassungsantrag muß folgende Angaben enthalten:

1. Anschrift, Name des Antragstellers
2. Pflanzenschutzmittelbezeichnung
3. Chemische Zusammensetzung des Mittels
4. Anwendungsgebiete
5. Mögliche Gefahren für Mensch, Tier und Naturhaushalt
6. Sachgerechte Beseitigungsverfahren
7. Gebrauchsanleitung

Abb. 29. Kennzeichnung eines zugelassenen Pflanzenschutzmittels.

8. Kennzeichnung von Behältnissen und Beipackzettel
9. Verpackung des Mittels
10. Analyseverfahren für Kontrolle von Rückständen, Abbau- und Reaktionsprodukten.

Die Biologische Bundesanstalt, das Bundesgesundheitsamt und das Umweltbundesamt überprüfen die eingereichten Unterlagen nach Maßgabe der Pflanzenschutzmittelverordnung. Nach Anhörung des vom Bundesernährungsministerium eingesetzten Sachverständigenausschusses, entscheidet die Biologische Bundesanstalt im Einvernehmen mit dem Bundesgesundheitsamt und dem Umweltbundesamt über die Zulassung. Das zugelassene Mittel wird durch eine Zulassungsnummer und das Dreieck mit der Ährenschlange und Beschriftung »Amtlich geprüft – Zugelassen« gekennzeichnet (Abb. 29). Pflanzenstärkungsmittel, die bei uns vertrieben werden, sind lediglich bei der Biologischen Bundesanstalt anzumelden.

Dabei sind folgende Daten vorzulegen:
1. Name, Anschrift, Anwender
2. Bezeichnung des Mittels
3. Chemische Zusammensetzung
4. Gebrauchsanleitung
5. Kennzeichnung der Verpackung.

Die Zulassung für ein Pflanzenschutzmittel wird erteilt, wenn
- es hinreichend wirksam ist
- der erforderliche Schutz der Gesundheit von Mensch und Tier bei sachgemäßem Umgang mit diesem Mittel gegeben ist
- es bei richtiger Anwendung für Mensch, Tier, Grundwasser und Naturhaushalt keine schädlichen Auswirkungen hat und auch keine sonstigen Auswirkungen möglich sind, die nach dem Stande der wissenschaftlichen Erkenntnisse nicht vertretbar wären.

Mittel, welche diese Eigenschaften nicht aufweisen, werden in der Bundesrepublik nicht zugelassen und dürfen nicht gehandelt werden. Es wird auch kein Prüfzeichen erteilt, wenn in den Ernteprodukten Rückstände zu erwarten sind, die die Höchstmenge überschreiten (siehe Höchstmengen-Verordnung Kapitel 9.2.1).

Mit der Zulassung werden Auflagen erteilt (Wartezeit, Wasserschutzgebietsauflage, Anwendungsverbote und -beschränkungen), die unbedingt eingehalten werden müssen (Bußgeld!).

Die Zulassung endet in der Regel nach 10 Jahren. Sie kann aber auch für kürzere Zeiträume erteilt werden. Wenn neue Erkenntnisse dies erfordern, kann sie auch kurzfristig widerrufen werden.

Tab. 21. Die Einstufung nach der akuten Giftigkeit für Mittel in flüssiger und fester Form

Gefahren-bezeichnung	LD 50 oral mg/kg Kgw.	LD 50 dermal mg/kg Kgw.	LC 50 inhal. mg/l Luft (4h)	
sehr giftig	≦ 25	≦ 50	≦ 0,5	flüssig
Symbol T+	≦ 5	≦ 10	≦ 0,5	fest
giftig	> 25 – ≦ 200	> 50 – ≦ 400	> 0,5 – ≦ 2	flüssig
Symbol T	> 5 – ≦ 50	> 10 – ≦ 100	> 0,5 – ≦ 2	fest
mindergiftig	> 200 – 2000	> 400 – 4000	> 2 – 20	flüssig
Symbol Xn	> 50 – 500	> 100 – 1000	> 2 – 20	fest

Quelle: Richtlinien für die amtliche Prüfung von Pflanzenschutzmitteln 3–2

5.2.3 Kennzeichnung

Es dürfen nur zugelassene Pflanzenschutzmittel verkauft werden. Auf den Behältern und auf den abgabefertigen Packungen müssen in deutlich lesbarer Schrift bestimmte Angaben stehen (Kennzeichnung nach dem Pflanzenschutzgesetz):

- Bezeichnung des Mittels
- Zulassungszeichen und -nummer
- Name, Anschrift des Herstellers/Vertriebsunternehmens/Einführers
- Art und Menge der Wirkstoffe
- Gebrauchsanleitung
- erlasssene Verbote oder Beschränkungen
- Hinweise auf die Gefahren, die bei der Anwendung auftreten können, bzw. mögliche schädliche Auswirkungen
- Vorsichtsmaßnahmen sowie Sofortmaßnahmen bei Unfällen
- das Verfallsdatum bei Pflanzenschutzmitteln mit zeitlich beschränkter Haltbarkeit
- Kennzeichnung nach dem Chemikaliengesetz und der Gefahrstoffverordnung.

Ob ein Mittel giftig, ätzend, reizend, leicht entzündlich ist, erkennt man an den Gefahrensymbolen mit den jeweiligen Bezeichnungen T+, T, Xn, C, Xi, F (siehe Abb. 31, Seite 56).

Die Einstufung wird vom Bundesgesundheitsamt folgendermaßen vorgenommen.

Für die Ermittlung der Giftigkeit wird im Tierversuch festgestellt, bei welcher Dosis eines Mittels 50% der Versuchstiere sterben. Diese Dosis wird in mg/kg Körpergewicht angegeben und als LD 50 bzw. LC 50 bezeichnet. Je nach Höhe der LD 50 wird das Mittel dann in eine Giftkategorie (T+, T, Xn) eingestuft oder davon befreit (Tab. 21).

Es werden jedoch immer weniger Mittel mit einer niedrigen LD 50 (sehr giftig) bzw. akuten Giftigkeit zugelassen (Abb. 30).

Pflanzenschutzmittel sind **ätzend,** wenn sie beim Aufbringen auf die Haut von Versuchstieren (z. B. Kaninchen) nach einer Einwirkungszeit von bis zu 4 Stunden eine Zerstörung des Hautgewebes hervorrufen oder wenn dieses Ergebnis vorausgesagt werden kann, z. B. bei stark sauren oder alkalischen Reaktionen.

Pflanzenschutzmittel sind **reizend,** wenn sie beim Aufbringen auf die Haut von Versuchstieren (z. B. Kaninchen) nach einer Einwirkungszeit von bis zu 4 Stunden eine deutliche Entzündung hervorrufen,

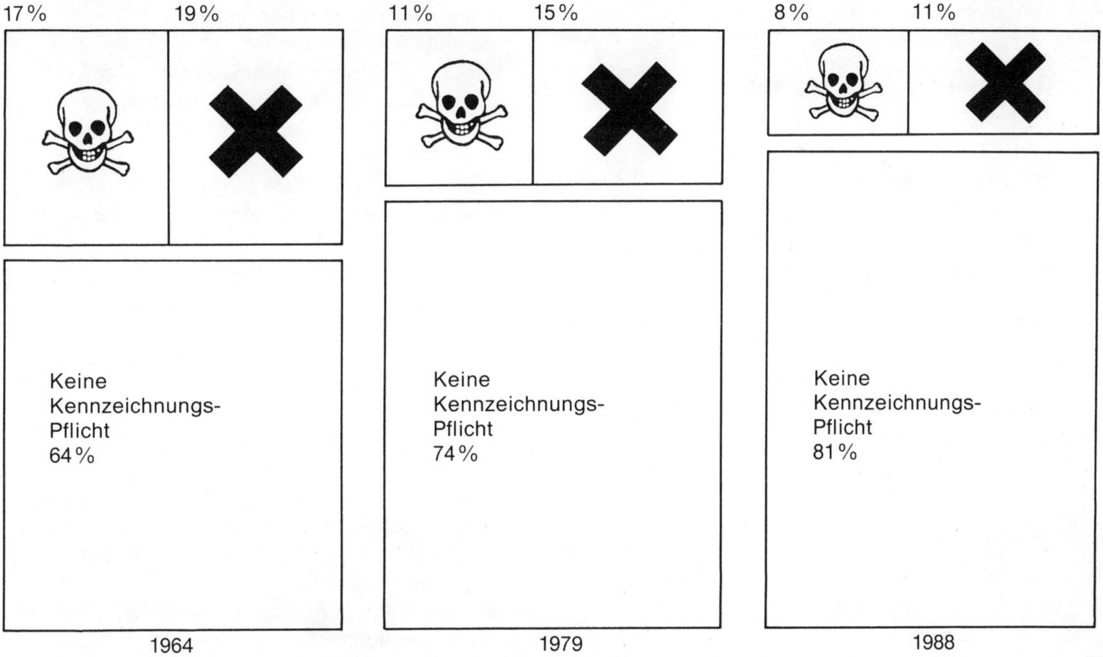

Abb. 30. Abnahme der akuten Giftigkeit bei Pflanzenschutzmitteln (nach JPS-Jahresbericht 1985/86).

Abb. 31. Gefahrenbezeichnungen und Gefahrensymbole.

oder beim Einbringen in das Auge deutliche Augenschäden hervorrufen, die nach Abschluß der Einwirkung 24 Stunden oder länger anhält.

Pflanzenschutzmittel sind **leicht entzündlich,** wenn sie sich bei gewöhnlicher Temperatur durch kurzzeitige Einwirkung einer Zündquelle entzünden können oder einen Flammpunkt unter 21°C haben.

Die R- und S-Sätze haben folgende Bedeutung:

R- (= Risiko) Sätze sind standardisierte Gefahrenhinweise, die den Anwender auf von dem Stoff ausgehende Gefahren hinweisen sollen, z. B. »Sehr giftig bei Einatmen« oder »Verursacht schwere Verätzungen«

S- (= Sicherheit) Sätze sind standardisierte Sicherheitsratschläge, die dem Anwender Hinweise auf richtige Verhaltensweisen geben sollen, z. B. »Unter Verschluß aufzubewahren« oder »Schutzbrille/Gesichtsschutz tragen«.

6 Sachgemäßer Umgang mit Pflanzenschutzmitteln

Pflanzenschutzmittel können bei unsachgemäßer und fahrlässiger Handhabung Mensch, Tier, Gewässer und den Naturhaushalt erheblich gefährden. Gravierende Gesundheitsschäden sind dabei nicht auszuschließen. Jeder Anwender trägt eine große Verantwortung. Er hat daher zum eigenen Schutz, dem Schutz des Verbrauchers und seiner Umwelt eine Vielzahl von Maßnahmen unbedingt einzuhalten. Die Maßregeln sind auf den Pflanzenschutzmittel-Behältnissen und beigefügten Beipackzetteln in Form von Auflagen, die bußgeldbewehrt sein können, und Hinweisen beschrieben.

6.1 Feststellung der Notwendigkeit von Maßnahmen

Vor dem Einsatz von Pflanzenschutzmitteln ist sorgfältig zu prüfen, ob, mit welchen Wirkstoffen und in welchem Umfang, deren Anwendung erforderlich ist. Als Hilfsmittel für die Beurteilung eignen sich Schlagkarteien (z. B. Unkrautvorkommen), Erfahrungen über das Auftreten von Schadorganismen während der vergangenen Jahre, Schadschwellenregeln sowie rechnergestützte Dialogprogramme. Diese entbinden jedoch nicht von aktuellen oder spezifischen Beobachtungen und Erhebungen des Unkraut- und Schaderregerauftretens. Im Zweifelsfall ist eine Beratung anzufordern.

6.2 Einkauf von Pflanzenschutzmitteln

Beim Kauf eines Präparates ist folgendes zu beachten:

- prüfen, welches Mittel am besten geeignet ist (Selektivität, Giftigkeit und Wartezeit berücksichtigen)
- welche Menge benötigt wird
- unnötige Vorratshaltung vermeiden, denn die Wirksamkeit eines Mittels läßt mit der Zeit nach und möglicherweise wird die Anwendung eines gekauften und auf Vorrat gehaltenen Mittels verboten
- Kennzeichnungsauflagen feststellen und weniger gefährliche, insbesondere nützlingsschonende Mittel wählen
- der Umwelt wegen biologische Verfahren, z. B. Trichogramma-Schlupfwespe gegen Maiszünsler, bevorzugen
- nur von der Biologischen Bundesanstalt für Land- und Forstwirtschaft zugelassene und mit dem Zulassungszeichen und der Zulassungsnummer versehene Pflanzenschutzmittel beschaffen. Die Einfuhr nicht zugelassener Ware ist strafbar
- Flüssig- und Granulatformulierungen den Spritzpulver- und Staubformulierungen vorziehen
- auf gut entleerbare und reinigungsfähige Verpackungsbehältnisse achten
- über Rückgabemöglichkeit von Behältnissen Auskunft einholen
- auf Flächen in Wasserschutzgebieten ist nur der Einsatz von Mitteln ohne Wasserschutzgebietsauf-

lage erlaubt! (in Baden-Württemberg Positivkatalog beachten)
- zur Vorbeugung von Resistenzproblemen auf Wirkstoffwechsel achten (z. B. Resistenz des Erregers der Getreide-Halmbruchkrankheit gegen BCM-haltige Mittel)
- nur **unbeschädigte Originalverpackungen** annehmen und auf das Verfallsdatum achten.

Für den Verkauf der Mittel gilt:
Grundsätzlich dürfen nur zugelassene Mittel im Handel angeboten werden!

Pflanzenschutzmittel dürfen nur von Vertriebsstellen mit geschultem Fachpersonal verkauft werden.

Wichtig: Sehr giftige (T+), giftige (T) und mindergiftige (Xn) Pflanzenschutzmittel dürfen an Personen unter 18 Jahren nicht abgegeben werden.

Merke:
Nur notwendige und geeignete Mittel in erforderlicher Menge kaufen.
Die Pflanzenschutzmittel müssen in der Bundesrepublik Deutschland zugelassen sein.

Pflanzenschutz- und Pflanzenstärkungsmittel dürfen auch nicht zur Selbstbedienung oder in einem Automaten angeboten werden (seit 1. Juli 1988).

Um sicherzustellen, daß die Gefahren beim Umgang und Handel mit Pflanzenschutzmitteln möglichst gering sind, schreibt das Pflanzenschutzgesetz für den Händler vor:

Gibt jemand Pflanzenschutzmittel ab, ohne daß er dem Käufer sachgerecht Auskunft geben kann, so kann die Behörde ihm den Verkauf von Pflanzenschutzmitteln verbieten.

Merke:
Nur sachkundige Verkäufer dürfen ein Pflanzenschutzmittel abgeben!

6.3 Transport von Pflanzenschutzmitteln

Der Transport von Pflanzenschutzmitteln ist vom Käufer und Anwender zum und innerhalb des Betriebes umsichtig und sorgfältig vorzunehmen (Gefahrstoffverordnung):

Dazu gehört, daß
- Behälter nicht lecken, die Packungen dicht, Verschlüsse sicher und die Gebrauchsanleitung lesbar sind
- beim Verladen Maßnahmen gegen Beschädigungen während des Transports getroffen und Gebrauchsanleitungen vor Nässe geschützt werden
- Behälter nicht in der Traktorkabine oder im Fahrgastraum des Pkw befördert werden, sondern getrennt von Fahrer und Mitfahrern. Bei Beförderung im Pkw-Kombi in besonderen Behältnissen (abgedichtete Kiste u. ä.) aufbewahren
- Pflanzenschutzmittel sorgfältig und sicher transportiert und nicht gemeinsam mit anderen Sachen, z. B. Futtermitteln, befördert werden
- Behältnisse sorgsam abgeladen werden
- mit Behandlungsflüssigkeit versehene Pflanzenschutzgeräte vor dem Transport überprüft werden, um Verlust durch undichte Behälter, Schläuche usw. zu vermeiden
- bei einem Unfall, bei dem Präparate oder Behandlungsflüssigkeit auslaufen, sowohl Polizei als auch Hersteller bzw. Vertreiber des Mittels eingeschaltet werden.

Bei Großtransporten von Pflanzenschutzmitteln (durch Spedition, Vertriebsfirmen usw.) fordert die Gefahrgutverordnung Straße (GGVS) bzw. Eisenbahn (GGVE) für den Transport die Kennzeichnung der Packungen und eine Bezeichnung in den Versandpapieren.

Für bestimmte Präparate ist ab Mengen von 1000 kg für die Transportfahrzeuge eine Warntafel vorgeschrieben sowie die Mitnahme von Unfallmerkblättern. Die Einholung einer Beförderungserlaubnis kann vorgeschrieben sein.

6.4 Aufbewahrung und Lagerung von Pflanzenschutzmitteln

Allgemein gilt für die Aufbewahrung und Lagerung von Pflanzenschutzmitteln, daß Umwelt und Menschen nicht gefährdet werden dürfen, daß Mißbrauch verhindert werden muß, daß Gefahren deutlich gemacht werden müssen und daß Verwechslungen zu verhindern sind.

Pflanzenschutz- und Schädlingsbekämpfungsmittel dürfen nur in **Originalpackungen** aufbewahrt werden und sind unter sicherem **Verschluß** zu halten. Deshalb niemals in andere Gefäße oder Flaschen umfüllen! Durch die Verwendung von leeren Nahrungsmittelbehältern oder Getränkeflaschen wurden tödliche Vergiftungen verursacht!

Angebrochene oder beschädigte Packungen dicht verschließen, um Verschütten oder Austreten giftiger Dämpfe zu verhindern. Dies gilt insbesondere auch als Vorsichtsmaßnahme beim Transport.

Die Mittel müssen in einem besonderen Raum mit widerstandsfähigen Wänden und fester Tür oder in einem dichten Schrank **kühl, frostsicher und trocken** aufbewahrt werden. Sie sind stets übersichtlich geordnet zu lagern. Es ist für ausreichend Platz und Licht zu sorgen. In diesem Raum dürfen keine Lebens- oder Futtermittel gelagert werden. Der Giftraum oder Giftschrank ist **deutlich als solcher zu kennzeichnen** und muß **abschließbar** sein. Der Schlüssel darf nur befugten Personen zugänglich sein. Mittel dürfen nicht in die Hände von Kindern gelangen.

Merke:

- Pflanzenschutzmittel nur in der Originalverpackung, in einem besonders gekennzeichneten Raum oder Schrank sicher vor Unbefugten (Kindern) aufbewahren
- Mittel niemals umfüllen »Lebensgefahr«
- getrennt von Lebens- und Futtermitteln aufbewahren
- Brandschutz- und Wasserschutzbestimmungen beachten.

6.5 Anwendung von Pflanzenschutzmitteln

Vor der Anwendung eines Pflanzenschutzmittels sind folgende Fragen zu klären:

1. Wo dürfen Pflanzenschutzmittel angewendet werden?
2. Wann dürfen Pflanzenschutzmittel angewendet werden?
3. Wie müssen Pflanzenschutzmittel angewendet werden?
4. Welche Schutzmaßnahmen müssen beachtet werden?

Zu 1. Wo dürfen Pflanzenschutzmittel angewendet werden?

Die Anwendung von Pflanzenschutzmitteln ist **nur auf landwirtschaftlich, forstwirtschaftlich oder gärtnerisch genutzten Flächen erlaubt.** Brachflächen, Ödland, Feldraine und Böschungen, die eine zunehmende Bedeutung für die Erhaltung wildlebender Tiere und Pflanzen haben, dürfen nicht mit Pflanzenschutzmitteln behandelt werden. Auch in Gewässern und in unmittelbarer Nähe von Gewässern dürfen keine Pflanzenschutzmittel ausgebracht werden. Unter bestimmten Voraussetzungen (s. Kennzeichnung) sind für manche Präparate Mindestabstände zu Gewässern von 10 m, 20 m, 50 m bzw. 100 m einzuhalten. Ausnahmen sind möglich.

Die Anwendung bestimmter Mittel ist auf Grund von Anwendungsverboten und -beschränkungen in Wasserschutzgebieten nicht erlaubt (s. Kap. 9.1.2).

Pflanzenschutzmittel dürfen nur in den Kulturen (Anwendungsbereichen) angewendet werden, die in der Gebrauchsanleitung ausgewiesen sind. Das Verhalten und die Auswirkungen des Mittels sind ausschließlich für diese Kulturen im Zulassungsverfahren geprüft. Treten bei vorschriftsmäßiger Anwendung in diesen Kulturen trotzdem Schäden auf, die der Hersteller zu vertreten hat, können auch Schadensersatzansprüche gestellt werden. Setzt man das Mittel jedoch in einer Kultur (Anwendungsbereich) ein, für die keine Ausweisung vorliegt, so hat der Anwender den Schaden selbst zu tragen. Er kann auch bei dieser Anwendung nicht abschätzen, welche Wartezeiten in der Kultur einzuhalten und wie hoch gegebenenfalls die Rückstände sind. Werden jedoch überhöhte Rückstände in den Nahrungsmitteln festgestellt, ist mit einem Ordnungswidrigkeitsverfahren und gegebenenfalls mit Schadensersatzansprüchen zu rechnen.

Zu 2. Wann dürfen Pflanzenschutzmittel angewendet werden?

Pflanzenschutzmittel können dann angewandt werden, wenn Schadorganismen in so großer Zahl vorhanden sind, daß die Schadensschwelle überschritten wird.

Pflanzenschutzmittel unterliegen in der Natur einem Abbauprozeß und verringern sich deshalb in ihrer Konzentration. Um den Menschen vor zu hohen Rückständen an Pflanzenschutzmitteln im Ernteprodukt zu schützen, muß deshalb mit der Ernte der behandelten Kultur eine bestimmte Zeit gewartet werden, bis die Konzentration des Wirkstoffes auf ein unbedenkliches Maß gesunken ist. Diese Zeit nennt man Wartezeit (Abb. 32). Sie ist ebenfalls auf der Packung oder dem Beipackzettel abgedruckt. Bei Einhaltung der Wartezeit sind keine überhöhten Rückstände in den Nahrungsmitteln zu befürchten.

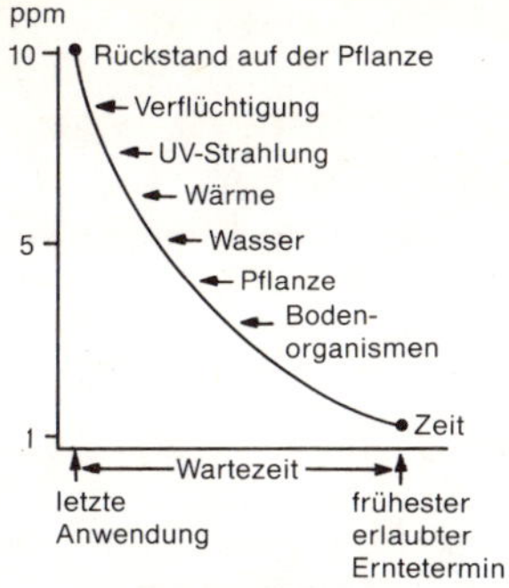

Abb. 32. Ermittlung der Wartezeit (Quelle: FÜAK, München).

Beispiele für Wartezeiten (aus Pflanzenschutzmittelverzeichnis 1988):

Benomyl	bei Wintergetreide gegen Halmbruchkrankheit	56 Tage
	bei Kernobst gegen Lagerfäulen	7 Tage
Saprol	bei Kernobst gegen Mehltau	14 Tage
	bei Hopfen gegen Mehltau	10 Tage
Pirimor-Granulat	bei Bohnen gegen Blattläuse	3 Tage
	bei Blattgemüse gegen Blattläuse	7 Tage
	bei Getreide gegen Blattläuse	14 Tage

Zu 3. Wie müssen Pflanzenschutzmittel angewendet werden?

Pflanzenschutzmittel dürfen nur nach guter fachlicher Praxis angewandt werden. Die erforderliche Sachkunde ist Voraussetzung.

Sämtliche Kennzeichnungsauflagen sowie die Gebrauchsanleitung sind genauestens zu beachten. Dies gilt auch für nicht giftig eingestufte Mittel. Die Gebrauchsanleitung gibt an, in welcher **Konzentration oder Aufwandmenge** das Mittel anzuwenden ist, um einen optimalen Bekämpfungserfolg zu erzielen. Davon sollte nicht abgewichen werden, es sei denn, die eigenen oder vorliegenden Erfahrungen lassen im Einzelfall geringere Aufwandmengen zu (z. B. Unkrautbekämpfung in Rüben mit reduzierten Aufwandmengen). Es ist nicht mehr Spritzbrühe anzusetzen als unbedingt erforderlich ist. Die Aufwandmenge an Mittel und Wasser ist genau zu berechnen, abzuwiegen oder abzumessen (Beispiele s. Kap. 8.4.2.1).

Zu 4. Welche Schutzmaßnahmen müssen beachtet werden?

- Überdosierungen vermeiden! Überdosierungen sind unwirtschaftlich, schädigen die Kulturpflanzen und können zur Überschreitung der festgelegten Höchstmenge führen
- zum Ansetzen nur eigens für diesen Zweck bestimmte Eimer und Geräte benutzen. Keine Küchengeräte oder Futterkübel verwenden
- Spritzbrühe möglichst im Freien und keinesfalls in bewohnten Räumen ansetzen
- Spritzbrühe, Giftköder usw. auch nicht für kurze Zeit unbeaufsichtigt stehen lassen. Kinder und Haustiere fernhalten
- keine Brühe oder Konzentrat verschütten
- Vorsicht beim Befüllen von Pflanzenschutzgeräten. Vorgang stets beaufsichtigen. Keine direkte Verbindung zwischen Füllschlauch und Behälterinhalt herstellen
- Leerpackungen gründlich mit Wasser ausspülen. Spülwasser zur Spritzbrühe in den Tank schütten. Ausgespülte Behälter nicht achtlos wegwerfen oder für andere Zwecke verwenden
- Ausbringung von Pflanzenschutzmitteln nur mit ordnungsgemäß gewarteten und geprüften Pflanzenschutzgeräten.

6.6 Maßnahmen zur Unfallverhütung

Vergiftungen äußern sich durch verschiedene Krankheitserscheinungen, wie Unwohlsein, Kopfschmerzen, Schwindel, Schweißausbrüche, Zittern, Leibschmerzen, Erbrechen oder Atembeschwerden. Diese Symptome können sofort, aber auch noch Stunden nach der Vergiftung auftreten. Treten irgendwelche dieser Symptome oder andere Gesundheitsstörungen bei oder nach dem Umgang mit Pflanzenschutzmitteln auf, ist sofort ein Arzt aufzusuchen oder zu rufen! Übermäßige Anstrengung und Bewegung ist zu vermeiden. Jeglicher Verdacht einer Vergiftung sollte ernstgenommen werden. **Bei schweren Vergiftungen ist unverzüglich ein Rettungswagen oder Notarzt anzufordern bzw. der Vergiftete so schnell wie möglich in ein Krankenhaus zu bringen.** Bis zum Eintreffen des Arztes, ggf. auch während des Transportes, können folgende Maßnahmen getroffen werden

- den Vergifteten im Freien oder in einem gut gelüfteten Raum in die »stabile Seitenlage« (Abb. 33) bringen und die Atemwege frei machen (Fremdkörper, z. B. Zahnprothesen herausnehmen, beengende Kleidung entfernen, vor Wärmeverlust schützen)
- die Giftaufnahme ist zu unterbrechen, d. h. mit Giften behaftete Kleidung entfernen und Mittel

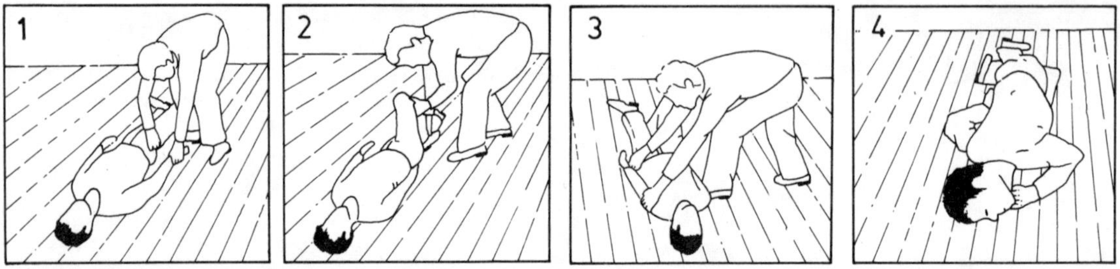

Abb. 33. Herbeiführung der stabilen Seitenlage.
Ausführung: Bewußtlosen in Hüfthöhe etwas anheben und nahen Arm unter dessen Körper schieben (Bild 1). Fuß des nahen Beins an das Gesäß stellen (Bild 2). Ferner Arm über die Brust legen, Schulter und Hüftgegend der fernen Seite fassen (Bild 3) und Bewußtlosen behutsam zu sich herüberziehen. Den unter dem Körper liegenden Arm am Ellenbogen etwas nach hinten hervorziehen. Kopf im Nacken überstrecken und Gesicht seitwärts wenden. Finger des obenliegenden Armes unter die Wange schieben (Bild 4). Zu viel Bewegung oder Anstrengung vermeiden. Atemwege frei machen (Kopf in den Nacken überstrecken).

von der Haut mit Wasser und Seife abwaschen. Selbstschutz beachten!
- bei Augenkontakt sofort mit viel Wasser spülen
- bei Vergiftungen durch Verschlucken reichlich Wasser in kleinen Schlucken zur Verdünnung trinken lassen. Erbrechen nur nach Rücksprache mit dem Arzt herbeiführen!
- Aufschwemmungen von Medizinalkohle (z. B. Kohletabletten oder Granulat, zwei bis drei Eßlöffel) trinken lassen, um noch im Magen oder Darm befindliches Gift zu binden.
- alle Informationsquellen sicherstellen, die auf Art und Menge des zur Vergiftung führenden Stoffes hinweisen (Giftreste, Gebrauchsanleitung, Behältnisse und Erbrochenes)
- Vergiftete brauchen Zuspruch und psychische Unterstützung und sollten beim Transport ins Krankenhaus begleitet werden.

Wichtig:

Dem behandelnden Arzt Pflanzenschutzmittel, Packung und Gebrauchsanleitung vorlegen! Niemals bei Vergiftungen Milch, Eiweißprodukte, Rizinusöl oder Alkohol geben! Giftwirkung kann verstärkt werden. Keine »Hausmittel« anwenden! Packungsaufschrift wegen Gegenmaßnahmen lesen!

Wichtigste Maßnahme bei Vergiftungsfällen ist also der sofortige Transport in ein Krankenhaus oder zu einem Arzt. Deshalb keine Zeit verlieren, z. B. durch den Kauf von Medizinalkohle oder langwierige Versuche, Erbrechen auszulösen. Eine Magenspülung im Krankenhaus ist zur Behandlung wesentlich besser geeignet!

Auskünfte bei Vergiftungsunfällen erteilen die Informations- und Behandlungszentren für Vergiftungen in der Bundesrepublik Deutschland (siehe Anhang Seite 188 ff.).

Bei **Vergiftungen von Haustieren** sofort den Tierarzt rufen. Futterreste, Kot und Packung des Präparates, das die Vergiftung vermutlich ausgelöst hat, aufbewahren und vorzeigen.

6.7 Sachgerechte Beseitigung von Pflanzenschutzmitteln

Bei der Anwendung von Pflanzenschutzmitteln fallen in der Regel gebrauchte Verpackungen an. Beim Anwender verbleiben Produktreste, wenn die Anwendung von Mitteln verboten wurde, sie unsachgemäß gelagert werden und nicht mehr verwendungsfähig sind, sowie ein Anwendungszweck nicht mehr gegeben ist. Bei ungenauer Berechnung oder bei Verwendung älterer und falsch eingestellter Pflanzenschutzgeräte können größere Mengen an Spritzbrüheresten anfallen.

Reste von Spritz- und Reinigungsflüssigkeit dürfen unter anderem nicht gelangen in:
- Gewässer
- Dränagen
- Abflüsse
- Entwässerungs- und Straßengräben
- Schächte

und **nicht entsorgt** werden z. B.
- auf Ödland
- an Wegrändern und auf Wegen
- im Wald.

Deshalb grundsätzlich **nur soviel Spritzflüssigkeit anrühren wie auch tatsächlich erforderlich ist.**

Leere Behältnisse und Reste von Pflanzenschutzmitteln, die nicht mehr verwendet werden, sind Abfälle und unterliegen den Bestimmungen des Abfallgesetzes. Die Beseitigung von Restmengen ist immer mit zusätzlicher Arbeit und Belastung für die Umwelt verbunden. Deshalb ist schon die Entstehung von Restmengen möglichst zu vermeiden.

Wie sind Restmengen zu vermeiden?
- Erhebung und genaue Berechnung des Bedarfs der Pflanzenschutzmittel
- nur die wirklich benötigte Menge des zweckmäßigsten Mittels kaufen
- keine unnötige Vorratshaltung! Eventuell werden besser wirkende Präparate entwickelt oder die Anwendung eines gekauften Präparates verboten
- Verfallsdatum eines Präparates beachten
- richtig eingestellte, geprüfte Pflanzenschutzgeräte verwenden, richtige Fahrgeschwindigkeit einhalten und Brühereste vermeiden.

Wohin mit leeren Packungen und Behältnissen?

Leere Packungen sind unbrauchbar zu machen und können bei geringen Mengen dem Hausmüll zugeführt werden. Größere Mengen sind nach Rücksprache mit den für die örtliche Hausmüllbeseitigung zuständigen und ausgewiesenen Stellen zu entsorgen.

Behältnisse sind nach Entleeren gründlich zu spülen, das Spülwasser ist der Spritzflüssigkeit beizugeben. Die Entsorgung ist wie bei den Packungen vorzunehmen.

Wie beseitigt man nun trotzdem anfallende Restmengen?

Alle Restmengenpräparate mit Gefahrenkennzeichnung »sehr giftig«, »giftig«, »ätzend«, oder mit unleserlicher Gefahrenbezeichnung müssen zur Sondermüllbeseitigungsanlage (Stadtverwaltung oder Landratsamt fragen) (Abb. 34). Bei anderen Mitteln (Xn, Xi, nicht eingestuft), die nicht zum Sondermüll zählen, ist es ebenfalls empfehlenswert, Restmengen bei Sondermüllbeseitigungsanlagen oder bei Sondermüllsammelaktionen abzugeben.

Wohin mit kleinen Resten von Behandlungsflüssigkeit?

Kleinere, nicht vermeidbare Restmengen von Behandlungsflüssigkeit können durch Ausbringen auf

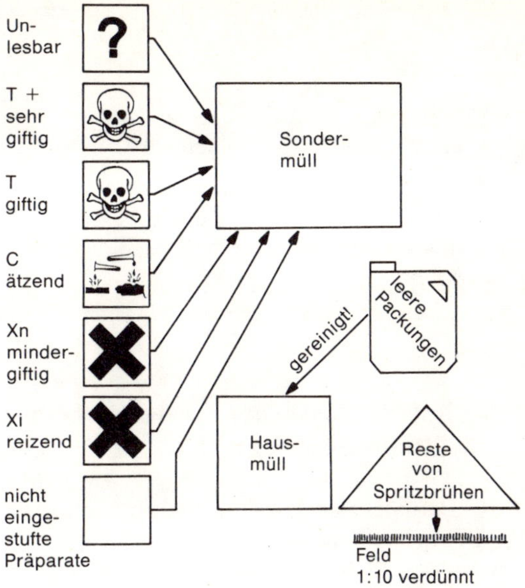

Abb. 34. Beseitigung der Reste von Pflanzenschutzmitteln.

der Behandlungsfläche beseitigt werden. Fungizide, Insektizide und die meisten Herbizide kann man bei Verdünnung der Brühereste auf 1:10 mit Wasser auf der behandelten Fläche ausbringen (Gebrauchsanleitung beachten!).

Was tun, wenn die Zulassung eines Pflanzenschutzmittels abgelaufen ist?

Diese Mittel dürfen zwar nicht mehr vertrieben werden, doch darf der Anwender bei ihm vorhandene Restmengen in der Regel aufbrauchen. Jedoch nur, wenn kein Anwendungsverbot ausgesprochen wurde. Keinesfalls sollten vor Beendigung der Zulassung größere Mittelmengen gekauft werden, da bei Erteilung eines zusätzlichen Anwendungsverbots der Anwender noch vorhandene Pflanzenschutzmittel, soweit keine Rückgabemöglichkeit besteht, nur wie Abfall behandeln kann. Falls aufgrund widriger Umstände größere Restmengen von Spritzflüssigkeit anfallen sollten, sind diese nach Absprache gesonderten Deponien oder Verbrennungsanlagen zuzuführen. Auskunft bei Kommunen (Stadt, Gemeinde, Kreis) einholen.

Zur Verminderung der gerätebedingten Spritzbrühereste bietet die Geräteindustrie Nachrüstsätze an. Die Restmengen können dadurch um bis zu 90% gesenkt werden. Der Restbrüheanfall wird durch Direkteinspeisungsverfahren vermieden.

Merke:

Die beste Entsorgung ist
- nur notwendige Mittelmengen einkaufen!
- nur erforderliche Spritzbrühemenge ansetzen!

Bei Entsorgung von Mittelresten
- Hinweise der Gebrauchsanleitung beachten!
- bei der zuständigen kommunalen Behörde Auskunft einholen!

7 Verhüten schädlicher Auswirkungen von Pflanzenschutzmitteln

Nach dem Pflanzenschutzgesetz gilt für den Einsatz von Pflanzenschutzmitteln:

Sie dürfen nicht angewandt werden, wenn der Anwender damit rechnen muß, daß ihre Anwendung schädliche Auswirkungen auf die Gesundheit von Mensch und Tier oder auf Grundwasser oder sonstige erhebliche schädliche Auswirkungen, insbesondere auf den Naturhaushalt, hat (§ 6 PflSchG).

Wer Pflanzenschutzmittel in einem Betrieb der Landwirtschaft, Gartenbau, Forstwirtschaft anwendet, muß die dafür erforderliche Zuverlässigkeit und die fachlichen Kenntnisse und Fertigkeiten haben, um die Gewähr zu bieten, daß durch die Anwendung von Pflanzenschutzmitteln keine vermeidbaren schädlichen Auswirkungen auf die Gesundheit von Mensch oder Tier oder keine sonstigen vermeidbaren schädlichen Auswirkungen, insbesondere auf den Naturhaushalt, auftreten (§ 10 PflSchG).

Diese Vorschriften sind von grundsätzlicher und zentraler Bedeutung (wie z. B. der § 1 der Straßenverkehrsordnung!) und verpflichten den Anwender zu verantwortungsvollem Handeln. Um schädliche Auswirkungen zu vermeiden, sind deshalb verschiedene Maßnahmen zum Schutz des Anwenders, des Verbrauchers, des Wassers und Naturhaushaltes zu treffen. Die richtige Beurteilung von Gefährdungsmöglichkeiten setzt Sachkenntnis und die Orientierung bei der Anwendung von Pflanzenschutzmitteln an den Vorgaben der Gebrauchsanleitung voraus.

7.1 Anwenderschutz

Bei sachgemäßem Umgang mit Pflanzenschutzmitteln bestehen unter Einhaltung der Anwendungsvorschriften (Gebrauchsanleitung!) grundsätzlich keine Gefahren für den Anwender.

Dennoch kommt es immer wieder zu Unfällen durch Pflanzenschutzmittel, weil mit ihnen unvernünftig und unvorschriftsmäßig umgegangen wird. Wenn beispielsweise die vorgeschriebene Schutzkleidung nicht angelegt wird, können beim Ansetzen der Spritzbrühe Hände und Augen sowie Atemwege gefährdet werden. Daraus resultierende akute Vergiftungen machen sich in der Regel durch sofort eintretende Symptome bemerkbar. **Erst sehr viel später können dagegen Schäden auftreten,** die durch eine ständige Aufnahme von geringen Mengen eines Präparates herrühren. Ein Beispiel dafür sind die inzwischen verbotenen quecksilberhaltigen Beizmittel, die beim Anwender vor allem nach ständiger unsachgemäßer Anwendung mit der Zeit Haarausfall und Vergiftungen herbeiführen konnten. Mittel können sich in ihrer Wirkung auch gegenseitig verstärken. Verschiedene Insektizide verursachen z. B. Appetitlosigkeit, Schwindelgefühl, Brustbeklemmungen, Atemnot, Krämpfe, Erbrechen oder führen gar zur Lähmung der Herztätigkeit, wenn sie vom Menschen längerfristig aufgenommen werden.

Die Beachtung der folgenden Maßnahmen kann dem Anwender helfen, die Gefahren für sich und seine Mitarbeiter so gering wie möglich zu halten:
- Angaben der Gebrauchsanleitung und Anwendungshinweise beachten
- Arbeiten mit Pflanzenschutzmitteln dürfen nur zuverlässigen, körperlich und geistig geeigneten Personen übertragen werden. Sie müssen Gefahrenhinweise und Vorsichtsmaßnahmen kennen
- Kinder, schwangere Frauen, stillende Mütter oder Personen mit Verletzungen bzw. die Arzneimittel einnehmen, dürfen Pflanzenschutzmittel nicht anwenden. Auszubildende sind entsprechend zu beaufsichtigen
- während des Umganges mit Pflanzenschutzmitteln nicht essen, trinken oder rauchen. Die Einnahme von Nahrungs- und Genußmitteln ist erst nach Ablegen der Schutzkleidung und sorgfältiger Körperreinigung gestattet. Vor, während und unmittelbar nach der Arbeit keinen Alkohol trinken
- bei der Durchführung von Pflanzenschutzmaßnahmen ist der Gefahrenbereich von unbefugten Personen (Kindern) und Nutztieren freizuhalten und vor ihnen zu sichern
- die Durchführung der Arbeiten sollte möglichst in den frühen Morgenstunden oder abends erfolgen.

Bei Hitze und Schwüle besteht erhöhte Vergiftungsgefahr. In geschlossenen Beständen (Reb-, Obstanlagen, Hopfengärten) kann Atemschutz erforderlich werden bzw. vorgeschrieben sein
- Köder (z. B. zur Bekämpfung von Mäusen) dürfen nur so ausgelegt werden, daß sie von Kindern und Tieren nicht erreicht werden können
- zum Abmessen der Pflanzenschutzmittel sind **Meßgeräte zu verwenden, die nur für diesen Zweck bestimmt sind.** Die notwendige Waage oder der Meßzylinder sind entsprechend zu kennzeichnen und zusammen mit den Pflanzenschutzmitteln aufzubewahren. Zum Anrühren der Spritzbrühe sind genügend lange und geeignete Gegenstände (z. B. Holzstäbe) zu benutzen. **Granulate** sind für den Anwender weniger belastend als pulverförmige Mittel. Eventuell Beutel benützen, die sich im Wasser auflösen, oder wenn vorhanden, die **Einspülvorrichtung** am Spritzgerät oder Injektor benutzen
- entsprechende Schutzkleidung tragen. Spritzer an Augen und Haut **sofort** mit Wasser und Seife, eventuell Zusätzen (siehe Packungsaufschrift) abwaschen. Mit Pflanzenschutzmitteln durchnäßte Arbeitskleidung sofort wechseln
- Spritzbrühen und Köder nach Möglichkeit im Freien, nie in bewohnten Räumen, Ställen, Vorratsräumen usw. ansetzen. In geschlossenen Räumen für eine gute Durchlüftung sorgen
- bei ersten Anzeichen von Unwohlsein die Arbeit abbrechen, aus dem Arbeitsbereich gehen und Verbindung mit einem Arzt aufnehmen
- niemals Pflanzenschutzmittel zur Aufbewahrung in andere Gefäße (Flaschen, Eimer, Krüge) umfüllen. Nur Originalbehälter lagern!
- nach der Arbeit Kleidung wechseln und Gesicht und Hände mit Seife waschen. Die Schutzkleidung ist nach der Benutzung zu reinigen
- beim Umgang mit »giftigen« unverdünnten Pflanzenschutzmitteln besondere Vorsicht walten lassen und angegebene Schutzmaßnahmen beachten.

7.1.1 Die richtige Schutzkleidung

Oftmals ist Anwendern die Gefahr, der sie sich beim Ansetzen und Ausbringen von Pflanzenschutzmitteln ohne Schutzkleidung aussetzen, nicht bewußt. Schäden können nicht nur durch Verschlucken von Pflanzenschutzmitteln auftreten, sondern auch durch das Einatmen des Spritznebels oder durch die Aufnahme des Wirkstoffes über die Haut. So wird häufig durch Unwissenheit der Schutz des eigenen Körpers vernachlässigt. Hierdurch hervorgerufene gesundheitliche Schäden müssen nicht akut sein, sondern können sich bei Daueraufnahme summieren und erst viele Jahre später eine Krankheit hervorrufen.

Das Risiko akuter Gesundheitsschäden und Spätfolgeerkrankungen ist vermeidbar, wenn die Anwendungsvorschriften der Gebrauchsanleitung genau beachtet, die Unfallverhütungsvorschriften eingehalten und die erforderliche Schutzkleidung beim Umgang mit Pflanzenschutzmitteln getragen werden. Die größte Gefahr für den Anwender besteht beim Ansetzen von Spritzflüssigkeiten, beim Abwiegen, Abmessen, beim Befüllen der Behälter und beim Beizen von Saatgut. Einer hohen Gesamtbelastung sind dabei ungeschützte Hände ausgesetzt. Dabei ist in jedem Fall unter besonderer Beachtung der Einstufung der Mittel eine wirksame Schutzkleidung erforderlich. Leichtsinn und Bequemlichkeit sind beim Umgang mit Pflanzenschutzmitteln nicht angebracht! Schutzvorkehrungen sind situationsgerecht und dem Gefährdungsgrad angemessen vorzusehen.

Zur persönlichen Schutzausrüstung zählen Körperschutz (Standardanzug), Kopfschutz, Augenschutz, Atemschutz, Handschutz, Fußschutz (Tab. 22).

Körperschutz (Schutzanzüge)

Ein geeigneter Schutzanzug besteht aus einem staub- bzw. flüssigkeitsundurchlässigen, aber trotzdem atmungsaktiven Material. Es muß reiß- und scheuerfest und beständig gegen Witterung und chemische Stoffe sein.

Die Schutzkleidung soll über einer normalen vollständigen Kleidung getragen werden. Sie ist als Einteiler (Overall) oder Zweiteiler (Latzhose mit Anorak) erhältlich, wobei im Freiland Zweiteiler, im geschlossenen Raum (Gewächshaus) Einteiler zweckmäßig sind. Der zweiteilige Anzug besteht aus einem Anorak mit zuziehbarer Kapuze über einer dichten Latzhose. Die Nähte der Anzüge müssen absolut dicht sein. Die Anzüge müssen am Hals und an den Handgelenken eng anliegen.

Die Hosenbeine sollen so weit sein, daß sie ohne Mühe über die Schäfte von Gummistiefeln übergestreift werden können. Beschädigte oder undicht gewordene Schutzkleidung ist sofort auszuwechseln.

Als Mindestkörperschutz ist ein »blauer Anton« anzusehen. Hinweise zur Benutzung von Schutzanzügen sind in der Gebrauchsanleitung des Präparats angegeben.

Beim Kauf von Schutzanzügen ist auf Waschmaschinenfestigkeit zu achten.

Tab. 22. Körperschutz bei Pflanzenschutzmittel-Anwendung

	Ansetzen der Spritzflüssigkeit, Vorbereitungsarbeiten	Ausbringen der Spritzflüssigkeit		
		Flächenkulturen		Raumkulturen, Unter Glas
		ohne geschlossene Schlepperkabine	mit geschlossener Schlepperkabine	
Kopfbedeckung	s. Gebrauchsanleitung	x		x
Schutzanzug	x	x	bei Arbeiten am Gerät	x
Handschuhe	x	s. Gebrauchsanleitung, bei Arbeiten am Gerät	bei Arbeiten am Gerät	x
Fußbekleidung	x	x	x	x
Schutzbrille	s. Gebrauchsanleitung	s. Gebrauchsanleitung		x
Atemschutz	s. Gebrauchsanleitung	s. Gebrauchsanleitung	Filtereinrichtung s. Gebrauchsanleitung	x

x = tragen des entsprechenden Körperschutzes

Schutzanzüge sollten regelmäßig nach Gebrauch gewaschen werden.

Kopfschutz

Ein Kopfschutz ist insbesondere dann zu tragen, wenn Stäube und Sprühnebel in Kopfhöhe auftreten.

Geeignet sind eine mit dem Kombi-Anzug oder dem Anorak verbundene Kapuze, ein breitkrempiger Hut in Form eines Südwesters oder ein Helm mit Nackenschutz.

Augenschutz

Es empfiehlt sich, eine Vollsichtschutzbrille mit Randschutz und Lüftungsöffnungen zu tragen. Sie bietet einen guten Schutz gegen Spritz- und Sprühtropfen, schränkt bei guter Qualität den Blickwinkel kaum ein und beschlägt auch nicht bei längerer Tragedauer, da sie genügend belüftet ist. Diese Brillen können auch über der Korrekturbrille getragen werden. Die Korrekturbrille allein bietet keinen ausreichenden Schutz.

Atemschutz

Für den Umgang und die Anwendung bestimmter Präparate kann ein besonderes Atemschutzgerät empfohlen oder vorgeschrieben sein (siehe Gebrauchsanleitung):

- im Freien, in dichten, hohen Pflanzenbeständen (Obst, Wein, Hopfen) oder bei Arbeiten mit gefährlichen Stäubemitteln
- beim Umgang mit Pflanzenschutzmitteln in geschlossenen Räumen. Werden gas- oder dampfförmige Mittel in geschlossenen Räumen eingesetzt, sollte unbedingt vorher sachkundiger Rat eingeholt werden.

In der Praxis kommen Halbmasken, Vollmasken, Atemschutzhelme und Schlepperkabinen mit Filteranlagen zum Einsatz.

Halbmaske

Sie schützt nur die Atmungsorgane und eignet sich besonders zum Einsatz im Freien. Da Giftstoffe auch über die Augen und die unbedeckte Gesichtspartie eindringen können, reicht eine Halbmaske nicht immer aus. Ein- und Ausatemventile sorgen für einen geringen Atemwiderstand. Die Maske muß dicht sitzen.

Vollmaske

Sie schützt die Augen, die Atemorgane und vor allem die Gesichtshaut. Vollmasken sind im Gartenbau bei der Ausbringung von Pflanzenschutzmitteln im Gewächshaus oder in Raumkulturen von Bedeutung.

Atemschutzhelme

Sie sind angenehmer im Gebrauch. Da der Innenraum der Helme über ein Gebläse mit gefilterter Atemluft versorgt wird, ist der Atemwiderstand im Vergleich zu den Atemmasken sehr gering.

Schlepperkabine

Schlepperkabinen mit Filteranlagen funktionieren im Prinzip wie Atemschutzhelme.

Pflege und Lagerung der Masken

Die beste Maske nützt nichts, wenn sie in einem schlechten Zustand und deshalb nicht funktionsfähig ist.

Nach jeder Benutzung ist daher die Maske (ohne Filter) zu reinigen. Staubteilchen können durch Druckluft entfernt werden. Stärker verschmutzte und verschwitzte Masken sind mit handwarmem Wasser, dem ein Reinigungs- oder Desinfektionsmittel (Hinweise der Maskenhersteller beachten) zugesetzt ist, zu reinigen und mit klarem Wasser gründlich nachzuspülen. Gesäuberte Masken dürfen nicht unter direkter Wärmeeinwirkung (Sonne, Heizung) getrocknet werden. Sie sind kühl und staubdicht in einer speziellen Aufbewahrungsdose zu lagern.

Atemschutzfilter

Kleinste Staubteilchen und Dämpfe von Pflanzenschutzmitteln können beim Einatmen in die Lungen des Anwenders gelangen und dort schwere Schäden verursachen.

Bei allen genannten Atemschutzsystemen sollen geeignete Filter die verschiedenen Schadstoffe abhalten. Man unterscheidet Partikelfilter, Gasfilter und Kombinationsfilter. Die Bezeichnung »P« steht dabei für »Partikel«, die Bezeichnung »A« für »organische Gase«. Das Aufnahmevermögen bei Gasfiltern und das Rückhaltevermögen bei Partikelfiltern wird durch die Klassen 1 bis 3 ausgedrückt. In der Regel ist bei Pflanzenschutzmitteln die Filterklasse 2 ausreichend.

Gegen das Eindringen von **Schwebstoffen** in die Atemwege werden **Partikelfilter** eingesetzt. Folgende Ausführungen sind erhältlich.

P 1 = Filter für feste Partikel mit kleinem Rückhaltevermögen

P 2 = Für mindergiftige Stoffe (Stäube, Nebel und Rauche). Filter für feste und flüssige Teilchen mit mittlerem Rückhaltevermögen.

P 3 = Für giftige und sehr giftige Stoffe (Stäube, Nebel und Rauche). Filter für feste und flüssige Teilchen mit großem Rückhaltevermögen.

Gegen das Eindringen von **Gasen** in die Atemwege werden **Gasfilter** eingesetzt, die Aktivkohle enthalten. Es werden hierbei die in Tab. 23 aufgeführten Typen unterschieden.

Da Pflanzenschutzmittel in verschiedener Form in die Atemwege gelangen können, kommen zum Schutz vor Gasen, Stäuben, Nebel oder Rauch besondere A/P-Kombinationsfilter in Betracht, z. B. A2/P3 für giftige und A2/P2 für gesundheitsschädliche Mittel. Die angeführten Kombinationsfilter sind gekennzeichnet durch eine braune Grundfarbe mit weißen Streifen.

Die Filter müssen kühl und trocken gelagert werden. Sie sind nach Ablauf der angegebenen Verwendungsdauer unbedingt zu ersetzen, auch wenn sie noch nicht benutzt wurden.

Fabrikneu verpackte Gasfilter sind maximal fünf Jahre, Partikelfilter unbegrenzt haltbar. Filter in geöffneter Packung sollten nur ½ Jahr aufbewahrt werden.

Tab. 23. Gasfiltertypen und ihr Hauptanwendungsbereich

Typ	Farbe	Hauptanwendungsbereich	im Pflanzenschutz z. B.
A	braun	organische Gase und Dämpfe, z. B. von Lösungsmitteln	Chlorpropham: Mito Fog. Pulsfog K Heptenophos: Hostaquick Methamidophos: Tamaron Methylbromid: Terabol, Zedesa Methylbromid Methylisothiocyanat: Trapex 40 Pirimiphos-methyl: Actellic 50
B	grau	anorganische Gase und Dämpfe	Calciumcyanamid: Calcid Phosphorwasserstoff entwickelnde Verbindungen: z. B. Postoxin WM, Polytanol

Die **Gebrauchsdauer** läßt sich nicht exakt festlegen. Sie ist abhängig von der Belastung des Filters, d. h. der Schadstoffkonzentration in der Umgebungsluft. Der Filter ist sofort zu wechseln bei erhöhtem Atemwiderstand oder Wahrnehmung von Geruch bzw. Geschmack in der Atemluft. Man kann mit einer Gebrauchsdauer von etwa 12 bis 15 Stunden rechnen. Öffnungsdatum des Filters und Zahl der Arbeitsstunden (Strichliste) sollten auf dem Filter vermerkt werden.

Merke:
Gebrauchsanleitung der Mittel und Hinweise der Hersteller für Atemschutz beachten!

Handschutz (Handschuhe)
Handschuhe sollten undurchlässig für Wasser, Mineralöl und organische Lösungsmittel sein. Deshalb keine Gummihandschuhe, sondern solche mit Kunststoff bzw. beschichtetem Gewebe, am besten ohne Naht, verwenden. Handschuhe müssen griffsicher und reißfest sein und sind beim Ansetzen der Spritzflüssigkeit anzuziehen. Empfehlenswert ist auch ein zusätzlicher Unterarmschutz (Stulpen) und das Eincremen der Hände mit einer fettfreien Schutzsalbe (Gel), bevor die Handschuhe übergezogen werden. Dadurch ist ein weiterer Schutz vorhanden, der das Eindringen von Schadstoffen in die Haut verhindert.

Fußschutz
Die Fußbekleidung (festes Schuhwerk) soll für Staub, chemische Flüssigkeiten und giftige Gase undurchdringlich sowie gegen chemische Stoffe beständig sein.

Gummistiefel sind als Fußschutz am besten geeignet, Lederschuhe nur dann, wenn sie für die angewendeten Stoffe undurchlässig sind. Lederschuhe und Gummistiefel müssen nach dem Gebrauch immer gut gereinigt werden, da sonst die Gefahr des Eindringens von Pflanzenschutzmitteln besteht. Schuhwerk, das bei Pflanzenschutzarbeiten getragen wird, sollte häufiger ersetzt werden.

Merke:
- beim Umgang mit Pflanzenschutzmitteln sind die in der Gebrauchsanleitung angegebenen Schutzmaßnahmen zu befolgen
- in der Regel sind Schutzhandschuhe, -anzug, festes Schuhwerk bzw. Gummistiefel ausreichend
- Kopf-, Atemschutz und Schutzbrille können erforderlich sein.

7.2 Verbraucherschutz

Der Schutz des Verbrauchers vor nachteiligen Folgen des Pflanzenschutzmitteleinsatzes liegt in den Händen des Landwirts, der Pflanzenschutzmittel-Herstellerfirmen und der Zulassungsstellen. Der Erzeuger pflanzlicher Nahrungsmittel ist verpflichtet, nur Ware in den Verkehr zu bringen, die die Gesundheit des Verbrauchers in keiner Weise beeinträchtigt.

Bei Beachtung folgender Regeln (s. Gebrauchsanleitung) durch den Anwender ist eine Gefährdung des Verbrauchers vermeidbar und die Einhaltung der Höchstmengen gewährleistet.

7.2.1 Wartezeit und Aufwandmenge

Wie die Wartezeiten von der Biologischen Bundesanstalt bei der Zulassung festgelegt werden und welche Bedeutung die Einhaltung der Wartezeit hat, wurde bereits in Kap. 6.5 erklärt.

Wartezeiten werden in Tagen angegeben, die zwischen der letzten Behandlung einer Kultur mit einem Präparat bis zur Ernte liegen. Die Wartezeiten sind von Wirkstoff zu Wirkstoff und von Kulturpflanze zu Kulturpflanze verschieden.

Bei Einhaltung der Wartezeiten sind zum Nutzungszeitpunkt des Produktes keine über den vorgeschriebenen Höchstmengen liegenden Rückstände zu erwarten. Angaben über die Wartezeiten stehen in den Gebrauchsanleitungen. Desgleichen sind die dort angegebenen Aufwandmengen und Konzentrationen zu berücksichtigen (nicht überschreiten!).

Höchstmengen
Unter Höchstmengen versteht man die Mengen an Rückständen von Pflanzenschutzmitteln, die zum Zeitpunkt des Inverkehrbringens und Nutzung der Ware (Lebensmittel) nicht überschritten sein dürfen. Die Höchstmengen (Tab. 24) geben an, wieviel mg Rückstand in oder auf einem Kilogramm Nahrungsmittel vorhanden sein darf, ohne daß Gesundheitsschäden bei lebenslangem Verzehr zu erwarten sind. Die Höchstmengen können eingehalten werden bei Beachtung der Anwendungsbestimmungen und der Wartezeiten.

Tab. 24. Festsetzung von Pflanzenschutzmittel-Höchstmengen

Toxikologie	Berechnung	Festsetzung
1. **Unwirksame Dosis** beim Versuchstier: mg Wirkstoff je kg Futter	4. **Duldbare Rückstandsmenge** $\frac{\text{ADI-Mensch} \times \text{Körpergewicht}}{\text{Tagesverzehr}}$ = mg Wirkstoff je kg Nahrungsmittel	5. **Technisch unvermeidbare Rückstandsmenge bei** »guter fachlicher Praxis«: mg Wirkstoff je kg Nahrungsmittel
2. **Höchste duldbare Tagesdosis** ADI-Tier: mg Wirkstoff je kg Körpergewicht		6. **Zulässige Höchstmenge** entspricht technisch unvermeidbarer Rückstandsmenge (5), darf aber duldbare Rückstandsmenge (4) nicht überschreiten!
3. **Höchste duldbare Tagesdosis** ADI-Mensch: ADI-Tier/100 (Sicherheitsfaktor)		

Zur Festlegung der Höchstmenge wird im Tierversuch ermittelt, bei welchem Wert (1) die empfindlichsten Versuchstiere keinen Schaden nehmen. Dieser Wert wird auf 1 kg Lebendgewicht der Tiere (2) umgerechnet. Für die Festsetzung der höchsten duldbaren Tagesdosis für den Menschen (ADI-Mensch) wird dieser Wert mit einem Sicherheitsfaktor, meist 100, geteilt (3).

Mit Hilfe dieses Wertes wird die duldbare Rückstandsmenge (4) errechnet. Dabei werden im Durchschnitt 60 kg Körpergewicht für einen Menschen angenommen und ein **täglicher** Verzehr von 0,4 kg des Nahrungsmittels vorausgesetzt. Bei der Anwendung eines Präparates nach guter fachlicher Praxis kann jedoch eine wesentlich geringere Menge an Rückständen auftreten (5) als hier errechnet wurde. Wenn dieser »Praxiswert« geringer ist als die errechnete duldbare Rückstandsmenge, so wird die **zulässige Höchstmenge** auf diesen geringeren Wert festgesetzt (Tab. 25).

Bei der Beurteilung von Rückständen in Viehfutter wird neben der unmittelbaren Auswirkung auf die Tiere auch die Höhe möglicher Rückstände in Eiern, Fett, Fleisch, Milch und Milchprodukten berücksichtigt. Entsprechende Angaben sind in der Futtermittelverordnung enthalten.

7.2.2 Anwendungsverbote und -beschränkungen

Um die Anwendung von besonders gesundheitsgefährdenden und umweltbelastenden Stoffen zu verhindern oder auf ein unbedingt notwendiges Maß zu beschränken, wurde die Pflanzenschutz-Anwendungsverordnung erlassen.

Darin ist geregelt, für welche der Stoffe **vollständige Anwendungsverbote, eingeschränkte Anwendungsverbote** oder **Anwendungsbeschränkungen** bestehen.

Dazu werden folgende Beispiele aufgeführt:

Vollständige Anwendungsverbote. Diese Stoffe dürfen nicht angewandt werden, z. B. Aldrin, Arsenverbindungen, Carbaryl, Captafol, Endrin, Quecksilberverbindungen u. a.

Eingeschränkte Anwendungsverbote. Anwendung nur in bestimmten Anwendungsgebieten zulässig, z. B. Clopyralid (Lontrel 100) gegen die Ackerkratzdistel außerhalb von W-Gebieten im Rübenanbau.

Tab. 25. Beispiele für Pflanzenschutzmittel-Höchstmengen

Wirkstoff	Mittel	Lebensmittel	Höchstmenge mg/kg Frischgewicht
Glyphosate	(Roundup)	in Getreide	10
Parathion	(E 605 forte)	in Obst und Gemüse	0,5
Triforin	(Saprol)	in Gurken	1,0

Andere Anwendungen sind verboten!

Anwendungsbeschränkungen. Die Anwendung dieser Stoffe ist in bestimmten Bereichen nicht erlaubt, z. B. Atrazin, Dimethoat.

Die Beachtung höchstmengenrelevanter Vorschriften (Wartezeit und Aufwandmenge, Anwendungsverbote und -beschränkungen) schützen den Anwender vor der Gefahr, daß er Lebensmittel mit zu hohen Rückständen auf den Markt bringt, bzw. das Grundwasser oder den Naturhaushalt belastet.

7.3 Schutz der Nutztiere

In der Zulassungsprüfung werden bereits Mittel ausgeschieden, die nachteilige Auswirkungen auf landwirtschaftliche Nutztiere (Rinder, Schweine usw.) haben könnten. Sachgerechte Anwendung und Einhaltung der Wartezeiten vermeiden erhöhte Rückstände in tierischen Produkten wie Milch, Eier oder Fleisch. **Der Gehalt an Schadstoffen in Futtermitteln** darf die in der **Futtermittelverordnung** festgesetzten Höchstgehalte nicht überschreiten. Beispielsweise werden unter anderen Stoffen Höchstmengen bei Endrin*, Lindan und Quecksilber* genannt. Zu direkten Vergiftungsfällen kommt es leider immer wieder, wenn Pflanzenschutzmittel nicht richtig aufbewahrt, ausgebracht, gesichert und von Tieren aufgenommen werden. Daher sind Gifte und Köder zur Mäuse- und Rattenbekämpfung nur so auszulegen, daß sie für Haus- und Nutztiere nicht erreichbar sind. Es können z. B. nach oben verschließbare Kisten mit Eintrittsöffnungen (Durchmesser ca. 6 cm) an allen Seiten oder Teile von Plastikrohren verwendet werden. Spritzbrühe darf nicht offen und unbeaufsichtigt abgestellt werden.

7.4 Schutz der Wildtiere

Die Erhaltung der vielen verschiedenen Tierarten und der Schutz ihres Lebensraumes ist für den Menschen eine notwendige, verantwortungsvolle Aufgabe.

Nachteilige Auswirkungen von Pflanzenschutzmitteln wurden bei verschiedenen Tieren durch schwer abbaubare und sich im Nährstoffkreislauf ansammelnde chlorierte Kohlenwasserstoffe entdeckt. Diese Stoffe sind daher in der Bundesrepublik Deutschland verboten.

Pflanzenschutzmittel können direkte und indirekte Wirkungen auf Wildtiere haben.

Direkt geschädigt werden können z. B. Vögel durch insektizide Granulate oder mit vogeltoxischen Präparaten inkrustiertem Saatgut. Beides muß daher gut in den Boden eingebracht und bedeckt werden. Schäden an Fischen und Fischnährtieren sind zu erwarten, wenn Auflagen (z. B. Abstände) mißachtet werden und Pflanzenschutzmittel in Gewässer gelangen. Bei giftigen Mitteln können sich heute noch schwerwiegende Risiken für die wildlebende Tierwelt ergeben, wenn bei der Ausbringung die Vorschriften der Gebrauchsanleitungen mißachtet werden (z. B. bei Giftgetreide).

Nicht leicht zu erkennen sind **indirekte Folgen,** die aus einer intensiven Nutzung und Bearbeitung sowie Vergrößerung der Feldflächen resultieren können.

Beim Umgang mit Pflanzenschutzmitteln ist unbedingt darauf zu achten, daß Wildtiere nicht in direkten Kontakt mit den Mitteln bzw. Spritzbrühen kommen.

7.5 Bienenschutz

Dem Bienenschutz kommt eine besondere Bedeutung zu. 80% der Nutzpflanzen werden durch Bienen bestäubt. Sie sind deshalb für die pflanzliche Erzeugung unentbehrlich.

Viele Pflanzengruppen sind auf Insektenbestäubung, vor allem aber auf die Bienenbestäubung angewiesen, wie z. B. Obst- und Beerengehölze, Ölfrüchte (Raps, Rübsen, Sonnenblumen), Futterleguminosen und Gemüsearten zur Saatguterzeugung, oder sie reagieren mit Ertragssteigerung (Abb. 35).

Der Gesetzgeber hat daher die Honigbiene unter besonderen Schutz gestellt und die Bienenschutzverordnung erlassen. Bienensterben, die leider jedes Jahr immer wieder in geringem Umfang im Zusammenhang mit der Ausbringung bienengefährlicher Pflanzenschutzmittel vorkommen, wären vermeidbar, wenn der Pflanzenschutz sachkundig im Einklang mit der Bienenschutzverordnung durchgeführt würde.

Nach der Bienenschutzverordnung ist es **verboten, bienengefährliche Pflanzenschutzmittel an blühenden Pflanzen anzuwenden** oder sie so einzusetzen, daß blühende Pflanzen mit getroffen werden (Abtrift). Dies **gilt auch für blühende Unkräuter.** Als blühend wird ein Bestand dann angesehen, wenn nur **eine**

* In der Bundesrepublik Deutschland nicht mehr zugelassen und verboten

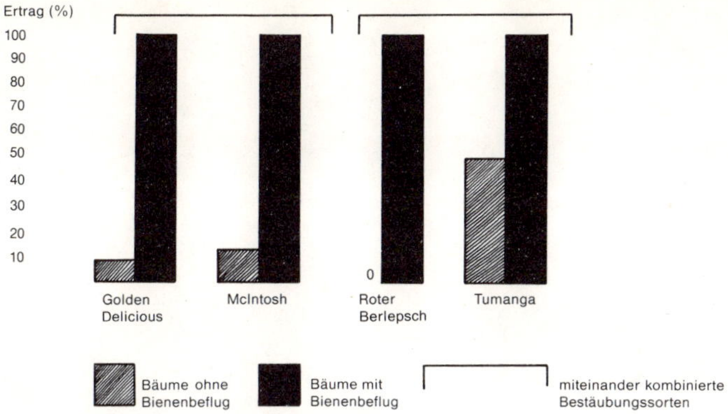

Abb. 35. Einfluß der Bienenbestäubung auf den Ertrag von Apfelsorten (nach Lampeitl und Schwarz, Allgemeine Deutsche Imkerzeitung 1977).

einzige Blüte geöffnet ist. Im Umkreis von 60 Metern um Bienenstände dürfen bienengefährliche Pflanzenschutzmittel ohne Zustimmung der Imker nur außerhalb der Zeit des täglichen Bienenflugs angewandt werden.

Bienengefährliche Präparate sind als solche gekennzeichnet. Die Einstufung der Pflanzenschutzmittel nach ihrer Wirkung auf Bienen ist wie folgt:

B 1 = Bienengefährlich. Die Mittel dürfen nicht auf blühende Pflanzen ausgebracht werden.

B 2 = Bienengefährlich, ausgenommen bei Anwendung nach dem täglichen Bienenflug bis 23 Uhr.

B 3 = Bienen werden nicht gefährdet auf Grund der durch die Zulassung festgelegten Anwendung des Mittels.

B 4 = Nicht bienengefährlich auf Grund einer amtlichen Prüfung.

Aber auch andere Mittel gelten als bienengefährlich, wenn sie in einer **Konzentration angewendet werden, die höher ist als in der Gebrauchsanleitung angegeben.** Blühend im Sinne der Verordnung sind alle Pflanzen (außer Kartoffeln und Hopfen), an denen sich geöffnete Blüten befinden. Bestimmte Mittel sind als »Bienengefährlich, ausgenommen bei Anwendung nach Ende des täglichen Bienenfluges bis 23 Uhr« eingestuft. Vorbedingung für eine solche Anwendung ist allerdings, daß der Belag vor dem Einsetzen des Bienenfluges am nächsten Tag angetrocknet ist. Der Anwender eines Mittels kann jedoch nicht sicher vorhersagen, ob sich das Antrocknen durch Taubildung oder Regen verzögern wird. Auch ist das Ende des täglichen Bienenfluges nicht exakt festzulegen. Deshalb immer genau beobachten.

Merke:
Keine Anwendung bienengefährlicher Mittel bei blühenden Pflanzen! Auf die Arbeit der Bienen kann **nicht** verzichtet werden!

7.6 Wasserschutz

Die unsachgemäße Anwendung von Pflanzenschutzmitteln kann zur Beeinträchtigung des Wassers führen.

Wasser ist für das menschliche, tierische und pflanzliche Leben unentbehrlich. Es ist das wichtigste Lebensmittel. Wasser ist unvermehrbar und die Vorräte sind begrenzt.

Rund 80% des Wasserbedarfs der öffentlichen Trinkwasserversorgung in Baden-Württemberg werden aus Grundwasservorkommen (Brunnen und Quellen) gedeckt.

Die Möglichkeiten, Verunreinigungen und sonstige Beeinträchtigungen des Grundwassers durch Aufbereitung im Wasserwerk zu beseitigen, sind begrenzt. Dem vorbeugenden Schutz der Grundwasservorkommen, insbesondere durch die Festsetzung von Wasserschutzgebieten, kommt daher entscheidende Bedeutung zu.

Das **Wasserschutzgebiet** umfaßt die unmittelbare Umgebung der Fassungsanlage und das Einzugsgebiet (Abb. 36). Im allgemeinen wird das Wasserschutzgebiet in Schutzzonen gegliedert, in denen bestimmte Maßnahmen und Handlungen verboten bzw. beschränkt zulässig sind.

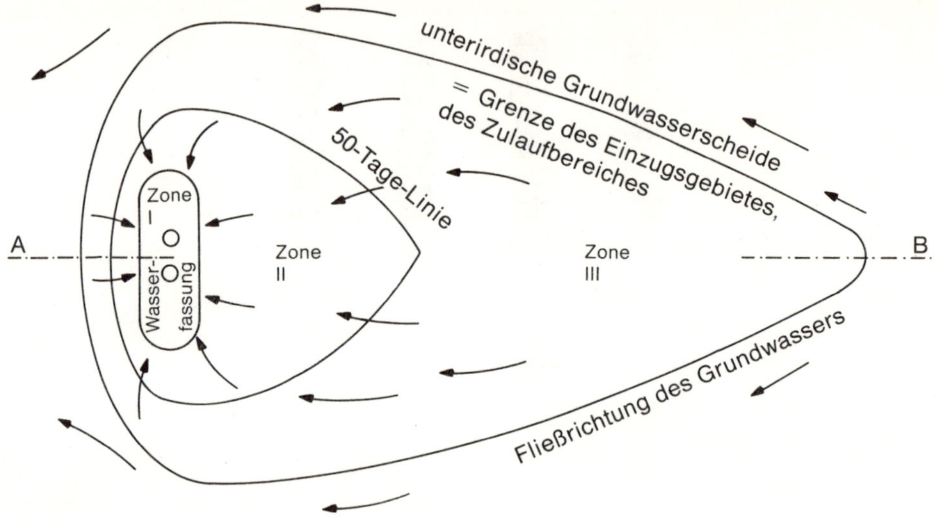

Abb. 36. Grundriß eines Wasserschutzgebietes (nach M. H. Antze, Schriftenreihe des Vereins für Wasser, Boden- und Lufthygiene Nr. 46).

Schutzzone I = (Fassungsbereich):
Unmittelbare Umgebung der Fassung, meist eingezäunt.
Schutzzone II = (Engere Schutzzone):
Umfaßt die Flächen, von deren Grenzen das Grundwasser in Fließrichtung 50 Tage bis zum Fassungsbereich benötigt.
Schutzzone III = (Weitere Schutzzone):
Umfaßt in der Regel größere Flächen. Eine Unterteilung in Schutzzone III A und III B ist bei größeren, flächenhaften Ausdehnungen möglich.

Schutzmaßnahmen

Die Trinkwasserverordnung läßt für Rückstände eines Pflanzenschutzmittels einen Grenzwert von 0,1 µg (0,0001 mg) je Liter Trinkwasser oder in der Summe von Rückständen 0,5 µg je Liter Trinkwasser zu. In verschiedenen Untersuchungen von Rohwasser auf Pflanzenschutzmittel wurden Rückstände unter, aber auch über diesem Grenzwert festgestellt. Es müssen deshalb Vorkehrungen zur Einhaltung des Grenzwertes getroffen werden.

Anwender haben deshalb Pflanzenschutzmittel nur in unbedingt notwendigem Maße sachgerecht und bestimmungsgemäß anzuwenden. Sie müssen die rechtlichen Vorschriften zum Schutz des Grundwassers und der Oberflächengewässer beachten.

Bei der Zulassung von Pflanzenschutzmitteln wird von den Zulassungsbehörden auch deren Versickerungsverhalten geprüft. Gegebenenfalls wird eine Wasserschutzgebietsauflage (W-Auflage) erteilt. Bundesweit gilt, daß Mittel mit einer W-Auflage, die auf der Packung und dem Beipackzettel des Präparates vermerkt sein muß, nicht in Waserschutzgebieten (alle Zonen) angewendet werden dürfen (Pflanzenschutz-Anwendungsverordnung = Negativkatalog). In Baden-Württemberg dürfen nur Mittel aus dem **Positivkatalog** in Wasserschutzgebieten eingesetzt werden (SchALVO Schutzgebiets- und Ausgleichsverordnung). Im Positivkatalog sind nur Mittel ohne W-Auflage aufgeführt. Der aktuelle Stand kann bei den Landwirtschaftsämtern erfragt werden. Darüber hinaus werden Merkblätter und jährliche Empfehlungen für die Verwendung von Pflanzenschutzmitteln in Wasserschutzgebieten herausgegeben.

Zum Schutz von Oberflächengewässern dürfen bestimmte Pflanzenschutzmittel nur in einem einzuhaltenden Abstand (Gebrauchsanleitung) von 10 m, 20 m, 50 m bzw. 100 m ab Böschungsoberkante des Gewässers eingesetzt werden (Abb. 37). Diese Mittel dürfen auch nicht auf stärker geneigten Flächen angewandt werden, von denen die Gefahr der Abschwemmung in Gewässer durch Regen oder Bewässerung besteht.

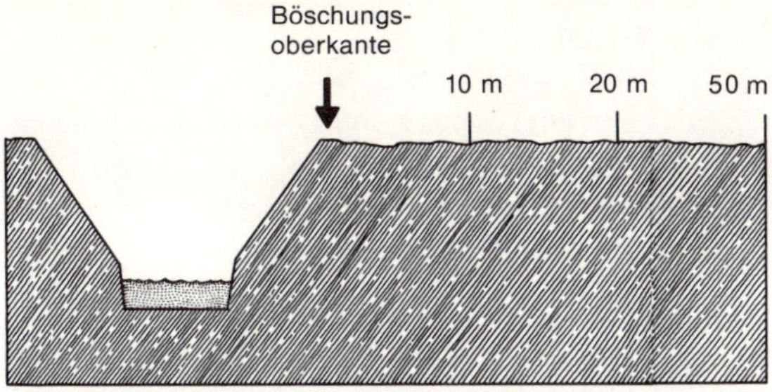

Abb. 37. Anwendung von Pflanzenschutzmitteln an Oberflächengewässern.

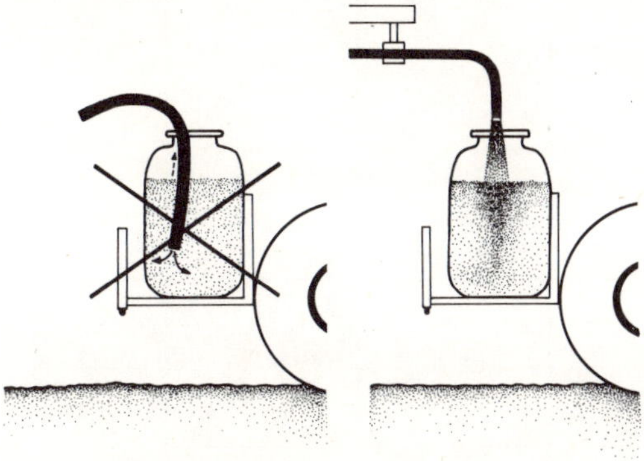

Abb. 38. Bei Befüllen der Feldspritzgeräte muß der Schlauch außerhalb des Behälters enden.

Der Anwender kann durch Beachtung folgender Verhaltensregeln wirksam zum Schutz des Wassers beitragen:

- Einholen von Informationen bei der Gemeindeverwaltung oder dem Landratsamt über Wasserschutzgebiete, Heilquellenschutzgebiete sowie über sonstige Grundwasser-Schutzgebiete
- bei der Wasserentnahme aus Gewässern oder beim Befüllen der Pflanzenschutzgeräte und Transportbehälter darauf achten, daß der Saugschlauch keine direkte Verbindung mit der Flüssigkeit im Behälter hat, um einen Rücklauf zu verhindern (Abb. 38)
- Beachtung des Positivkatalogs (Abb. 39). Unbedingt Wirkstoffwechsel berücksichtigen, um den Boden nicht einseitig zu belasten.
- Pflanzenschutzmittel nicht in und unmittelbar an Oberflächengewässern anwenden. Bei entsprechend gekennzeichneten Mitteln (s. Gebrauchsanleitung) auf einen ausreichenden Sicherheitsabstand von der Böschungsoberkante achten. Pflanzenschutzmaßnahmen sind so durchzuführen, daß keine Behandlungsflüssigkeit direkt oder indirekt (Abtrift, Erosion, Drainage) in Gewässer gelangt
- das **Ablagern** von Resten von Pflanzenschutzmitteln im Freien ist im gesamten Wasserschutzgebiet verboten (Abb. 39)

Umgang mit Pflanzenschutzmitteln	Zone I	Zone II	Zone III A	Zone III B
Anwendung von Pflanzenschutzmitteln (PSM) – Für Pflanzenschutzmittel, die nicht im »Positivkatalog« aufgeführt sind	Stop	Stop	Stop	Stop
Für Wirkstoffe im »Positivkatalog«	Stop	◇	◇	◇
Ablagern und Lagern von PSM-Resten	Stop	Stop	Stop	
Befüllen von PS-Geräten außerhalb der Hofstelle	Stop	Stop		

Abb. 39. Hinweise zur Anwendung von Pflanzenschutzmitteln in Wasserschutzzonen.

Tab. 26. Maßnahmen zum »Schutz des Wassers« im eigenen Betrieb

Für Flächen des Betriebes, die im Wasserschutzgebiet liegen, kann eine Wasserschutzgebietsdatei angelegt werden.

	Flurstücke				
1. Flurstücke im Wasserschutzgebiet					
2. Art der Schutzzone					
3. Derzeit angebaute bzw. geplante Kultur					
4. Welche Mittel sind erlaubt und geeignet?					
5. Sonstige Angaben					

- das **Befüllen** von Pflanzenschutzgeräten außerhalb der Hofstelle ist in den Schutzzonen I und II untersagt (Abb. 39)
- Verstöße gegen die Schutzgebiets- und Ausgleichsverordnung bzw. gegen die Pflanzenschutz-Anwendungsverordnung sind Ordnungswidrigkeiten und können mit Bußgeld geahndet werden
- zur eigenen Sicherheit Datei über Flurstücke in Wasserschutzgebieten anlegen (Tab. 26).

Merke:

- Wasserschutzgebietsauflagen einhalten (Positivkatalog)
- Pflanzenschutzmittel nicht in unmittelbarer Nähe von Gewässern anwenden (Abstände beachten)
- Abtrift vermeiden
- Vorsicht bei Gefahr von Bodenabschwemmungen
- Vorsicht bei direkter Wasserentnahme aus Gewässern
- eine Wasserschutzgebietsdatei ist sinnvoll.

7.7 Schutz des Naturhaushaltes

Der Schutz des Naturhaushaltes ist von so grundlegender Bedeutung, daß er im Pflanzenschutzgesetz verankert wurde. Er wird gleichrangig neben den Schutz der Gesundheit von Mensch und Tier – aber auch den Schutz der Kulturpflanzen – gestellt. Dies ist gerechtfertigt, weil der Naturhaushalt und seine Bestandteile Lebensgrundlage des Menschen sind und ihr Schutz damit auch dem Schutz des Menschen dient. Zum Naturhaushalt gehören die Bestandteile Boden, Wasser, Luft, Tiere, Pflanzen und das Wirkungsgefüge zwischen ihnen (Ökosystem).

Schadorganismen, gegen die sich die Maßnahmen des Pflanzenschutzes richten, sind von der Definition »Naturhaushalt« ausgenommen.

In Einzelfällen wird jeweils abzuwägen sein, ob das schadenstiftende bzw. nutzbringende Element von Organismen überwiegt. Dies trifft für bestimmte Vogelarten zu, die während der Brutaufzucht durch Schädlingsvertilgung nützlich sind, aber während der

Saat- und Ernteperiode Schaden anrichten, oder bei geschützten Tierarten, die vorübergehend durch Massenauftreten zum Schädling werden können.

Grundsätzlich dürfen Pflanzenschutzmittel nur auf landwirtschaftlich, forstwirtschaftlich oder gärtnerisch genutzten Flächen angewendet werden. Brachflächen, Ödland, Feldraine und Böschungen dürfen also nicht mitbehandelt werden, da diese als Rückzugsgebiete wildlebender Tiere und Pflanzen Bedeutung haben.

Durch diese Maßnahme soll erreicht werden, daß auf bestimmten Standorten natürliche Ökosysteme mit geschlossenen Kreisläufen erhalten bleiben (Abb. 40) und Pflanzen und Tiere sich entsprechend dem vorhandenen Kräftespiel natürlich entfalten können. Aufbau, Umbau und Abbau der organischen Substanz folgen natürlichen Gesetzmäßigkeiten.

Ein solches geschlossenes System wird im Rahmen der Pflanzenerzeugung auf vielfältige Weise beeinflußt.

Der natürliche Kreislauf wird unterbrochen. Dünger und Pflanzenschutzmittel kommen hinzu, Organismen werden beeinflußt, Nahrungsmittel für den Menschen werden entnommen, nicht alle Abfallprodukte gelangen in den Kreislauf zurück.

Für den Anwender von Pflanzenschutzmitteln ist nun wichtig zu wissen, welchen Einfluß er nimmt und was er damit bewirkt.

Es werden (Abb. 41) z. B. Herbizide, Fungizide und Dünger eingesetzt. Schädlinge, z. B. auftretende Blattläuse, werden mit Insektiziden bekämpft. Dies kann auf die vorhandenen Nützlinge negative Auswirkungen haben. Die pflanzlichen und tierischen Reste werden von Bakterien und Pilzen soweit zersetzt, daß sie als Nährstoffe wieder von Pflanzen aufgenommen werden können.

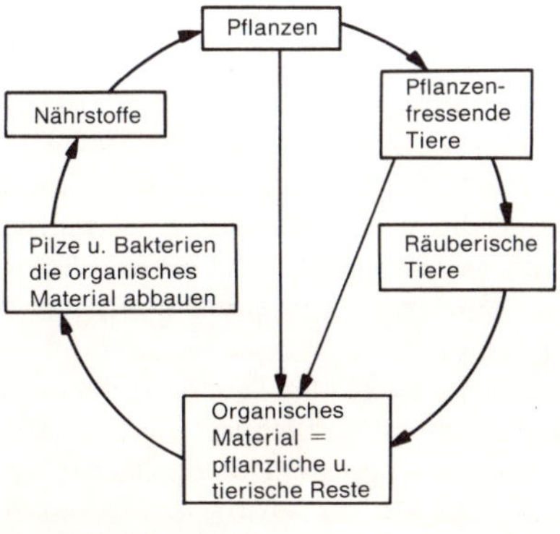

Abb. 40. Kreislauf der Natur.

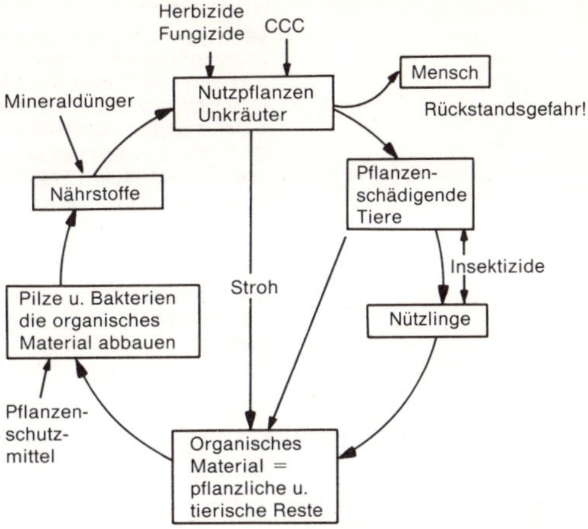

Abb. 41. Kreislauf eines Getreidebaubetriebes.

Erhöhte Reste von Pflanzenschutzmitteln (unsachgemäße Anwendung!) auf diesem organischen Material können dabei die Leistung der Pilze und Bakterien nachteilig beeinflussen. Andererseits ist aber auch bekannt, daß sich Mikroorganismen sehr rasch auf den Abbau bestimmter Pflanzenschutzmittel einstellen.

Auch der Mensch, der Pflanzenprodukte (z. B. Getreide) zu seiner Ernährung aus dem Kreislauf entnimmt, kann durch Rückstände bei nicht sachgemäßer Anwendung der Pflanzenschutzmittel gefährdet werden. Diese Gefahr kann sich für den Menschen erhöhen, wenn er bestimmte Nahrungsmittel zu sich nimmt, da er am Ende der Nahrungskette steht. Dies gilt aber auch für immissionsbedingte oder andere Rückstände.

Beispiel für Nahrungsketten:
Getreide → Mastschwein → Mensch → Muttermilch → Säugling
oder
Plankton → Fischnährtiere → Fisch → Mensch

Merke:

Jede falsche Anwendung von Pflanzenschutzmitteln hat auch auf nachfolgende Glieder des betroffenen Kreislaufes negative Auswirkungen!

Jeder Pflanzenschutzmitteleinsatz beeinflußt also auch die nachfolgenden Glieder des Kreislaufes. Damit jedoch keine Schäden in der Natur entstehen, werden nach dem Pflanzenschutzgesetz unter anderem Prüfungen auf die Umweltverträglichkeit der

Abb. 42. Ursachen des Artenrückgangs (angeordnet nach Zahl der betroffenen Pflanzenarten der Roten Liste).

Mittel verlangt. Dabei werden die Nebenwirkungen auch auf Nützlinge geprüft.
Ganz wichtig ist daher in diesem Zusammenhang die Berücksichtigung der Grundsätze des integrierten Pflanzenschutzes:

1. Ausnutzung der natürlichen Begrenzungsfaktoren.
2. Beachtung wirtschaftlicher Schadensschwellen.
3. Verwendung nützlingsschonender und spezifisch wirkender Pflanzenschutzmittel.
4. Verknüpfung sämtlicher Pflanzenschutzmaßnahmen und dabei Beschränkung der Anwendung chemischer Pflanzenschutzmittel auf das notwendige Maß.

Um das **ganze natürliche Ökosystem auf einigen Standorten zu erhalten,** dürfen Pflanzenschutzmittel nur noch auf Produktionsflächen bzw. besonderen Zwecken dienenden Flächen eingesetzt werden.

Neben vielen anderen Ursachen ist auch die Anwendung von Herbiziden mit ein Grund für den Rückgang der Pflanzenarten (Abb. 42). Herbizide führen wie auch mechanische Maßnahmen zu einer Reduktion der ertragsmindernden Unkräuter, dies ist auf Agrarflächen gewünscht, führt aber im Laufe der Zeit zu Verschiebungen der Artenzusammensetzung.

Merke:

Pflanzenschutzmittel sind auf Brachland, Ödland, Feldrainen und Böschungen verboten!

8 Verfahren und Geräte im Pflanzenschutz

8.1 Applikationsverfahren

Die Applikation von Pflanzenschutzmitteln erfolgt meist in niedriger Konzentration (<1%) mittels eines Trägerstoffes, in der Regel Wasser. Die verschiedenen Applikationsverfahren werden nach dem Aggregatzustand (flüssig, fest, gasförmig) und der Teilchengröße von Wirk- und Trägerstoff eingeteilt.

Beim **Streuen** und **Stäuben** wird nur eine unzureichende Dosier- und Verteilgenauigkeit erzielt, die Feststoffpartikel haften sehr schlecht und sind, bei kleiner Partikelgröße, besonders abtriftgefährdet. Verteilung und Teilchentransport erfolgen beim Streuen meist mechanisch, beim Stäuben pneumatisch. Beides wird nur selten angewandt.

Das **Gießen** von Pflanzenschutzmitteln erfolgt mit hohen Wasseraufwandmengen und bedingt deshalb große Abtropfverluste und eine geringe Benetzung der Blattunterseiten. Das gleiche gilt für das Verregnen mittels vorhandenen Beregnungsanlagen (Obst- und Weinbau).

Spritzen ist das am weitesten verbreitete Applikationsverfahren, insbesondere in Flächenkulturen. Die Zerstäubung der Spritzflüssigkeit erfolgt meist hydraulisch durch Überdruck mittels Flachstrahl- (1 bis 5 bar) seltener durch Hohlkegeldüsen (bis 60 bar). Die mittleren Tropfengrößen liegen zwischen 150 und 500 µm.

Beim **Sprühen** wird der Tropfentransport zur Zielfläche durch einen zusätzlichen Trägerluftstrom unterstützt. Die Tropfengröße ist in der Regel kleiner und ermöglicht eine Reduzierung der Wasseraufwandmenge, das Abtriftrisiko steigt.

Beim **Nebeln** werden sehr kleine Tropfen (<50 µm) erzeugt und ausgebracht. Wegen der hohen Abtriftgefahr wird es nur in geschlossenen Räumen (Vorratslager, Gewächshäuser) eingesetzt.

Begasen erfolgt mit gasförmigen Wirkstoffen oder Gas-Luft-Gemischen. Wegen der hohen Toxizität und Abtrift wird es nur selten, meist in Vorratslagern, angewandt.

8.2 Pflanzenschutzgeräte

8.2.1 Feldspritzgeräte

Feldspritzgeräte sind für die Ausbringung von Pflanzenschutzmitteln, teilweise gemeinsam mit Flüssigdünger, in Flächenkulturen bestimmt. Größe und Ausstattung richten sich nach den auszubringenden Mitteln, den betrieblichen Einsatzbedingungen und den persönlichen Anforderungen. Sie müssen neben den Anforderungen für Pflanzenschutzgeräte auch den gesetzlichen Unfallverhütungsvorschriften (UVV) und bei Fahrten auf öffentlichen Straßen den Vorschriften der Straßenverkehrszulassungsordnung (StVZO) entsprechen.

Anbaugeräte für den Dreipunktanbau am Schlepper sind am häufigsten verbreitet und haben Fassungsvermögen von etwa 300 bis 1500 l. Die Arbeitsbreiten reichen von 6 bis 24 m. Sehr wichtig ist eine gute Anpassungsmöglichkeit des Gerätes an den verwendeten Schlepper.

Aufbaugeräte sind fahrzeuggebundene Geräte (Systemschlepper) mit meist großen Behältern (1000 bis 4000 l), Arbeitsbreiten bis 36 m und in der Regel umfangreicher technischer Ausstattung. Mit gefülltem Behälter wird oft das zulässige Gesamtgewicht des Schleppers überschritten, öffentliche Straßen dürfen dann nicht befahren werden.

Anhängegeräte haben große Behältervolumen von 1500 bis 5000 l und sind nur für sehr große Betriebe oder Lohnunternehmer sinnvoll. Als Spezialgeräte werden sie meist mit verschiedenen Zusatzeinrichtungen zur Arbeitserleichterung und zur exakten Ausbringung der Pflanzenschutzmittel (z. B. Einspüleinrichtungen, elektronische Regelungen) ausgestattet. Spurtreuer Nachlauf erfordert eine Anhängung am Dreipunktgestänge des Schleppers und eine Verlagerung des Drehpunktes nach hinten. Beim Einsatz am Hang ist eine Hanglenkung notwendig.

Selbstfahrer sind Spezialgeräte für besondere Kulturen, z. B. Stelzenschlepper (Mais, Tabak) oder Großgeräte (3000 bis 4000 l) und meist technisch aufwendig ausgestattet. Sie sind bei uns bisher jedoch kaum verbreitet.

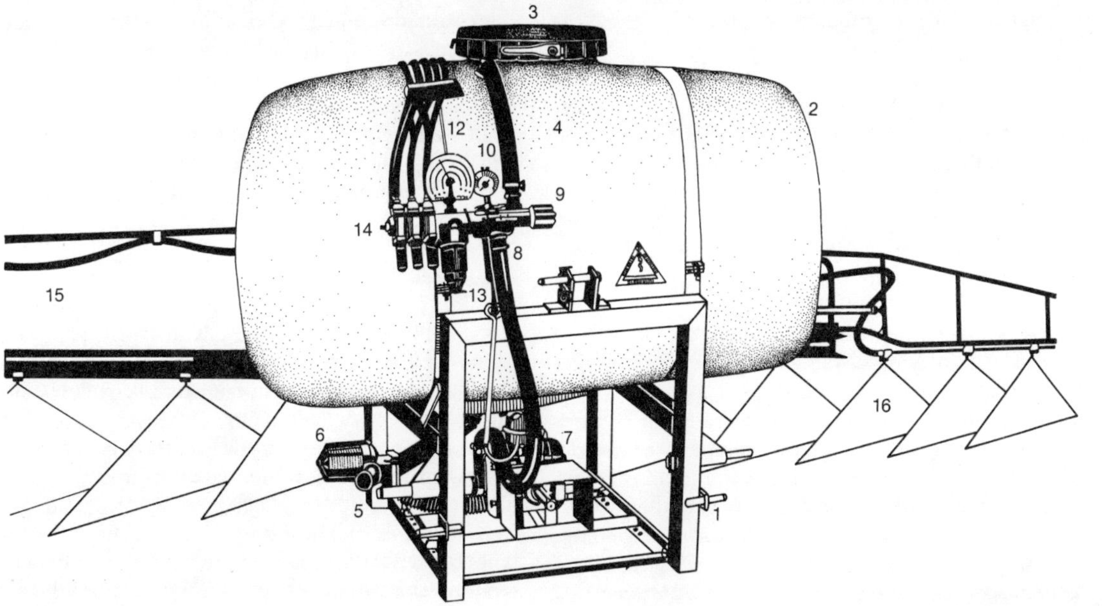

Abb. 43. Bauteile eines Feldspritzgerätes (Anbaugerät).

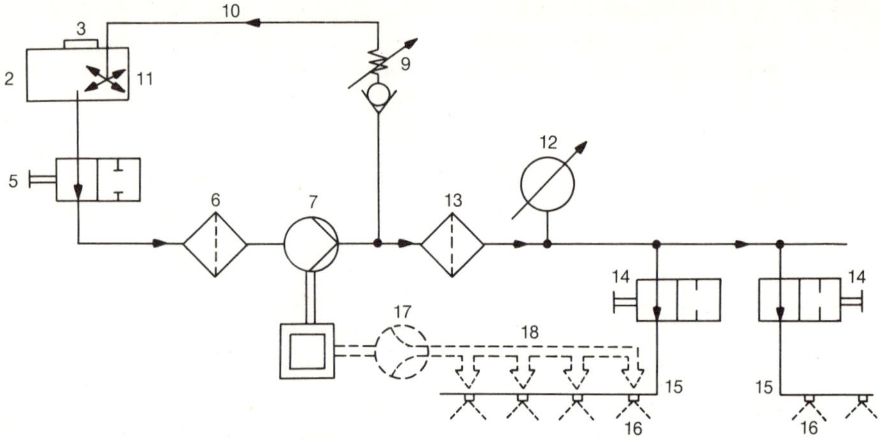

Abb. 44. Funktionsschema eines Feldspritzgerätes.
Funktionsbeschreibung: Die Spritzflüssigkeit wird von der Pumpe 7 über Absperrventil 5 und Saugfilter 6 aus dem Behälter 2 angesaugt und unter Druck über Druckfilter 13 und Teilbreitenschaltung 14 den am Gestänge 15 befestigten Düsen 16 zugeführt. Die Druckeinstellung erfolgt mittels Druckregler 9, die Kontrolle des Spritzdruckes durch Manometer 12. Das hydraulische Rührwerk 11 wird über die Rückleitung 10 vom Druckregler versorgt. Der Einsatz des Ventilators 17 für die Erzeugung des Trägerstromes 18 zur Unterstützung des Tropfentransportes wird bei Feldspritzgeräten derzeit noch sehr selten angewandt. Dies ist bei Raumsprühgeräten generell üblich und somit das wesentliche Unterscheidungsmerkmal.

Bauteile von Feldspritzgeräten

Die wichtigsten Bauteile von Feldspritzgeräten sind Pumpe, Behälter mit Rührwerk, Filter, Armaturen und Spritzgestänge mit Düsen (s. Abb. 43, Seite 75, und Abb. 44). Sie sind in ähnlicher Form auch bei den meisten anderen Pflanzenschutzgerätearten vorhanden.

Pumpen

Eines der wichtigsten Bauteile der Pflanzenschutzgeräte stellt die Pumpe dar. Sie dient zur Förderung der Spritzflüssigkeit, zur Erzeugung des Zerstäubungsdruckes und zur Versorgung eines vorhandenen hydraulischen Rührwerkes. Die Pumpentypen werden in Verdrängerpumpen (Kolben-, Membran- und Segmentpumpen) und Zentrifugalpumpen eingeteilt.

Der Forderung nach Verschleißfestigkeit und Druckkonstanz am meisten gerecht werden die Verdrängerpumpen.

Kolbenpumpen (Abb. 45a) zeichnen sich durch weitgehende Proportionalität von Pumpenförderstrom und Drehzahl sowie dadurch aus, daß bei Druckänderungen das Fördervolumen nicht beeinflußt wird. Der Kontakt von Kolben und Spritzbrühe bedingt sehr verschleißfeste Materialien für Zylinder und Kolben sowie für die federbelasteten Ventile.

Bei den **Kolbenmembranpumpen** (Abb. 45b) befindet sich zwischen Kolben und Flüssigkeit eine Membran. Dies ermöglicht eine kostengünstigere Bauweise, die Membran muß jedoch in regelmäßigen Abständen kontrolliert werden. Gute Membranpumpen kommen den Kolbenpumpen sehr nahe.

Weitere Verdrängerpumpen sind die **Segment-** oder **Rollenpumpen** (Abb. 45c). Bei ihnen hängt der Volumenstrom sehr stark vom Druck ab, insbesondere beim Ausbringen von Suspensionen steigt der Verschleiß sehr stark an.

Zentrifugalpumpen (Radialpumpen, Kreiselpumpen) sind nicht sehr stark verbreitet und werden meist zur Versorgung von hydraulischen Rührwerken eingesetzt (Abb. 45d).

Flüssigkeitsbehälter

Für den Transport der Spritzbrühe werden heute fast ausschließlich Behälter aus Kunststoff eingesetzt. Diese sind leicht und unempfindlich gegenüber den eingesetzten Pflanzenschutzmitteln. Große Einfüllöffnungen ermöglichen ein leichtes Befüllen. Die Auswahl der Behältergröße richtet sich nach dem Zugfahrzeug (Vorderradentlastung) und der Größe der zu behandelnden Flächen. Die Formgebung des Behälters soll so gewählt sein, daß sie die Arbeit des eingebauten Rührwerkes erleichtert. Bei Anbaugeräten muß außerdem auf günstige Schwerpunktlage geachtet werden.

Rührwerke dienen dazu, Pflanzenschutzmittel in den Trägerstoff einzumischen, abgesetztes Mittel nach einer unterbrochenen Behandlung wieder aufzurühren und während der Ausbringung für gleichmäßige Konzentration zu sorgen. Verschiedene Bauformen sind in Abb. (siehe S. 78) dargestellt.

Mechanische Rührwerke haben eine konstante, gleichmäßige Rührwirkung und benötigen daher wenig Antriebsleistung. Wegen des hohen Konstruktionsaufwandes werden sie, oft in Kombination mit hydraulischen Rührwerken, nur in Großgeräten eingebaut.

Hydraulische Rührwerke sind wegen ihrer einfachen und kostengünstigen Bauweise weit verbreitet. Sie werden meist über den Rücklauf der Pumpe, manchmal auch über eine separate Druckleitung, versorgt. Aus diesem Grund muß eine größere Pumpe verwendet werden, als für die Versorgung der Düsen notwendig ist.

Pneumatische Rührwerke arbeiten durch Einblasen von Luft, sie sind konstruktiv einfach und kostengünstig. Wegen der Gefahr der Schaumbildung werden sie, außer bei Rückensprühgeräten, jedoch kaum verwendet.

Filter

Um einen einwandfreien und störungsfreien Betrieb zu gewährleisten, sind Pflanzenschutzgeräte an verschiedenen Stellen mit Filtern ausgestattet. Eine erste grobe Filterung erfolgt im Einfüllsieb, das sowohl das Wasser, das beispielsweise aus öffentlichen Gewässern stammen kann, als auch das einzumischende Pflanzenschutzmittel passieren müssen. Saug- und Druckfilter ermöglichen eine weitere Filterung der Spritzbrühe, um ein Verstopfen der Düsen zu vermeiden. Oft sind kurz vor den Düsen zusätzliche Düsenfilter angeordnet. Ihre Maschenweite muß kleiner sein als die Öffnung der kleinsten zu verwendenden Düse.

Armaturen

Die Betätigungselemente der Feldspritzgeräte sind in der Regel zu einem Block zusammengefaßt, so daß alle Funktionen zentral betätigt werden können. Wichtig ist die Anpassung ihrer Lage an den Schlepper, so daß sie der Fahrer vom Schleppersitz aus bedienen kann. Die wichtigsten Elemente sind zentrale Abstellung, Druckregler oder Mengenteiler, Manometer, Druckfilter und Teilbreitenschaltung.

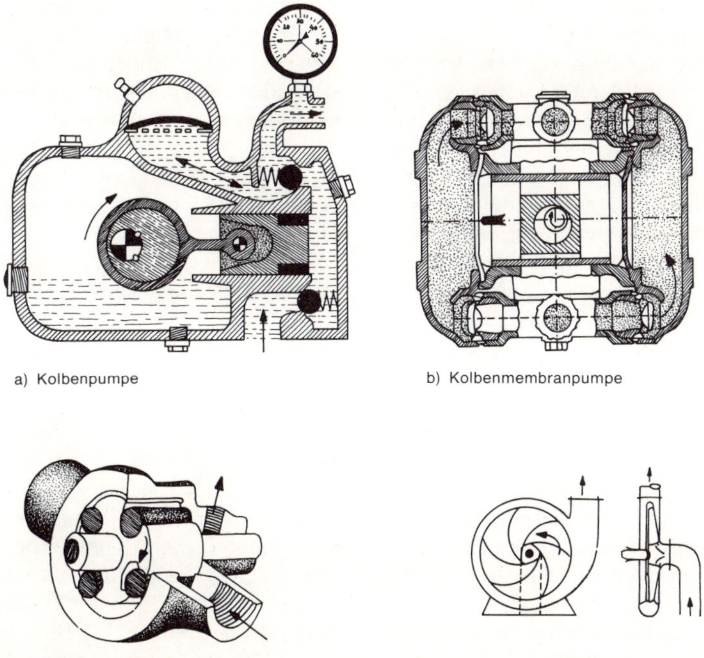

a) Kolbenpumpe

b) Kolbenmembranpumpe

c) Segmentpumpe

d) Radialpumpe

Abb. 45. Pumpen für Pflanzenschutzgeräte.

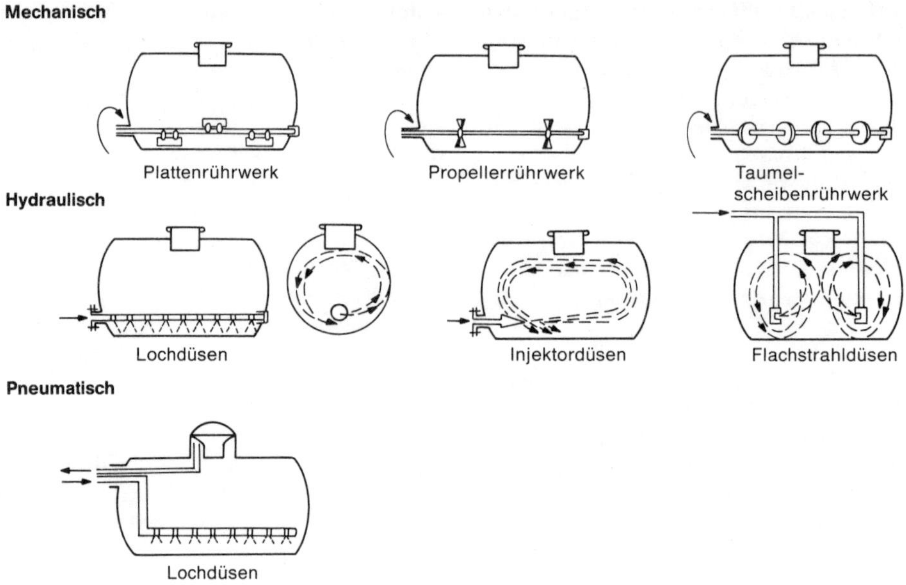

Abb. 46. Rühreinrichtungen für Pflanzenschutzgeräte.

Die Zentralabstellung ermöglicht das gemeinsame Ein- und Ausschalten aller durch die Teilbreitenschaltung geöffneten Teilbreiten.

Die Einstellung des Spritzdruckes erfolgt über Druckregler – hierbei wird der Druck bei geringen Drehzahländerungen der Pumpe annähernd konstant gehalten – oder über Mengenteiler. Dabei ändert sich die Durchflußmenge bei geringen Drehzahländerungen entsprechend der Fahrgeschwindigkeitsänderung, so daß die Aufwandmenge konstant bleibt.

Die Teilbreitenschaltung ermöglicht das Ein- und Ausschalten von Teilen des Spritzgestänges, um sowohl schmale als auch spitz auslaufende Flächen zu behandeln. Die Teilbreitenschaltung sollte deshalb möglichst mit einer Gleichdruckeinrichtung versehen sein. Diese gewährleistet einen von der Anzahl der geschalteten Teilbreiten unabhängigen Spritzdruck.

Manometer

Die Überwachung des Spritzdruckes erfolgt mittels eines Manometers. Dieses muß einen an den Spritzdruck angepaßten Druckbereich und eine gute Ablesbarkeit aufweisen, die auch vom Fahrersitz aus gewährleistet sein sollte. Die Manometer sind meist mit zusätzlichen Skalen mit Dosiertabellen versehen.

Spritzgestänge

Feldspritzgeräte haben generell ein Gestänge über die gesamte Arbeitsbreite. Es muß ausreichend steif sein und durch Bodenunebenheiten und Fahrzeugschwingungen möglichst unbeeinflußt bleiben. Eine parallele Führung zum Boden wird durch eine Pendelaufhängung erzielt, eine Höhenverstellung ermöglicht die Anpassung an unterschiedliche Bestandeshöhen. Für den Einsatz in hängigem Gelände wird ein Hangausgleich benötigt.

Die Düsen werden in Düsenstöcken am Gestänge montiert. Der übliche Düsenabstand beträgt 50 cm. Ein schneller Düsenwechsel wird durch Mehrfachdüsenstöcke oder Bajonettkappen ermöglicht. Kugel- oder Membranventile verhindern das Nachtropfen der Düsen.

Düsen

Bei Feldspritzgeräten werden zur Zerstäubung fast ausschließlich Schlitzdüsen eingesetzt. Sie werden wegen der fächerartigen Form ihres Spritzstrahles auch als Flachstrahldüsen bezeichnet. Durch einen Spritzwinkel von 110 bis 120° wird bei 50 cm Düsenabstand eine mehrfache Überlappung und damit eine gleichmäßige Querverteilung erzielt. Die Düsen werden hierzu in einem Winkel von 5° bis 10° zum Spritzgestänge verdreht montiert. Die Einstellung muß mit einer Einstellehre vorgenommen werden, bei der Verwendung von Bajonettkappen wird der richtige Einstellwinkel automatisch eingehalten.

Flachstrahldüsen werden aus verschiedenen Materialien mit unterschiedlicher Verschleißfestigkeit gefertigt. Das seither überwiegend verwendete Material Messing wird dabei immer mehr durch Kunststoffe (preisgünstig) oder Edelstahl (verschleißfest) ersetzt. Besondere Verschleißfestigkeit weisen Düsen aus keramischen Werkstoffen auf.

Für unterschiedliche Ausbringvolumen und Anwendungsfälle werden Flachstrahldüsen in unterschiedlichen Größen und Bauformen angeboten. Die Größenbezeichnung der Düsen wird immer mehr standardisiert, zusätzlich werden die Düsen farblich gekennzeichnet.

Beispiel: Düsenbezeichnung 11004
Hierbei steht 110 für einen Spritzwinkel von 110° und 04 für die Düsengröße (0,4 US-Gallonen bei 40 psi, bzw. 1,5 l/min bei 2,81 bar).

Den wichtigsten Einfluß auf die Zerstäubung einer Flachstrahldüse übt der Spritzdruck aus. In Abb. 47 sind die Abhängigkeiten anhand der Kennfelder von Flachstrahldüsen dargestellt.

Abb. 47a zeigt den Einfluß des Spritzdruckes auf die Durchflußmenge von Standard-Flachstrahldüsen und von LP-Flachstrahldüsen. LP steht für »low pressure« = niedriger Druck. Diese Düsen erreichen bereits bei sehr niedrigen Spritzdrücken um 1 bar eine befriedigende Querverteilung und arbeiten wegen der relativ großen Tropfen besonders abtriftarm. Ähnliche Eigenschaften haben auch die immer stärkere Verbreitung findenden Mehrbereichsdüsen oder die »Anti-Drift«-Düsen.

Die Durchflußmenge ist proportional der Quadratwurzel des Spritzdruckes, d. h. um die Durchflußmenge einer Düse zu verdoppeln, muß der Spritzdruck vervierfacht werden.

Abb. 47b zeigt, wie sich Düsengröße und Spritzdruck auf die Tropfengröße auswirken. Die Tropfen werden um so kleiner, je kleiner die Düse und je höher der Spritzdruck gewählt werden. Düsen erzeugen jedoch nicht Tropfen einer einzigen Größe, sondern ein Tropfenspektrum. Aus diesem Grund wird meist die mittlere volumetrische Tropfengröße (MVD) angegeben. Das besagt, daß jeweils die Hälfte des Flüssigkeitsvolumens in Tropfen kleiner bzw. größer als der MVD zerstäubt wird. Abb. 47c zeigt, daß der Spritzwinkel mit zunehmendem Spritzdruck zunimmt.

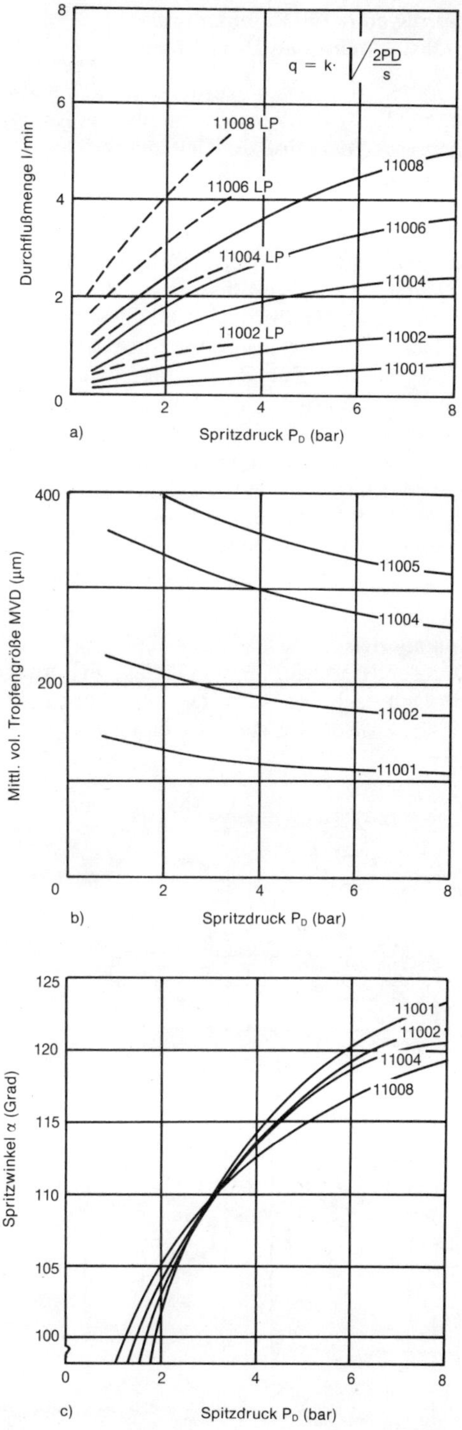

Abb. 47. Kennfelder von Flachstrahldüsen.

8.2.2 Sprühgeräte für Raumkulturen (Obst-, Wein- und Hopfenbau)

Aufgrund der räumlichen Ausdehnung der Kulturpflanzen in Obst-, Wein- und Hopfenbau müssen die Tropfen hier von der Düse zur Zielfläche größere Entfernungen zurücklegen als bei Flächenkulturen. Um eine bessere Bedeckung zu erzielen und mit weniger Wasser auszukommen, sind die Tropfen zudem kleiner. Der Tropfentransport erfolgt deshalb mit Hilfe eines zusätzlichen Trägerluftstromes. Anstelle des Spritzgestänges der Feldspritzen sind die Sprühgeräte mit Gebläsen und Düsen im oder seitlich des Luftauslasses ausgestattet. Zur Zerstäubung werden bei Sprühgeräten hauptsächlich Hohlkegeldüsen, neuerdings zunehmend auch Flachstrahldüsen zur besseren Anpassung an den Luftaustritt eingesetzt. Sprühgeräte werden meist als Anbau- oder Anhängegeräte gebaut, große Selbstfahrer sind selten, kleine werden überwiegend im Weinbau in Steillagen eingesetzt.

Gebläsebauarten

Einteilung und Bezeichnung der Gebläse für Sprühgeräte erfolgen nach der Richtung, in der der Läufer des Gebläses von der Luft durchströmt wird. Die derzeit gebräuchlichsten Gebläsebauarten sind in Abb. 48 dargestellt.

Bei **Axialgebläsen** (Abb. 48a–c), diese sind kostengünstig und derzeit am weitesten verbreitet, erfolgt die Durchströmung des Ventilatorflügels in axialer Richtung. Anschließend wird der Luftstrom um 45° bis 90° umgelenkt und tritt in radialer Richtung aus. Die Ansaugung kann von vorn oder von hinten erfolgen. Die Drehrichtung des Gebläses verursacht einen Drall, so daß sich die Erzeugung eines links und rechts gleichmäßigen und symmetrischen Luftstromes sehr schwierig gestaltet. Luftleiteinrichtungen und Gebläseaufsätze dienen dazu, den Luftstrom an die Kultur anzupassen.

Axialgebläse liefern relativ große Luftmengen bei mittleren Luftaustrittsgeschwindigkeiten. Die erforderliche Luftleistung richtet sich nach der Kultur und liegt zwischen 10000 m^3/h (Weinbau) und 120000 m^3/h (Hopfenbau) bei Luftaustrittsgeschwindigkeiten von bis zu 40 m/s.

Querstromgebläse (Abb. 48d) besitzen einen parallelen Luftstrom. Die maximale Höhe der zu behandelnden Kultur richtet sich nach der Baulänge des Ventilatorläufers, die auch für die Luftleistung des Gerätes maßgebend ist. Für jede Behandlungsseite ist ein Gebläse notwendig. Die Luftleistungen der

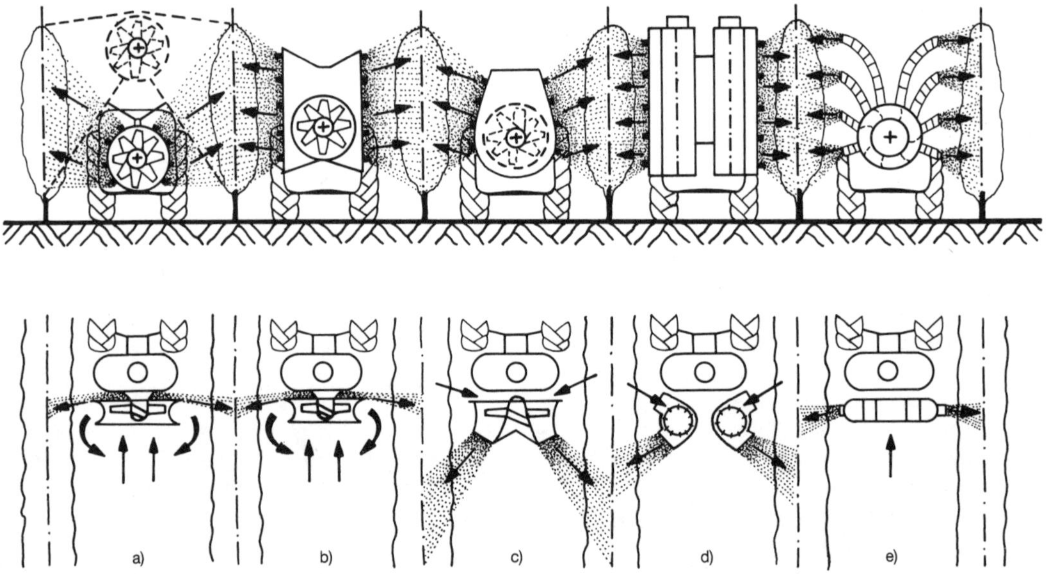

Abb. 48. Gebläsebauarten für Sprühgeräte.

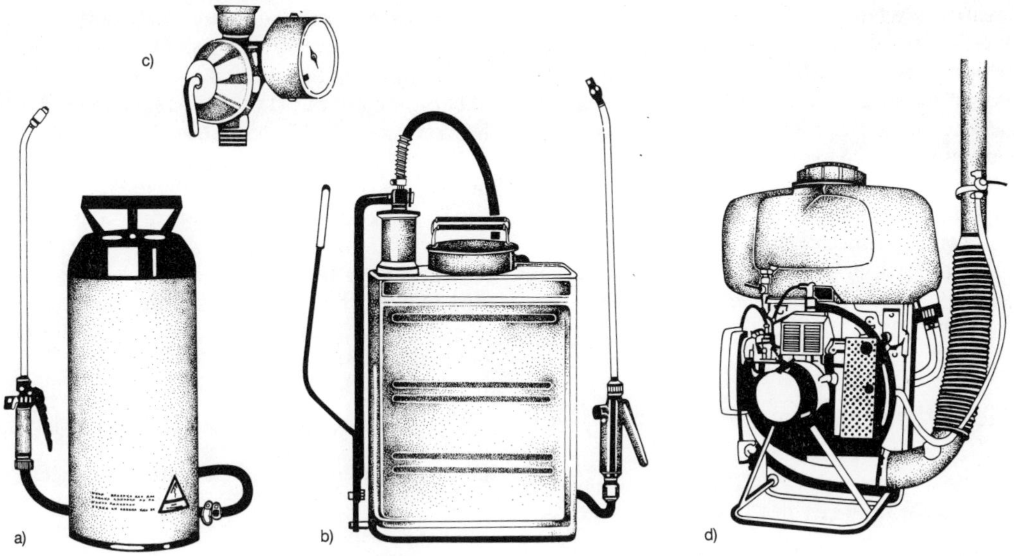

Abb. 49. Hand- und rückentragbare Pflanzenschutzgeräte.

derzeitigen Geräte liegen bei 2×10000 m^3/h im Weinbau bzw. 2×20000 m^3/h im Obstbau. Die Luftaustrittsgeschwindigkeit liegt etwas niedriger als bei Axialgebläsen.

Radialgebläse (Abb. 48e) erzeugen im Vergleich zu den Axial- und Querstromgebläsen sehr niedrige Luftmengen bei sehr hohen Luftgeschwindigkeiten bis ca. 80 m/s. Die Anpassung an die Kultur erfolgt meist über verstellbare Luftschläuche.

8.2.3 Tragbare Geräte

Auf kleinen zu behandelnden Flächen (kleinere landwirtschaftliche Betriebe, Gärtnereien, Hobbygärten) oder bei ungünstigen Gelände- und Bodenverhältnissen (Steillagen, nicht befahrbare Kultur) werden überwiegend tragbare, meist rückentragbare Pflanzenschutzgeräte eingesetzt. Ihr Betrieb erfolgt manuell oder durch einen Verbrennungsmotor.

Handbetätigte Geräte

Bei handbetriebenen Geräten wird der zum Spritzen erforderliche Druck entweder durch Überdruck im Spritzbehälter (Druckspritzgeräte, Abb. 49a) oder durch eine Kolbenpumpe (Kolbenrückenspritzen, Abb. 49b) erzeugt.

Druckspritzgeräte (Behälterinhalt 5 bis 15 l) werden nur bis ca. ⅔ des Behälterinhaltes mit Spritzbrühe befüllt, in das verbleibende Volumen wird mit einer Luftpumpe Luft gepumpt, die für den Zerstäubungsdruck sorgt. Um einen konstanten Spritzdruck zu gewährleisten, muß während der Ausbringung mehrmals Luft nachgepumpt werden. Zur Mindestausstattung der Geräte gehören Druckregler und Manometer zur Einstellung und Kontrolle des Spritzdruckes (Abb. 49c).

Bei den Kolbenrückenspritzen (Behälterinhalt 10 bis 20 l) wird der Spritzdruck durch kontinuierliches, gleichmäßiges Pumpen erzielt. Druckschwankungen während des Pumpens werden durch eine Luftkammer weitgehend ausgeglichen.

Motorbetriebene Geräte

Motorrückenspritzgeräte werden durch kleine Zweitaktmotoren angetrieben.

Der zur Zerstäubung erforderliche Druck (bis max. 10 bar) wird durch Kreisel- oder Membranpumpen erzeugt.

Motorrückensprühgeräte (Abb. 49d) haben zusätzlich ein Gebläse zur Erzeugung eines Trägerluftstromes. Dadurch können auch hohe oder dichte Bestände gut behandelt werden. Die Förderung der Spritzflüssigkeit erfolgt entweder durch Schwerkraft und geringen Überdruck im Behälter oder durch eine zusätzliche Pumpe.

Zusatzeinrichtungen
Für unterschiedliche Anwendungsfälle können die Geräte mit Zusatzeinrichtungen versehen werden. Zur Behandlung sehr hoher Kulturen werden die Spritzgeräte mit Verlängerungsrohren versehen. Für Flächenkulturen werden vorteilhaft kleine Spritzbalken mit 1 bis 2 m Arbeitsbreite verwendet, die eine gleichmäßige Verteilung gewährleisten. Einzelpflanzen und Reihenkulturen lassen sich mit Düsenkränzen allseitig behandeln. Für die Ausbringung von Herbiziden empfiehlt sich die Verwendung von Spritzschirmen, um Abtrift zu vermeiden.

8.3 Gesetzliche Bestimmungen für Pflanzenschutzgeräte

8.3.1 Inverkehrbringen von Pflanzenschutzgeräten

Das Gesetz zum Schutz der Kulturpflanzen (Pflanzenschutzgesetz – PflSchG) vom 1. Januar 1987 beinhaltet nicht nur Bestimmungen über Zulassung und Anwendung von Pflanzenschutzmitteln, sondern erstmalig auch Vorschriften für Pflanzenschutzgeräte (Fünfter Abschnitt, §§ 24 bis 30). Diese gelten bereits seit 1. Juli 1988 und sind sowohl für Gerätehersteller und Händler als auch für den Landwirt verbindlich.

Grundlage aller weiteren gesetzlichen Regelungen für Pflanzenschutzgeräte bildet der § 24 Pflanzenschutzgesetz, der generell für alle Pflanzenschutzgeräte gilt, d. h. es wird also nicht zwischen Neu-, Gebraucht- und Kleingeräten unterschieden. Hiernach dürfen Pflanzenschutzgeräte nur in den Verkehr gebracht werden, wenn sie so beschaffen sind, daß ihre bestimmungsgemäße und sachgerechte Verwendung beim Ausbringen von Pflanzenschutzmitteln keine schädlichen Auswirkungen auf die Gesundheit von Mensch und Tier und auf Grundwasser sowie keine sonstigen schädlichen Auswirkungen, insbesondere auf den Naturhaushalt, hat, die nach dem Stand der Technik vermeidbar sind. Dabei kommt es hauptsächlich darauf an, unerwünschte Nebenerscheinungen durch ungleichmäßige Ausbringung und durch Abtrift oder Abtropfen sowie Rückstände auf oder in den landwirtschaftlichen Erzeugnissen zu verhindern oder zumindest einzuschränken.

Das »Inverkehrbringen« beinhaltet nicht nur den Verkauf von Geräten, sondern jegliches Anbieten, Vorrätighalten zur Abgabe, Feilhalten und Abgeben an andere. Dies schließt auch die Präsentation von Pflanzenschutzgeräten auf Ausstellungen ein.

Das Inverkehrbringen von Neugeräten ist durch ein Erklärungsverfahren geregelt, von dem die Kleingeräte (hauptsächlich Geräte unter 5 l Inhalt) ausgenommen sind. Vor dem erstmaligen Inverkehrbringen eines Pflanzenschutzgerätes hat der Hersteller, der Vertriebsunternehmer oder der Einführer bei der Biologischen Bundesanstalt eine Erklärung abzugeben, daß der Gerätetyp den Anforderungen nach § 24 entspricht, d. h. er übernimmt damit die Verantwortung über die Einhaltung der gesetzlichen Bestimmungen. Dieser Erklärung müssen alle Unterlagen beigefügt sein, die zur Beurteilung des Gerätes notwendig sind.

8.3.2 Beschaffenheit von Pflanzenschutzgeräten

Die Anforderungen an die Pflanzenschutzgeräte sind in der Verordnung über Pflanzenschutzmittel und Pflanzenschutzgeräte (Pflanzenschutzmittelverordnung) vom 28. Juli 1987 festgelegt.

Danach müssen Pflanzenschutzgeräte so beschaffen sein, daß

- sie zuverlässig funktionieren
- sie sich bestimmungsgemäß und sachgerecht verwenden lassen
- sie ausreichend genau dosieren und verteilen
- bei bestimmungsgemäßer und sachgerechter Verwendung das Pflanzenschutzmittel am Zielobjekt ausreichend abgelagert wird
- Teile, die sich beim Gebrauch des Pflanzenschutzgerätes erhitzen, beim Befüllen oder Entleeren des Gerätes von Pflanzenschutzmitteln nicht getroffen werden
- sie sich sicher befüllen lassen
- sie gegen Verschmutzung so gesichert sind, daß ihre Funktion nicht beeinträchtigt wird
- Überschreitungs- und Unterschreitungsgrenzen der zu befüllenden Behälter leicht erkennbar sind
- ein ausreichender Sicherheitsabstand zwischen Nennvolumen und Gesamtvolumen der zu befüllenden Behälter vorhanden ist
- Pflanzenschutzmittel nicht unbeabsichtigt austreten können
- der Vorrat an Pflanzenschutzmittel leicht erkennbar ist
- sie sich leicht, genügend genau und reproduzierbar einstellen lassen
- sie ausreichend mit genügend genau anzeigenden Betriebsmeßeinrichtungen ausgestattet sind
- sie sich vom Arbeitsplatz sicher bedienen, kontrollieren und sofort abstellen lassen
- sie sich sicher, leicht und völlig entleeren lassen

- sie sich leicht und gründlich reinigen lassen
- sich Verschleißteile austauschen lassen
- Meßgeräte zu ihrer Prüfung angeschlossen werden können.

An Pflanzenschutzgeräten sind ausreichende, leicht lesbare Dosierhinweise (Aufwandtabellen oder -diagramme) in dauerhafter Form anzubringen, oder, sofern die Außenfläche des Gerätes nicht ausreicht oder ungeeignet ist, in dauerhafter Form mitzuliefern. An Pflanzenschutzgeräten ist die jeweilige Typenbezeichnung der Zugehörigkeit zum Gerätetyp anzugeben und das Baujahr zu kennzeichnen. Zerstäuber sind so zu kennzeichnen, daß Bauart, Größe und wichtige Betriebsdaten erkennbar sind.

Besonderer Wert wird auf eine vollständige Gebrauchsanleitung gelegt, die jedem Pflanzenschutzgerät mitzuliefern ist, um dem Anwender die notwendigen Informationen über den sachgerechten Umgang mit dem Gerät und seine richtige Einstellung zur Hand zu geben.

Diese Gebrauchsanleitung muß Angaben enthalten

- über die bestimmungsgemäße Ausstattung des Pflanzenschutzgerätes
- für das Befüllen des Gerätes und über Vorsichtsmaßnahmen
- über Betriebs- und Einstellbereiche des Gerätes
- über die Restmenge, die das Gerät nicht mehr bestimmungsgemäß ausbringt
- für das Entleeren und Reinigen des Gerätes
- für die Überprüfung der Dosierung
- über die Maschenweite der Filter
- über Abstände, nach denen das Pflanzenschutzgerät auf Funktionstauglichkeit sowie Dosierungs- und Verteilgenauigkeit zu überprüfen ist
- über Einschränkungen der Verwendung bestimmter Pflanzenschutzmittel
- für das Umstellen auf andere Rüstzustände des Pflanzenschutzgerätes
- über Möglichkeiten der Verbindung mit anderen Maschinen und Geräten einschließlich Sicherheitsmaßnahmen
- für die Prüfung des Pflanzenschutzgerätes.

Alle Gerätetypen, für die eine Erklärung abgegeben wurde, werden von der Biologischen Bundesanstalt in die **Pflanzenschutzgeräteliste** eingetragen, Eintragungen und Löschungen werden im Bundesanzeiger veröffentlicht. Ergeben sich bei der Durchsicht der Erklärungsunterlagen oder beim Einsatz von Geräten in der Praxis Zweifel, daß das Gerät den Anforderungen entspricht, so kann die Biologische Bundesanstalt ein Pflanzenschutzgerät zur Prüfung anfordern. Bei leichten Mängeln wird sie eine Frist zur Beseitigung der Mängel setzen, ansonsten wird das Gerät aus der Pflanzenschutzgeräteliste gestrichen und darf dann nicht mehr in Verkehr gebracht werden. Bei Zuwiderhandlungen gegen die Bestimmungen können Geldbußen bis 50000 DM verhängt werden.

Wenn für einen Pflanzenschutzgerätetyp eine Erklärung abgegeben worden bzw. seine Aufnahme in die Pflanzenschutzgeräteliste erfolgt ist, kann in der Regel davon ausgegangen werden, daß dieser Typ den gesetzlichen Anforderungen entspricht; ganz sicher ist dies jedoch nicht. Beim Kauf eines Neugerätes kann es vorteilhaft sein, die Einhaltung der gesetzlichen Bestimmungen zum Bestandteil des Kaufvertrages zu machen. Dies ist dann nützlich, wenn sich nachträglich herausstellen sollte, daß das Pflanzenschutzgerät trotz Erklärung nicht den Vorschriften entspricht.

Die Anforderungen der Pflanzenschutzmittelverordnung an die Pflanzenschutzgeräte gelten für alle Pflanzenschutzgeräte-Typen. Diese Anforderungen sind von der Biologischen Bundesanstalt in »Merkmale« für die verschiedenen Gerätearten umgesetzt worden, die es erlauben, die Geräte auf Einhaltung der Anforderungen zu beurteilen. Diese Merkmale, bisher herausgegeben für Spritz- und Sprühgeräte für Flächenkulturen, Spritz- und Sprühgeräte für Raumkulturen, tragbare, nicht motorisch betriebene Spritzgeräte, tragbare Motor-Sprüh- und Spritzgeräte, Granulatstreugeräte, Beizgeräte und Nebelgeräte sind für alle Hersteller gleichermaßen bindend und dürften als Mindestanforderungen dazu beitragen, daß der Landwirt nur noch Geräte erhält, mit denen er zeitgemäß arbeiten kann.

Nachfolgend sind einige der wichtigsten Bestimmungen für Feldspritzen und für Sprühgeräte zusammengestellt.

8.3.2.1 Vorschriften für Feldspritzen und Sprühgeräte

Behälter

Die Behälter müssen außen und innen glatt sein, der Deckel muß gut abdichten und die Einfüllöffnung für ein sicheres Befüllen eine bestimmte Mindestgröße haben, die von der Behältergröße abhängt:

bis 150 l: 150 mm;
150–600 l: 200 mm;
über 600 l: 300 mm

Die Behälter müssen ab 200 l Nennvolumen auf volle 100 l Inhalt ausgelegt werden und ein zusätzliches Fassungsvermögen von mindestens 5% des Nennvolumens aufweisen, d. h. in einen 600-l-Behälter müssen mindestens 630 l passen.

Die technische Restmenge darf bei Behältern bis 400 l max. 4%, bei größeren Behältern max. 3% des Inhaltes betragen. Die technische Restmenge ist alle Spritzflüssigkeit im Gerät, die sich nicht mehr bestimmungsgemäß ausbringen läßt.

Die Behälter müssen einen Bodenablaß haben, durch den sie vollständig leerlaufen können, dieser muß so angeordnet sein, daß ein Auffangen der Brühe möglich ist.

Am Behälter muß eine gut ablesbare und dauerhafte Füllstandsmarkierung angebracht sein, die vom Fahrersitz aus abgelesen werden kann.,

In die Behälter muß ein Rührwerk eingebaut sein, dessen Rührwirkung genau vorgeschrieben ist, zum Beispiel muß eine Suspension auch nach 15stündigem Stehenlassen innerhalb von 15 min wieder so aufgerührt werden können, daß die Konzentration beim Ausbringen innerhalb bestimmter Grenzen liegt.

Manometer
Manometer müssen vom Fahrersitz aus abgelesen werden können, ein Gehäuse von mindestens 60 mm Durchmesser haben (Güteklasse mindestens 2,5) und bei pulsierendem Flüssigkeitsstrom gedämpft sein.

Das Manometer muß im Anzeigebereich an den zulässigen Betriebsdruck der Pumpe angepaßt sein. Bei Sprühgeräten mit einem Druck bis 20 bar muß die Skalenteilung mindestens 1 bar, über 20 bar mindestens 2 bar betragen. Bei Feldspritzen liegt der Betriebsdruckbereich im allgemeinen zwischen 1 und 5 bar. Hier müssen die Manometer eine Teilung von 0,2 bar aufweisen.

Armaturen
Die Armaturen müssen im Griffbereich des Arbeitsplatzes angeordnet sein, d. h. ihre Lage muß sich an den jeweiligen Schleppertyp anpassen lassen. Der Flüssigkeitsaufwand darf während der gesamten Behälterentleerungszeit um nicht mehr als ±10% vom Mittelwert schwanken, bei mehrmaligem Ein- und Ausschalten muß sich immer wieder derselbe Druck einstellen. Bei automatischen Regeleinrichtungen müssen genau festgelegte Anforderungen eingehalten werden, das sind zum Beispiel die max. Abweichung vom Sollaufwand oder die Zeitdauer für den Regelvorgang.

Bei Sprühgeräten muß eine Behandlung nach nur einer Seite möglich sein, bei Feldspritzen sind mindestens zwei Teilbreiten vorgeschrieben, eine Teilbreite darf höchstens 6 m breit sein, ab dem 30. 6. 92 höchstens 4,5 m.

Gestänge von Feldspritzgeräten
Gestänge müssen ausweichen können, wenn sie Hindernisse berühren, bis 10 m Breite nach hinten, über 10 m nach vorn und hinten. Sie dürfen dabei nicht beschädigt werden und müssen danach von selbst wieder in die Ausgangslage zurückkehren. Die Düsen am Gestängeende müssen gegen Bodenkontakt geschützt sein. Das Gestänge muß sich von einer Person leicht in der Höhe verstellen lassen, wobei der Verstellbereich mindestens 1 m betragen muß.

Ab 30. 6. 92 müssen größere Gestänge (ab 10 m) eine Pendelaufhängung für bodenparallele Führung haben.

Gebläse von Sprühgeräten
Das Gebläse muß ausgeschaltet werden können.

Folgende Luftgeschwindigkeiten dürfen nicht überschritten werden:

Weinbau	30 m/s	0,6 m	
Obstbau	40 m/s	0,75 m	von Gerätemitte
Hopfenbau	40 m/s	1,0 m	gemessen

Ab 30. 6. 1992 muß die Luftströmung links und rechts symmetrisch sein, wobei die Abweichungen an vergleichbaren Meßstellen max. ±10% vom Mittelwert betragen dürfen.

Düsen
Zahl, Anordnung und Größe der Düsen muß so gewählt sein, daß das bestimmungsgemäße Aufwandvolumen ausgebracht werden kann. Sie müssen leicht auswechselbar und eindeutig gekennzeichnet sein, beispielsweise durch die Farbgebung oder durch Beschriftungen.

Die Strahlrichtung der Düsen muß reproduzierbar einstellbar sein. Das kann durch Markierungen erfolgen oder es muß eine Einstellehre mitgeliefert werden. Die beste Lösung sind sicherlich Bajonettkappen, in die die korrekte Düsenstellung eingearbeitet ist.

Der Volumenstrom der einzelnen Düsen darf bei Feldspritzgeräten höchstens ±5%, bei Sprühgeräten ±10% vom Mittelwert abweichen.

Bei einem Düsenverband, wie bei Feldspritzgeräten mit überlappenden Flachstrahldüsen üblich, darf eine bestimmte Abweichung vom Mittelwert nicht überschritten werden.

Die Düsen von Sprühgeräten müssen einzeln abstellbar sein.

Die Düsen dürfen nach dem Abschalten nicht nachtropfen. Wenn der Spritzstrahl zusammengebrochen ist, dürfen nur noch 2 ml je Düse nachtropfen. Für Sprühgeräte wird dies erst ab 30. 6. 1992 gefordert.

Filter/Siebe
Filter und Siebe müssen leicht zugänglich sein und ausbaubare Einsätze haben. Der Druckabfall an einem Filter beim größten erforderlichen Volumenstrom darf höchstens 5% betragen.

Ein Sieb in der Einfüllöffnung ist vorgeschrieben und muß ein schnelles Befüllen ermöglichen, seine Tiefe muß folgenden Mindestwert aufweisen: bis 150 l: 60 mm; 150 bis 400 l: 100 mm; 400 bis 600 l: 200 mm; über 600 l: 250 mm. Die Maschenweite muß zwischen 0,5 und 2 mm liegen.

Ein Saugfilter mit einer Maschenweite von höchstens 0,5 mm muß vorhanden sein. Es muß bei Behältern über 200 l auch bei gefülltem Behälter gereinigt werden können.

Druckfilter sind erforderlich. Filterverstopfungen müssen durch Druckabfall am Manometer erkennbar werden. Die Maschenweite muß kleiner als der Querschnitt des kleinsten verwendbaren Zerstäubers sein.

8.3.3 Gebrauchtgeräte

Beim Inverkehrbringen von Gebrauchtgeräten, hierzu gehört bereits das Inzahlunggeben eines Gerätes, braucht eine Erklärung nicht abgegeben zu werden. Das Gebrauchtgerät muß aber dennoch die Anforderungen nach § 24 PflSchG erfüllen. Da ihre Einhaltung in der Regel jedoch nicht ohne weiteres abgeschätzt werden kann, wird bis auf weiteres die erfolgreiche Teilnahme an der Gebrauchtgerätekontrolle (siehe Kap. 8.5) mit der Erstellung eines Kontrollberichtes und Vergabe der Prüfplakette als ausreichender Nachweis anerkannt. Die Kontrolle sollte allerdings möglichst kurz vor dem Inverkehrbringen des Altgerätes liegen.

8.4 Umgang mit Pflanzenschutzgeräten

8.4.1 Einstellen von Pflanzenschutzgeräten

Die Arbeitsgüte eines Pflanzenschutzgerätes, d. h. richtige Dosierung und gleichmäßige Verteilung, bestimmt in hohem Maße Erfolg oder Mißerfolg einer Bekämpfungsmaßnahme. Während eine gleichmäßige Verteilung durch den Einsatz geprüfter und anerkannter Düsen (Querverteilung) und gleichbleibenden Flüssigkeitsausstoß bzw. konstante Fahrgeschwindigkeit (Längsverteilung) gewährleistet wird, hängt die richtige Dosierung von der Grundeinstellung des Gerätes durch den Anwender ab.

Geräte- und Düsenhersteller liefern hierfür Spritztabellen mit brauchbaren Anhaltswerten für das Einstellen der Geräte. Wegen dem immer gegebenen Verschleiß der Düsen, dem Druckabfall in Verteilleitungen und Filtern und der Anzeigeungenauigkeit des Manometers kann auf das Einstellen oder »Auslitern« eines Pflanzenschutzgerätes jedoch nicht verzichtet werden.

Das Auslitern sollte stets mit sauberen Düsen und Filtern mit reinem Wasser mindestens einmal im Jahr vor der Vegetationsperiode vorgenommen werden. Beschädigte und verschlissene Düsen sind zu ersetzen.

Einstellen eines Feldspritzgerätes
Für die Einstellung eines Pflanzenschutzgerätes sind folgende Faktoren (Dosierfaktoren) maßgebend:

Dosierfaktor:	Einheit:
Flüssigkeits-/Wasseraufwandmenge	l/ha
Fahrgeschwindigkeit	km/h
Arbeitsbreite des Gerätes	m
Flüssigkeitsausstoß aller Düsen	l/min

Zwischen diesen Faktoren besteht folgender formelmäßiger Zusammenhang:

$$\text{Flüssigkeitsausstoß in l/min} = \frac{\text{Aufwandmenge in l/ha} \times \text{Fahrgeschw. in km/h} \times \text{Arbeitsbreite in m}}{600}$$

Beispiel: Aufwandmenge: 400 l/ha
Fahrgeschwindigkeit: 6 km/h
Arbeitsbreite: 12 m

Rechnung: Die Zahlenwerte von Aufwandmenge, Fahrgeschwindigkeit und Arbeitsbreite miteinander multiplizieren und das Ergebnis durch die Zahl 600 dividieren.

$$\frac{400 \times 6 \times 12}{600} = 48 \text{ l/min}$$

Das Gesamtergebnis ist der Flüssigkeitsausstoß des Gerätes in Litern pro Minute.

Die **Flüssigkeits- oder Wasseraufwandmenge** (l/ha) hängt von der jeweiligen Kultur, der Art der Pflanzenschutzmaßnahme und der Wirkungsweise des Pflanzenschutzmittels ab und ist der Gebrauchsanleitung des auszubringenden Pflanzenschutzmittels zu entnehmen.

Die **Arbeitsbreite** (m) einer Feldspritze ergibt sich aus dem Produkt aus Düsenanzahl und Düsenabstand. Dieser beträgt bei Feldspritzen in der Regel 0,5 m.

Beispiele:
20 Düsen: 20×0,5 m = 10 m Arbeitsbreite
48 Düsen: 48×0,5 m = 24 m Arbeitsbreite

Bei einer Bandspritzung ergibt sich die in die Formel einzusetzende Breite der zu behandelnden Fläche aus dem Produkt aus Bandbreite und Düsenanzahl.

Beispiel: Bandbreite: 20 cm = 0,2 m
Düsenanzahl: 20
Arbeitsbreite: 20×0,2 m = 4 m

Die **Fahrgeschwindigkeit** (km/h) kann grob am Traktormeter abgelesen werden, es ist jedoch unbedingt erforderlich, diese zu überprüfen. Um eventuell auftretenden Schlupf der Antriebsräder zu berücksichtigen, sollte die Überprüfung auf dem Acker vorgenommen werden. Für Feldspritzarbeiten hat sich eine Fahrgeschwindigkeit von ca. 6 km/h als vorteilhaft erwiesen.

Überprüfung der Fahrgeschwindigkeit:
- Meßstrecke von 100 m abstecken
- Motordrehzahl und Gang so wählen, daß gewünschte Geschwindigkeit bei optimaler Zapfwellendrehzahl erreicht wird
- Meßstrecke fliegend durchfahren und benötigte Zeit zwischen den Markierungspunkten stoppen
- Fahrgeschwindigkeit berechnen oder aus Umrechnungstabelle (Tab. 27) ablesen.

Bei Abweichungen Drehzahl anpassen und Vorgang wiederholen, bis die gewünschte Fahrgeschwindigkeit erreicht wird. Ergebnis schriftlich festhalten.

Berechnung der Fahrgeschwindigkeit:

$$\text{Fahrgeschwindigkeit in km/h} = \frac{\text{Meßstrecke in Meter} \times 3{,}6}{\text{Zeit in Sekunden}}$$

Beispiel: Meßstrecke: 100 m
Fahrzeit: 60 s

Rechnung: $\frac{100 \times 3{,}6}{60}$ bzw. $\frac{360}{60} = 6$

Die tatsächliche Fahrgeschwindigkeit beträgt 6 km/h.

Tab. 27. Umrechnung von Fahrzeit für 100 m in Fahrgeschwindigkeit

Fahrgeschw. (km/h)	Zeit für 100 m (s)	Fahrgeschw. (km/h)	Zeit für 100 m (s)
4,0	90	7,0	51,4
4,4	81,8	7,2	50
4,6	78,3	7,4	48,6
4,8	75	7,6	47,3
5,0	72	7,8	46,2
5,2	69,2	8,0	45
5,4	66,7	8,5	42,4
5,6	64,3	9,0	40
5,8	62,1	9,5	37,9
6,0	60	10,0	36
6,2	58,1	10,5	34,3
6,4	56,3	11,0	32,7
6,6	54,5	11,5	31,3
6,8	52,9	12,0	30

Vor der Bestimmung des Flüssigkeitsausstoßes muß das Gerät, falls noch nicht geschehen, mit den für die Einsatzbedingungen passenden Düsen bestückt werden. Hierzu kann eine Düsentabelle des Geräte- oder eines Düsenherstellers verwendet werden. Die Düsen sind entsprechend der ermittelten Fahrgeschwindigkeit und der gewünschten Aufwandmenge so auszuwählen, daß der erforderliche Düsenausstoß im günstigen Druckbereich der Düse ausgebracht wird.

Beispiel zur Düsenauswahl:
Fahrgeschwindigkeit: 6 km/h
Wasseraufwandmenge: 200 l/ha
Arbeitsbreite: 12 m (24 Düsen)

Berechneter Gesamtausstoß:
$\frac{200 \times 12}{600} =$ 24 l/min

Gewählte Düse:
110 03
Düsenausstoß bei 2,5 bar: 1 l/min
Gesamtausstoß: 24×1l/ha = 24 l/min

Der berechnete Flüssigkeitsausstoß und der Tabellenwert (Tab. 28) stimmen überein. Der Flüssigkeitsausstoß (l/min) muß nun am Gerät überprüft werden.

Überprüfung des Flüssigkeitsausstoßes:
- Behälter mit Wasser füllen
- erforderlichen Druck am Druckregler (bei ermit-

telter Motordrehzahl) einstellen und Probespritzung durchführen. Gerät abschalten
- Behälter bis zu einer gut sichtbaren Markierung, evtl. randvoll, füllen
- 1 Minute spritzen
- verbrauchtes Volumen durch Nachfüllen bis zur Markierung bestimmen und mit berechnetem Gesamtausstoß vergleichen. Bei geringen Mengen oder um die Genauigkeit zu erhöhen, kann auch mehrere Minuten gespritzt werden.

Tab. 28. Beispiel einer Düsentabelle

Flachstrahldüsen
Düsenabstand am Rohr 50 cm
40–60 cm zur Zielfläche bei 110°
60–75 cm zur Zielfläche bei 80°

AMTLICH GEPRÜFT – Biologische Bundesanstalt für Land- und Forstwirtschaft – ANERKANNT

Kugelventilfilter (Öffnungsdruck 0,35 bar)							Kugelventilfilter (Öffnungsdruck 0,35 bar)						
Flachstrahl-Düsen-Nr.	Druck bar	Ausstoß 1 Düse l/min	Ausbringmenge in Liter/ha – Fahrgeschwindigkeit in km/h 6	8	10	12	Flachstrahl-Düsen-Nr.	Druck bar	Ausstoß 1 Düse l/min	Ausbringmenge in l/ha – Fahrgeschwindigkeit in km/h 6	8	10	12
	2,0	0,30	60	45	36	30		2,0	1,40	280	210	168	140
	2,5	0,34	68	51	41	34		2,5	1,59	318	239	191	159
11001	3,0	0,38	76	57	45	38	11005	3,0	1,76	352	264	211	176
8001	3,5	0,41	82	62	49	41	8005	3,5	1,93	386	289	231	193
	4,0	0,44	88	66	53	44		4,0	2,10	420	315	252	210
	5,0	0,48	98	74	59	49		5,0	2,38	476	357	285	238
	2,0	0,44	88	66	53	44		2,0	1,70	340	255	204	170
	2,5	0,50	100	75	60	50		2,5	1,93	386	289	231	193
110015	3,0	0,56	112	84	67	56	11006*	3,0	2,16	432	325	259	216
80015	3,5	0,61	122	92	73	61	8006	3,5	2,35	470	353	282	235
	4,0	0,65	130	98	78	65		4,0	2,54	508	382	305	254
	5,0	0,73	146	109	87	73		5,0	2,84	568	426	341	284
	2,0	0,56	112	84	67	56		2,0	2,20	440	330	264	220
	2,5	0,63	126	95	75	63		2,5	2,50	500	375	300	250
11002	3,0	0,71	142	107	85	71	11008*	3,0	2,80	560	420	336	280
8002	3,5	0,78	156	117	94	78	8008	3,5	3,07	614	460	368	307
	4,0	0,85	170	128	102	85		4,0	3,33	666	500	400	333
	5,0	0,97	194	146	116	97		5,0	3,79	758	569	455	379
	2,0	0,89	178	133	107	89		2,0	2,88	576	433	345	288
	2,5	1,00	200	150	120	100		2,5	3,29	658	494	395	329
11003	3,0	1,12	224	168	134	112	11010	3,0	3,63	726	545	436	363
8003	3,5	1,23	246	184	147	123	8010	3,5	4,01	802	601	482	401
	4,0	1,31	262	197	157	131		4,0	4,28	856	642	514	428
	5,0	1,48	296	222	177	148		5,0	4,77	954	716	572	477
	2,0	1,15	230	175	138	115		2,0	3,94	788	591	473	394
	2,5	1,31	262	197	157	131		2,5	4,54	908	681	545	454
11004*	3,0	1,46	292	220	176	146	11015	3,0	5,07	1014	761	608	507
8004	3,5	1,59	318	238	191	159	8015	3,5	5,60	1120	843	675	560
	4,0	1,70	340	255	204	170		4,0	6,06	1212	910	727	606
	5,0	1,93	386	289	231	193		5,0	6,89	1378	1033	827	689

Die angegebenen Mengen basieren auf Spritzen von Wasser mit einer Temperatur von 21 °C.

- bei Abweichungen muß der Spritzdruck korrigiert und der Vorgang wiederholt werden. Höherer Druck ergibt größeren Flüssigkeitsausstoß und umgekehrt
- Ergebnis schriftlich festhalten.

Einstellen eines Sprühgerätes für den Obst-, Wein- oder Hopfenbau

Beim Einstellen eines Sprühgerätes für den Obst-, Wein- oder Hopfenbau wird grundsätzlich wie bei den Feldspritzgeräten vorgegangen. Die Arbeitsbreite entspricht hier jedoch dem Abstand der **befahrenen** Fahrgassen (von Mitte Fahrgasse bis Mitte Fahrgasse gemessen).

Wird jede Fahrgasse befahren (Obst- und Weinbau), so entspricht die Arbeitsbreite dem Reihenabstand, wird jede zweite Reihe gefahren, dem doppelten Reihenabstand usw. Wenn dieses beachtet wird, so ist die Formel zur Berechnung des Flüssigkeitsausstoßes bei Sprühgeräten mit derjenigen bei Feldspritzgeräten identisch.

$$\text{Flüssigkeitsausstoß in l/min} = \frac{\text{Aufwandmenge in l/ha} \times \text{Fahrgeschw. in km/h} \times \text{Arbeitsbreite in m}}{600}$$

Berechnungsbeispiele:

Obstbau:

Wasseraufwandmenge:	1000 l/ha
Fahrgeschwindigkeit:	6 km/h
Reihenabstand:	4 m, jede Reihe befahren

Die Arbeitsbreite entspricht dem Fahrgassen- bzw. dem Reihenabstand.

Rechnung: $\frac{1000 \times 6 \times 4}{600} = 40$

Der erforderliche Flüssigkeitsausstoß des Gerätes beträgt 40 l/min.

Weinbau:

Wasseraufwandmenge:	600 l/ha
Fahrgeschwindigkeit:	3 km/h
Zeilenabstand:	2 m, jede zweite Zeile befahren

Die Arbeitsbreite entspricht dem Abstand der befahrenen Fahrgassen, d. h. dem doppelten Zeilenabstand: 2 m×2 = 4 m

Rechnung: $\frac{600 \times 3 \times 4}{600} = 12$

Der erforderliche Flüssigkeitsausstoß des Gerätes beträgt 12 l/min.

Hopfenbau:

Wasseraufwandmenge:	4000 l/ha
Fahrgeschwindigkeit:	1 km/h
Fahrgassenabstand:	11 m

Die Arbeitsbreite entspricht dem Fahrgassenabstand.

Rechnung: $\frac{4000 \times 1 \times 11}{600} = 73{,}3$

Der erforderliche Flüssigkeitsausstoß des Gerätes beträgt 73,3 l/min.

Die Flüssigkeitsaufwandmenge (l/ha) hängt stark von der zu behandelnden Kultur (Art, Erziehungsform, Vegetationsstadium) ab und sollte den Empfehlungen der Pflanzenschutzmittelhersteller bzw. des amtlichen Pflanzenschutzdienstes entnommen werden.

Die Überprüfung von Fahrgeschwindigkeit und Flüssigkeitsausstoß wird wie bei den Feldspritzgeräten vorgenommen.

Die Auswahl der Düsen erfolgt ebenfalls anhand von Düsentabellen. Bei gleichen Düsen entspricht der Flüssigkeitsausstoß des Gerätes dem Produkt aus Düsenzahl und Einzeldüsenausstoß. Bei Bestückung mit unterschiedlichen Düsen, z. B. im Hopfenbau, muß der Ausstoß aller Einzeldüsen addiert werden. Dabei muß beachtet werden, daß am Gerät gegenüberliegende Düsen identisch sind.

8.4.2 Einsatz von Pflanzenschutzgeräten

8.4.2.1 Ermitteln des Pflanzenschutzmittel- und Brühebedarfs

Die Aufwandmenge an Pflanzenschutzmittel für den vorgesehenen Anwendungsfall ist in der Gebrauchsanleitung des Mittels enthalten. Die Angaben erfolgen meist in kg/ha (pulverförmige Mittel oder Granulate) oder l/ha (flüssige Mittel). Zur Berechnung der benötigten Mittelmenge und der Wassermenge muß die Größe der zu behandelnden Fläche bekannt sein.

Die Flächenangaben erfolgen in der Regel in Hektar (ha). Falls die Größe der Behandlungsfläche in a oder m^2 vorliegt, so gilt:

1 ha =	100 a =	10000 m^2
0,1 ha =	10 a =	1000 m^2
0,01 ha =	1 a =	100 m^2
0,001 ha =	0,1 a =	10 m^2
0,0001 ha =	0,01 a =	1 m^2

Berechnung des Pflanzenschutzmittelbedarfs für die zu behandelnde Fläche:

Mittelmenge in kg = Mittelaufwandmenge in kg/ha × Fläche in ha

oder

Mittelmenge in l = Mittelaufwandmenge in l/ha × Fläche in ha

Beispiel:
Empfohlene Mittelaufwandmenge: 2 kg/ha
Behandlungsfläche: 70 a (= 0,7 ha)

Rechnung: 2×0,7 = 1,4

Die benötigte Mittelmenge beträgt 1,4 kg.

Berechnung des Wasserbedarfs für die zu behandelnde Fläche:

Wassermenge in l = Wasseraufwandmenge in l/ha × Fläche in ha

Beispiel:
Wasseraufwandmenge: 400 l/ha
Behandlungsfläche: 70 a (= 0,7 ha)

Rechnung: 400×0,7 = 280

Die benötigte Wassermenge beträgt 280 l.

Ausgehend von der im Behälter befindlichen Wassermenge, oder wenn zu einem vorhandenen Rest Wasser nachgefüllt wird, kann die benötigte Mittelmenge auch wie folgt berechnet werden:

$$\text{Mittelmenge in kg} = \frac{\text{Mittelaufwandmenge in kg/ha} \times \text{Wassermenge in l}}{\text{Wasseraufwandmenge in l/ha}}$$

oder

$$\text{Mittelmenge in l} = \frac{\text{Mittelaufwandmenge in l/ha} \times \text{Wassermenge in l}}{\text{Wasseraufwandmenge in l/ha}}$$

Beispiel: Nachgefüllte Wassermenge: 280 l
Mittelaufwandmenge: 2 kg/ha
Wasseraufwandmenge: 400 l/ha

Rechnung: $\frac{2\times280}{400} = 1,4$

Die benötigte Mittelmenge beträgt 1,4 kg.

Für Behandlungen in Raumkulturen wird der Mittelbedarf oft in Prozent der Wassermenge (Konzentration der Spritzbrühe) angegeben. Die Bestimmung der Wassermenge erfolgt wie oben angegeben unter Verwendung der Empfehlung für die Wasseraufwandmenge. Die benötigte Mittelmenge kann dann folgendermaßen berechnet werden:

$$\text{Mittelmenge in l oder kg} = \frac{\text{Konzentration in \%} \times \text{Wassermenge in l}}{100}$$

Beispiel:
Konzentration: 0,2 %
Wassermenge: 600 l

Rechnung: $\frac{600\times0,2}{100} = 1,2$

Die benötigte Mittelmenge beträgt 1,2 l.

Im Kern- und Steinobst wird die für eine normalkonzentrierte Spritzflüssigkeit von 500 l je ha und je Meter Kronenhöhe benötigte Mittelmenge als Richtwert angesehen.

Merke:
Niemals mehr Spritzbrühe ansetzen als unbedingt benötigt wird!

8.4.2.2 Befüllen von Pflanzenschutzgeräten

Beim Befüllen von Pflanzenschutzgeräten muß mit größter Vorsicht gearbeitet werden, damit Pflanzenschutzmittel nicht in offene Gewässer oder in das Wasserleitungsnetz gelangen. Das Gerät darf während des Befüllens auf keinen Fall unbeaufsichtigt bleiben. Schaumbildung muß vermieden werden.

Beim Befüllen aus dem Leitungsnetz darf der Füllschlauch nicht in die Flüssigkeit eintauchen, da sonst bei Unterdruck in der Leitung Brühe in das Leitungsnetz gesaugt wird. Spezielle Einfüllschleusen sind vorteilhaft, es genügt aber auch eine Anordnung, bei der das Wasser im freien Fall in den Behälter einströmt (Abb. 50, siehe S. 90).

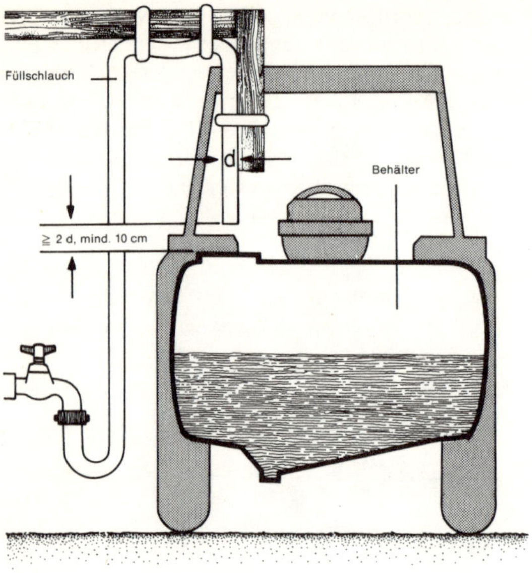

Abb. 50. Anordnung zum vorschriftsmäßigen Befüllen eines Pflanzenschutzgerätes.

8.4.2.3 Ausbringen von Pflanzenschutzmitteln

Das Ausbringen der Pflanzenschutzmittel bedingt besondere Sorgfalt. Überdosierung und Abtrift sind unbedingt zu vermeiden. Bei Unterdosierung kann die Wirkung ungenügend sein und eine weitere Behandlung notwendig machen, bei Überdosierung können erhöhte Rückstände und unnötige Kosten für Pflanzenschutzmittel entstehen, die Umwelt wird vermehrt belastet und die Kulturpflanzen können geschädigt werden. Druck und Fahrgeschwindigkeit sind unbedingt konstant zu halten.

Unter **Abtrift** versteht man den Teil an Pflanzenschutzmittel, der außerhalb der Behandlungsfläche verbracht wird. Die Auswirkungen sind: Schädigung von Nachbarkulturen, Rückstände auf dem Erntegut der Nachbarkultur sowie die Belastung von Luft, Boden, Grundwasser und Oberflächengewässern.

Die Höhe der Abtrift hängt einerseits von den gerätetechnischen Faktoren, andererseits von den klimatischen Bedingungen ab. Sie entsteht hauptsächlich durch Wind, Thermik und Verdunstung, wie in Abb. 51 dargestellt. Nach guter fachlicher Praxis dürfen Pflanzenschutzmittel zur Vermeidung der Windtrift nur bei Windgeschwindigkeiten bis max. 3 m/s ausgebracht werden. In besonderen Anwendungsfällen können bereits geringste Windbewegungen den Abbruch einer Pflanzenschutzmaßnahme erforderlich machen. Thermiktrift entsteht bei starker Erwärmung des Erdbodens und der unteren Luftschichten. Die erwärmte Luft steigt auf, trägt die Spritztropfen mit und läßt diese zum Teil räumlich weit entfernt wieder sedimentieren. Verdunstungstrift entsteht bei hohen Temperaturen. Deshalb sollte bei starker Sonneneinstrahlung und bei Temperaturen über 25 °C im Schatten nicht gespritzt werden.

Die Größe der Abtrift hängt nicht nur von den Wetterbedingungen ab, sondern auch vom Applikationsverfahren. Beim Sprühverfahren muß in der Regel mit größerer Abtrift gerechnet werden als beim

Abb. 51. Formen der Abtrift.

Spritzen. Entscheidende Bedeutung hat die Tropfengröße; deshalb sollte statt einer kleinen Düse bei hohem Druck eine Düse mit größerer Öffnung gewählt werden, die bei niedrigem Druck betrieben werden kann.

Vorgeschriebene Abstände zu gefährdeten Objekten (Flüsse, Bäche, wasserführende Gräben usw.) sind unbedingt einzuhalten.

8.4.3 Wartung und Pflege von Pflanzenschutzgeräten

Die ständige Pflege und Wartung eines Pflanzenschutzgerätes ist eine wichtige Voraussetzung für ordnungsgemäßen und sachgerechten Pflanzenschutz und sichert die langjährige Nutzung des Gerätes.

Wartungs- und Pflegearbeiten an Pflanzenschutzgeräten unbedingt nach den Vorschriften des Geräteherstellers (Gebrauchsanleitung) durchführen.

Pflanzenschutzmittel sollte auf keinen Fall längere Zeit (z. B. über Nacht) im Gerät verbleiben. Die benötigte Brühemenge muß deshalb sorgfältig, eher etwas zu knapp, berechnet werden. Gegebenenfalls anfallende kleine Restmengen sind stark zu verdünnen und in geringer Konzentration auf der schon behandelten Fläche auszubringen.

Pflanzenschutzgeräte sind nach jedem Gebrauch mit viel Wasser innen und außen gründlich, eventuell unter Zusatz von Soda oder Spülmittel, zu reinigen. Zur Reinigung von Pumpe, Armaturen und Schläuchen Wasser in den Behälter einfüllen und Gerät kurzzeitig in Betrieb setzen. Hierbei sollten alle Armaturen mehrfach betätigt werden.

Düsen und Filter sind besonders sorgfältig zu reinigen, evtl. zu demontieren, und auf Beschädigung und Verschleiß zu überprüfen.

Wenn das Gerät längere Zeit nicht benutzt wird, sind die korrosionsempfindlichen Metallteile einzuölen.

8.4.4 Ein- und Auswintern

Um ein Pflanzenschutzgerät vor Frostschäden während des Winters zu schützen, müssen nach der besonders sorgfältigen und gründlichen Reinigung aller Geräteteile sämtliche Wasserreste völlig entfernt werden.

Düsen entfernen, reinigen (evtl. Bürsten, jedoch niemals harte Gegenstände verwenden) und geschützt aufbewahren. Filter ausbauen, reinigen und auf Beschädigungen kontrollieren.

Sämtliche Metallteile gründlich reinigen und leicht mit Korrosionsschutzöl einölen.

Pumpe und Geräteteile können mit einer Mischung aus Frostschutzmittel (mit Korrosionsschutzwirkung) und Wasser entsprechend den zu erwartenden Temperaturen gefüllt werden. Die Mischung ist im Frühjahr abzulassen, zu sammeln und kann wiederverwendet werden.

Pflanzenschutzgeräte sollten in einem frostgeschützten, trockenen Raum abgestellt werden. Muß das Gerät im Freien abgestellt werden, ist es mit einer Plane abzudecken.

Im Frühjahr Ölstand der Pumpe kontrollieren, Gelenke und Gelenkwelle einfetten, demontierte Teile montieren, sämtliche Betätigungsorgane und Armaturen prüfen.

8.5 Kontrolle von Pflanzenschutzgeräten

Dem Grundsatz der guten fachlichen Praxis folgend sollte jeder Anwender mit seinen Pflanzenschutzgeräten in regelmäßigen Abständen an der Gerätekontrolle teilnehmen. Auch Geräte, die nach den neuen gesetzlichen Vorschriften hergestellt wurden, unterliegen der Alterung und während des Einsatzes einem gewissen Verschleiß, der bei der Gerätekontrolle festgestellt wird. Durch Behebung der festgestellten Mängel behält das Gerät seinen Wert und der Landwirt hat die Gewähr dafür, daß er ein intaktes Gerät einsetzt, das eine exakte Dosierung und Verteilung gewährleistet.

Die Kontrolle von im Gebrauch befindlichen Pflanzenschutzgeräten wird derzeit noch auf freiwilliger Basis durchgeführt. In Baden-Württemberg z. B. gibt es derzeit fast 300 amtlich anerkannte Kontrollbetriebe für Feldspritzgeräte, die nach einer einheitlichen Kontrollordnung arbeiten und deren Kontrollpersonal ständig geschult wird. Dies ergibt für Feldspritzgeräte ein weitgehend flächendeckendes Netz an Kontrollbetrieben, so daß der einzelne Landwirt keine allzu großen Anfahrtswege in Kauf nehmen muß. Im Jahre 1989 wurden in Baden-Württemberg insgesamt 3570 Feldspritzgeräte kontrolliert, das sind rund 10% des Bestandes.

Wie groß der Nutzen der Gerätekontrolle tatsächlich ist, zeigt Abb. 52, in der die Häufigkeit der Mängel an den verschiedenen Geräteteilen aufgezeigt ist. Wenn man davon ausgeht, daß die Geräte, die zur Kontrolle gebracht werden, nicht zu den schlechtesten gehören, so stimmt es doch bedenklich, daß nur zwei von fünf Geräten völlig in Ordnung waren und mit einer Kontrollplakette versehen werden konnten. Bei den anderen waren Nachbesserungen und

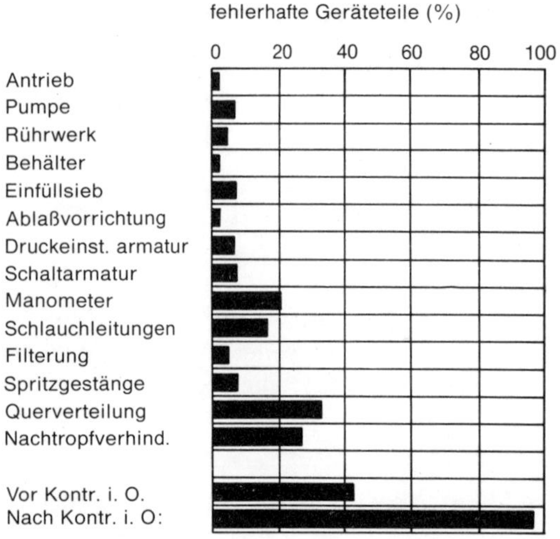

Abb. 52. Mängel an Feldspritzgeräten im Kontrolljahr 1988.

Reparaturen notwendig, die meist an Ort und Stelle durchgeführt wurden. Letztendlich konnten aber immerhin 97% der Geräte die Kontrolle als »in Ordnung« verlassen.

Die häufigsten Mängel sind bei der Querverteilung, bei der Nachtropfverhinderung, am Manometer und bei den Schlauchleitungen aufgetreten, bei den Geräteteilen also, die für eine exakt dosierte und verteilgenaue Ausbringung entscheidend sind. Fehlerhafte Manometer und ungenaue Querverteilung können einerseits zu Unterdosierung und damit mangelhafter Wirkung verbunden mit Ertragseinbußen, andererseits aber zu Überdosierung mit höheren Kosten für Pflanzenschutzmittel und einer unnötigen Belastung der Umwelt sowie Rückständen auf dem Erntegut führen. Dies gilt auch für nachtropfende Düsen. Die Aufwendungen für die Gerätekontrolle können sich so schon nach kurzer Zeit amortisieren.

Die amtlich anerkannten Kontrollbetriebe sind gerüstet, die Gerätekontrollen jeweils rechtzeitig vor Beginn der Vegetationsperiode durchzuführen, die Kontrolltermine werden in der Regel in den Landwirtschaftlichen Wochenblättern veröffentlicht. Eine vorherige Anmeldung bei den Kontrollbetrieben ist zweckmäßig, um unnötige Wartezeiten zu vermeiden. Außerdem ist es erforderlich, daß das Gerät in einem kontrollfähigen Zustand vorgeführt wird, d. h. das Gerät muß gereinigt und mit ca. 200 l Wasser gefüllt sein. Insbesondere sind natürlich auch die Düsen und Filter zu reinigen, dies sollte aber in der Regel bereits beim ordnungsgemäßen Ein- und Auswintern des Gerätes erledigt worden sein. Die Kontrollgebühr beinhaltet keine Reinigungs- und Reparaturarbeiten, diese werden von den Betrieben gesondert berechnet.

Am Gerät werden hauptsächlich die folgenden Punkte kontrolliert:
- Antrieb: Beeinträchtigung der Funktion durch Verschleiß
- Pumpe: Förderstrom, Pulsationsdämpfung
- Rührwerk: Vorhandensein, Funktion, ausreichender Volumenstrom
- Brühebehälter: Dichtigkeit, Einfüllsieb, Druckausgleich
- Armaturen: Funktion, Anbringung, Manometer: Genauigkeit, Teilung
- Leitungssystem: Dichtigkeit, Knick- und Scheuerstellen
- Filterung: Beschädigung, Verstopfung, Maschenweite

zusätzlich bei Feldspritzgeräten:

- Spritzgestänge: Gelenke, Verbindungsstellen, Höhenverstellung
- Querverteilung: einheitliche Düsenbestückung, Nachtropfen, Gleichmäßigkeit (Abweichung max. ±15% auf dem Rinnenprüfstand)

zusätzlich bei Sprühgeräten:

- Gebläse: Abschaltbarkeit, Drehzahl, Beschädigungen
- Düsenträger: symmetrische Düsenbestückung, Nachtropfen, Gleichmäßigkeit (Abweichung max. 10%)
- Dosierung: Erstellung einer Dosieranleitung entsprechend den Wünschen des Gerätehalters (Einsatzbedingungen).

Durch die regelmäßige Teilnahme an der Gerätekontrolle wird sichergestellt, daß die Arbeitsgenauigkeit eines Pflanzenschutzgerätes über lange Zeit gewährleistet ist. Dies bedeutet genau dosierte, ökonomische und umweltschonende Ausbringung von Pflanzenschutzmitteln nach dem jeweiligen Stand der Technik, wie er auch vom Pflanzenschutzgesetz für alle neu in Verkehr zu bringenden Pflanzenschutzgeräte vorgeschrieben wird.

9 Wichtige Rechtsvorschriften im Pflanzenschutz

Im Bereich Pflanzenschutz sind neben dem Pflanzenschutzrecht, Vorschriften des Lebensmittel-, Wasser-, Naturschutz-, Arbeits- und Abfallrechts zu beachten. In Tab. 29 sind die wichtigsten Vorschriften zusammengefaßt aufgeführt. Dazu zählt eine Vielzahl von Bestimmungen des Bundes und der Länder. Wesentliche Bestimmungen werden im folgenden Abschnitt beschrieben.

Tab. 29. Wichtige Rechtsvorschriften im Pflanzenschutz

Bund
- Pflanzenschutzgesetz
- Pflanzenschutz-Anwendungs-VO
- Bienenschutz-VO
- Pflanzenschutz-Sachkunde-VO
- VO über Pflanzenschutzmittel und Pflanzenschutzgeräte (Pflanzenschutzmittelverordnung)
- Abfallgesetz
- Bundesnaturschutzgesetz
- Wasserhaushaltsgesetz
- Trinkwasser-VO
- Pflanzenschutzmittel-Höchstmengen-VO
- Gefahrstoff-VO

Baden Württemberg
- Naturschutzgesetz
- Verwaltungsvorschrift Bienenschutzausschüsse
- Wassergesetz
- Schutzgebiets- und Ausgleichs-VO
- Sachkundeprüfungsverordnung
- Verordnung zur Durchführung des Pflanzenschutzgesetzes

9.1 Pflanzenschutzrecht

Grundlage des Pflanzenschutzrechts bildet das Pflanzenschutzgesetz mit den dazugehörenden Verordnungen. Das Pflanzenschutzrecht bezweckt den Schutz der Pflanzen vor Schadorganismen und Immissionen, die Vermeidung von Schäden für Mensch, Tier und die gesamte Umwelt.

9.1.1 Pflanzenschutzgesetz

Das derzeit gültige Pflanzenschutzgesetz trat am 1. Januar 1987 in Kraft und löste das bisherige Gesetz aus dem Jahre 1968 ab. Damals erschien die Pflanzenschutzmittelzulassung als besonders regelungsbedürftig. Im neuen Gesetz haben insbesondere umweltrelevante Normen ihren Niederschlag gefunden. Der Gesetzgeber würdigte damit neue Erkenntnisse in der Pflanzenschutzforschung, die Entwicklung neuer Verfahren, die praktischen Erfahrungen bei der Anwendung von Pflanzenschutzmitteln, die verfeinerten Untersuchungsmethoden und nicht zuletzt die Erweiterung der Kenntnisse über ökologische Zusammenhänge.

Zweck des Gesetzes ist:
- Pflanzen vor Schadorganismen und nichtparasitären Beeinträchtigungen zu schützen
- Pflanzenerzeugnisse vor Schadorganismen zu schützen (Vorratsschutz)
- Schäden durch den Bisam abzuwehren
- Gefahren abzuwenden, die durch Pflanzenschutzmittel für die Gesundheit von Mensch und Tier und für den Naturhaushalt entstehen können.

Die wichtigsten Bestimmungen

1. Bestimmte Krankheiten und Schädlinge sind meldepflichtig. Kontrollen und Bekämpfungsmaßnahmen müssen durchgeführt werden. (Beispiel: Kartoffelnematoden, Scharka, Feuerbrand, Kartoffelkrebs, Corynebakterium an Kartoffel.)
2. Pflanzenschutzmittel dürfen nur nach guter fachlicher Praxis angewendet werden. Dazu gehört auch, daß die Grundsätze des integrierten Pflanzenschutzes berücksichtigt werden.
3. Pflanzenschutzmittel dürfen nur auf landwirtschaftlich, forstwirtschaftlich oder gärtnerisch genutzten Flächen angewandt werden.
4. Die Anwendung bestimmter Pflanzenschutzmittel kann verboten, beschränkt oder genehmigungspflichtig sein (Anwendungsverbote und -beschränkungen, Wasserschutzgebietsauflagen).
5. Wer Pflanzenschutzmittel anwendet, muß die dafür erforderliche Zuverlässigkeit und die fachlichen Kenntnisse und Fertigkeiten haben (Sachkundenachweis).
6. Pflanzenschutzmittel dürfen nur in den Verkehr gebracht werden, wenn sie von der Biologischen Bundesanstalt zugelassen sind. Die Zulassung

kann für maximal 10 Jahre erteilt werden. Sie kann gegebenenfalls vorzeitig widerrufen werden.

7. Auf der Packung des Pflanzenschutzmittels müssen die vorgeschriebenen Angaben enthalten sein (s. Kap. 5.2.3). Angaben, die darauf hindeuten, daß diese Mittel auch für andere Pflanzen, in größeren Mengen, zu anderer Zeit oder mit anderer Wartezeit angewandt werden können, als sich aus der Gebrauchsanleitung ergibt, sind verboten.
8. Pflanzenstärkungsmittel dürfen nur in den Verkehr gebracht werden, wenn sie bei der Biologischen Bundesanstalt angemeldet sind.
9. Pflanzenschutzmittel und Pflanzenstärkungsmittel dürfen nicht durch Automaten oder Selbstbedienung verkauft werden. Der Abgebende muß sachkundig sein.
10. Pflanzenschutzneugeräte werden registriert. Im Gebrauch befindliche Pflanzenschutzgeräte können einer Prüfung unterzogen werden.
11. Strafen oder Bußgeld werden verhängt, wenn gegen Vorschriften des Pflanzenschutzgesetzes oder darauf beruhenden Verordnungen verstoßen wird. Dabei kann das Bußgeld bis zu 50000 DM betragen. Freiheitsstrafen bis zu drei Jahren werden ausgesprochen, wenn geschützte Pflanzen oder Pflanzenbestände von bedeutendem Wert für den Naturhaushalt oder das Landschaftsbild absichtlich gefährdet werden.

Die Zuständigkeiten und Befugnisse von Landesbehörden zur Durchführung des Pflanzenschutzgesetzes sind in Baden-Württemberg in der »Verordnung des Ministeriums für Ernährung, Landwirtschaft, Umwelt und Forsten zur Durchführung des Pflanzenschutzgesetzes« aufgeführt.

9.1.2 Pflanzenschutz-Anwendungsverordnung

Die Verordnung umfaßt besonders gesundheitsgefährdende oder solche, die den Naturhaushalt belasten.

Wesentliches Ziel der Verordnung ist der Schutz der Umwelt, insbesondere des Grund- und Trinkwassers, vor schädlichen Beeinträchtigungen durch Pflanzenschutzmittel. In der Verordnung sind alle Stoffe ausgewiesen, deren Anwendung als Pflanzenschutzmittel

- vollständig verboten ist
- nur in bestimmten Bereichen zulässig ist
- in Wasserschutzgebieten verboten ist.

Für 35 Wirkstoffe gilt ein vollständiges Anwendungsverbot. 75 Wirkstoffe (ca. 30% aller Wirkstoffe) besitzen eine Wasserschutzgebietsauflage (Anwendungsbeschränkung) (Anwendung in Wasserschutzgebieten verboten). Eingeschränkte Anwendungsverbote wurden für 10 Wirkstoffe verordnet. Clopyralid (Lontrel 100) zum Beispiel darf nur zur Behandlung gegen die Ackerkratzdistel außerhalb von Wasser- und Heilquellenschutzgebieten im Futter- und Zuckerrübenbau angewendet werden. Eine andere Anwendung ist verboten. Pflanzgut, in oder auf dem sich ein Pflanzenschutzmittel mit einem vollständigen Anwendungsverbot befindet, darf nicht eingeführt werden. Saatgut, Pflanzgut oder Kultursubstrate in oder auf denen Pflanzenschutzmittel mit einem eingeschränkten Anwendungsverbot vorhanden sind, dürfen in der Regel ebenfalls nicht eingeführt werden (Tab. 30). Die Unterscheidung in Wasserschutzgebietsauflagen W_1–W_3, die eine Anwendung in bestimmten Wasserschutzzonen gestatteten, gibt es nicht mehr.

Die zuständige Behörde kann darüber hinaus anordnen, daß Pflanzenschutzmittel mit einer Wasserschutzgebietsauflage auch außerhalb von Wasserschutzgebieten und Heilquellenschutzgebieten in bestimmten, abgegrenzten Einzugsgebieten von Trinkwassergewinnungsanlagen oder Heilquellen oder sonstigen Gebieten zum Schutz des Grundwassers nicht angewandt werden dürfen.

In Naturschutzgebieten, Nationalparks und Naturdenkmälern dürfen Pflanzenschutzmittel mit eingeschränktem Anwendungsverbot oder Anwendungsbeschränkungen nicht verwendet werden.

9.1.3 Pflanzenschutzmittelverordnung

Die Verordnung über Pflanzenschutzmittel und Pflanzenschutzgeräte (Pflanzenschutzmittelverordnung) enthält Vorschriften zur Zulassung von Pflanzenschutzmitteln, zum Sachverständigenausschuß, über die Meldepflicht der Hersteller, Vertriebsunternehmer und Einführer von Pflanzenschutzmitteln, über die Anforderungen an Pflanzenschutzgeräte und Mindestangaben der Gebrauchsanleitung. Vorschriften über die Prüfung von Gebraucht-Geräten sind allerdings nicht enthalten, dazu sieht das Pflanzenschutzgesetz Ermächtigungen zur Regelung durch die Länder vor.

Die Verordnung soll mit ihren Bestimmungen dazu beitragen, daß biologische Risiken des chemischen Pflanzenschutzes vermindert werden. Sie soll die Voraussetzungen für einen sicheren Schutz des Naturhaushaltes schaffen.

Im ersten Abschnitt der Verordnung ist die Pflanzenschutzmittel-Zulassung geregelt. Danach muß der Antrag auf Zulassung eines Pflanzenschutzmittels Angaben enthalten über:

- chemische und physikalische Eigenschaften des Pflanzenschutzmittels und der darin enthaltenen Wirkstoffe, Hilfsstoffe und Verunreinigungen sowie der Abbau- und Reaktionsprodukte
- Analyseverfahren zur Bestimmung der Wirkstoffe, Hilfsstoffe und Verunreinigungen.

Versuchsberichte über

- die Wirksamkeit des Pflanzenschutzmittels in allen im Antrag angegebenen Anwendungsgebieten
- die Wirkungsweise auf und in Pflanzen, Pflanzenerzeugnissen, Tieren und Mikroorganismen, die Beeinflussung der Qualität des Erntegutes, das Verhalten hinsichtlich der akuten, subchronischen und chronischen Toxizität, der erbgutverändernden, fruchtschädigenden, krebserzeugenden und fruchtbarkeitsverändernden Wirkungen sowie das Verhalten im Stoffwechsel bei Mensch und Tier
- das Verhalten auf und in Pflanzen und Pflanzenerzeugnissen, insbesondere über Abbau und Rückstände
- das Verhalten im Wasser
- das Verhalten im Boden
- das Verhalten in der Luft
- Auswirkungen auf Bienen
- Auswirkungen auf mehrere andere Nutzarthropoden
- Auswirkungen auf andere Tiere und Pflanzen
- Auswirkungen auf den Naturhaushalt.

Der Sachverständigenausschuß als unabhängiges Gremium soll die Zulassungsbehörde in Fragen zur Zulassung beraten. Er besteht aus 25 Mitgliedern aus den Fachbereichen Pflanzenschutz, Gesundheitsschutz, Umwelt- und Naturschutz. Vertreter der Biologischen Bundesanstalt, des Bundesgesundheitsamtes und des Umweltbundesamtes nehmen an den Beratungen teil. Andere Sachverständige können

Tab. 30. Anwendungsverbote und Anwendungsbeschränkungen für Pflanzenschutzmittel-Wirkstoffe (Stand Juli 1988)

Vollständiges Anwendungsverbot

Nummer	Stoff
1	2
1	Acrylnitril
2	Aldrin
3	Aramit
4	Arsenverbindungen
5	Bleiverbindungen
6	Cadmiumverbindungen
7	Captafol
8	Carbaryl
9	Chlordan
10	Chlordecone (Kepone)
11	Chlordimeform
12	Chloroform
13	Chlorpikrin
14	Crimidin
15	1.2-Dibromethan
16	1.2-Dichlorethan
17	Dieldrin
18	Endrin

Nummer	Stoff
1	2
19	Ethylenoxid
20	Fluoressigsäure und ihre Derivate
21	HCH, technisch
22	Heptachlor
23	Hexachlorbenzol
24	Isobenzan
25	Isodrin
26	Kelevan
27	Morfamquat
28	Nitrofen
29	Pentachlorphenol
30	Polychlorterpene
31	Quecksilberverbindungen
32	Quintozen
33	Selenverbindungen
34	2,4,5-T
35	Tetrachlorkohlenstoff

Eingeschränktes Anwendungsverbot

Nummer	Stoff	Anwendung nur zulässig
1	2	3
1	Aldicarb	zur Bodenbehandlung außerhalb von Wasserschutzgebieten und Heilquellenschutzgebieten im Zierpflanzen- und Zuckerrübenbau, in Baumschulen, Rebschulen und Erdbeervermehrungsanlagen
2	Blausäure und Blausäure entwickelnde Verbindungen	zur Begasung 1. in Mühlen, in Lagerräumen, in Vorratsräumen und anderen Räumen in Lebensmittelbetrieben und in Transportmitteln und -behältern gegen Vorratsschädlinge; 2. von Pflanzen in Vegetationsruhe; 3. in Gewächshäusern
3	Clopyralid	zur Behandlung gegen die Ackerkratzdistel außerhalb von Wasserschutzgebieten und Heilquellenschutzgebieten im Futter- und Zuckerrübenbau
4	1.2-Dichlorpropan	zur Bodenbehandlung im Freiland außerhalb von Wasserschutzgebieten und Heilquellenschutzgebieten durch Personen, die eine nach § 9 des Pflanzenschutzgesetzes anzeigepflichtige Tätigkeit ausüben; nur mit Zustimmung der zuständigen Behörde
5	1.3-Dichlorpropen	zur Bodenbehandlung im Freiland außerhalb von Wasserschutzgebieten und Heilquellenschutzgebieten durch Personen, die eine nach § 9 des Pflanzenschutzgesetzes anzeigepflichtige Tätigkeit ausüben; nur mit Zustimmung der zuständigen Behörde
6	Methylbromid (Monobrommethan)	1. zur Begasung in Mühlen, in Lagerräumen, in Vorratsräumen und anderen Räumen in Lebensmittelbetrieben, in Vakuumkammern, in gasdichten Kleinsilos, in Transportmitteln und -behältern und unter gasdichten Planen gegen Vorratsschädlinge; 2. zur Bodenbehandlung außerhalb von Wasserschutzgebieten und Heilquellenschutzgebieten im Zierpflanzenbau, in Baumschulen, in Rebschulen und bei der Erzeugung von Pflanzkartoffeln in Zuchtgärten
7	Phosphorwasserstoff entwickelnde Verbindungen, ausgenommen Zinkphosphid als rodentizides Ködermittel	zur Begasung 1. in Lagerräumen, Vorratsräumen, Silozellen, Transportmitteln und -behältern und unter gasdichten Planen gegen Vorratsschädlinge; 2. außerhalb von Wasserschutzgebieten und Heilquellenschutzgebieten a) gegen die Schermaus (*Arvicola terrestris* L.); b) gegen den Hamster (*Cricetus cricetus* L.) und den Maulwurf (*Talpa europaea* L.); nur mit Zustimmung der zuständigen Behörde

Eingeschränktes Anwendungsverbot

Nummer	Stoff	Anwendung nur zulässig
1	2	3
8	Schwefelkohlenstoff	zur Bodenbehandlung im Weinbau gegen die Reblaus (*Phylloxera vitifolii*); nur mit Zustimmung der zuständigen Behörde
9	Thallium-I-sulfat	in geschlossenen Räumen
10	Zinkphosphid	in Ködern; außerhalb von Forsten nur in verdeckt ausgebrachten Ködern

Anwendungsbeschränkungen

Nummer 1	Stoff 2	Besondere Bestimmungen 3
	Abschnitt A	
1	Amitrol	Die Anwendung von Luftfahrzeugen aus ist verboten
2	Deiquat	Die Anwendung in Getreide nach der Blüte ist verboten
3	Lindan	Die Anwendung in Mühlen, in Mehlsilos, in Vorräten von Getreide und Getreideerzeugnissen ist verboten
4	Paraquat	Die Anwendung im Getreidebau ist verboten
5 6	Parathion Parathion-methyl	Die Anwendung im Getreidebau mit einer Aufwandmenge von mehr als 250 g Wirkstoff je ha und Vegetationsperiode ist verboten
7	Quarzmehl	Die Anwendung in Vorräten und Getreide und in Räumen, die der Lagerung von Getreide dienen, ist verboten
	Abschnitt B	
1	Alloxydim	
2	Amitrol	
3	Asulam	
4	Atrazin	
5	Benalaxyl	
6	Benazolin	
7	Bendiocarb	
8	Bentazon	
9	Bromacil	
10	Calciumcarbid	
11	Carbetamid	
12	Carbofuran	
13	Carbosulfan	
14	Chloramben	

Anwendungsbeschränkungen

Nummer	Stoff	Besondere Bestimmungen
1	2	3
15	Chlorthiamid	
16	Cyanazin	
17	Dazomet	
18	Diazinon	
19	Dicamba	
20	Dichlobenil	
21	Dikegulac	
22	Dimefuron	
23	Dimethoat	Die Beschränkung gilt nicht für die Anwendung von Pflanzenschutzstäbchen in Topfpflanzen im nichtgewerblichen Bereich
24	Dinoseb	
25	Dinoseb-acetat	
26	Dinoterb	
27	DNOC	Die Beschränkung gilt nur für die Anwendung als Winterspritzmittel und als Herbizid
28	Ethidimuron	
29	Ethiofencarb	
30	Ethoprofos	
31	Etrimfos	
32	Fenpropimorph	
33	Flamprop-methyl	
34	Fluazifop	
35	Fluroxypr	
36	Haloxyfop	
37	Hexazinon	
38	Isocarbamid	
39	Karbutilat	
40	Lindan	Die Beschränkung gilt nur für die Anwendung 1. gegen Borkenkäfer in geschälter Rinde und 2. als Gieß- und Streumittel
41	Maleinsäurehydrazid	
42	Mefluidid	
43	Metalaxyl	
44	Metam-Natrium	
45	Metazachlor	
46	Methamidophos	Die Beschränkung gilt nur für die Anwendung als Gießmittel
47	Methomyl	
48	Methylisothiocyanat	
49	Metribuzin	
50	Monochlorbenzol	
51	Natriumchlorat	
52	Nitrothal-isopropyl	
53	Obstbaumkarbolineum (Anthracenöl)	
54	Oxadixyl	

Anwendungsbeschränkungen (Fortsetzung)

Nummer	Stoff	Besondere Bestimmungen
1	2	3
55	Oxamyl	
56	Oxycarboxin	
57	Picloram	
58	Pirimicarb	
59	Pirimiphos-methyl	
60	Propachlor	
61	Propazin	
62	Propoxur	
63	Prothoat	
64	Pyridat	
65	S 421 (Synergist)	
66	Sethoxydim	
67	Simazin	
68	TCA	
69	Tebuthiuron	
70	Terbacil	
71	Terbumeton	
72	Thiofanox	
73	Triclopyr	

zu den Beratungen hinzugezogen werden. Die Mitglieder des Sachverständigenausschusses werden für fünf Jahre berufen. Sie sind ehrenamtlich tätig.

Der zweite Abschnitt der Verordnung befaßt sich mit den Bestimmungen zu den Pflanzenschutzgeräten (s. Kapitel 8.3).

9.1.4 Pflanzenschutz-Sachkundeverordnung

Die Pflanzenschutz-Sachkundeverordnung enthält Vorschriften zum Sachkundenachweis für die Anwendung und Abgabe von Pflanzenschutzmitteln und Angaben zur Sachkundeprüfung. Als Sachkundenachweis für Anwender gelten u. a. bestandene Abschlußprüfung und abgeschlossenes Hochschulbzw. Fachhochschulstudium im Bereich Landwirtschaft, Gartenbau, Forstwirtschaft usw.

Der sachkundige Anwender oder Abgebende muß folgende Kenntnisse besitzen:

Erforderliche Kenntnisse zum Sachkundenachweis
- Integrierter Pflanzenschutz
- Schadursachen bei Pflanzen- und Pflanzenerzeugnissen
- Pflanzenschutzmaßnahmen
- Eigenschaften von Pflanzenschutzmitteln
- Ausbringung von Pflanzenschutzmitteln und Umgang mit Pflanzenschutzgeräten
- Schutzmaßnahmen zur Vermeidung gesundheitlicher Gefahren, Unfallverhütung
- Verhüten schädlicher Auswirkungen von Pflanzenschutzmaßnahmen
- Aufbewahren von Pflanzenschutzmitteln
- sachgerechte Beseitigung von Pflanzenschutzmittelresten und -behältnissen
- Rechtsvorschriften

Darüber hinaus hat der sachkundige Anwender folgende Fertigkeiten aufzuweisen:
- sachgemäßen Umgang mit Pflanzenschutzmitteln
- Verwenden und Warten von Pflanzenschutzgeräten.

Die Sachkundeprüfung besteht für Anwender und Abgebende aus einem fachtheoretischen Teil und für

Anwender aus einem fachpraktischen Teil. Die Prüfung im fachtheoretischen Teil wird schriftlich und mündlich abgelegt und ist bestanden, wenn mindestens ausreichende Leistungen erbracht werden. Prüfungsbehörde ist in Baden-Württemberg für den Bereich Landwirtschaft das Landwirtschaftsamt bzw. für den Bereich Forstwirtschaft die Forstdirektion. Weitere Einzelheiten über die Durchführung der Prüfung sind in der Pflanzenschutz-Sachkundeprüfungsverordnung niedergelegt.

Die Bundesländer haben in eigenen Sachkundeverordnungen und -verwaltungsvorschriften die näheren Bestimmungen zum Schulungsumfang, zum Kursangebot, den Lehrgangsinhalten und den Prüfungen festgelegt.

Neben der Sachkundeprüfung ist eine Sachkenntnisprüfung nach der Gefahrstoffverordnung für die Abgabe von bestimmten Pflanzenschutzmitteln erforderlich.

Unter diese Bestimmungen fallen alle giftigen (mit T+ oder T gekennzeichneten) oder mindergiftigen (Xn) Pflanzenschutzmittel, wie sie in Anhang I zur Gefahrstoffverordnung angeführt sind.

Die Sachkenntnisprüfung erstreckt sich auf die allgemeinen Kenntnisse über die wesentlichen Eigenschaften der gefährlichen Stoffe und Zubereitungen, über die mit ihrer Verwendung verbundenen Gefahren und auf die Kenntnis der einschlägigen Vorschriften.

Prüfungsbehörde ist z. B. in Baden-Württemberg das zuständige Regierungspräsidium und nicht das Landwirtschaftsamt.

Die Sachkenntnisprüfung nach der Gefahrstoffverordnung wird dann als Sachkundenachweis nach dem Pflanzenschutzgesetz anerkannt, wenn entsprechende Kenntnisse im Bereich Pflanzenschutz ebenfalls Gegenstand der Prüfung sind (s. auch Seite 67, Tab. 24 und Kapitel 9.5.1).

9.1.5 Bienenschutzverordnung

Dem Schutz der Bienen soll durch die Bienenschutzverordnung Rechnung getragen werden.

Bienengefährliche Pflanzenschutzmittel sind:
- solche Mittel, die die Biologische Bundesanstalt für Land- und Forstwirtschaft mit der Kennzeichnungsauflage »bienengefährlich« zugelassen hat
- andere zugelassene Pflanzenschutzmittel in einer höheren als der höchsten in der Gebrauchsanleitung vorgesehenen Konzentration.

Blühende Pflanzen sind:
Kulturpflanzen und Unkräuter, an denen sich geöffnete Blüten befinden, außer Hopfen und Kartoffeln, die nicht von Bienen beflogen werden.

Bienengefährliche Pflanzenschutzmittel:
- dürfen nicht an blühenden Kulturpflanzen oder Unkräutern angewandt werden. Es dürfen auch keine blühenden Pflanzen mitgetroffen werden
- dürfen innerhalb eines Umkreises von 60 Metern um Bienenstände ohne Zustimmung der Imker nur außerhalb der Zeit des täglichen Bienenfluges angewandt werden
- sind so zu handhaben und aufzubewahren, daß Bienen nicht mit ihnen in Berührung kommen können. Verschüttete Teile sowie Reste dieser Mittel und ihrer Brühen sind zu beseitigen oder unschädlich zu machen
- entsprechend den von der Biologischen Bundesanstalt für Land- und Forstwirtschaft erteilten Auflagen mit der Angabe versehen »Bienengefährlich, ausgenommen bei Anwendung nach dem täglichen Bienenflug bis 23 Uhr«, dürfen außerhalb dieses Zeitraumes nicht eingesetzt werden.

Merke:

Zum Schutz der Biene entsprechende Auflagen beachten!
Nach Ende des Bienenfluges nur die besonders von der BBA zugelassenen Mittel einsetzen!

9.1.6 Verwaltungsvorschrift Bienenschutzausschüsse

In Baden-Württemberg ist in jedem Land- und Stadtkreis ein sogenannter Bienenschutzausschuß tätig. Der Bienenschutzausschuß hat durch Beratung, Aufklärung und Begutachtung bei der Durchführung von Pflanzenschutzmaßnahmen mit bienengefährlichen Pflanzenschutzmitteln zum Schutze der Bienen beizutragen und soll Bienenschäden vermeiden helfen.

Der Bienenschutzausschuß soll insbesondere:
- die Behörden des Pflanzen- und Rebschutzdienstes beraten
- die Anwender von bienengefährlichen Pflanzenschutzmitteln auf die Beachtung der berechtigten Interessen der Imker hinweisen
- die Imker zur Mitwirkung bei der Verhütung von Schäden an Bienen veranlassen

– bei Streitigkeiten zwischen Imkern und Anwendern von bienengefährlichen Pflanzenschutzmitteln auf eine gütliche Beilegung hinwirken.

Mitglieder sind Vertreter der Imker, der Landwirtschaft, des staatlichen Forstdienstes sowie des Obst- und Weinbaues. Den Vorsitz hat ein Bediensteter des Landwirtschaftsamtes. Er gibt auch Auskunft über Fragen, die im Zusammenhang mit dem Bienen- und Pflanzenschutz stehen. Bei Verdacht auf Bienenschäden durch Pflanzenschutzmittel können Imker unter Einbeziehung des Landwirtschaftsamtes Bienen- und Pflanzenproben bei der Bienenuntersuchungsstelle der Biologischen Bundesanstalt für Land- und Forstwirtschaft untersuchen lassen.

9.2 Lebensmittelrecht

9.2.1 Pflanzenschutzmittel-Höchstmengenverordnung

Die Verordnung basiert auf dem Lebensmittel- und Bedarfsgegenständegesetz. Sie dient dem Gesundheitsschutz des Verbrauchers und soll dazu beitragen, daß keine gesundheitsgefährdenden Rückstände in und auf Lebensmitteln vorhanden sind. Nach der Verordnung ist das Inverkehrbringen von Lebensmitteln pflanzlicher und tierischer Herkunft verboten, wenn die ausgewiesenen zulässigen Höchstmengen für Pflanzenschutzmittel oder Schadstoffe überschritten werden. Sind für ein Pflanzenschutzmittel keine Höchstmengen festgesetzt, dann gilt die allgemeine Höchstmenge von 0,01 mg/kg Lebensmittel.

Die Höchstmengen werden auf Grund von Ergebnissen der Toxizitäts-, Metabolismus- und Rückstandsuntersuchungen nach dem in Tab. 24, Seite 67, aufgezeigten Verfahrensweg festgelegt. Die Höchstmengenwerte gelten für im Inland erzeugte und aus dem Ausland importierte Lebensmittel.

Die Einhaltung der Verordnungsvorschriften ist gewährleistet durch Beachtung der in der Gebrauchsanleitung für das jeweilige Pflanzenschutzmittel gemachten Angaben zur Konzentration, Wartezeit usw. und Verwendung eines ordnungsgemäß funktionierenden Pflanzenschutzgerätes.

9.2.2 Trinkwasserverordnung

Nach der Trinkwasserverordnung darf ab 1. Oktober 1989 kein Trinkwasser mehr abgegeben werden, das mehr als 0,1 µg eines Pflanzenschutzwirkstoffes einschließlich seiner toxischen Hauptabbauprodukte pro Liter Wasser enthält. Kommen mehrere Wirkstoffe vor, so darf deren Summe 0,5 µg Rückstände/l Wasser nicht übersteigen. Nach einer Ausnahmeregelung sind für eine gewisse Übergangszeit auch höhere Rückstandswerte erlaubt, die allerdings unter den WHO-Werten liegen.

Der Anwender oder Abgebende kann sich bei den zuständigen Behörden (z. B. Gemeinde, Landwirtschaftsamt, Wasserwirtschaftsamt) über die Ausweisung von Wasserschutzgebieten oder sonstige Gebiete zum Schutz des Grundwassers informieren. Aus der Gebrauchsanleitung eines Pflanzenschutzmittels ist zu ersehen, ob es eine Wasserschutzgebietsauflage besitzt. In Baden-Württemberg dürfen in Wasserschutzgebieten nur Pflanzenschutzmittel eingesetzt werden, die im Positivkatalog der Schutzgebiets- und Ausgleichsverordnung aufgeführt sind.

9.3 Wasserrecht

Im Wasserrecht kommen Vorschriften der Bundesregierung und der Bundesländer (z.B. des Landes Baden-Württemberg) zum Tragen. Aus diesen Vorschriften ergibt sich die allgemeine Verpflichtung, daß Pflanzenschutzmittel mit der erforderlichen Sorgfaltspflicht angewendet werden müssen, um Verunreinigungen des Wassers oder eine sonstige nachteilige Veränderung seiner Eigenschaften zu vermeiden.

9.3.1 Wasserhaushaltsgesetz

Nach dem Wasserhaushaltsgesetz können, soweit es zum Wohl der Allgemeinheit erforderlich ist, Wasserschutzgebiete festgesetzt werden. In den Wasserschutzgebieten können bestimmte Handlungen verboten oder für nur beschränkt zulässig erklärt werden. Beispielsweise dürfen in Wasserschutzgebieten keine Pflanzenschutzmittel mit einer Wasserschutzgebietsauflage eingesetzt werden (Pflanzenschutzmittel-Anwendungsverordnung).

Für Anordnungen, die eine Enteignung darstellen, ist eine Entschädigung zu bezahlen. Wird die ordnungsgemäße land- und forstwirtschaftliche Nutzung eines Grundstückes beschränkt, so ist für die dadurch verursachten wirtschaftlichen Nachteile ein angemessener Ausgleich zu leisten. Im Wassergesetz und in der Schutzgebiets- und Ausgleichsverordnung des Landes Baden-Württemberg sind die Voraussetzungen für entsprechende Entschädigungsleistungen enthalten. Wer in ein Gewässer Stoffe einbringt oder einleitet oder wer auf ein Gewässer derart einwirkt (z. B. mit Pflanzenschutzmitteln), daß die Beschaffenheit (chemisch usw.) des Wassers verändert wird, ist zum Ersatz des Schadens verpflichtet. Sind mehrere beteiligt, haften sie als Gesamtschuldner.

9.3.2 Wassergesetz

Nach dem Wassergesetz können in Baden-Württemberg in den Wasserschutzgebieten die Eigentümer und Nutzungsberechtigten von Grundstücken zur Vornahme bestimmter Handlungen verpflichtet werden; z. B. Bodenuntersuchungen durchzuführen oder durchführen zu lassen, die Grundstücke nur in bestimmter Weise zu nutzen, Aufzeichnungen über die Bewirtschaftung der Grundstücke anzufertigen und an überbetrieblichen Düngungs- und Pflanzenschutzmaßnahmen teilzunehmen.

Das Land hat einen Ausgleich für die Beschränkung der ordnungsgemäßen land- und forstwirtschaftlichen Nutzung von Grundstücken zu leisten. Der Ausgleich bemißt sich nach den durchschnittlichen Ertragseinbußen und Mehraufwendungen.

Eine Ordnungswidrigkeit im Sinne des Gesetzgebers kann mit einer Geldbuße von bis zu 200000,– DM geahndet werden. Ordnungswidrig handelt z. B. wer vorsätzlich oder fahrlässig mit wassergefährdenden Stoffen so umgeht, daß eine Verunreinigung der Gewässer oder eine sonstige nachteilige Veränderung ihrer Eigenschaften zu befürchten ist.

9.3.3 Schutzgebiets- und Ausgleichsverordnung

Nach der Schutzgebiets- und Ausgleichsverordnung Baden-Württembergs dürfen unter anderem in den Zonen 2 und 3 von Wasserschutzgebieten nur Pflanzenschutzmittel des Positivkataloges angewendet werden. In Zone 1 ist die Anwendung generell verboten. Ertragsminderungen oder höhere Betriebsmittelaufwendungen werden durch einen Pauschalausgleich von 310,– DM/ha bzw. einen Einzelausgleich, der sich an dem Nachweis der wirtschaftlichen Nachteile bemißt, auf Antrag gewährleistet. Anträge sind beim Landwirtschaftsamt zu stellen und werden in der Regel auch dort bewilligt. Der Ausgleich kann abgelehnt werden, wenn Bestimmungen der Verordnung nicht eingehalten werden, außerdem ist mit Ordnungswidrigkeitsverfahren zu rechnen.

9.4 Naturschutzrecht

9.4.1 Bundesnaturschutzgesetz und Naturschutzgesetz Baden-Württemberg

Diesen Rechtsbereich regeln das Bundesnaturschutzgesetz und die Naturschutzgesetze der Länder.

Nach dem Bundesnaturschutzgesetz sind Natur und Landschaft so zu schützen, zu pflegen und zu entwickeln, daß

- die Leistungsfähigkeit des Naturhaushalts
- die Nutzungsfähigkeit der Naturgüter
- die Pflanzen- und Tierwelt sowie
- die Vielfalt, Eigenart und Schönheit von Natur und Landschaft als Lebensgrundlage des Menschen und als Voraussetzung für seine Erholung in Natur und Landschaft nachhaltig gesichert sind.

Dies ist bei der Anwendung von Pflanzenschutzmitteln dadurch zu gewährleisten, daß sie zielgerecht und umweltschonend angewandt werden und unvermeidbare Beeinträchtigungen auf ein Mindestmaß beschränkt werden. Nach dem Landesnaturschutzgesetz Baden-Württemberg dürfen chemische Mittel zur Bekämpfung von Schadorganismen und Pflanzenkrankheiten sowie Wirkstoffe, die den Entwicklungsablauf von Pflanzen beeinflussen, in der freien Landschaft außerhalb von land- und forstwirtschaftlich genutzten Grundstücken nur angewendet werden, wenn es im öffentlichen Interesse erforderlich ist und nicht überwiegende Belange des Naturschutzes und der Landschaftspflege entgegen stehen. Diese Vorschrift entspricht der Regelung des Pflanzenschutzgesetzes, wonach Pflanzenschutzmittel auf Freilandflächen nur angewandt werden dürfen, soweit diese landwirtschaftlich, forstwirtschaftlich oder gärtnerisch genutzt werden. Die Anwendung von Pflanzenschutzmitteln auf den übrigen Freilandflächen soll vermieden werden, weil diese Flächen als Lebensstätten für viele Arten wildwachsender Pflanzen und wildlebender Tiere zunehmend Bedeutung erlangt haben. Die zuständigen Behörden können für die Anwendung chemischer Mittel auf solchen Flächen unter besonderen Voraussetzungen Ausnahmegenehmigungen erteilen. In Naturschutzgebieten und auf flächenhaften Naturdenkmalen ist außerhalb von intensiv genutzten landwirtschaftlichen Flächen die Anwendung von Pflanzenschutzmitteln verboten.

9.5 Arbeitsrecht

9.5.1 Gefahrstoffverordnung

Die Gefahrstoffverordnung enthält Rechtsvorschriften für Pflanzenschutzmittel soweit sie zu den gefährlichen Stoffen nach dem Chemikaliengesetz zählen. Mit Hilfe der Verordnung soll der Mensch vor arbeitsbedingten Gesundheitsgefahren und die Umwelt vor schadstoffbedingten Beeinträchtigungen geschützt werden. Dazu bestehen Regelungen über das Inverkehrbringen, die Zubereitung, den Umgang, die Aufbewahrung, Lagerung und Vernichtung von Gefahrstoffen, hygienische Maßnahmen sowie Beschäftigungsbeschränkungen.

Kennzeichnung von Pflanzenschutzmitteln

Nach der Gefahrstoffverordnung eingestuft sind Pflanzenschutzmittel mit den Kennbuchstaben T+, T, C, Xn, Xi, O, F+ und F sowie mit den dazugehörigen Gefahrensymbolen bezeichnet (s. Seite 56). Hinweise auf die besonderen Gefahren werden in Form von R-Sätzen und für Sicherheitsratschläge in Form von S-Sätzen gegeben.

Für den Umgang mit Pflanzenschutzmitteln gilt:
- Pflanzenschutzmittel dürfen nur in Originalbehältnissen abgegeben und aufbewahrt werden
- sehr giftige (T+) und giftige (T) Stoffe und Zubereitungen müssen unter Verschluß oder so aufbewahrt oder gelagert werden, daß nur sachkundige Personen oder deren Beauftragte Zugang haben
- ätzende (C), mindergiftige (Xn) und reizende (Xi) Stoffe und Zubereitungen sollen so aufbewahrt oder gelagert werden, daß sie dem unmittelbaren Zugriff durch Betriebsfremde nicht zugänglich sind
- Pflanzenschutzmittel dürfen nicht in unmittelbarer Nähe von Arzneimitteln, Lebens- oder Futtermitteln aufbewahrt oder gelagert werden
- bei der Handhabung von Pflanzenschutzmitteln ist die Gebrauchsanleitung unbedingt zu beachten
- der Arbeitgeber hat eine Betriebsanweisung zu erstellen, in der die beim Umgang mit Gefahrstoffen auftretenden Gefahren für Mensch und Umwelt sowie die erforderlichen Schutzmaßnahmen und Verhaltensregeln festgestellt werden. Die Betriebsanweisung hat Anweisungen über das Verhalten im Gefahrfall und über die erste Hilfe zu enthalten
- Arbeitnehmer, die beim Umgang mit sehr giftigen, giftigen usw. Gefahrstoffen beschäftigt werden, dürfen in Arbeitsräumen oder an ihren Arbeitsplätzen im Freien nicht essen, trinken, rauchen oder schnupfen. Es sind die Gesundheit nicht beeinträchtigende Aufenthaltsräume einzurichten. Desgleichen sind Waschräume sowie Räume mit getrennter Aufbewahrungsmöglichkeit für Straßen- und Arbeitskleidung zur Verfügung zu stellen
- die Erlaubnispflicht für Begasungen gilt nicht für Phosphorwasserstoff, sofern es sich um Einzelpackungsgrößen von nicht mehr als 15 g Phosphorwasserstoff zur Schädlingsbekämpfung im Erdreich handelt.

Abgebende haben bei Pflanzenschutzmitteln, die Gefahrstoffe sind, folgendes zu beachten:

- Pflanzenschutzmittel, für deren Inverkehrbringen eine Sachkenntnis erforderlich ist, dürfen nur abgegeben werden, wenn zu erwarten ist, daß der Erwerber diese nur in erlaubter Weise verwenden will
- sehr giftige, giftige sowie bestimmte mindergiftige, ätzende und reizende Stoffe und Zubereitungen dürfen nur an Personen abgegeben werden, die mindestens 18 Jahre alt sind
- bestimmte für die Begasung vorgesehene Stoffe dürfen nur abgegeben werden, wenn der Erwerber die erforderliche Erlaubnis vorlegt
- Abgebende, die sehr giftige, giftige sowie bestimmte mindergiftige, ätzende und reizende Stoffe abgeben, müssen ihre Sachkenntnis nachgewiesen haben. Sie müssen zuverlässig sein und das 18. Lebensjahr vollendet haben. Sie sind mindestens jährlich über die zu beachtenden Vorschriften zu belehren. Die Belehrung ist schriftlich zu bestätigen
- der Arbeitgeber darf Jugendliche mit gefährlichen Arbeitsstoffen beschäftigen, wenn der Umgang mit diesen Gefahrenstoffen zum Erreichen des Ausbildungszieles erforderlich ist, die Jugendlichen mindestens 16 Jahre alt sind und durch einen Fachkundigen beaufsichtigt werden
- der Arbeitgeber darf werdende oder stillende Mütter mit sehr giftigen, giftigen, mindergiftigen oder in sonstiger Weise den Menschen chronisch schädigenden Gefahrstoffen nicht beschäftigen
- über die Abgabe von sehr giftigen und giftigen Stoffen im Einzelhandel sind Aufzeichnungen zu führen, die Angaben über Art und Menge der Stoffe und Zubereitungen, das Datum der Abgabe, den Verwendungszweck und den Namen des Abgebenden enthalten

- der Empfang der sehr giftigen und giftigen Stoffe und Zubereitungen ist vom Erwerber durch Unterschrift zu bestätigen
- in jeder Filiale muß eine sachkundige Person vorhanden sein.

Sachkenntnisprüfung nach der Gefahrstoffverordnung
Die Sachkenntnisprüfung erstreckt sich auf die allgemeinen Kenntnisse über die wesentlichen Eigenschaften der gefährlichen Stoffe und Zubereitungen, über die mit ihrer Verwendung verbundenen Gefahren und auf die Kenntnis der einschlägigen Vorschriften.

Prüfungsbehörde ist z. B. in Baden-Württemberg das zuständige Regierungspräsidium und im Gegensatz zur Sachkundeprüfung nach dem Pflanzenschutzgesetz nicht das Landwirtschaftsamt.

Die Sachkenntnisprüfung nach der Gefahrstoffverordnung wird nur dann als Sachkundenachweis nach dem Pflanzenschutzgesetz anerkannt, wenn entsprechende Kenntnisse im Bereich Pflanzenschutz ebenfalls Gegenstand der Prüfung waren.

9.6 Abfallrecht

9.6.1 Abfallgesetz

Nach dem Abfallgesetz sind Abfälle so zu beseitigen, daß das Wohl der Allgemeinheit nicht beeinträchtigt wird, Nutztiere, Vögel, Wild, Fische nicht gefährdet werden und keine schädlichen Auswirkungen für Gewässer, Boden, Luft und Nutzpflanzen eintreten. Die Belange des Naturschutzes und der Landschaftspflege sind zu wahren.

Abfälle sind Sachen, deren sich der Besitzer entledigen will oder deren geordnete Entsorgung zur Wahrung des Wohles der Allgemeinheit und dem Schutz der Umwelt geboten ist. Dies ist auch bei der Beseitigung von Pflanzenschutzmitteln, die nicht mehr zugelassen sind sowie der für den Abfall vorgesehenen Reste von Pflanzenschutzmitteln und -behältnissen zu beachten. Abfälle dürfen nur in den dafür zugelassenen Abfallentsorgungsanlagen behandelt und gelagert werden. Ordnungswidrigkeiten können mit einer Geldbuße bis 100000,– DM geahndet werden.

Manche Hersteller geben bereits auf den Packungen Beseitigungshinweise an. In einzelnen Fällen nehmen landwirtschaftliche Genossenschaften oder Landhandelsbetriebe gegen Gebühr auf freiwilliger Basis gebrauchte Verpackungen zurück. Bei den für die Abfallbeseitigung zuständigen Landkreisen können im Rahmen der zur ständigen Einrichtung gewordenen Sondermüllaktionen nicht mehr für die Anwendung vorgesehene Pflanzenschutzmittel abgegeben werden. Diese Möglichkeit ist zu nutzen.

Merke:
Pflanzenschutzmittel oder -reste nur ordnungsgemäß entsorgen! Überlegtes Handeln trägt zur Abfallvermeidung bei!

---

10 Pflanzenschutzdienst und Rebschutzdienst

10.1 Aufbau des Pflanzenschutz- und des Rebschutzdienstes am Beispiel Baden-Württemberg

Die Durchführung des Pflanzenschutzgesetzes obliegt dem Pflanzenschutzdienst und Rebschutzdienst der Länder, die in Baden-Württemberg an den Regierungspräsidien, den Landwirtschaftsämtern und Landesanstalten angesiedelt sind.

10.1.1 Organisation des Pflanzenschutzdienstes

Der Pflanzenschutzdienst in Baden-Württemberg ist eine staatliche Einrichtung und Teil der Landwirtschaftsverwaltung, die sowohl die Fachberatung der Landwirtschaft, des Gemüsebaus und Obstbaus durchführt als auch hoheitliche Aufgaben erfüllt.

Die Betreuung der landwirtschaftlichen Betriebe wird von den Pflanzenschutzberatern an den 59 Landwirtschaftsämtern wahrgenommen. An vier Landwirtschaftsämtern ist jeweils eine übergebietlich tätige Pflanzenschutzberatungsstelle eingerichtet, die sich mit regionalen Besonderheiten befaßt. In Offenburg vor allem mit Steinobstbau, in Radolfzell mit Gemüsebau, in Überlingen mit Kernobstbau. In Ladenburg mit Sonderkulturen (z. B. Spargel, Tabak, Feldgemüsebau). Zum Tätigkeitsbereich der Pflanzenschutzdienste gehört auch die Bisambekämpfung. Insgesamt sieben staatliche Bedienstete sind bei sechs Landwirtschaftsämtern als Bisamjäger eingesetzt. Sie werden durch zahlreiche Privatfänger unterstützt.

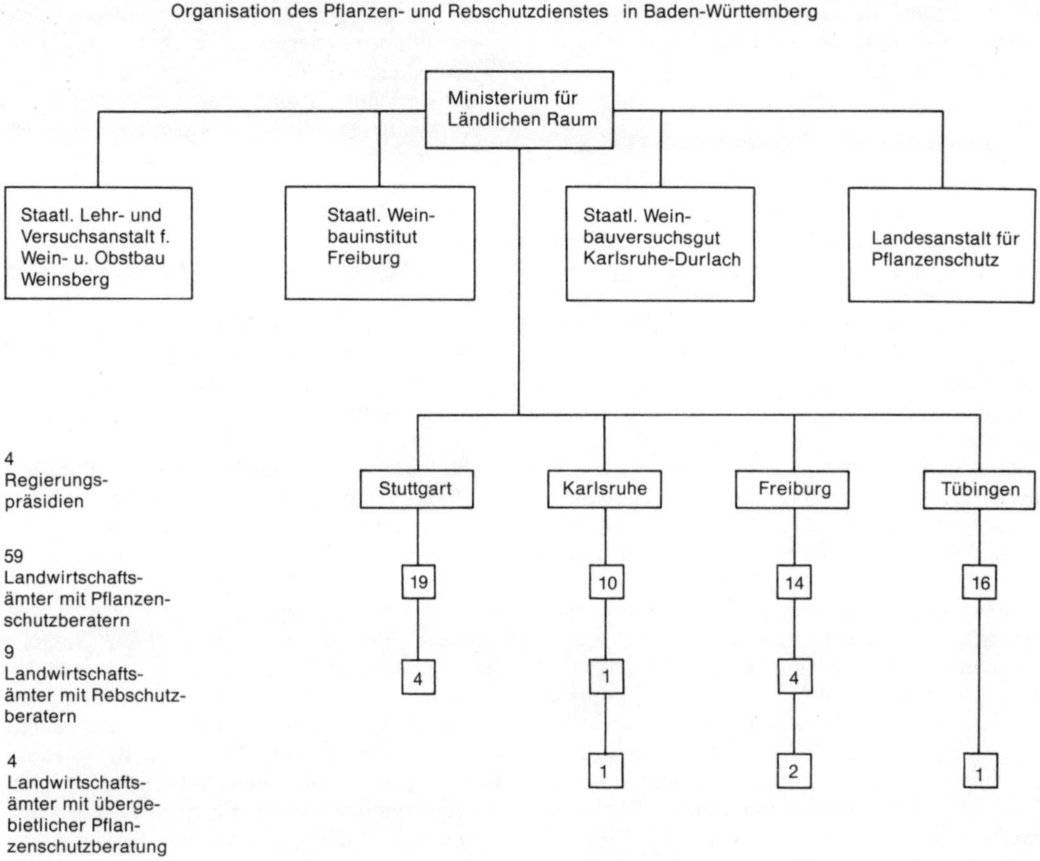

Abb. 53. Organisation des Pflanzen- und Rebschutzdienstes in Baden-Württemberg.

Die Fachaufsicht über die Landwirtschaftsämter wird von den vier Regierungspräsidien in Stuttgart, Karlsruhe, Freiburg und Tübingen wahrgenommen, die Fachaufsicht über die Regierungspräsidien durch das Ministerium für Ländlichen Raum, dem auch die Landesanstalt für Pflanzenschutz und die Weinbauanstalten (Abb. 53) direkt unterstehen. Die Aufgaben der Landesanstalt für Pflanzenschutz als Bindeglied zwischen Forschung und Praxis liegen vorwiegend in

- der Erarbeitung neuer Pflanzenschutzverfahren und Applikationsmöglicheiten
- der Erstellung von Beratungsunterlagen
- der spezifischen Untersuchung von Fachfragen
- der Durchführung von Reihenuntersuchungen
- der Koordination des landesweiten Versuchswesens
- der Pflanzenschutzmittelprüfung
- der übergebietlichen Organisation von Pflanzenschutzmaßnahmen

- der fachlichen Beratung des Ministeriums für Ländlichen Raum, sowie der Landwirtschaftsverwaltung.

10.1.2 Organisation des Rebschutzdienstes

Die staatliche Organisation umfaßt die Weinbau-Verwaltung im Ministerium für Ländlichen Raum, Ernährung, Landwirtschaft und Forsten in Stuttgart und an den Regierungspräsidien in Freiburg, Karlsruhe, Stuttgart und Tübingen, denen die Fachaufsicht über die regionalen staatlichen Weinbau-Berater obliegt.

Die Aufgaben des Rebschutzes werden von 12 Weinbauberatern im Rahmen ihrer Gesamttätigkeit wahrgenommen. Die Weinbauberater sind bei neun Landwirtschaftsämtern in den Weinbaugebieten stationiert (in Müllheim, Freiburg, Emmendingen-Hochburg, Offenburg, Bühl, Backnang, Bad Mergentheim, Heilbronn, Ludwigsburg). Den Regierungspräsidien sind der Rebschutzdienst, der Reblausbekämpfungsdienst sowie die örtlichen Rebschutzwarte unterstellt.

Die weinbauliche Ausbildung findet schwerpunktmäßig an der Staatlichen Lehr- und Versuchsanstalt für Wein- und Obstbau in Weinsberg und an bestimmten landwirtschaftlichen Fachschulen statt.

Das Staatliche Weinbauinstitut Freiburg ist für die weinbauliche und kellerwirtschaftliche Forschung zuständig.

Für das Anbaugebiet Baden ist das Staatliche Weinbauinstitut Freiburg, für das Anbaugebiet Württemberg die Lehr- und Versuchsanstalt Weinsberg mit der Durchführung der amtlichen Qualitätsprüfung beauftragt.

Aufgaben

Zu den Aufgaben des Pflanzenschutzdienstes und Rebschutzdienstes zählen nach dem Pflanzenschutzgesetz:

- die Beratung und Aufklärung auf den Gebieten des Pflanzenschutzes sowie die Durchführung des Warndienstes
- die Berichterstattung über das Auftreten und die Verbreitung von Schadorganismen und Krankheiten
- die genaue Prüfung von Mitteln, Geräten und Verfahren des Pflanzenschutzes und des Vorratsschutzes
- die Überwachung des Verkehrs mit Pflanzenschutzmitteln
- die Durchführung der für diese Aufgaben notwendigen Versuche und Untersuchungen
- die Überwachung der Pflanzenbestände sowie der Vorräte hinsichtlich des Auftretens von Schadorganismen
- die Überwachung des Versands von Pflanzen und Pflanzenerzeugnissen und die Ausstellung von Pflanzengesundheitszeugnissen
- die Bisambekämpfung.

Große Priorität kommt der Überwachung der ordnungsgemäßen Anwendung von Pflanzenschutzmitteln zu, der Sachkundeschulung und -prüfung von Anwendern und Abgebenden, der Umsetzung der erweiterten Bestimmungen für die Zulassungsprüfung von Pflanzenschutzmitteln (z. B. Nützlingsprüfung) und der Vorschriften zur Prüfung von Pflanzenschutzgeräten sowie der durch den Abbau der Importbeschau bedingten Zunahme bei der Exportbeschau.

Erweiterte Versuchs- und Beratungstätigkeit erfordern die Bestimmungen zum Wasser-, Natur-, Boden- und Umweltschutz, soweit sie Pflanzenschutzmaßnahmen betreffen. Insgesamt werden Verbesserungen der Schadensprognostik, der Schadensschwellen, der Applikationstechnik, dem integrierten Pflanzenschutz, den neuen Beratungstechniken sowie Bekämpfungsstrategien anstelle von »Sofortmaßnahmen« angestrebt.

Spezieller Teil

Allgemeine Hinweise

Im hier vorliegenden Speziellen Teil werden zu den Bereichen Ackerbau, Gartenbau, Obstbau, Weinbau und Zierpflanzenbau wichtige Schadursachen und Schaderreger für ausgewählte Kulturen kurz beschrieben. Maßnahmen zur langfristigen Schadensbegrenzung und kurzfristigen Schadensbehebung werden stichwortartig angeführt. Diese Angaben können aber nicht wie bei einem umfangreichen Lehrbuch über Schadorganismen umfassend sein, da dies den Rahmen sprengen würde. Falls besondere Probleme im Betrieb auftreten, ist es daher unerläßlich, noch andere Literatur, Merkblätter usw. hinzuzuziehen bzw. die Beratung in Anspruch zu nehmen.

Soweit es sich bei bestimmten Schaderregern anbietet, werden besondere Erhebungs- bzw. Bekämpfungsmaßnahmen (z. B. integrierte Verfahren) angeführt.

1 Ackerbau

1.1 Schadursachen und Maßnahmen zur Schadensverhütung

1.1.1 Getreide und Mais

1.1.1.1 Unkräuter und Ungräser

In Baden-Württemberg werden mehr als zwei Drittel der Ackerfläche mit Getreide bestellt. Wegen des hohen Anteils des Getreides kommt der Unkrautbekämpfung in dieser Kultur eine ganz besondere Bedeutung zu. Deshalb sollen die möglichen Maßnahmen zur Unkrautbekämpfung, auch im Hinblick auf Langzeitstrategien, Fruchtfolgen und Schadensschwellen, im Sinne des integrierten Pflanzenschutzes beispielhaft beim Getreide beschrieben werden.

Bei der **Unkrautbekämpfung** im Ackerbau unterscheidet man vier Möglichkeiten:

1. Vorbeugende Unkrautbekämpfung
2. Mechanische Unkrautbekämpfung
3. Thermische Unkrautbekämpfung
4. Chemische Unkrautbekämpfung

1. Vorbeugende Unkrautbekämpfung
Der Erfolg dieser Maßnahmen tritt meist erst nach Jahren ein.

a) Verbreitung von Unkrautsamen:
- durch gründliche Saatgutreinigung haben Kornrade, Taumellolch und Roggentrespe heute keine Bedeutung mehr
- Mist und Kompost: In gut verrottetem Mist sind Samen weitgehend zerstört. In Schwemmist gelangen wenig Samen, die auch schnell abgetötet werden (Ausnahme: Hirsesamen). Im Kompost sind Samen nach ca. zwei Jahren abgetötet
- Dreschabfälle werden heute auf dem Acker belassen. Die hierin enthaltenen Unkrautsamen gelangen in den Boden. Durch Auflaufstimulierung und anschließende Bekämpfung vor der Neuansaat können sie reduziert werden.

b) Einfluß der Fruchtfolge:
Die Fruchtfolge wird in der Regel durch betriebswirtschaftliche Gesichtspunkte bestimmt und nicht nach dem Grad der Verunkrautung. Bestimmte Unkräuter werden jedoch durch den Anbau bestimmter Kulturpflanzen gefördert (siehe Keimzeit und Vergesellschaftung), andere können durch eine entsprechende Fruchtfolge bekämpft werden.

2. Mechanische Unkrautbekämpfung:
a) In stehenden Kulturen:
Als Geräte dienen Egge, Hacke, Striegel, Bürste
b) Auf abgeernteten Flächen:
Durch Stoppelbearbeitung mit Fräse, Grubber, Spatenrollegge, Schälpflug werden einjährige Unkräuter zum Auflaufen angeregt. Beim sofortigen Tiefpflügen können sich die Unkräuter ungestört bis zur Frühjahrsbestellung so stark entwickeln, daß sie ohne zusätzliche Maßnahmen nicht mehr beseitigt werden können (Ackerfuchsschwanz, Vogelmiere, Ehrenpreis). Mehrjährige Unkräuter wie die Quecke werden gefördert, wenn durch die Bearbeitung (Fräse, Scheibenegge) die Wurzeln zerschnitten werden und der Boden feucht bleibt. Günstigere Wirkung hat hier eine mehrmalige intensive Bearbeitung mit der Egge oder dem Grubber (»Auskämmen« bei Trokkenheit).

3. Thermische Unkrautbekämpfung
In einigen Betrieben (z.B. biolog. Betriebe) werden auflaufende Unkräuter vor oder nach dem Auflaufen der Kulturpflanzen, z.B. Mais, mit einer heißen Flamme (Öl oder Gas) oder durch Wärmeabstrahlung (Infrarotgeräte) zum Absterben gebracht.

4. Chemische Unkrautbekämpfung
Die meisten zweikeimblättrigen Unkräuter lassen sich im Getreide mit den dafür zugelassenen Herbiziden bekämpfen. Es steht eine Vielzahl von **Herbiziden mit unterschiedlichem Wirkungsspektrum** zur Verfügung. Voraussetzung für die Wahl des richtigen Mittels zum richtigen Zeitpunkt ist die **Kenntnis der Unkräuter.** Vor allem das **Jugendstadium** der Pflanzen muß bekannt sein.

Der Einsatz der Herbizide hängt vom Unkrautvorkommen, **vom Entwicklungsstadium des Getreides und der Unkräuter** sowie von der **Witterung** ab. So soll man z.B. bei niedrigen Temperaturen (s. Gebrauchsanleitung) Wuchsstoffe nicht anwenden, weil die Kultur stark geschädigt werden kann und die Wirkung gegen die Unkräuter verringert ist. Aus diesen Gründen verbietet sich für viele Blattherbizide eine Anwendung im Spätherbst. Ein möglichst früher Herbizideinsatz gewährleistet die beste Bekämpfung, weil die Unkräuter im Jugendstadium besonders empfindlich sind und das Getreide kürzere Zeit der Unkrautkonkurrenz ausgesetzt ist. Die **Bekämpfung der Ackerkratzdistel** stellt eine Ausnahme dar.

Eine einseitige Bekämpfung zweikeimblättriger Unkräuter führt zur Zunahme von Gräsern. Auch die verbesserten Anbaubedingungen, vor allem die höhere Stickstoffdüngung, begünstigt ihre Vermehrung. Für die **Bekämpfung der Ungräser** sind häufig spezielle Herbizide erforderlich, so daß bei ihrem Auftreten eine weitere Herbizidbehandlung notwendig werden kann. Ackerfuchsschwanz und Windhalm können im Herbst oder im Frühjahr bekämpft werden. In Wintergerste und in früh gesätem Winterweizen sollte die Bekämpfung im Herbst erfolgen, während in spät gesätem Winterweizen der Herbizideinsatz im Frühjahr vorzuziehen ist.

Flughafer kommt hauptsächlich im Sommergetreide vor, doch können auch lückige Winterweizenbestände mitunter einen starken Besatz aufweisen. Für die Bekämpfung dieses Ungrases im Getreide stehen Spezialherbizide zur Verfügung. Flughaferherbizide sollten generell nicht mit anderen Herbiziden und Cycocel gemischt werden.

Bei den **Unkräutern mit vegetativer Vermehrung** spielt die Austriebsfähigkeit der Speicherorgane eine arterhaltende Rolle. Wurzelstücke (ab 2 cm Länge) können aus 10 bis 15 cm Bodentiefe auflaufen. Dadurch halten und verbreiten sich Quecke, Ackerdistel, Ackergänsedistel, Krauser Ampfer, Ackerminze und Ackerwinde auch auf intensiv bearbeitetem Ackerland. Löwenzahn, Giersch, Brennessel und Ackerschachtelhalm treten dagegen häufig in wenig bearbeiteten Dauerkulturen auf. Aus der Kenntnis der Biologie der vegetativen Verbreitungs- und Überwinterungsorgane können für die chemische Bekämpfung dieser Unkräuter folgende Schlüsse gezogen werden:

Mit zunehmender Entwicklung wird das Getreide gegenüber den Herbiziden empfindlicher. Spät auftretende Arten wie Ackerwinde, Knollenplatterbse, Wasserknöterich u. a. können deshalb nicht bekämpft werden.

Unkrautbekämpfung nach Schadensschwellen
Die Schadensschwelle gibt den Grad der Verunkrautung an, der wirtschaftlich gerade noch geduldet werden kann. Die Schadensschwelle ist überschritten, wenn Ertragseinbußen und Folgeschäden durch die Unkräuter einen höheren Geldverlust verursachen, als die Bekämpfung der Unkräuter kostet.

Umfangreiche Erhebungen und mehrjährige Untersuchungen unter Praxisbedingungen haben gezeigt, daß **die Anwendung des Prinzips der Schadensschwellen für die Unkrautbekämpfung möglich ist.** Im Getreidebau ergeben sich dafür besonders gute Ansatzpunkte, zumal in einigen Ackerbaugebieten der langjährig praktizierte Einsatz von Herbiziden den Grad der Verunkrautung auf ein sehr geringes Niveau vermindert hat. Dies gilt vor allem für den Winterweizen. In der Wintergerste wird die Schadensschwelle für Unkräuter zwar im allgemeinen häufiger überschritten als beim Winterweizen, doch können bei genauer Beurteilung der Verunkrautung auch hier **unnötige Maßnahmen eingespart oder preisgünstige Herbizide** eingesetzt werden. Ähnliches gilt für den Winterroggen. Sommerweizen und Sommergerste haben eine besonders gute Konkurrenzkraft gegenüber den erst im Frühjahr nach der Saat auflaufenden Unkräutern; hier sollte der Einsatz von Herbiziden nur im Nachauflauf unter sorgfältiger Beurteilung der Verunkrautung erfolgen.

Voraussetzung für die Anwendung von Schadensschwellen bei der Unkrautbekämpfung im Getreide ist der **Verzicht auf die Vorauflaufanwendung** von Herbiziden. Der Landwirt sollte jedoch die Zusammensetzung und Konkurrenzkraft der Unkräuter auf seinen Flächen besonders gut kennen und möglichst in seiner Schlagkartei vermerken. Auf ausgesprochenen Ackerfuchsschwanz- oder Windhalmstandorten ist allerdings besonders bei Frühsaat von Wintergerste und Winterweizen in der Regel eine Vorauflaufanwendung angebracht. Über die Notwendigkeit einer zusätzlichen Frühjahrsbehandlung sollte dann aber an Hand der Schadensschwellen entschieden werden. Eine weitere Voraussetzung für die Berücksichtigung von Schadensschwellen ist, daß die Schläge in der Regel für Nachauflaufanwendungen im Herbst oder Frühjahr gut befahrbar und daß in diesem Zeitraum sowohl die Kontrolle der Schläge als auch die gegebenenfalls notwendige Durchführung der Maßnahmen gewährleistet sind.

Wie stark die Flächen verunkrautet sind, kann man mit Hilfe des **»Zähl- und Schätzrahmens«** beurteilen. Der Rahmen umgrenzt eine Fläche von 1/10 m^2 (31,6 cm × 31,6 cm). Damit man den Unkrautdekkungsgrad leichter abschätzen kann, ist ein Vergleichsmaßstab angebracht, der 5% (weiße Fläche) bzw. 1% (schwarze Fläche) der umrahmten Fläche entspricht. Wenn man daran das Auge ständig »eicht«, kann man erheblich genauer schätzen. Mit Hilfe des Rahmens ist es nach einiger Übung leicht möglich, den Unkrautbesatz abzuschätzen und den Deckungsgrad von Kulturpflanzen und Unkraut zu bestimmen.

Um die Dichte und Verteilung der Verunkrautung auf einem Schlag zu erfassen, ist eine Begehung des Feldes notwendig. Auf Schlägen bis zur Größe von ca. 1 ha sind mindestens an acht zufällig gewählten Stellen Zählungen bzw. Schätzungen der Verunkrautung vorzunehmen. Während der Begehung ist auf Problemstellen, zusätzlich auf nesterweises Auftreten von Klettenlabkraut oder anderen Problemunkräutern, wie Windenknöterich oder Quecke, zu achten. Die nach jeder Zählung notierten Werte werden

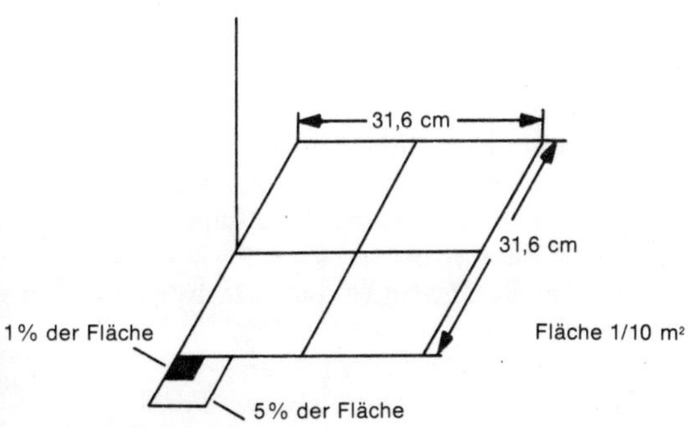

Abb. 54. Zähl- und Schätzrahmen.

durch multiplizieren mit zehn auf einen Quadratmeter umgerechnet, danach wird die Entscheidung für oder gegen eine Bekämpfung unter Berücksichtigung der nachstehenden Schadensschwellen gefällt (Tab. 31). Die Werte tragen dem Risiko einer möglichen Erhöhung der Kornfeuchte oder einer Erntebehinderung Rechnung.

1.1.1.2 Pilzkrankheiten

Für die Beurteilung von kurzfristigen Maßnahmen sind Bestandeskontrollen unerläßlich!

Auflaufkrankheiten des Getreides

Schneeschimmel

Das Getreide läuft im Herbst lückig auf, ein Teil der Keimlinge bleibt korkenzieherartig verkrümmt im Boden stecken. Nach der Schneeschmelze werden auf kranken oder schon abgestorbenen Pflänzchen weißliche oder rötliche, watteartige Pilzschimmel sichtbar. Der Pilz hält sich auf den abgestorbenen Pflanzen im Boden und kann junge Keimlinge infizieren bzw. durch Regenspritzer, Wind und Insekten, auch an das Korn in der Ähre gelangen. Lagerndes Getreide wird besonders stark befallen. Auf der Ähre erscheinen lachsrote Sporenlager. Bei Aussaat von krankem Saatgut befällt der Pilz den Keimling, wobei sich die Krankheit unter einer verharschten Schneedecke schnell ausbreiten kann (s. Partielle Taubährigkeit).

Maßnahmen
- befallsfreies Saatgut
- Strohreste gut einarbeiten
- anfälligen Roggen in Fruchtfolge vor Weizen und Gerste stellen
- Saatgutbeizung.

Typhula-Fäule

Vor allem an der Wintergerste nach langandauernder Schneedecke stärkere Schäden möglich. Im Spätwinter Vergilbungserscheinungen an älteren Blättern, die Pflanzen sind kümmerlich entwickelt. An und unter den Blattscheiden stecknadelkopfgroße, dunkelbraune (Kleesamen ähnliche) Dauerformen des Pilzes, welche mehrere Jahre lebensfähig sind. Allgemein werden nur geschwächte Pflanzen befallen.

Maßnahmen
- Sortenauswahl
- weite Fruchtfolge

Tab. 31. Wirtschaftliche Schadensschwellen

Pflanzenart	Zeit	Schädling	Schadensschwelle	Kontrollmethode
Getreide u. Grünland	Sept./Okt. Febr./März	Feldmäuse	20–30 belaufene Löcher/100 m^2 5–10 belaufene Löcher/100 m^2	zählen
Rübe	ab Ende April	Rübenfliege	2 Eier/2 echte Blätter 6 Eier/4 echte Blätter 10 Eier/6 echte Blätter	zählen ab Blüte der Roßkastanie
	Mitte Mai	Grüne Pfirsichblattlaus	3 Läuse/10 Pfl. (bei Virusübertragung)	zählen
		Schwarze Bohnenlaus	15 Läuse/Pfl.	zählen
Mais	Juli–August	Maiszünsler	4–8 Eigelege/100 Pfl.	zählen
Kartoffeln	ab Mai	Kartoffelkäfer	15 Larven/Pfl. oder 20% Fraßschäden	zählen oder schätzen
Raps	Herbst/Frühjahr	Rapserdfloh	1–2 Käfer/laufender Meter	zählen
	ab März	Großer Rapsstengelrüßler	2–3 Käfer in Gelbschale	zählen
		Gefleckter Kohltriebrüßler	5–7 Käfer in Gelbschale	zählen
	Erscheinen der Blütenknospen	Rapsglanzkäfer	4–6 Käfer/Pfl. am Feldrand	zählen
	Blühbeginn bis Vollblüte	Kohlschotenrüßler	1 Käfer/Pfl.	zählen
		Kohlschotenmücke	1 Mücke/4 Pfl.	zählen vormittags bei Temperaturen über 15 °C und Windstille

- ausgewogene Düngung
- frühzeitige Düngung mit schnellwirkendem Stickstoff
- keine zu frühe, zu dichte, zu tiefe Saat
- Saatgutbeizung.

Fußkrankheiten des Getreides

Halmbruchkrankheit

Pilz kann Wintergetreide, Sommerweizen und Sommergerste befallen. Im Winter führt Pilzbefall zu Ausdünnung und Auswinterung. Im Sommer treten an befallenen Halmen »Medaillons« auf (= Medaillonfleckenkrankheit). Später vermorscht der Halm und kann umbrechen (Lagerung!). Wurzeln sind gesund, der Stofftransport wird jedoch unterbrochen. Der Pilz verbreitet sich durch Sporen und überwintert an Ernterückständen oder Keimpflanzen.

Maßnahmen
- weitgestellte Fruchtfolge. Zweijährige Anbaupausen zwischen Getreidearten. Anfällige Vorfrucht: Weizen, Gerste, Roggen. Hafer gilt als nicht anfällig (Gesundungsfrucht)
- späte Saat im Herbst, üppige Herbstentwicklung vermeiden
- für gute Strohverrottung sorgen
- Kalkstickstoff hat eine fungizide Wirkung, Cycocel erhöht die Standfestigkeit und verringert indirekt durch stärkere Halmwände die Lagergefahr

Tab. 31. (Fortsetzung) Wirtschaftliche Schadensschwellen

Pflanzenart	Zeit	Unkraut oder Schädling	Schadensschwelle	Kontrollmethode
Winterweizen und Wintergerste	Herbst/Frühj.	Ackerfuchsschwanz Windhalm Ackerfuchsschwanz und Windhalm Flughafer Klettenlabkraut Wicke Windenknöterich Andere breitblättr. Unkräuter	30 Pfl./m² 20 Pfl./m² 25 Pfl./m² 30 Pfl./m² bei Nachauflaufverf. 8 Pfl./m² bei Vorsaatverf. 0,1 Pfl./m² 2 Pfl./m² 2 Pfl./m² 40 Pfl./m² oder 5% Deckungsgrad	zählen der Ungräser mit Zählrahmen 8 × je 0,1 m² diagonal über 1 ha Schlag bei großen Schlägen entsprechend häufiger (5 ha etwa 30 × 0,1 m²)
Getreide	Ende Ährenschieben	Blattläuse	20% befallene Ähren	5 × 10 Ähren und Fahnenblätter kontrollieren und auszählen
	Ende Blüte Anfang Milchreife	Blattläuse	25% befallene Ähren 80% befallene Ähren	
	Ende Schossen bis Milchreife	Getreidehähnchen	20% geschädigte Blattfläche	schätzen
	Beginn Schossen bis Ährenschieben	Sattelmücke	5 Eier oder Eilarven/Halm	5 × 10 Pflanzen kontrollieren und auszählen

- systemische Fungizide wirken direkt gegen den Pilz (Warndienst beachten!)
- Schadensschwelle bei 20% Befall Ende Bestokkung bis 2-Knoten-Stadium.

Schwarzbeinigkeit

Tritt auf Grenzböden des Weizenanbaues oder auch bei Kulturfehlern auf. Befallsbild im Sommer sichtbar. Taube, weiße Ähren, die steil im Bestand nach oben stehen (»Weißährigkeit«). Die Wurzeln sind völlig vermorscht und schwarz (»Schwarzbeinigkeit«).

Maßnahmen

- weitgestelle Fruchtfolge. Zwischen anfälliger Vorfrucht (Weizen, Gerste, Roggen) und Weizen muß mindestens ein Jahr liegen. Gute Vorfrüchte: z. B. Hackfrüchte, Leguminosen, Raps
- garefördernde Maßnahmen, wie Gründüngung oder Stallmist.

Halm- und Blattkrankheiten des Getreides

Helminthosporium-Blattdürre

Tritt bei Weizen auf. Zunächst kleine, ovale, gelbbraune Flecken mit dunkelbraunem Punkt, die dann in länglicher Form über die Blattfläche verteilt sind, meist mit gelbem Hof und dunklem Zentrum. Befall von der Blattspitze fortschreitend.

Maßnahmen

- Anbau wenig anfälliger Sorten
- Ernterückstände gut einarbeiten
- nicht Weizen nach Weizen anbauen
- Blattfungizide.

Streifenkrankheit der Gerste

Zwischen Blattnerven erscheinen ab Mai helle Streifen, die schnell braun werden. Das Blattgewebe schlitzt auf, die Blätter sterben ab. Die Ähren bleiben in der Blattscheide stecken und sind taub. Von den Blättern aus gelangen die Sporen auf die Ähren und werden dann mit dem Saatgut übertragen.

Maßnahmen
- Saatgutbeizung.

Blattfleckenkrankheit der Gerste
Im Frühjahr »wäßrige« Flecken auf jungen Blättern. Typisch sind deutliche, meist ovale, weißlichgraue, braun umrandete Blattflecken. Es handelt sich um den Pilz *Rhynchosporium secalis*. Bei starkem Befall sterben die Blätter ab. Stärkerer Befall bei anhaltender Feuchtigkeit. Überwinterung auf Stoppelresten. Enge Fruchtfolge, flache Stoppelbearbeitung und Frühsaat fördern Befall.

Maßnahmen
- Ernterückstände sorgfältig einarbeiten
- Fungizide
- Anbau wenig anfälliger Sorten
- nicht Gerste nach Gerste, Sommergerste neben Wintergerste anbauen.

Netzfleckenkrankheit der Gerste
Das Krankheitsbild sind Streifen, die eine unregelmäßige Vernetzung zeigen. Die Übertragung erfolgt durch Samen und Stoppelreste. Der Erreger infiziert die jungen Pflanzen, von denen bei ausreichender Feuchtigkeit die Infektion weitergegeben wird.

Maßnahmen
- Saatgutbeizung
- intensive Bodenbearbeitung, die der schnellen Zersetzung der Strohreste dient
- nicht Gerste nach Gerste anbauen.

Echter Mehltau an Getreide
Watteartige, weiße, später pelzige, graubraune Beläge auf den Oberseiten der Blätter und an den Blattscheiden. Bei Weizen auch auf den Ähren. Im abgestorbenen Pilzmyzel sind oft dunkle »Körnchen« zu finden. Befallene Pflanzenteile vergilben und sterben ab.

Der Pilz überwintert als Pilzgeflecht an jungen Wintergetreidepflanzen. Die Verbreitung der Sporen erfolgt mit dem Wind (unter günstigen Bedingungen kilometerweit). Witterungsdaten bestimmen das Ausmaß des Mehltaubefalls, wobei überdurchschnittliche Temperaturen und unterdurchschnittliche Niederschläge im Frühjahr optimale Voraussetzungen bieten.

Bereits die normale Taubildung und Temperaturen um 20 °C begünstigen die Krankheitsausbreitung. Hemmwirkung haben demgegenüber Niederschläge, Tropfnässe sowie Temperaturen um 30 °C. Befallsbegünstigend wirken außerdem verschiedene Standortfaktoren (z. B. geschlossene, windgeschützte Anbaulagen) und die Anbautechnik (z. B. Anbau mehltauanfälliger Sorten, mastige, N-überdüngte Bestände).
Wirtspflanzen: Befallen werden Gerste, Weizen, Roggen, in geringerem Umfang auch Hafer, jeweils in einer biologischen Form, die nicht auf eine andere Getreideart übertragbar ist. Vor allem Weizen- und Gerstenmehltau sind von wirtschaftlicher Bedeutung. Für die Beurteilung des Schadausmaßes ist der jeweilige Befallszeitpunkt und die Befallsstärke sehr entscheidend.
Gerstenmehltau tritt im Vegetationsablauf sehr viel früher auf als der Weizenmehltau. Mehltauinfektionen zur Bestockungsphase vermindern die Standfestigkeit, die Bestandesdichte und Kornzahl je Ähre; Infektionen zur Schoßzeit beeinflussen die Kornausbildung und das TKG. Wintergerste kann sogar schon im Herbst infiziert werden und ist Überträger der Krankheit auf die Sommergerste.
Weizenmehltau tritt in der Regel erst in der Schoßphase auf, Blattbefall führt aber nicht automatisch zu Ertragsminderungen. Wirtschaftliche Schäden sind nur bei Spätbefall zu erwarten, der auf die obersten Blätter und Ähren übergreift und somit die Kornausbildung beeinträchtigt.

Maßnahmen
- wenig mehltauanfällige Sorten anbauen
- Sommergerste nicht unmittelbar neben Wintergerste anbauen
- nicht zu dicht säen
- Stickstoffüberdüngung vermeiden
- vorbeugende Saatgutbehandlung bei Wintergerste in Lagen mit alljährlich hohem Befallsdruck
- gezielte chemische Mehltaubekämpfung mit Fungiziden (Warndienst! Bestandeskontrollen)
  bei Gerstenmehltau: nur bei starkem Befall im Frühjahr
  bei Weizenmehltau: nur bei Befallsgefahr für Fahnenblätter und Ähren.

Rostkrankheiten
Hauptmerkmal der Rostkrankheiten ist die Ausbildung von abwischbaren Pusteln (Lager der Sommersporen auf den Blättern, Halmen und Ähren). Vergilbungserscheinungen und vorzeitiges Absterben sind die Folge.

Gelbrost – Gerste, Weizen: gelbe, streifenartig geordnete Sporenlager auf Blattspreiten und Ähren

Braunrost – Weizen, Roggen: braune, punktartige, später strichartige Sporenlager auf den Blättern

Zwergrost – Gerste (»Braunrost der Gerste«): bräunlichgelbe Sporenlager auf den Blättern

Schwarzrost – alle Getreidearten: rostbraune und schwarze Sporenlager.

Überwinterung auf Wintergetreide bzw. Zwischenwirten

Rostepidemien treten selten und nur durch das Zusammentreffen bestimmter Witterungskonstellationen sowie durch Anbaukonzentration anfälliger Sorten auf. Gelbrost stellt hinsichtlich seiner Ausbreitung geringere Ansprüche an die Pflanzenbenetzung und Temperaturbedingungen als Braunrost oder Zwergrost.

Maßnahmen
- Anbau wenig anfälliger Sorten
- Vernichtung von Auflaufgetreide im Herbst durch entsprechende Bodenbearbeitung
- Sommerung von Winterung räumlich getrennt anbauen soweit möglich (Windrichtung!)
- Fungizideinsatz (Warndienst beachten).

Ährenkrankheiten des Getreides

Ährenmehltau (s. Mehltau Seite 112)

Spelzenbräune

Besonders in niederschlagsreichen Jahren und in Lagergetreide an Weizen. Zur Zeit der Milchreife erscheinen auf den äußeren Spelzen punktförmige, braunviolette Flecken, die sich rasch vergrößern. Ährenspindel, Halme, Blätter und Blattscheiden können ebenfalls befallen sein. Der Pilz verbreitet sich im Bestand durch Sporen und überwintert an Ernterückständen und Saatgut. Je nach Befallszeitpunkt und -verlauf wird die Kornausbildung (Kümmerkorn) unterschiedlich beeinflußt.

Maßnahmen
- Förderung der Stoppelverrottung
- Anbau toleranter bzw. frühreifender Sorten
- keine übersteigerte N-Düngung
- Saatgutbeizung (nur Teilerfolg); vorbeugende Anwendung von Fungiziden in befallsgefährdeten Lagen.

Partielle Taubährigkeit

Besonders bei Weizen. Einzelne Ährchen oder ganze Ährenpartien bleichen vorzeitig aus, später entwikkelt sich ein rötlicher Belag auf den befallenen Ährenteilen. Bei frühem Befall werden die Samenanlagen zerstört (Taubährigkeit). Erreger ist derselbe Pilz wie bei Schneeschimmel bzw. sind Fusavium-Arten.

Maßnahmen
- keine enge Getreide-Mais-Fruchtfolge
- Saatgutbeizung nur gegen Infektionen am Korn
- Ernterückstände gut einarbeiten
- wenig anfällige Sorten.

Brandkrankheiten

Brandkrankheiten treten an den Ähren auf. An Stelle der Körner findet man pulverartige Sporenmasse. Durch Beizen zu verhindern.

Weizensteinbrand

Wirtspflanzen sind Weizen und Roggen; Ähren sind grünbläulich; Körner nicht ausgebildet, sondern nur Brandbutten; in ihnen sind Sporen enthalten, die beim Drusch platzen und übriges Getreide infizieren. Deutlicher Geruch der Brandbutten nach Heringslake. Sporen an ausgesätem Getreidekorn infizieren Keimling (Keimlingsinfektion).

Maßnahmen
- Saatgutbeizung.

Zwergsteinbrand

Der Zwergsteinbrand tritt häufiger in Höhenlagen wie auf der Schwäbischen Alb auf. Das Schadbild ist dem der »Steinbrandähren« ähnlich, jedoch sind die Halme stark verkürzt (auf ⅓ bis ½ der normalen Länge). Die Infektion geht meist vom Boden aus, selten vom Saatgut. Brandsporen sind mehrere Jahre im Boden lebensfähig. Die Bekämpfung ist deshalb schwierig.

Maßnahmen
- späte Saat
- Weizen nicht nach Klee oder Leguminosen stellen
- auf Sommerweizen ausweichen
- Saatgutbeizung des Winterweizens.

Weizen- und Gerstenflugbrand

Befallene Ähren bilden keine Körner aus, nur Sporenmassen, die z. Z. der Blüte frei werden und das blühende Getreide infizieren (Blüteninfektion). Das Pilzmyzel befindet sich im Korn.

Maßnahmen
- Saatgutbeizung
- durch Heißwasserbeizung (50–53 °C in Spezialbeizanlagen) kann das Pilzgeflecht abgetötet werden (biol. Betriebe).

Haferflugbrand
Rispen bilden anstelle von Körnern Brandsporen; Sporenmasse wird noch vor der Ernte freigegeben, dadurch Infektionen anderer Rispen (Blüten- und Keimlingsinfektion).

Maßnahmen
- Saatgutbeizung.

Maisauflaufkrankheiten
Schlechter, verzögerter, lückiger Aufgang. Dunkle Flecken an Wurzeln und unterirdischen Sproßteilen. Gelegentlich Pilzrasen in der Nähe des Kornes. Im Extremfall keimt die Saat nicht. Verkrümmte Keimlinge, bei starkem Befall Absterben und Verrotten der ganzen Pflanze. Ursache sind samen- oder bodenbürtige Pilze.

Maßnahmen
- schonende Ernte und Saatgutaufbereitung
- Saatgutbehandlung (in der Regel zugekauftes Saatgut bereits gebeizt)
- optimale Saatbedingungen (Saatbeet, Saattiefe, Saattermin, Bodentemperaturen).

Maisbeulenbrand
Eine häufige und auffallende Krankheit; nur bei starkem Befall wirtschaftlich schädlich. An Stengeln, Blättern, Rispen und Kolben treten blasige, silbergrau glänzende Beulen auf, die Brandsporen enthalten. Brandsporen können mehrere Jahre im Boden überdauern. Infektion über Spaltöffnungen und Wunden. Trächtige Tiere und Jungtiere sollten nicht mit befallenem Mais gefüttert werden.

Maßnahmen
- weitgestellte Fruchtfolge vermindert Befall
- keine direkte Bekämpfung möglich
- Kalkstickstoff reduziert Primärbefall.

Stengelfäule am Mais
Vorzeitiges Absterben (Notreife) und Umbrechen von Maispflanzen infolge Vermorschung der unteren Stengelteile. An der Bruchstelle ist eine rötliche Färbung sichtbar. Maschinelle Ernte ist erschwert. Ursache sind Fusarium-Pilze.

Maßnahmen
- keine direkte Bekämpfung möglich
- Sortenanfälligkeit beachten
- N-Überdüngung vermeiden, auf ausreichende Kaliumversorgung achten.

1.1.1.3 Viruskrankheiten

Gelbverzwergungsvirus
Befallen werden vor allem Gerste, Weizen, Hafer, Gräser. Übertragung durch Getreideblattläuse. Frühjahrs- und Herbstbefall möglich. Pflanzen zeigen Zwergwuchs, starke Bestockung, nesterweise Verteilung. Blätter bei Gerste gelblich oder blaugrün, bei Weizen gelblich und bei Hafer rötlich/gelb bis karminrot verfärbt.

Maßnahmen
- Aussaat nach Mitte September (nicht zu früh) oder zeitig im Frühjahr
- Beseitigung von Ausfallgetreide
- geschädigte Bestände frühzeitig mit N düngen
- gezielte Blattlausbekämpfung (Warndienst).

Gelbmosaikvirus
Ab Januar/Februar können hellere Strichel und Streifen auf Blättern der Gerste erkennbar sein. Kümmerwuchs. Nesterartige Verbreitung. Virus wird durch im Boden lebenden Pilz übertragen.

Maßnahmen
- keine enge Gerstenfruchtfolge
- keine Verschleppung verseuchter Erde
- Förderung der Jugendentwicklung
- resistente Sorten anbauen.

1.1.1.4 Schädlinge

Nematoden
Nematoden (Stock-, Wiesenälchen, Zystennematode = *Heterodera*) werden in Getreide und im Mais nesterweise schädlich. Auffällig reduzierter Pflanzenwuchs, stark verzweigte Wurzeln. Der Mais bricht um, die Wurzeln sind abgestorben (»Umfallkrankheit«). Hauptschädling: Stock- oder Stengelälchen.

Maßnahmen
- weitgestellte Fruchtfolge
- chemisch nicht wirtschaftlich zu bekämpfen.

Drahtwurm
Der Drahtwurm ist die Larve des Schnellkäfers. Der 6 bis 12 mm lange, braune Käfer kann sich aus der

Rückenlage hochschnellen. Der Drahtwurm befällt viele Kulturpflanzen (Allgemeinschädling) und bringt die Pflanzen durch Fraßtätigkeit an den Wurzeln zum Welken und Absterben. Die Schäden sind besonders hoch in den ersten drei Jahren nach Grünlandumbruch oder in Jahren mit sehr feuchter Witterung.

Maßnahmen
- Befallskontrolle: zwei bis drei Wochen vor Saat oder Pflanzung acht Kartoffelhälften je 0,25 m^2 auslegen an mindestens vier Stellen im Feld in 5 und 10 cm Tiefe. »Schadensschwelle«: 1 Drahtwurm an 4 Kartoffelhälften
- Bei zu erwartendem starkem Befall Flächenbehandlung vor der Saat oder Reihenbehandlung zur Saat (Granulate)
- Saatgutbehandlung
- flache Saat.

Brachfliege
Befällt Roggen, Weizen, Gerste und Gräser, bevorzugt Winterungen. In manchen Jahren ernster Schädling des Winterweizens. An mehreren Trieben vergilbt im zeitigen Frühjahr das Herzblatt, es verfault und läßt sich dadurch leicht herausziehen; Ausdünnung bis zum Totalschaden. Die Fliege überwintert als Ei im Boden. Schäden treten vor allem nach früh räumenden Kulturen (Frühkartoffeln, Raps) und im Frühjahr spät schließenden Kulturen (Rübe) auf.

Maßnahmen
- vorbeugende Saatgutpuderung
- bei Umbruch tief pflügen
- Aussaatstärke erhöhen, früher Aussaattermin
- schnellwirkende N-Dünger sofort ausbringen (Kopfdünger)
- Walzen zur Bestockungsanregung.

Fritfliege
Besonders an Hafer schädigend; es können aber alle Getreidearten, auch Mais, befallen werden. Bei Mais zeigt sich der Befall durch verschlungene, aufgeschlitzte Blätter, die z. T. mit den Blattspitzen im Vegetationspunkt stehenbleiben. Bei den anderen Getreidearten läßt sich das Herzblatt des Triebes leicht herausziehen. Diese Schäden werden durch die erste Generation im Frühjahr oder durch die dritte Generation im Herbst verursacht. Die Larven der zweiten Generation bewirken die Weißährigkeit des Hafers sowie die Taubährigkeit und Kümmerkorn bei anderen Getreidearten.

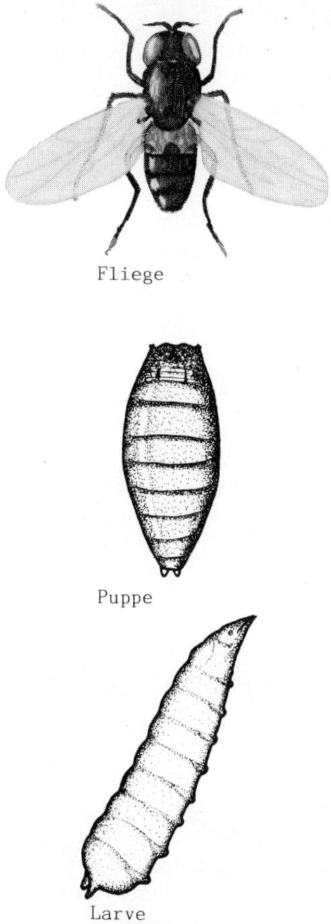

Abb. 55. Entwicklungsstadien der Rübenfliege.

Maßnahmen
- vorbeugende Saatgutbehandlung
- möglichst frühe Saat des Sommergetreides (gilt nicht für Grenzlagen des Maisanbaues)
- Förderung der Jugendentwicklung
- Insektizideinsatz im 1- bis 2-Blattstadium des Maises.

Blattläuse
Ab Mitte Juni saugen grünlich oder rot bis dunkelbraun gefärbte Blattläuse vor allem an Blättern und Ähren bzw. Rispen. Bei Massenvermehrung entstehen dichte Kolonien an Blattunterseiten und Ähren. Virusübertragung möglich.

Schadensschwelle:
20% (Ende Ährenschieben)
25% (Ende Blüte)
80% (Milchreife)
Fahnenblätter bzw. Ähren besiedelt.

Maßnahmen
- ab Beginn Ährenschieben ständige Kontrollen
- nützlingsschonende Insektizide nach Schadensschwelle einsetzen (Warndienst beachten)
- keine vorbeugende Bekämpfung!

Getreidehähnchen
Ab Mai verursachen die Käfer (Blaues Hähnchen, Rothalsiges Hähnchen) und Larven streifenförmige Fraßstellen auf den Blattoberseiten. Die Larven sind ca. 5 mm groß, gelblich mit brauner Kopfkapsel, kurzen Beinen und schleimiger Kothülle. Der Käfer überwintert am Waldrand und in Hecken.
Schadensschwelle: Wenn 20% der Blattfläche geschädigt sind.

Maßnahmen
- meist nicht nötig (Schonung von Nützlingen)
- gezielter Insektizideinsatz.

Maiszünsler
Gefährdet vor allem in klimatisch günstigen Gebieten den Maisanbau. Befallene Pflanzen zeigen Bohrlöcher, aus denen Bohrmehl und Kot austreten. Raupe ist im Maisstengel zu finden. Maisstengel können umbrechen, befallene Pflanzen haben ein geringes Kolbengewicht. Der Schädling überwintert in der Basis des Maisstengels.

Maßnahmen
- häckseln und tiefes Einarbeiten der Ernterückstände, um dadurch Altraupen in Stoppeln zu vernichten
- Einsatz des Bakterienpräparates *Bacillus thuringiensis* (umweltschonend)
- das Eiparasitierungsverfahren mit *Trichogramma evanescens* hat sich bewährt (Rähmchen, Kapseln)
- Insektizideinsatz schwierig, weil Mais zum Bekämpfungszeitraum die volle Höhe erreicht hat, Stelzengeräte und Hubschrauber notwendig, gegebenfalls können bei 1 m Höhe länger wirksame Präparate eingesetzt werden.

Schadensschwelle
Saatmais: 0,3 bis 0,4 Raupen/Pflanze
Körnermais: 0,5 bis 0,6 Raupen/Pflanze
oder 4–8 Eigelege/100 Pflanzen

Einsatz von *Trichogramma evanescens:*
Die Schlupfwespe *Trichogramma* legt Eier in das Eigelege des Maiszünslers. Während der Entwicklung ernährt sich die Schlupfwespenlarve von dem Inhalt des Maiszünslergeleges. Die Schlupfwespen selbst werden gezüchtet und können vom Landwirt bezogen werden. Transportiert werden die noch nicht geschlüpften Nützlinge auf Kartonrähmchen, die im Maisbestand im Abstand von ca. 14 mal 14 m verteilt werden. Neuerdings werden auch Kapseln zum Auslegen angeboten, die den Einsatz von *Trichogramma* zusätzlich erleichtern.

Vorteile des Verfahrens:
- das Verfahren ist leicht durchführbar und erspart eine aufwendige Technik (Hubschrauber, Stelzenschlepper)
- das Verfahren ist ungefährlich für Mensch und Tier, problemlos beim Bienenschutz oder in Wasserschutzgebieten; Sicherheitsabstände zu benachbarten Kulturen sind nicht zu beachten
- in der Saatmaisvermehrung besteht beim Durchgehen bzw. Entfahnen der Bestände keine Gefährdung des Personals durch Kontaminierung mit Insektizidrückständen von der Maiszünslerbehandlung
- das Verfahren läßt sich problemlos auch in schwer befahrbarem Gelände anwenden
- der Wirkungsgrad ist mit durchschnittlich 65 bis 85% im mehrjährigen Mittel gut und durchaus mit der Wirkung einer Insektizidspritzung vergleichbar.

Wichtig:
Genaue Einhaltung des Freilassungstermins und der Abstände im Feld. Vorsichtige Behandlung der Schlupfwespen. Warndienst beachten!

Bezugsadressen für *Trichogramma evanescens* sind unter anderem:

Raiffeisen Zentral-Genossenschaft e.G.
Lauterbergstr. 1
Postfach 5360
7500 Karlsruhe 1
Telefon 0721/353372

Conrad Appel GmbH
Bismarckstr. 59
6100 Darmstadt
Telefon 06151/81051
Kleinwanzlebener Saatzucht AG
Grimsehlstr. 29–31
3352 Einbeck
Telefon 05561/311390

Kornkäfer
Das Weibchen des Kornkäfers bohrt im Getreidelager die Körner an, um ein Ei abzulegen. Die sich entwickelnden Larven fressen dann im Korn. Der Schaden wird erst deutlich, wenn sich der ausgewachsene Käfer ausbohrt.

Maßnahmen
- sorgfältige Reinigung und Behandlung der Lagerräume vor Einbringen der Getreideernte
- Begasung befallenen Getreides nur durch Fachpersonal konzessionierter Firmen
- Behandlung von Vorratsräumen und -gütern oder von Säcken mit Pflanzenschutzmitteln ist im Notfall möglich.

Schadvögel
Fasanen, Krähen oder Tauben können junge Maissaaten schädigen. Fasanen durch Herausscharren und Fraß von Saatgut, Herauspicken der Keimpflanzen und Fraß von Korn und Stengelgrund. Taube und Krähe schädigen oft durch Abhacken der Keimpflanzen.

Maßnahmen
- Saatgutinkrustierung
- Ablenkungsfütterung
- Vogelscheuchen, Metallbänder (Wirkung meist nur kurzfristig).

1.1.2 Zuckerrüben

1.1.2.1 Mangelkrankheiten

Herz- und Trockenfäule (Bormangel)
Rüben zeigen ab Juli anfangs vergilbende, später schwarzbraune, vertrocknete Herzblätter. Gegen den Herbst hin findet man im oberen Teil des Rübenkörpers trockenfaule Stellen (Herzfäule). Bormangel tritt besonders auf kalkreichen und überkalkten Böden bei Wassermangel auf.

Maßnahmen
- beim Auftreten der ersten Krankheitssymptome Spritzung von Borlösung
- vorbeugend auf Bormangelböden borhaltige Düngemittel verabreichen.

1.1.2.2 Pilzkrankheiten

Wurzelbrand
Keimpflanzen vergilben, fallen um und sterben ab. Am Wurzelhals schwarze Verfärbung und Einschnürung. Pilz überwintert im Boden oder am Saatgut.

Maßnahmen
- Saatgutbeizung bringt Teilerfolge
- termingerechte Aussaat, gutes Saatbett
- bei Verschlämmung ist die oberflächliche Kruste zu brechen
- Bodenkalkung wirkt befallshemmend.

Blattfleckenkrankheit
Auf dem Blatt finden sich zwei bis drei mm große, meist rotumrandete, vertrocknete Blattflecken. Der Pilz wird im Bestand durch Sporen übertragen und überwintert auf Pflanzenresten im Boden und am Saatgut. Die Krankheit ist nur in bestimmten Jahren und Gebieten von Bedeutung (Warndienst).

Maßnahmen
- samenbürtige Sporen werden durch Beizung bekämpft
- Fungizideinsatz nach dem ersten Auftreten des Pilzes (Warnmeldung beachten)
- tiefes Unterpflügen der Blätter im Herbst
- Anbau teilresistenter Sorten.

1.1.2.3 Viruskrankheiten

Vergilbungskrankheit der Rübe
Nesterweise vergilben im Bestand die älteren Blätter zwischen den Blattadern. Blätter wellen sich, werden spröde, knistern und brechen krachend beim Zusammendrücken. Der Erreger dieser Krankheit ist ein Virus, das von der Grünen Pfirsichblattlaus, in geringem Maße auch von der Schwarzen Bohnenlaus, übertragen wird. Die Krankheit ist in Läusejahren von Bedeutung. Sie breitet sich von Westen nach Osten aus (Flugrichtung der Blattläuse).

Maßnahmen
- Spritzung mit Insektiziden gegen Blattläuse (systemische, möglichst nützlingsschonende Mittel), Warnmeldungen des PS-Dienstes beachten!
- raschen Bestandesschluß fördern.

Rizomania (Aderngelbfleckigkeitsvirus, BNYVV)
Derzeit gefährlichste Rübenkrankheit, die bei starkem Auftreten örtlich den Rübenanbau in Frage stellt.
An der Wurzel entsteht durch Absterben der ersten Seitenwurzeln und fortwährender Neubildung weiterer Wurzeln ein »Wurzelbart«. Im Wurzelkörper ist bei schrägem Anschnitt eine ausgeprägte Verbräunung der Gefäßbündelringe erkennbar. Blattadern können verdickt und gelb verfärbt sein. Die Blattflächen zwischen den Adern sind blasig aufgetrieben. Die Rübenkörper bleiben klein und vermorschen teilweise. Ertrag und Zuckerausbeute sinken stark ab. Ursache ist das Aderngelbfleckigkeitsvirus, das über den Bodenpilz *Polymyxa betae* in die Pflanze gelangt. Ausbreitung durch Erdverfrachtung infolge Überschwemmungen, Erdtransporte, Anhangserde usw. Auftreten begünstigt bei enger Rübenfruchtfolge auf Standorten mit hohem Grundwasserstand und hohem Wärmeangebot.

Maßnahmen
Resistente, feldtolerante Sorten auf Befallsflächen anbauen.

1.1.2.4 Schädlinge

Blattläuse
Blätter rollen sich ein; verkrüppeln. Bei Massenbefall durch die Grüne Pfirsichblattlaus schwere Schäden möglich durch Virusübertragung! Die Schwarze Bohnenlaus spielt dagegen als Virusüberträger kaum eine Rolle. Saugschäden treten erst bei stärkerem Befall auf.
Schadensschwelle: Schwarze Bohnenlaus, 50% der Pflanzen befallen; Grüne Pfirsichblattlaus, ein bis drei Läuse auf 10 Pflanzen (nur bei früher Virusübertragung), ab Zweiblattstadium.

Maßnahmen
- nützlingsschonende Insektizide
- Insektizidzusatz zur Rübenpille reicht nur für ersten Anflug.

Rübenfliege (s. Seite 115)
Auf der Blattunterseite weiße, längliche Eier. Später auf Blättern helle, längliche, blasige, vertrocknende Fraßgänge. Maden zwischen Blattober- und -unterhaut. In der Regel nicht wirtschaftlich schädlich.
Schadensschwelle: 2. bis 8. Blattpaar 20% der Blattfläche geschädigt oder 2, 6, 10 Eier bei 2, 4 bzw. 6 echten Blättern.

Maßnahmen
- Spritzung mit Insektiziden nach Schadensschwelle (meist kombiniert mit Blattlausbehandlung)
- Warndienst beachten!
- insektizidbehandelte Rübenpille, der Frühbefall wird dadurch abgewehrt.

Moosknopfkäfer
Lückiges Auflaufen der Rüben in den Reihen; Fraßstellen an jungen Blättern und Wurzelhals; den Wurzelkörper schwärzende runde Fraßlöcher; Pflanzen sterben ab; Käfer oder Larven überwintern im Boden.

Maßnahmen
- Saatgutbehandlung (im pillierten Saatgut als Zusatz schon vorhanden)
- bei Befall Insektizide spritzen (Warndienst)

Springschwänze
Leben von Pflanzenresten. Bei Mangel an organischer Substanz Fraß an Rübensamen, Keimwurzeln und am Wurzelhals der jungen Rüben.

Maßnahmen
- meist ist eine Bekämpfung dieses nützlichen Zersetzers von organischer Substanz nicht nötig
- Bandspritzung von Herbiziden, damit Unkräuter als Nahrungsquelle vorhanden bleiben
- Wirkung von Insektiziden in der Saatpille
- keine unzersetzte organische Masse vor Saat in Boden einbringen.

Rübenzystenälchen
Ein Befall durch das Zystenälchen führt zum Platzen der Wurzelrinde der Rübe, die Pflanze reagiert mit der Neubildung von Wurzeln (»Wurzelbart«). Befallene Pflanzen bleiben im Wuchs zurück und verfärben sich. Zystenälchen treten nesterweise im Bestand auf. An den Wurzeln finden sich stecknadelkopfgroße, zitronenförmige, zunächst helle, dann braune Zysten, die später abfallen. Das Älchen überwintert als Ei in den Zysten, die im Boden bis zu 10 Jahre lebensfähig bleiben.

Maßnahmen
- weitgestellte Fruchtfolge (Rüben höchstens alle 4 Jahre)

- keine Wirtspflanzen (Raps, Rübsen u. a. Kreuzblütler) anbauen
- Anbau von Feindpflanzen (Luzerne, Mais, Roggen)
- nematodenresistente Zwischenfrüchte anbauen
- Nematizideinsatz nach Schadensschwelle: 500 lebende Eier und Larven je 100 cm^3 Boden (Bodenuntersuchung bei Pflanzenschutzdienst möglich); W-Auflagen beachten.

Stengelälchen
Keimblätter verdickt, verdreht. Am Rübenkörper schorfige, Stellen. Vermorschung des gesamten Rübenkopfes (»Rübenkopffäule«). Der Schaden ist meist erst bei der Ernte sichtbar. Überwinterung des Stengelälchens an Pflanzenrückständen oder im Boden.

Maßnahmen
- weitgestellte Fruchtfolge (4–5 Jahre)
- Anbau von Nichtwirtspflanzen
- in Befallsgebieten Granulateinsatz, Saatfurchenbehandlung (teuer!).

1.1.3 Raps

1.1.3.1 Pilzkrankheiten

Wurzelhals- und Stengelfäule
Im Herbst treten Blattflecken und Wurzelhals-Vermorschung oder Einschnürungen auf. Die Blätter verfärben sich rotviolett. Im Frühjahr dehnt sich der Befall weiter aus. Die Schoten werden vorwiegend an Verletzungsstellen befallen, die durch Stengelrüßler, Rapserdflöhe oder Frost verursacht werden.

Im Endstadium vermorscht die Wurzel völlig und läßt sich leicht aus dem Boden ziehen. Vielfach knickt die notreife Pflanze am Wurzelhals oder an den Stengelnekrosen ab. Der Pilz hat viele Wirtspflanzen und überdauert im Boden und am Saatgut. Infektionsmöglichkeiten bestehen deshalb fortwährend von der Saat bis zur Ernte.

Maßnahmen
- eine direkte Bekämpfung ist bisher nicht möglich
- Insektenbekämpfung verringert die Befallsmöglichkeiten
- Anbau widerstandsfähiger Sorten auf gefährdeten Standorten.

Weißstengeligkeit (Rapskrebs)
Im Spätherbst zeigen sich weißliche Stellen (Handgriffkrankheit) an den Stengeln, vor allem im unteren und mittleren Teil. Die Reaktion auf diesen Pilzbefall ist Notreife, Vergilben oder Absterben der Pflanze. Im Innern der Stengel befinden sich die kleinen schwarzen Dauerorgane des Pilzes, welche dem Pilz im Boden eine mehrjährige Lebensfähigkeit ermöglichen. Im Bestand verbreitet sich der Pilz durch Sporen, die auf verrotteten Blütenblättern in den Blattachseln keimen. Trockenheit verhindert die Bildung von Sporen und Dauerregen wäscht sie sofort wieder ab.

Maßnahmen
- Rapsanbau in 4jährigem Abstand
- Sortenanfälligkeit beachten
- chemische Bekämpfung technisch aufwendig – Stelzenfahrzeug (Hubschraubereinsatz bedarf der Genehmigung).

Rapsschwärze
Meist kurz vor der Ernte schwarze Flecken an Stengel und Schoten. Diese schrumpfen, platzen vorzeitig auf und die Samen fallen heraus (Schrumpfkornbildung).

Maßnahmen
- Anbau nicht in feuchten Lagen
- vorzeitige Ernte und Anbau platzfester Sorten
- Fungizideinsatz derzeit nicht praktikabel und unwirtschaftlich.

1.1.3.2 Schädlinge

Rapserdfloh

Erdflöhe springen bei Berührung weg (»Flöhe«). Ende August/Anfang September verursachen die Käfer einen Lochfraß vor allem an zarten Blättern und beschädigen auch Schoten und Stengel. Hierdurch entsteht aber kein bedeutender Schaden. Wesentlich wichtiger ist die Fraßtätigkeit der Larven im Innern der Blattstiele, im Herzen und in den Stengeln von Jungpflanzen. Die Blattstiele reißen auf, wenn Wasser in die Fraßstellen eindringt und gefriert. Befallene Pflanzen wintern leicht aus.
Schadensschwelle: 1–2 Käfer/m^2 oder 10% Blattfläche zerstört.

Rübenblattwespe
Ende August werden die Eier am auflaufenden Raps abgelegt. Junge Larven verursachen zunächst nur einen Lochfraß, der ohne wirtschaftliche Bedeutung bleibt. Ältere Larven bewirken Skelettierfraß und

können bei trockenem, warmem Wetter in kurzer Zeit zur Entblätterung des Bestandes beitragen.
Schadensschwelle: 1 Larve/Pflanze.

Maßnahmen
- Bestandeskontrollen
- Insektizideinsatz nach Feldbeobachtung.

Großer Rapsstengelrüßler (Großer Kohltriebrüßler)
Anfang März: Kleine Bißlöcher des Käfers werden nach dem Längenwachstum zu dünnen Rinnen, die bei Spätfrösten oder reichlichen Niederschlag aufplatzen. Es entstehen dann Fäulen. Im Stengelmark fressen fußlose Larven. Die Rapspflanze zeigt die typische S-förmige Verkrümmung des Stengels.
Schadensschwelle: 2–3 Käfer/Gelbschale oder 10% der Pflanzen mit Eigelegen.

Kleiner Rapsstengelrüßler (Kleiner Kohltriebrüßler oder Gefleckter Kohltriebrüßler)
Schadbild siehe Rapsstengelrüßler, zusätzliche Fraßgänge in Blattrippen, keine S-förmigen Verkrümmungen, Larvenfraß auch in der Mittelrippe der Blätter. Auftreten Ende März/Anfang April (stark witterungsabhängig).
Schadensschwelle: 5–7 Käfer/Gelbschale oder 1 Käfer/40 Pflanzen.

Maßnahmen
- Kontrolle mit Gelbschalen, drei bis fünf Tage nach Erstflug Insektizideinsatz nach Schadensschwelle
- wird bei der Bekämpfung des Gr. Stengelrüßlers bzw. Rapsglanzkäfers mit erfaßt.

Rapsglanzkäfer
Ab Anfang April vergilben einzelne Knospen und fallen ab, Fraßlöcher an den Knospen. Durch Zerbeißen der Kelch- und Blütenblätter gelangt der Käfer an Blütenpollen. Deshalb tritt nach dem Öffnen der Knospen kein weiterer Schaden ein.
Schadensschwelle: bis Blühbeginn 4–6 Käfer/Pflanzen am Feldrand; 2–3 Käfer/Pflanze bei ganzflächigem Befall.

Kohlschotenrüßler
Nach Eiablage schwer erkennbare, vernarbte Rißstellen in der Schotenwand. In der Schote frißt die braunköpfige Larve drei bis fünf Kornanlagen aus. Zur Reife Ausbohrloch in der Schotenwand durch abwandernde Larve. Eindringendes Wasser führt zu Auswuchs und Pilzinfektionen, so daß die Schote fault und sich vorzeitig öffnet. Die Käfer haben eine große Bedeutung als Wegbereiter für die weit stärker schädigende Kohlschotenmücke.

Der Käfer überwintert an Waldrändern und erreicht seinen Flughöhepunkt zur Vollblüte des Rapses. Eiablage durch Bißkanal in die Schote, Verpuppung im Boden.
Schadensschwelle: 1 Käfer/2 Pflanzen von Knospenbildung bis Blühbeginn.

Maßnahmen
- Bekämpfung ausschließlich mit bienenungefährlichen Präparaten nach Schadensschwelle. Kontrolle durch Gelbschale und Schüttelprobe.

Kohlschotenmücke
Bei Ausbildung der ersten Schoten vergilben vereinzelt Schoten, verkrümmen sich, schrumpfen, platzen vorzeitig auf. Im Innern saugen zahlreiche, zuerst glasige, dann weiß-gelbe, kopflose Larven.

Die Mückenlarve überwintert im Rapsfeld des Vorjahres, fliegt von dort nur kurze Strecken und besiedelt ein neues Feld vom Rand aus. Lebensdauer der Mücke nur ein bis zwei Tage. Bei der Eiablage in größere Schoten ist die Mücke auf die vorausgehende Fraßtätigkeit des Schotenrüßlers angewiesen. Die Larven scheiden beim Saugen Stoffe aus, die zum Vergilben der Schoten führen.

Pro Jahr erscheinen zwei bis drei Generationen, die letzte am Sommerraps.
Schadensschwelle: 1 Mücke/4 Pflanzen ab Blühbeginn. Bienenschutz beachten!

Maßnahmen
- Bekämpfung ab Blühbeginn vor Eiablage der Mükke mit bienenungefährlichen Mitteln nach Schadensschwelle; Randbehandlung gegen erste Generation häufig ausreichend (Warndienst!).

Schädlingskontrolle mit Gelbschalen
Gelbschalen haben sich für die Schädlingskontrolle in Raps als zweckmäßig erwiesen. Verwendbar sind gelbe Plastikschüsseln in Rapsblütenfarbe, die unterhalb der Oberkante (ca. 5 cm) eine Abflußvorrichtung (z. B. mit Gaze überklebtes Loch) besitzen als Überlauf bei Regen. Mindestens zwei Schalen pro Schlag mit Wasser ca. zur Hälfte gefüllt und mit Pril versehen (Oberflächenentspannung) 10 bis 15 m vom Feldrand im Bestand aufstellen. Schalen in Knospen- und Blütenhöhe anbringen. Regelmäßige Kontrollen sind erforderlich. Erfaßt wird das Erstauftreten sowie die Flugaktivität, nicht aber die Dichte der Käfer/Pflanze oder Käfer/m^2. Schüttelprobe!

1.1.4 Kartoffel

1.1.4.1 Pilzkrankheiten

Kraut- und Knollenfäule

Krautfäule: Braune Blattflecke, auf der Blattunterseite bei feuchter Witterung weißlicher Schimmelrasen. Fortschreitendes Faulen oder Vertrocknen der Blätter und Stengel. Vorzeitiger Zusammenbruch der Bestände.

Knollenfäule (Braunfäule): Auf der Knolle leicht eingesunkene, bleigraue Flecken. Darunter ist das Fleisch rötlich-braun verfärbt. Später werden die Knollen allmählich trockenfaul. Durch hinzutretenden Bakterienbefall oft rascher Übergang zur Naßfäule. Die Übertragung erfolgt im Bestand durch windverbreitete Sporen, die Hauptinfektion geschieht nach Verletzung der Knolle bei der Ernte.

Maßnahmen
- keine anfälligen Sorten anbauen
- gesundes Pflanzgut verwenden
- Vorkeimung zur Vorverlegung des Wachstums in die befallsfreie Zeit
- chemische Bekämpfung erst nach Beendigung der befallsfreien Zeit (Negativprognose). Der Termin wird im Pflanzenschutz-Warndienst bekanntgegeben und ist nach Auflaufdatum differenziert. Deshalb ist es notwendig, die Auflauftermine der einzelnen Kartoffelbestände festzuhalten. Die Wiederholungsspritzungen sind in Abständen von 7 bis 14 Tagen auszuführen. 7 Tage sollten bei feuchtwarmer Witterung, besonders anfälligen Sorten und Anwendung von Kontaktfungiziden eingehalten werden. Kürzere Abstände können erforderlich sein, wenn der Spritzbelag direkt nach der Behandlung durch Niederschläge abgewaschen wird.

Wurzeltöterkrankheit
Ungleichmäßiger Auflauf und Fehlstellen im Bestand. Die Kartoffeltriebe sterben teilweise schon im Boden ab, im Extremfall ist ein Totalverlust der Triebe möglich. Am Stengelgrund findet sich ein grau-weißer Schimmelbelag, die »Weißhosigkeit«.

Befallene Knollen haben schwarze Pocken (Kartoffelpocken) auf der Schale und sind eckig und mißgestaltet. Der Pilz hat zahlreiche Wirtspflanzen und kann sich besonders auf leichten, sandigen Böden gut entwickeln. Der Erreger kann mehrere Jahre im Boden überleben. Befallenes Pflanzgut stellt die wichtigste Infektionsquelle dar, obwohl der Befall auch nur vom Boden ausgehen kann.

Maßnahmen
- nur gesundes, pockenfreies Pflanzgut verwenden, gegebenenfalls beizen
- nicht zu tief pflanzen bzw. die Dämme zunächst nur flach ziehen
- beim Anbau auf verseuchten Böden und auf Standorten mit guten Lebensbedingungen für den Pilz besonders auf gesundes und gebeiztes Pflanzgut achten.

Dürrfleckenkrankheit
Ältere Blätter zeigen runde, braune Flecken, die scharf vom gesunden Gewebe abgegrenzt sind. In den Flecken bilden sich konzentrische, schwarze Ringe. Bei stärkerem Befall verfärbt sich das Blatt gelbgrün und stirbt ab. Die Krankheit tritt auf bei mehrtätiger warmer Witterung im Wechsel mit Niederschlägen ab Mitte Juni. Knolleninfektion bei Ernte durch Kontakt mit befallenem Laub. Trockenfäule an Knollen an eingesunkenen Flecken zu erkennen.

Maßnahmen
- Anbau wenig anfälliger Sorten
- Ernte bei trockenem Boden
- Krautabtötung mindert Infektion
- Fungizideinsatz in Zusammenhang mit Krautfäulebekämpfung.

1.1.4.2 Viruskrankheiten

Die Übertragung erfolgt je nach Virus über Kontakt und/oder Blattläuse (Pfirsichblatt-, Kreuzdornblatt- und Gurkenlaus).

Die durch die verschiedenen Virusarten hervorgerufenen Krankheitserscheinungen sind sehr vielfältig und werden zusätzlich von der Sorte und den Wachstumsverhältnissen beeinflußt. Daher kann man im Feldbestand nur das Krankheitsbild, nicht aber die verursachende Virusart erkennen.

Die **Blattrollkrankheit** (Blattrollvirus) ist am weitesten verbreitet und verursacht die stärksten Ertragsminderungen. Die Blätter der Pflanze sind eingerollt, spröde und rascheln bei der Berührung. Die Staude ist spießig und gelb-grünlich aufgehellt. Bei manchen Sorten sind die Blattränder und -spitzen rotviolett verfärbt.

Erreger der Blattrollkrankheit ist ausschließlich das persistente Blattrollvirus, das nur von Blattläusen und hier wiederum fast nur durch die Grüne Pfirsichblattlaus übertragen wird.

Die **Strichelkrankheit** wird vor allem durch Befall mit dem Y-Virus verursacht. Es können aber auch andere Viren in Mischinfektion beteiligt sein. Die Blätter sind gekräuselt und mosaikartig gefleckt. Auf der Blattunterseite sind auf den Blattadern schwarze Strichel sichtbar, die der Krankheit ihren Namen gegeben haben. Mit zunehmendem Krankheitsverlauf verdorren die Blätter, bleiben zunächst am Stengel hängen und fallen dann ab. Schließlich ist nur noch an den Triebspitzen ein grüner Blattschopf erhalten. Die Übertragung erfolgt je nach beteiligter Virusart durch Kontakt oder Blattläuse, vor allem durch die Grüne Pfirsichblattlaus, die Kreuzdornblatt- und Gurkenlaus.

Sehr vielfältig ist das Bild bei den **Mosaikkrankheiten.** Es weist alle Übergänge auf von der Kräuselkrankheit mit stark gekräuselten oder auch sichelartig abgezogenen, gefalteten Blättern über das schwere Mosaik mit aufgerauhten oder gerollten Blättern des Rollmosaiks zum leichten Mosaik ohne irgendwelche Blattveränderungen. Erreger sind die Mosaikviren A, M, X und Y, die in Mischinfektionen vorhanden sein können.

Die Übertragung erfolgt je nach Virus über Kontakt oder Blattläuse während der Vegetationsperiode, von Jahr zu Jahr über das Pflanzgut.

Maßnahmen
- Verwendung gesunden Pflanzgutes
- im Pflanzkartoffelanbau: Insektizidspritzung gegen Blattläuse und Krautabtötung, um Abwanderung der Viren in die Knollen zu verhindern
- chemische Unkrautbekämpfung statt mechanischer.

1.1.4.3 Schädlinge

Blattläuse
Überwinterung als Ei auf den Winterwirten Pfirsich, Kreuzdorn, Faulbaum usw. Ab Mai fliegen die Läuse auf die Sommerwirte – Kartoffeln oder Rüben –, auf denen ungeflügelte Generationen leben. Auf der Blattunterseite werden Kolonien gebildet. Die Blätter verkrümmen und verfärben sich. Honigtau und später Schwärzepilz zeigen starken Befall an. Die geflügelten Läuse suchen im September die Winterwirte auf.

Maßnahmen
- **nur** bei der Saatkartoffelerzeugung sind Blattlausbekämpfungen notwendig (Virusübertragung). Nach **Warndienstaufruf** des Pflanzenschutzdienstes die Bestände besonders an den Rändern und Ecken kontrollieren.

Kartoffelkäfer
Meist auf der Blattunterseite in Gruppen aufrecht stehende, orangegelbe, ca. 1,5 mm lange Eier, in Gelegen zu je 20 bis 30 Eiern. Die daraus schlüpfenden Larven rufen Loch- und Randfraß, später Skelettier- und Kahlfraß hervor. Der Käfer ernährt sich ebenfalls von Kartoffelblättern. Der im Boden überwinternde Käfer erscheint etwa mit der Löwenzahnblüte. Die Weibchen legen ca. 400 Eier. Nach 10 bis 14 Tagen schlüpfen die Larven. Verpuppung nach drei bis vier Wochen im Erdboden. Im Juli/August zweite Generation.
Schadensschwelle: 15 Larven/Staude oder 20% Fraßschaden.

Maßnahmen
- Insektizideinsatz nach Schadensschwelle
- bei starkem Befall Flächenbehandlung
- oft Randbehandlung ausreichend.

Kartoffelnematoden
Der Befall ist meldepflichtig (Pflanzenschutzdienststelle)! Im Bestand treten kreisförmige, große Kümmerstellen mit schlechtwüchsigen Pflanzen (Ertragsrückgang) auf. An den Wurzeln findet man hellgelbe, später braune, rundliche Zysten. Der Nematode befällt nur Kartoffeln und Tomaten. Die Zysten sind im Boden bis zu 12 Jahre lebensfähig, deshalb wird der Anbau von Kartoffeln erst wieder erlaubt, wenn der Pflanzenschutzdienst Befallsfreiheit festgestellt hat.

Maßnahmen
- wichtig ist die Verhütung der Verschleppung durch Kartoffeln, Abfälle und Geräte
- Fruchtfolge nicht enger als alle vier Jahre Kartoffeln
- chemische Behandlung des Bodens mit Nematiziden führt nicht zu dauerhaftem Erfolg, ist teuer und mit Wasserschutzgebietsauflagen verbunden.

1.1.5 Körnerleguminosen (Erbse, Ackerbohne)

1.1.5.1 Pilzkrankheiten

Fußkrankheiten
Befallene Pflanzen wachsen nach Aufgang langsam, Blätter vergilben, Wurzeln sind braun verfärbt, vermorschen, Seitenwurzeln und Knöllchen fehlen häufig. Bei älteren Pflanzen verfärben sich Blätter graugrün und rollen sich nach unten ein. Jüngere Pflanzen

sterben ab, ältere werden notreif. Die Krankheit wird durch mehrere Erreger (Fusarium-, Rhizoctoniaarten) verursacht. Beträchtliche Ertragsausfälle in frühjahrsfeuchten Jahren und auf ungünstigen Standorten sind möglich.

Maßnahmen
- weitgestellte Fruchtfolge
- beseitigen von Verdichtungshorizonten
- ausgeglichene Düngung, gute Humusversorgung
- frühe Aussaat, aber in warmen, nicht zu feuchten Boden
- Verminderung der Auflaufschäden durch Beizung.

Brennflecken
Während und nach der Blüte graue, von dunklem Rand umgebene Flecken mit hellem Zentrum (darin kleine schwarze Sporenbehälter vorhanden) auf Blättern sichtbar. Stengel und Hülsen zeigen entsprechende Symtome. Mehrere Pilzarten (Ascochyta) sind dafür verantwortlich. Die Krankheitsverbreitung erfolgt über infiziertes Saatgut, Pflanzenreste im Boden, Übertragung von Sporen durch Wind und Regen während der Vegetationsperiode.

Maßnahmen
- zertifiziertes, gebeiztes Saatgut
- weitgestellte Fruchtfolge.

Grauschimmelfäule
Bei niederschlagsreichem Wetter entstehen auf Blättern, Stengeln und Hülsen hellbraune, faulende Flecke mit grauem Pilzrasen. Die Krankheit führt zum vorzeitigen Absterben der Blätter und kann erhebliche Ertragsverluste verursachen.

Maßnahmen
- anfällige Sorten vermeiden
- bei Erbsen Fungizideinsatz möglich.

1.1.5.2 Schädlinge

Blattläuse
Blattläuse besiedeln ab Mai Erbsen und Ackerbohnen. Die Pflanzenwipfel kräuseln stark, das Längenwachstum wird vermindert. Stengel, Blatt und Blütenanlagen werden nesterweise befallen. Der Hülsenansatz wird vermindert bzw. verhindert. Auch kommen Saugschäden an Hülsen vor. Die Erbse wird vorwiegend durch die Grüne Erbsenblattlaus, die Ackerbohne durch die Schwarze Bohnenlaus geschädigt. Virosen werden übertragen.

Maßnahmen
- Insektizidspritzung nach Blattlauskontrolle, nach Blühbeginn keine bienengefährlichen Mittel.

Erbsenwickler
Der Falter legt Eier ab Mitte Juni bis Mitte Juli bevorzugt an Kelch- und Blütenblättern ab. Larven suchen nach Blattfraß Hülsen auf und dringen ein. Nach drei Wochen Fraßzeit verlassen die Raupen die Hülsen (über Bohrloch oder aufgeplatzte Hülse). Ertragsverlust durch angefressene Samen und Verunreinigung durch Kot.

Maßnahmen
- Anbau sehr früher oder später Sorten
- Befallskontrolle mit Pheromonfallen
- gegebenenfalls Rand- oder Flächenbehandlung mit bienenungefährlichem Insektizid.

Samenkäfer
Die Käfer legen zahlreiche Eier auf sich entwickelnden Hülsen ab. Die Larven durchbohren die Hülsenwand und dringen in den Samen ein. Die Jungkäfer verlassen die Samen zur Erntezeit durch kreisrunde Ausbohrlöcher.

Maßnahmen
- Insektizidspritzung möglich, oft nicht lohnend.

Blattrandkäfer
Der Käfer befrißt die Blattränder bogenförmig ab März/April und legt die Eier im Boden ab. Die sich entwickelnden Larven zerstören die Seitenwurzeln und Wurzelknöllchen. Sie erzeugen den Hauptschaden, weil die Stickstoffversorgung der Pflanzen stark beeinträchtigt wird und sie im Wachstum stark zurückbleiben.

Maßnahmen
- Insektizidspritzung nur lohnend bei stärkerem Befall (5–10 Käfer/m^2).

1.1.6 Grünland

1.1.6.1 Unkräuter

Zur Verhinderung des Unkrautbesatzes in Grünland sind zunächst sämtliche möglichen Kulturmaßnahmen anzuwenden. Dazu zählen u. a. zweckentsprechende Nutzungsweise, Pflege, Düngung und Beseitigung von Standortmängeln, soweit dies erforderlich und zweckmäßig ist.

»Schlechtgepflegtes Grünland wird nicht durch chemische Maßnahmen verbessert.«

Pflegemaßnahmen sind durch eine angepaßte Düngung zu unterstützen. Dadurch wird nach dem Ausschalten von Unkräutern ein schnelles Zuwachsen der Grasnarbe erzielt.

War eine Behandlung mit Pflanzenschutzmitteln erforderlich, so ist darauf zu achten, daß die in der Gebrauchsanleitung angegebenen Hinweise zum frühestmöglichen Viehauftrieb, zur Futternutzung usw. eingehalten werden. Dies ist auch deshalb wichtig, weil u. U. giftige Pflanzen (z. B. Hahnenfuß) nach einer Behandlung vom Vieh gern gefressen werden und es dabei zu schweren Vergiftungsfällen kommen kann.

Merke:

Grünlandpflege geht vor Herbizideinsatz.

1.1.6.2 Schädlinge

Wiesenschnake

Im Spätwinter und Frühjahr treten nesterweise Schadstellen mit lückigem Pflanzenbestand auf.

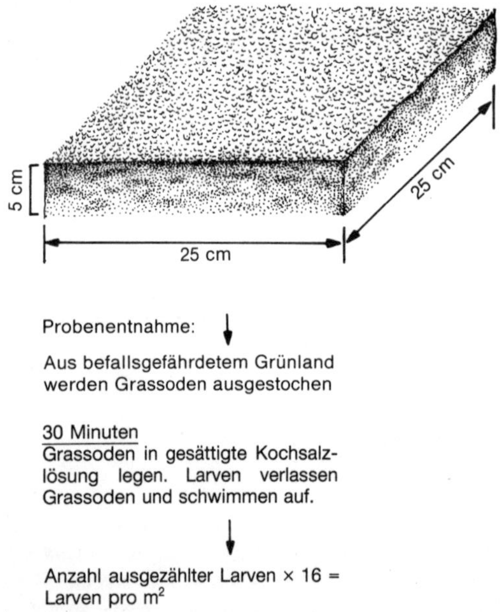

Abb. 56. Salzwassermethode zur Feststellung von Typhula-Befall.

Pflanzen werden von walzenförmigen, lederhäutigen, aschgrauen, beinlosen, borstigen Larven befressen.

Die Hauptfraßzeit dauert von April bis Mai, die Verpuppung erfolgt im Juli, die Entwicklung zur Schnake ist im August abgeschlossen.

Schadensschwelle: Herbst 200 bis 300 Larven/m^2; Frühjahr 100 Larven/m^2.

Maßnahmen
- Warndienst beachten, Pflanzenschutzberatung
- Insektizideinsatz nach Schadensschwellen (Salzwassermethode, s. Abb. 56), Wartezeiten für Auftrieb und Verfütterung einhalten.

Feldmaus und Schermaus

Die **Feldmaus** schädigt durch Fraß an oberirdischen Pflanzenteilen und Wurzeln, Unterwühlen und Lokkerung des Wurzelbereichs, Beschädigung der Grasnarbe durch Mauselöcher, so daß Pflanzen welken oder absterben und bei Massenauftreten großflächige Kahlstellen im Bestand entstehen, die zum Teil von Unkräutern besiedelt werden. Die Schäden sind besonders stark nach trockenem Herbst und Frühjahr. Vier- bis siebenmal pro Jahr werden vier bis acht Junge zur Welt gebracht, die nach 20 bis 30 Tagen fortpflanzungsfähig sind.

Schadensschwelle: 20 bis 30 belaufene Löcher/100 m^2 September/Oktober; 5 bis 10 belaufene Löcher/100 m^2 Februar/März.

Maßnahmen
- ordnungsgemäße Grünflächenbewirtschaftung (Deckungsmöglichkeiten beseitigen)
- Sitzstangen für Greifvögel aufstellen, bzw. Schutz- und Förderung für andere Mäusevertilger (z. B. Eule, Wiesel) betreiben
- Pflanzenschutzwarndienst beachten
- Herdbehandlung mit z. B. Giftgetreide entsprechend Gebrauchsanleitung.

Die **Schermaus** verursacht Wühlschäden und Pflanzenschäden durch Abfressen von Wurzeln und oberirdischem Pflanzenmaterial sowie durch die unregelmäßig geformten Haufen mit Auswurferde. Sie bringt zwei- bis viermal zwei bis sieben Junge zur Welt. Diese sind bereits drei Monate nach der Geburt fortpflanzungsfähig.

Maßnahmen (siehe auch Feldmaus)
- Bekämpfung nach Verwühlprobe
- Fallenfang
- Begasungsmittel und Köderpräparate entsprechend Gebrauchsanleitung.

1.1.7 Vorratsschutz

1.1.7.1 Schädlinge

Hierzu zählen Milben, Käfer (Kornkäfer, Getreideplattkäfer, Reiskäfer, Leistenkopfplattkäfer, Getreidekapuziner usw.) und Motten. Alle Getreidearten, Mais, Kleie, Mehl und andere Getreideprodukte werden befallen. Käfer und ihre Larven schädigen durch Fraß an und im Korn sowie durch Verunreinigung des Lagergutes. Bei der Motte schädigt die Raupe. Milben schädigen zunächst den Keimling und befressen dann den Mehlkörper. Von ihnen stark befallene Lagerpartien sind gesundheitsschädlich und zu vernichten. Schädlingsbefall geht einher mit steigender Temperatur, zunehmender Feuchtigkeit des Lagergutes, muffigem Geruch und schließlich Auftreten von Fäulnispilzen.

Maßnahmen
- ständige Lagerkontrollen
- nur einwandfreie Ware zukaufen und einlagern
- vor dem Einlagern Speicherräume und -einrichtungen, Säcke etc. gründlich reinigen, ggf. Insektizide nach Gebrauchsanleitung einsetzen (Warndienst).

Beachte: Entseuchungen von Getreidesilos usw. mit Begasungsmitteln dürfen nur von Fachfirmen und mit besonderer Erlaubnis (Gefahrstoffverordnung) durchgeführt werden.

2 Gartenbau

2.1 Schadursachen und Maßnahmen zur Schadensverhütung

2.1.1 Allgemeine Schadorganismen

Auflaufkrankheiten (Keimlingskrankheiten)
Saaten laufen nicht auf oder die Sämlinge fallen nach kurzer Zeit um. Der Stengelgrund dieser Pflänzchen ist meist eingeschnürt. Die Krankheit beginnt in der Regel an einer oder mehreren Stellen und breitet sich von dort rasch aus. Die Schäden werden von verschiedenen Bodenpilzen verursacht. Sie sind weit verbreitet und überleben im Boden oder am Saatgut. Im Bestand ist eine Übertragung durch Sporen oder durch Pilzfäden möglich.

Maßnahmen
Spezielle Jungpflanzenerde verwenden. Betriebseigene Anzuchterde-Mischungen entseuchen. Diese Betriebsmischungen müssen außerdem auf Nährstoffgehalte untersucht werden, um einer Versalzung vorzubeugen. Nicht in kalte Erde und nicht zu dicht säen. Vorsichtig gießen und häufig lüften. Eine kurze Anzuchtphase bei höheren Temperaturen und Zusatzbelichtung verringert die Gefahr von Auflaufkrankheiten.

Saatgut mit den für diesen Anwendungszweck ausgewiesenen Präparaten beizen. Bei Kohlarten, Kopfsalat und Tomaten ist auch ein Abgießen der Jungpflanzen möglich.

Nematoden
Schäden durch Nematoden äußern sich durch allgemeine Wachstumshemmung, die meist nesterweise im Bestand auftritt. Je nach der Lebensweise der einzelnen Arten zeigen sich jedoch deutlich unterscheidbare Schadbilder. Die Stock- und Stengelnematoden verursachen Schwellungen, Verdrehungen und Verfärbungen der Blätter und der Triebe. Wandernde Wurzelnematoden, zystenbildende Nematoden und Wurzelgallennematoden leben an und in den Wurzeln. Ihr Befall führt zu einem Absterben feiner Wurzeln, das oft mit verstärkter Seitenwurzelbildung verbunden ist. Bei genauer Betrachtung können die ca. 0,5 bis 1 mm großen Zysten (Lupe) und die wenige Millimeter großen Gallen festgestellt werden. In den Zysten oder in anderen Ruhestadien können die Nematoden viele Jahre im Boden überdauern.

Maßnahmen
Möglichst weitgestellte Fruchtfolge einhalten. Verschleppung durch Bodenbewegungen und Geräte vermeiden. Eine Bekämpfung der Nematoden kann durch Dämpfung oder durch chemische Bodenentseuchungsmittel erfolgen. Anwendungsvorschriften beachten.

Drahtwürmer
Drahtwürmer sind die Larven verschiedener Schnellkäferarten. Sie sind gelb oder bräunlich und 2 bis 3 cm lang. Wie die meisten Käferlarven haben sie nur drei Paar Brustbeine.

Der Befall ist an Fehlstellen oder dem Absterben einzelner Pflanzen zu erkennen. Bei genauerer Untersuchung stellt man fest, daß die Wurzeln abgebissen, angefressen oder durchbohrt sind. Außerdem werden auch Larven gefunden.

Schadensschwelle: Wenn an je 4 Kartoffelhälften 1 Drahtwurm festgestellt wird, ist die Schadensschwelle erreicht.

Maßnahmen
2 bis 3 Wochen vor der Saat oder der Pflanzung mit Hilfe von Kartoffeln Anbauflächen auf Befall kontrollieren. Dazu an mindestens 4 Stellen eines Feldes auf ¼ m^2 4 Kartoffelhälften in 5 cm und 4 Hälften in 10 cm Tiefe eingraben.

Eine Bekämpfung der Drahtwürmer ist nur vor der Saat bzw. vor dem Pflanzen im Freiland mit einem insektiziden Streumittel möglich.

Erdraupen
Die Erdraupen sind die Larven von verschiedenen Eulenschmetterlingen. Diese Nachtfalter legen ihre Eier einzeln an die unteren Teile der Pflanzen. Die Erdraupen sind unscheinbar grau bis graubraun. Die ersten Stadien leben meist noch oberirdisch. Ab dem dritten Raupenstadium halten sich die Raupen tagsüber im Boden auf und fressen nur nachts an oberirdischen Pflanzenteilen. Sie verursachen Loch- und Randfraß an Blättern sowie tiefe Löcher am Wurzelhals.

Maßnahmen
In den Kulturen können mit den ausgewiesenen Insektiziden Behandlungen durchgeführt werden. Dabei muß beachtet werden, daß nur die jungen Erdraupen gut erfaßt werden. In stehenden Kulturen ist auch eine Ausbringung von Ködern zwischen den Pflanzen möglich.

Schnecken
In den Acker- und Gemüsekulturen werden hauptsächlich Nacktschnecken schädlich. Sie legen ihre Eier in den Boden oder an andere vor Austrocknung geschützte Stellen ab. Bei anhaltend feuchter Witterung ist mit einer raschen Ausbreitung zu rechnen. Die Schnecken können eingegraben im Boden oder in Form ihrer Eier überwintern. Den Befall erkennt man an den deutlichen Schleimspuren.

Maßnahmen
Eine Bekämpfung der Schnecken ist durch die Ausbringung metaldehyd- oder methiocarphaltiger Köder möglich. Es muß beachtet werden, daß diese Präparate nur für bestimmte Kulturarten ausgewiesen sind. Durch eine Ausbringung von Branntkalk, Kainit oder Kalkstickstoff ist unter günstigen Bedingungen ebenfalls mit einem Bekämpfungserfolg zu rechnen. Bei Anwendung dieser Stoffe muß die Düngerwirkung beachtet werden. Ein Einsatz von Köderbändern oder Schneckenlockmitteln auf Alkoholbasis, der bei allen Gemüsearten möglich ist, ist sehr teuer und nur in Ausnahmefällen für den Erwerbsanbau geeignet.

2.1.2 Bohnen

2.1.2.1 Pilzkrankheiten

Brennfleckenkrankheit
Auf Keimblättern und Hülsen der Bohnen entstehen rundliche, etwas eingesunkene Flecken verschiedener Größe, die von einem schwarzen, bei einigen Sorten auch rötlichen Rand umgeben sind. Die Stengel und die Blätter zeigen, ausgehend von den Blattadern, weniger charakteristische braune Flecken. Buschbohnen sind besonders gefährdet.

Der Erreger ist ein Pilz, der hauptsächlich durch befallenes Saatgut übertragen wird. Der Befall kann aber auch von Ernterückständen kranker Pflanzen ausgehen.

Maßnahmen
Weitgestellte Fruchtfolge. Nicht zu dicht säen. Widerstandsfähige Sorten bevorzugen. Kranke Jungpflanzen entfernen. Pflegearbeiten in befallenen Beständen bei feuchtem Wetter unterlassen, damit die Pilzsporen nicht weiterverbreitet werden. Bohnen aus kranken Beständen rasch verkaufen oder verarbeiten, da sich die Krankheit auch nach der Ernte weiterentwickelt. Kein Saatgut von kranken Pflanzen ernten. Abraum kranker Pflanzen vernichten. Samenbeizung und Spritzung dämmen die Brennfleckenkrankheit ein.

Bohnenrost
Der Bohnenrost tritt vor allem an Stangenbohnen auf. An den ersten Befallsstellen bilden sich weiße Pusteln, die gelegentlich übersehen werden. Die in diesen Pusteln gebildeten Sporen werden durch den Wind im Bestand verbreitet. An den neuen Befallsstellen entstehen dann in den rotbraunen Pusteln die Sommersporen, die der weiteren Verbreitung dienen. Im Herbst werden die widerstandsfähigen, schwarzen Wintersporen gebildet, die an den Ernterückständen und Stangen den Winter überdauern.

Maßnahmen
Wechsel der Anbauflächen. Beseitigung befallener Ernterückstände. Desinfektion der Stangen oder Aufziehen der Bohnen an Schnüren. Widerstandsfä-

hige Stangenbohnensorten verwenden oder die weniger anfällige Buschbohne bevorzugen. Fungizidspritzungen gegen die Brennfleckenkrankheit mindern den Befall.

Sclerotinia-Fäule
Der Pilz kann in Dauerkörpern bis zu 10 Jahre überdauern. Er bildet auf Stengeln, Blättern und Hülsen stellenweise ein watteartiges Pilzgeflecht. Befallene Hülsen trocknen ein, die Samen haben eine kalkartige Beschaffenheit. Absterben von Trieben oberhalb der Befallstellen. In befallenen Teilen werden schwarze Dauerkörper gebildet. Der Befall tritt nesterweise auf.

Maßnahmen
Fruchtwechsel. Tiefes Pflügen (Fruchtkörperbildung erfolgt nur von Sklerotien, die flach im Boden liegen). Ausbringung von Kalkstickstoff. Bei starkem Befall im Gewächshaus lohnt eine Bodenentseuchung. Ausreichende Pflanzenabstände, mäßige Stickstoffdüngung.

Im Gewächshaus hohe Luftfeuchte und starke Temperaturschwankungen vermeiden. Fungizidspritzungen können einen Befall zuverlässig verhindern.

Grauschimmel
Der Grauschimmel hat einen großen Wirtspflanzenkreis. Seine Sporen, die vom Wind verbreitet werden, sind deshalb fast überall vorhanden. Der Pilz kann nur über Verletzungen oder absterbene Pflanzenteile eindringen. Hoher Befallsdruck herrscht deshalb zur Zeit der Blüte, wenn absterbende Blütenblätter an den Hülsenspitzen hängenbleiben oder auf die Blätter fallen.

An Blättern bilden sich größere graubraune Blattflecken mit Ringen. Die Hülsen faulen meist von der Spitze her. Bei hoher Luftfeuchtigkeit ist auf den erwähnten Faulstellen ein grauer Pilzrasen festzustellen.

Maßnahmen
Ausreichende Pflanzenabstände sind möglichst einzuhalten. Im Gewächshaus hohe Luftfeuchte durch ausreichendes Lüften oder Heizen vermeiden. Tröpfchenbewässerung ist vorteilhaft.

Zur Verringerung der Ansteckungsgefahr sollten die Bohnen aus befallenen Beständen vor der Lagerung abtrocknen und kranke Hülsen ausgelesen werden. Zur Zeit der Blüte können Spritzungen vorgenommen werden.

2.1.2.2 Schädlinge

Gemeine Bohnenspinnmilbe
Der Spinnmilbenbefall im Frühjahr geht von überwinternden Weibchen aus. Der Befallsbeginn ist an den Oberseiten der Blätter anhand einer punktförmigen Sprenkelung festzustellen. Bei fortschreitendem Befall erscheinen die Blätter weißlich oder silbrig. Schließlich sind die Blätter und Triebspitzen vollständig mit einem Gespinst überzogen. Stark geschädigte Blätter werden braun und fallen ab. Auf den Blattunterseiten kann man mit einer Lupe die ca. 0,5 mm großen Milben und ihre Eier erkennen.

Maßnahmen
Bohnenstangen entseuchen, um die Überwinterungsmöglichkeiten der Spinnmilben einzuschränken. Chemische Bekämpfung in kurzen Abständen wiederholen, da die Präparate meist nur bestimmte Stadien erfassen. Frühzeitige Behandlung der Befallsherde kann eine Ausbreitung der Spinnmilben verhindern. Unter Glas Luftfeuchte erhöhen. Einsatz von Raubmilben.

Schwarze Bohnenlaus
Die Schwarze Bohnenlaus überwintert am Pfaffenhütchen. Ab Ende April verläßt sie ihren Winterwirt und fliegt u. a. zu Bohnen. Die dunkelgrünen bis tiefschwarzen Läuse saugen bevorzugt am rankenden Sproß und an den Blattunterseiten. Bei starkem Befall kommt es zu Verkrüppelungen an Blättern, Trieben und Hülsen. Die Triebe verkümmern und die Blüten fallen ab. Der beim Saugen von den Läusen ausgeschiedene Honigtau führt zur Verschmutzung der Pflanzen.

Maßnahmen
Frühe Aussaat. Windoffene Lagen erschweren den Zuflug der Blattläuse. Vor einer Behandlung prüfen, ob der Befall nicht durch Gegenspieler reduziert wird. Wenn dennoch eine chemische Bekämpfung erforderlich wird, sollten nützlingsschonende Präparate bevorzugt werden. Auch nach einer Bekämpfung müssen die Bestände weiter auf zufliegende Läuse kontrolliert werden.

2.1.3 Feldsalat

2.1.3.1 Pilzkrankheiten

Phoma-Fäule
Der Pilz überdauert am Saatgut. Infiziertes Saatgut fällt durch seine dunkle Färbung auf. An den Wur-

zeln, Stengeln und Blättern von Keimlingen bilden sich frühzeitig rote Striche. Später zeigen sich braune bis schwarze Blattflecken. Manchmal sterben die jungen Pflänzchen aber auch kurz nach dem Keimen ab. An älteren Pflanzen faulen die unteren Blätter ab. Mit einer Lupe können im abgestorbenen Gewebe kugelartige, braune oder schwarze Sporenbehälter festgestellt werden.

Maßnahmen
Neben dem Fruchtwechsel hat vor allem die Saatgutbeizung eine große Bedeutung. Durch die Bodenentseuchung mit Basamid-Granulat ist keine ausreichende Bekämpfung des im Boden überdauernden Phoma-Pilzes möglich. Die Bodendämpfung dagegen ist gut wirksam.

Falscher Mehltau
Der Pilz bildet Dauersporen aus, die am Samen haften. Unter günstigen Bedingungen können diese Dauersporen auskeimen und einzelne Pflanzen infizieren. Über die auf der Blattunterseite gebildeten Sporen ist in nassen Beständen eine rasche Ausbreitung möglich.

Befallene Blätter bleiben klein und deutlich blaßgrün. Auf der Blattoberseite bilden sich braunschwarze, punkt- oder netzförmige Flecken. Auf der Unterseite der Blätter ist ein blaßgrauer Pilzrasen zu sehen.

Maßnahmen
Anbau der Sorten 'Hilds Elan', 'Hilds Vit' oder 'Verella'. Diese Sorten sind tolerant gegen den Falschen Mehltau und bleiben meist ohne Befall. Im Gewächshaus kann außerdem durch reichliches Lüften und vorsichtiges Gießen das Befallsrisiko verringert werden.

Echter Mehltau
Die beiden am Feldsalat vorkommenden Mehltau-Arten haben einen großen Wirtspflanzenkreis. Von diesen Pflanzen ist eine Übertragung auf die Kultur möglich. Da die Echten Mehltaupilze auch bei einer geringen Luftfeuchtigkeit keimen können, ist eine schnelle Ausbreitung im Bestand möglich. Sie verursachen weiße, mehlartige Beläge auf den Blättern.

Maßnahmen
Gegen die Echten Mehltaupilze an Feldsalat sind keine Präparate ausgewiesen. Gegen einen Einsatz von Präparaten mit dem Wirkstoff Lecithin aus der Soja-Pflanze, bestehen jedoch bei Einhaltung einer Wartezeit von drei Tagen keine Bedenken. Um eine Ausbreitung des Krankheitsbefalls zu verhindern, müssen die Mittel bei Sichtbarwerden der ersten Symptome eingesetzt werden.

2.1.4 Gurken

2.1.4.1 Pilzkrankheiten

Pythium-Welke der Jungpflanzen
Der *Pythium*-Pilz dringt über die Wurzeln in die Pflanze ein. Der Stengelgrund wird daraufhin weichfaul. Die erkrankten Pflanzen welken und sterben ab.

Maßnahmen
Für optimale Kulturbedingungen sorgen. Alle bei »Auflaufkrankheiten (Keimlingskrankheiten)« genannten Schutzmaßnahmen beachten.

Jungpflanzen vor dem Setzen abhärten und nicht in kalte Gewächshauserde bringen.

Durch Fungizidbehandlungen vor bzw. nach dem Pflanzen kann der Befall verhindert werden.

Welkekrankheiten
Für die Welkekrankheiten der Gewächshausgurken sind verschiedene Bodenpilze verantwortlich (z.B. *Phomopsis sclerotioides, Fusarium oxysporum, Verticillum alboatrum*). Der *Phomopsis*-Pilz (Erreger der Schwarzen Wurzelfäule) zerstört die Wurzeln. *Fusarium*- und *Verticillium*-Pilze wachsen in den Wasserleitungsbahnen der Pflanzen hoch. Sie verstopfen die Leitungsbahnen und behindern damit den Wassertransport.

Maßnahmen
Bodendämpfung oder chemische Bodenentseuchung. Anbau auf Steinwolle. Propfen der Jungpflanzen auf Kürbis (*Cucurbita ficifolia*).

Bei Auftreten von Welkesymptomen zusätzliche Wurzelbildung an Stammbasis durch Anhäufeln anregen.

Stengelfäule
Der pilzliche Erreger ist weit verbreitet und hat viele Wirtspflanzen. Er dringt über Verletzungen in die Pflanzen ein und führt, insbesondere bei Hausgurken, oberhalb der Faulstelle zu einer Welke einzelner Triebe oder gar der gesamten Pflanze. Aus der Befallsstelle wächst ein weißer, watteartiger Pilzbelag, auf dem sich die schwarzen Dauerkörper bilden.

Maßnahmen
Bodenentseuchung durch Dämpfung oder chemische Mittel. Befallene Pflanzen entfernen, ehe sich auf diesen Dauerkörper bilden. Für Freilandgurken bietet sich als einzige Maßnahme die Fruchtfolge an.

Falscher Mehltau
Wirtspflanzen dieser Pilzart sind nur Kürbisgewächse. Woher die ersten Infektionen kommen, ist noch nicht geklärt. Fest steht jedoch, daß die Pilzsporen, die im Bestand für die rasche Ausbreitung sorgen, auch über große Entfernungen mit dem Wind verfrachtet werden. Nach den bisherigen Erfahrungen ist, wenn wiederholt starke Taubildung in den Nächten auftritt, mit einer epidemieartigen Ausbreitung der Krankheit zu rechnen.

Zunächst werden auf den Blattoberseiten kräftig gelb gefärbte, eckige Flecken etwa von Pfenniggröße sichtbar. Die Flecken sind durch Blattadern scharf begrenzt. Die Flecken werden schließlich braun und die befallenen Blätter sterben ab. Bei hoher Luftfeuchtigkeit kann man blattunterseits einen feinen, samtigen Pilzbelag von bräunlicher bis leicht violetter Farbe finden.

Maßnahmen
Durch Lüften oder notfalls auch Trockenheizen eine Benetzungsdauer der Blätter von über 4 bis 5 Stunden verhindern. Wenn auf den Blättern die ersten Flecken sichtbar werden oder bei Infektionsgefahr (Warndiensthinweis beachten) Bestände mit ausgewiesenem Fungizid behandeln.

Echter Mehltau
Der Echte Mehltau bildet zunächst punkt-, dann fleckförmige, schließlich die gesamte Blattspreite umfassende mehlartige Beläge auf den Blättern aus. Nur bei extrem starkem Befall sterben die Blätter ab.

Maßnahmen
Verwendung mehltauresistenter Sorten. Ein spätes Auftreten von Echtem Mehltau ist auch bei resistenten Sorten möglich, wirkt sich aber nicht auf den Ertrag aus.

Zur chemischen Bekämpfung sind bei Gurken viele wirksame Mittel ausgewiesen.

Blatt- und Stengelfäule
Die Krankheit tritt an Blättern, Stengeln und Früchten auf. Der Befall an den Blättern geht fast immer vom Rand aus. Das befallene Gewebe trocknet ein. Am Rand ist es hell, dem Zentrum zu dunkel gefärbt. Am Stengel können eine oder wenige Faulstellen auftreten, die schließlich zum Absterben der Pflanze oberhalb des Fäulnisherdes führt. Im Gegensatz zur Sclerotinia-Stengelfäule ist die Befallsstelle nicht naßfaul sondern gummiartig. Zudem tritt kein auffälliges weißes Pilzgeflecht auf. An der Faulstelle finden sich massenhaft dieselben schwarzen »Pünktchen« (Fruchtkörper) wie auf den Befallsstellen der Blätter. Hauptsächlich befallen wird die Propfstelle am Stengel. Die schwarzen »Pünktchen« treten auch massenhaft an befallenen Früchten auf, hier zunächst aber nur an der faulen Fruchtspitze, während das Stielende der Frucht grün und die Übergangszone gelb gefärbt ist. Der Pilz überdauert auf Ernterückständen.

Maßnahmen
Bei sehr starkem Befallsdruck lohnt es sich auf die Tröpfchenbewässerung umzustellen. Aber auch sonst möglichst trocken kultivieren.

Einige zur Mehltaubekämpfung einsetzbaren Fungizide besitzen eine Wirkung gegen diesen Pilz. Nach einem Befallsjahr muß jedoch der Boden entseucht werden.

Brennfleckenkrankheit
Die Krankheit beginnt mit kleinen, gelblichen Flekken, die sich rasch vergrößern. Später trocknet das befallene Blattgewebe ein und bricht oft aus. Befallsstellen am Stengel können zum Absterben von Teilen der Pflanzen führen. Auch auf den Früchten treten eingesunkene »Brennflecken« auf. In diesen kann sich bei hoher Luftfeuchte ein rosafarbener Pilzbelag bilden.

Die Krankheit wird bei Freilandgurken nur selten angetroffen.

Maßnahmen
Durch Beizung des Saatgutes, Bodenentseuchung, ausreichendes Lüften, Anbau widerstandsfähiger Sorten sowie Fruchtwechsel lassen sich größere Schäden verhindern.

Grauschimmel
Der Grauschimmel befällt die Gurkenpflanzen beispielsweise über Schnittwunden am Stengel, Blattstielstümpfe, abgefallene oder abgewelkte und auf der Pflanze oder Frucht verbliebene Blütenblätter, sowie auch infolge zu starken Fruchtansatzes absterbende Früchte. Bei hoher Luftfeuchtigkeit bildet sich auf den Faulstellen der typische mausgraue Pilzrasen.

Maßnahmen
So viel lüften, wie von der Kulturführung her gerade noch verantwortbar ist.
Überflüssige Fruchtansätze entfernen.

Spritzungen gegen den Echten Mehltau mit Euparen haben auch eine Wirkung auf den Grauschimmel.

2.1.4.2 Schädlinge

Spinnmilben
Der Anfangsbefall ist auf der Blattoberseite durch kleine, helle Flecken festzustellen. Starker Befall führt zu gelb-braungespenkelten bis braunen Blättern, die von feinen Gespinsten überzogen sind; besonders die Triebspitzen können fast eingesponnen sein. In den Gespinsten bewegen sich massenhaft die winzigen Spinnmilben.

Maßnahmen
Die Bekämpfung sollte mit der Raubmilbe *Phytoseiulus persimilis* durchgeführt werden. Der Raubmilbeneinsatz sowie die unbedingt notwendigen Kontrollen bedürfen einer Anleitung. Ein Betrieb, der bisher noch keine Raubmilben eingesetzt hat, sollte die biologische Bekämpfung nur praktizieren, wenn die Anleitung sichergestellt ist. Auskunft erteilen die Pflanzenschutzdienststellen.

Bei der chemischen Bekämpfung ist eine Verhinderung der Ausbreitung der Spinnmilben durch Herausspritzen der ersten Befallsherde sinnvoller, als eine Behandlung des gesamten Bestandes.

Weiße Fliege (Gewächshausmottenschildlaus)
Beim Schütteln der Pflanzen fliegen die mehlig bepuderten erwachsenen Weißen Fliegen auf und sind gut zu sehen. Der Schaden entsteht durch das Saugen der Larven und der erwachsenen Tiere. Dabei werden große Mengen an Honigtau ausgeschieden, die rasch von Schwärzepilzen besiedelt werden.

Maßnahmen
Die Bekämpfung sollte mit der parasitischen Schlupfwespe *Encarsia formosa* erfolgen, die ihren Entwicklungsgang in den Larven der Weißen Fliege durchläuft und diese dabei abtötet. Der Nützling wird heute von verschiedenen Zuchtstationen angeboten. Die chemische Bekämpfung ist nicht einfach, da die Mittel die Eier und die festsitzenden Larven nicht erfassen. Deshalb sind mehrere Behandlungen in Abständen von 3 bis 4 Tagen erforderlich. Eine gute Benetzung der Blattunterseite ist sehr wichtig.

Um einen frühen Befall zu vermeiden, muß die Überwinterung oder die Einschleppung mit befallenen Pflanzen verhindert werden.

Besonders anfällig sind z. B. Fuchsien, Lantanen, *Hibiscus, Heliotrop, Datura* und andere.

2.1.5 Kohl

2.1.5.1 Pilzkrankheiten

Kohlhernie
Befallene Pflanzen bleiben im Wachstum zurück. Bei trockener, warmer Witterung zeigen sich Welkeerscheinungen und die Pflanzen verfärben sich graublau. Stark befallene Pflanzen können vollständig absterben. An den Wurzeln sind walzenförmige bis kugelige Verdickungen zu finden, die im Innern mit Gewebe ausgefüllt sind.

Maßnahmen
Bei der Pflanzung nur gesunde Jungpflanzen verwenden. Zur Verhinderung einer Verseuchung der Böden weitgestellte Fruchtfolge einhalten. Kreuzblütige Unkräuter müssen sorgfältig bekämpft werden. Auf leicht sauren Böden besteht eine erhöhte Infektionsgefahr. Eine Aufkalkung kann hier zu einer Befallsminderung führen. Auf Anzuchtbeeten und sonstigen Intensivflächen ist eine Entseuchung durch Dämpfung oder mit einem ausgewiesenen chemischen Präparat wirtschaftlich vertretbar. Achtung: Bei oder nach Durchführung dieser Maßnahmen eine erneute Einschleppung des Erregers über verseuchte Geräte oder Schuhe durch Desinfektionsmaßnahmen verhindern!

Falscher Mehltau
Gelbe Flecken auf der Blattoberseite. Auf der Blattunterseite zeigt sich an diesen Stellen ein weißgrauer Pilzrasen. Bei starkem Befall kommt es zu Wachstumsstockungen und bei Kohlanzuchten auch zum Ausfall von Setzlingen. Bei Blumenkohl und Kopfkohl kann der Falsche Mehltau-Pilz bis in die Blume bzw. den Kopf eindringen und dort Fäulnis verursachen.

Maßnahmen
Anzuchterde entseuchen. Saatgut kann durch eine Heißwasserbeize befallsfrei gemacht werden. Dichte Bestände und hohe Feuchtigkeit im Anzuchtbeet, aber auch bei Anbau unter Folie und Glas vermeiden. Gießbehandlungen nach der Saat und nach dem Pikieren gegen Keimlingskrankheiten haben auch eine Wirkung gegen den Falschen Mehltau.

Kohlschwärze
Diese Krankheit wird von zwei verschiedenen Alternaria-Pilzen verursacht. Bei Befall entstehen Schäden an Keimlingen. An größeren Pflanzen verursacht *Alternaria brassicae* rundliche, ca. 15 mm große, braune oder graue Blattflecken. Befall durch *Alternaria brassicicola* führt zu meist deutlich größeren Flecken, die mehr schwarz gefärbt sind. Chinakohl und Kopfkohl werden bevorzugt befallen. Bei Blumenkohl bilden sich auf der Blume zuerst wäßrige, hellbraune, später auch braunschwarze Flecken. Auch bei Brokkoli sind ähnliche Schäden im Blütenstand möglich. Im Vermehrungsanbau führt der Befall zu Notreife. Schrumpfkornbildung und verringerte Triebkraft der Samen sind die Folge.

Maßnahmen
Zur Verhinderung der Samenübertragung muß das Saatgut gebeizt werden. Ein Anbau in der Nähe von Rapsfeldern sollte vermieden werden. Bei Rosenkohl und Chinakohl gibt es weniger anfällige Sorten, die bevorzugt angebaut werden sollten. Samenträgerbestände dürfen nicht zu eng gepflanzt werden, damit sie nach Niederschlägen möglichst schnell abtrocknen. In Chinakohl ist eine chemische Bekämpfung möglich.

2.1.5.2 Schädlinge

Mehlige Kohlblattlaus
Das Saugen der Mehligen Kohlblattlaus führt zum Kräuseln und Vergilben von Blatträndern. Auf der Blattoberseite, später aber vor allem auf den Unterseiten erkennt man durch ihre Wachsausscheidungen bestäubte Läuse, die dicht an dicht auf den Blättern sitzen. Bei jungen Pflanzen kommt es dabei zu Wachstumshemmung. Die Saugtätigkeit führt darüberhinaus zu einer starken Verschmutzung der Kohlpflanzen durch die Ausscheidung von Honigtau.

Maßnahmen
Durch den Anbau von Früherbsen neben Kohl kommt es zu einer frühzeitigen Vermehrung der natürlichen Blattlausfeinde, so daß eventuell auf eine chemische Bekämpfung verzichtet werden kann. Nach dem Überschreiten der Schadensschwelle (20% befallene Pflanzen) mit den gegen Blattläuse ausgewiesenen Präparaten spritzen. Präparate mit geringen Auswirkungen auf Nützlinge sind zu bevorzugen. Unbedingt die Hinweise zur Vogelgiftigkeit beachten!

Kohlmottenschildlaus
Beim Berühren der Pflanzen fliegen die Mottenschildläuse auf. Auf den Blattunterseiten sind ringförmig abgelegte Eier und die ovalen, festsitzenden Larven zu sehen. Bei starkem Befall sind die Blätter mit Honigtau bedeckt, auf dem sich dann rasch Schwärzepilze ansiedeln.

Maßnahmen
Die Bekämpfung mit Insektiziden führt nur zum Erfolg, wenn die Blattunterseiten einen ausreichenden Spritzbelag erhalten. Da die festsitzenden Larven durch einen Wachsschild geschützt sind und deshalb nur schwer erfaßt werden, sind weitere Behandlungen im Abstand von 5 bis 7 Tagen notwendig.

Kohlgallenrüßler
Seine Larven verursachen rundliche Gallen, die im Innern hohl sind. Bei starker Gallenbildung wird das Wachstum junger Kohlpflanzen gehemmt. Durch die Ausschlüpföffnungen können Bakterien und Pilze eindringen und Fäulen verursachen.

Maßnahmen
Kohljungpflanzen mit Gallen nicht auspflanzen. Ausreichenden Fruchtwechsel einhalten. Bei Bekämpfungsmaßnahmen gegen die Kohlfliege wird der Kohlgallenrüßler mit erfaßt.

Großer Kohlweißling
Die gelblichgrünen, schwarz gefleckten Raupen fressen zunächst in Gruppen, wandern später aber auch auf Nachbarpflanzen ab. Bei starkem Befall bleiben oft nur noch die Adern der Blätter stehen.

Maßnahmen
Zur Bekämpfung stehen eine Reihe von ausgewiesenen Pflanzenschutzmitteln zur Verfügung. Selektive und nützlingsschonende Präparate (z. B. *Bacillus thuringiensis*) bevorzugt einsetzen!

Kleiner Kohlweißling
Die Raupen fressen zunächst Löcher in die Außenblätter und dringen dann in den Kopf ein. Die Fraßgänge sind mit Kot verschmutzt.

Maßnahmen
Für die Bekämpfung ist eine große Anzahl von Präparaten ausgewiesen. Selektive und nützlingsschonende Mittel sollten jedoch bevorzugt werden. Die Behandlungen müssen erfolgen, bevor die Raupen in die Kohlköpfe eindringen.

Kohleule
Schäden durch die grün bis grau oder braun gefärbten Raupen erkennt man an unregelmäßigem Lochfraß an den äußeren Blättern. Die älteren Raupen fressen sich tief in die Knöpfe ein. Die Fraßgänge sind kotverschmutzt. Sie bieten für Fäulniserreger günstige Eindringmöglichkeiten.

Maßnahmen
Zur Bekämpfung stehen mehrere zugelassene Insektizide zur Verfügung. Die *Bacillus thuringiensis*-Präparate sind jedoch nicht ausreichend wirksam. Die Behandlung muß vor dem Eindringen der Larven in die Köpfe erfolgen.

Kohlmotte
Das Schadbild der grünlichen Räupchen ist Schabefraß, hauptsächlich von der Blattunterseite her. Die Oberhaut bleibt erhalten. Angeschabte Blätter sehen silbrig aus. Mit fortschreitendem Befall werden die Blätter durchlöchert und schließlich völlig vernichtet.

Maßnahmen
Die Bekämpfung ist nur bei Massenvermehrung notwendig. Wichtig ist, daß die Blattunterseiten gut benetzt werden. Die selektiven und nützlingsschonenden *Bacillus thuringiensis*-Präparate bevorzugen!

Schadensschwelle: Für alle in den Beständen vorkommende Schmetterlingsraupen: 20% befallene Pflanzen bis zum Beginn der Kopfbildung, später 5% befallene Pflanzen.

Kohlfliegen
Die Kohlfliegen legen ihre Eier an den Wurzelhals oder in benachbarte Erdspalten. Die nach 4 bis 8 Tagen schlüpfenden Maden fressen an den Wurzeln. Stark befallene Pflanzen zeigen eine blaugraue Verfärbung und welken. Die Pflanzen kann man leicht aus dem Boden ziehen. Die Larven können aber auch an höher gelegenen Stellen in die Pflanzen eindringen und dann im Kopf oder in den Röschen minieren.

Schadensschwelle: Bei Ermittlung mit Eimanschetten: 10 Eier/Pflanze 10 Tage nach dem Pflanzen, 20 Eier/Pflanze 20 Tage nach dem Pflanzen. Bei Auszählung ohne Hilfsmittel: 4–5 Eier/Pflanze 10 Tage nach dem Pflanzen.

Maßnahmen
Nach Überschreitung der Schadensschwelle oder nach Hinweisen des Warndienstes können chemische Präparate im Gieß-, Streu- oder Spritzverfahren eingesetzt werden. Die Abdeckung mit Vlies oder Kulturschutznetzen, die im Rettichanbau bereits praktiziert wird, ist auch für Kohlkulturen möglich.

2.1.6 Lauch

2.1.6.1 Pilzkrankheiten

Purpurfleckenkrankheit
Der Pilz überdauert an Samen und Ernterückständen. Bei Befall entstehen auf den Blättern länglich ovale Flecken. Sie sind im Zentrum oft grau und tragen einen schwarzen Sporenrasen. Die Flecken sind von einer violetten Randzone umgeben. Befallene Blätter reißen auf, drehen sich ein und können bei fortschreitendem Befall auch absterben.

Maßnahmen
Geregelte Fruchtfolge einhalten und kranke Pflanzen beseitigen. Ernterückstände sorgfältig sammeln und vernichten. Saatgutbeizung durchführen.

Porreerost
Der Rostpilz überdauert auf überwinternden Lauch- oder Schnittlauchpflanzen. Die Verbreitung erfolgt mit dem Wind. Befallene Blätter sind mit rundlichen, kräftig orange gefärbten Flecken versehen. Die Blattoberfläche ist im Bereich der Flecken aufgerissen.

Maßnahmen
Im Frühjahr müssen die alten, vorjährigen, möglicherweise rostbefallenen Kulturen in der Nachbarschaft von einer Neupflanzung gerodet werden.

2.1.6.2 Schädlinge

Zwiebelthrips
Durch die Saugtätigkeit der Thripse entstehen auf den Blättern silbrige Streifen, die in der Längsrichtung des Blattes angeordnet sind. Bei starkem Befall bleiben die Pflanzen im Wuchs etwas zurück und erscheinen grau bis weißlich.

Maßnahmen
Fruchtwechsel und tiefes Pflügen können die Befallsgefahr deutlich verringern. Bei starkem Befall Spritzungen mit Insektiziden durchführen.

Lauchmotte
Die Raupen der Lauchmotte fressen zuerst längsgerichtete Gänge, bei denen eine Epidermis (äußere

Haut) der Blätter stehen bleibt, später Miniergänge bis in das Herz der Pflanze.

Maßnahmen
Die Bekämpfung der Lauchmotte kann mit den ausgewiesenen Insektiziden erfolgen.

2.1.7 Möhren

2.1.7.1 Pilzkrankheiten

Möhrenschwärze
Der pilzliche Schaderreger führt zu Schäden an den Keimlingen der Möhren. An älteren Pflanzen zuerst an einzelnen Fiederblättern helle, später braune oder schwarze Flecken. Bei fortschreitendem Befall verfault oder vertrocknet das gesamte Laub. Es ist auch ein Befall des Möhrenkörpers möglich. Dieser äußert sich in schwarzen Flecken oder schorfigen Partien.

Maßnahmen
In Befallsgebieten sollte der Möhrenanbau höchstens alle vier Jahre auf der gleichen Fläche erfolgen. Bestände dürfen nicht zu dicht gesät werden. Anbau einer toleranten Sorte. Möhren mit schwarzen Flecken oder schorfigen Stellen nicht einlagern.

2.1.7.2 Schädlinge

Möhrenfliege
Die Maden fressen oberflächlich gelegene Gänge überwiegend im unteren Teil des Möhrenkörpers. Durch deren Kot verfärben sich die Gänge rostbraun. Am Kraut macht sich ein Befall durch rötliche oder gelbliche Verfärbung bemerkbar. Kleine Pflanzen sterben ab.

Schadensschwelle: Ermittlung mit Gelbtafeln. 1. Generation: 1 Fliege je 2 Fallen und Tag. 2. Generation: 2 Fliegen je 2 Fallen und Tag.

Maßnahmen
Ein ausreichender Fruchtwechsel und großflächiger Anbau in windoffenen Lagen ohne Schutzmöglichkeiten wie Hecken, Maisfelder und hohe Unkrautstreifen, mindern den Befall. Aussaatzeitpunkt so wählen, daß die Möhren erst nach Abschluß der Eiablage der ersten Generation (Ende Juni) auflaufen. Beseitigung von Ernteabfällen und Resten von Mieten. Der Anbau von geringer anfälligen Sorten, z. B. der Sorte 'Sytan', hilft den Befall zu begrenzen. Durch Abdeckung der Möhren mit Kulturschutznetzen ist eine Abwehr der Möhrenfliege möglich.

In ungünstigen Lagen hilft auch ein Beidrillen von Granulaten zur Saat. Auf anderen Flächen sollten grundsätzlich nur nach Überschreitung der Schadensschwelle Insektizide eingesetzt werden.

Möhrenminierfliege
Bei der Nahrungsaufnahme hinterlassen die Weibchen der Möhrenminierfliegen rundliche, etwa 1 mm große Gruben in den Unterseiten der Möhrenblätter. Die Maden befinden sich hauptsächlich im oberen Teil des Möhrenkörpers. Ihre Fraßgänge sind dicht unter der Oberfläche, gewunden und ohne Kot.

Maßnahmen
Die bereits genannten Maßnahmen gegen die Möhrenfliege sind mit Ausnahme der insektiziden Granulate auch gegen die Möhrenminierfliegen wirksam.

2.1.8 Rettich und Radies

2.1.8.1 Pilzkrankheiten

Rettichschwärze
Der pilzliche Erreger kann viele Jahre in Form von Dauersporen im Boden überleben. Die Übertragung im Bestand erfolgt über im Bodenwasser bewegliche Sporen.

Schadbild ist eine blauschwarze Verfärbung der äußeren Schicht des Rettichs, die später bis ins Innere vordringt. An den band- oder ringförmigen Befallsstellen kommt es im Gewebe zu einer Einschnürung, Rißbildung und Vermorschung.

Maßnahmen
Bei starkem Befall mit Rettichanbau für 3 Jahre aussetzen. Befallene Rettiche von den Beeten entfernen und vernichten. Die weniger anfälligen roten Sorten bevorzugen. pH-Wert absenken. Mit Kalkstickstoff lassen sich Teilerfolge erzielen. Durch Bodendämpfung oder sorgfältige chemische Bodenentseuchung kann der Pilz im Boden abgetötet werden.

Falscher Mehltau
Der Pilz kann mit dem Samen übertragen werden. Er überdauert jedoch auch im Boden und befällt von dort aus die Pflanzen. Bei hoher Luftfeuchtigkeit erfolgt im Bestand eine rasche Ausbreitung mit Hilfe von Sporen.

Schadbild sind gelbliche bis bräunliche Flecken auf den Blättern. Bei hoher Luftfeuchte bildet sich auf der Blattunterseite ein weißlicher Pilzrasen. Auf dem Radieschenkörper entstehen rauhe, schwarze Stellen, die ebenfalls unter feuchten Bedingungen von einem weißen Pilzrasen überzogen werden.

Maßnahmen
Nicht zu dicht säen. Nach dem Bewässern ist für rasches Abtrocknen der Bestände zu sorgen. Vor Einbruch der Nacht müssen die Bestände trocken sein. In Radies ist eine Bekämpfung durch Saatgutbeizung in Kombination mit einer Fungizidspritzung möglich.

2.1.8.2 Schädlinge

Kohlfliegen
Die Schäden zeigen sich als bräunlich verfärbte Fraßgänge in den Rettich- oder Radieskörpern. Am Ende der Gänge findet man manchmal die bis zu 8 mm langen, gelblich-weißen Maden.

Maßnahmen
Abdeckung der Beete mit Vlies oder Kulturschutznetzen. Die Vliesabdeckung ist jedoch für die Sommeranwendung nicht geeignet. In Befallslagen können breitflächig vor der Saat oder bandförmig mit der Saat Granulate ausgebracht werden.

Erdflöhe
Die 1,5–3 mm großen schwarzen oder gelbgestreiften Käfer, die durch ihr gutes Sprungvermögen auffallen, fressen rundliche, ein bis mehrere Millimeter große Löcher in die Blätter. Nur bei starkem Befall werden die Keimlinge vernichtet. Der Larvenfraß an den Wurzeln kann auf Intensivanbauflächen zu Totalschäden führen.

Schadensschwelle: 10% der Blattfläche von Jungpflanzen geschädigt.

Maßnahmen
Durch häufiges Gießen und gründliches Hacken kann der Schaden durch die Käfer meist in Grenzen gehalten werden. Bei Überschreitung der Schadensschwelle kann eine chemische Bekämpfung erforderlich werden.

2.1.9 Salat

2.1.9.1 Pilzkrankheiten

Salatfäulen
Der Grauschimmel verursacht an Jungpflanzen eine oft von den Keimblättern ausgehende Fäule, die rasch auf andere Blätter übergreift. Der Wurzelhals verfärbt sich bei Befall braunrot. Die Pflanze stirbt ab. Auf den abgestorbenen Pflanzenteilen bildet sich ein mausgrauer Pilzrasen. Bei erntereifen Pflanzen äußert sich der Befall in einem Welken des Kopfes. Die Ursache ist auch hier eine Fäule des Wurzelhalses.

Bei der Sclerotinia-Fäule schreitet die Welke der Blätter von außen nach innen fort. Die welken Blätter legen sich auf den Boden und faulen. An den Faulstellen, besonders aber auch am Wurzelhals, entsteht ein weißes, flockiges Pilzgewebe, in dem es zur Ausbildung von schwarzen Dauerkörpern mit einem Durchmesser von etwa 1 mm bis zu 10 mm kommen kann.

Bei der Schwarzfäule sind die dem Boden aufliegenden äußeren Blätter auffallend dünn und schwarzbraun verfärbt. Da der Wurzelhals meist fest und gesund bleibt, sterben die Pflanzen nur selten ab.

Maßnahmen
Im Freiland kann durch Einhaltung einer Fruchtfolge, bei der Salat nicht zu häufig wiederkehrt, ein stärkeres Auftreten der Salat-Fäulen verhindert werden. Unter Glas ist bei einer stärkeren Verseuchung durch die Fäule-Erreger, insbesondere durch Sclerotinia, eine Dämpfung oder die Anwendung eines chemischen Bodenentseuchungsmittels angebracht.

Eine chemische Bekämpfung der Pilzkrankheiten im Bestand hat nur bei vorbeugendem Einsatz Erfolg. Die Grauschimmelmittel wirken auch gegen die Sclerotinia-Fäule und haben eine gewisse Wirkung gegen die Schwarzfäule.

Besonders bei der Bekämpfung des Grauschimmels spielen jedoch neben den chemischen auch pflanzenbauliche Maßnahmen eine große Rolle. Es dürfen nur gesunde und unbeschädigte Pflanzen eingesetzt werden. Die Verwendung von Erdtöpfen ist günstig. Der Salat muß hoch gepflanzt werden, damit Luft und Licht bis an den Stengelgrund kommen. Stickstoffüberdüngung vermeiden. In den Morgenstunden gießen, damit die Salatpflanzen bis abends trocken sind. Bei Anbau unter Glas muß der Betriebsleiter entscheiden, ob in den Wintermonaten eine Reduzierung der Feuchtigkeit durch gleichzeitiges Heizen und Lüften wirtschaftlich tragbar ist.

Falscher Mehltau
Die Pilzkrankheit zeigt sich auf der Blattoberseite als größere, gelbe Flecke, die von Blattadern begrenzt sind. An diesen Stellen entwickelt sich auf der Unterseite der Blätter ein weißer Pilzrasen. Die Flecken werden später braun und vertrocknen.

Maßnahmen
In den letzten Jahren fand ein Wettlauf zwischen der Züchtung resistenter Sorten und deren Überwindung durch neue Rassen des Falschen Mehltaus statt. Die Züchter haben diesen Wettlauf verloren, so daß bei Anbau sogenannter resistenter Sorten nur örtlich oder über einen gewissen Zeitraum Befall vermieden werden kann. Ein gezielter Sortenwechsel ist deshalb anzuraten. Durch Kulturmaßnahmen muß versucht werden, die Luftfeuchte niedrig zu halten, um eine Taubildung zu vermeiden. Wenn trotz der Einhaltung dieser Maßnahmen in den Salatbeständen Befall auftritt, sind Fungizidbehandlungen möglich. Auch in der Jungpflanzenanzucht kann eine chemische Bekämpfung angebracht sein.

2.1.9.2 Schädlinge

Salatwurzellaus
Die gelbliche, ca. 3 mm große Salatwurzellaus saugt an den Wurzeln der Salatpflanzen. Sie ist meist von ihren weißlichen Wachsausscheidungen umgeben.

Nur wenn trockenwarme Witterung die Vermehrung der Wurzelläuse fördert, ist eine Wachstumshemmung in Form mangelhafter Kopfbildung festzustellen.

Maßnahmen
In Befallsgebieten widerstandsfähige Sorten anbauen. Eventuell durch Beregnung den Schaden mindern.

Blattläuse
Am Salat schädigen verschiedene Blattlausarten. Zu den am häufigsten vorkommenden Arten zählt die Grüne Pfirsichblattlaus (*Myzus persicae*). Sie ist der wichtigste Virusüberträger.

Befall führt zu Mißbildung und Verkrüppelung der Salatpflanzen. Mosaikartige Fleckung der Blätter ist die Folge einer Virusübertragung durch die Blattläuse.

Maßnahmen
Für die Blattlausbekämpfung steht eine Reihe von chemischen Präparaten zur Verfügung. Die Behandlungen müssen frühzeitig erfolgen, da nach dem Schließen der Köpfe die Blattläuse fast nicht mehr erfaßt werden und die Gefahr unzulässig hoher Rückstände auftritt.

2.1.10 Sellerie

2.1.10.1 Pilzkrankheiten

Blattfleckenkrankheit
Auf den Blättern und Stengeln bilden sich braune bis graubraune Flecken, die bei regnerischer Witterung rasch zahlreicher werden. Ausgehend von den älteren Blättern vergilbt und verdorrt das Sellerielaub.

Maßnahmen
Einwandfreies Saatgut verwenden. In der Mehrzahl der Fälle wird sich eine Beizung empfehlen. Gegen die Blattfleckenkrankheit widerstandsfähige Sorten bevorzugen. In gefährdeten Lagen ist bei Befallsbeginn mit der Bekämpfung zu beginnen. Die Abstände zwischen den Anwendungen sind auf die Befallsstärke und Witterung abzustimmen.

2.1.10.2 Schädlinge

Selleriefliege
Die Larven der Selleriefliege fressen breite Fraßminen in die Sellerieblätter. Stark befallene Blätter welken.

Maßnahmen
Chemische Bekämpfungsmaßnahmen sind in der Regel nicht notwendig. Beim Einsatz von Präparaten gegen saugende und beißende Insekten wird die Selleriefliege miterfaßt.

Wanzen
Die Schäden werden durch das Besaugen und durch die Speichelabgabe von verschiedenen Weichwanzenarten verursacht. Alle Wanzenstadien sind sehr scheu und lassen sich bei Störungen sofort fallen. Die ausgewachsenen Tiere können auch davonfliegen.

Aufgrund der Saugtätigkeit bilden sich Blattkräuselungen und -verkrüppelungen. Die Herzblätter färben sich braunschwarz und verfaulen.

Maßnahmen
Bei der Auswahl des Standortes die Nachbarschaft von Wiesen- oder Getreideflächen möglichst meiden. Bei chemischen Bekämpfungsmaßnahmen Herzblätter sorgfältig behandeln.

2.1.11 Spargel

2.1.11.1 Pilzkrankheiten

Wurzelfäulen
Stengel der Pflanzen welken und vergilben. Die Pflanzen kümmern und sterben oft erst im folgenden Jahr ab. Bei Fusarium-Wurzelfäulen entstehen an der Wurzel mehr oder weniger langgezogene, rötlichbraune, strichförmige Faulflecke. Die Seitenwurzeln und Wurzelspitzen zeigen Verbräunungen und Fäule. Bei fortschreitendem Befall stirbt das Wurzelinnere fast vollständig ab, so daß die Wurzeln hohl werden. Der Violette Wurzeltöter (*Rhizoctonia crocorum*) bildet um die Wurzeln ein dichtes, violettes Pilzgeflecht, in dem schwarze Dauerkörper eingeschlossen sind. Bei einem Befall durch den Pilz *Zopfia rhizophila* sind die Wurzeln äußerlich braun verfärbt. An den verdickten Befallsstellen findet man die schwarzen, bis zu 1 mm großen Fruchtkörper. Die Wurzelfäulen treten in den Beständen nesterweise auf. Über die Jahre sterben immer mehr Pflanzen ab, so daß deutliche Lücken entstehen.

Maßnahmen
In den Beständen ist keine Bekämpfung der Wurzelfäulen möglich. Deshalb sind alle vorbeugenden Maßnahmen wichtig. Nach dem Anbau von Spargel sollte eine Anbaupause von 10 Jahren eingehalten werden.

Beim Setzen sollten schwache und krankheitsverdächtige Jungpflanzen aussortiert werden. Mechanische Verletzungen vermeiden. Vorsichtiges Arbeiten verhindert, daß Verletzungen und damit Eingangspforten für die Pilze entstehen. Auch eine gute Humus- und Kalkversorgung, ein pH-Wert über 6 und eine ausgeglichene Nährstoffversorgung sind wichtige Gegenmaßnahmen. Dämme nach dem Stechen schnell abräumen!

Rost
Der Rost-Pilz verursacht bleiche Flecken auf Stengeln und Blättern. In deren Mitte erscheinen im Sommer braune, im Spätsommer und Herbst schwarze Sporenlager. Starker Befall läßt das Laub frühzeitig absterben.

Maßnahmen
Weniger anfällige Sorten und windoffene Lagen bevorzugen. Bei Befallsgefahr ab Warndiensthinweis Bekämpfung mit den ausgewiesenen Präparaten durchführen. Die Behandlungen müssen im Abstand von 10 bis 14 Tagen wiederholt werden.

Grauschimmel
Bleichgrüne Befallsstellen mit grauem Pilzrasen am Stengel und an den Seitentrieben sind ein Hinweis auf Grauschimmelbefall. Die Blätter der kranken Triebe hängen welk herab. Bei starkem Befall sterben die Triebe vorzeitig ab.

Maßnahmen
Zur Zeit steht kein ausgewiesenes Präparat für diese Kultur zur Verfügung. Bei starkem Befall wende man sich an die amtliche Pflanzenschutzberatung.

2.1.11.2 Schädlinge

Spargelfliege
Durch den Larvenfraß im Innern der Pflanzen ist das Wachstum der jungen Triebe gestört. Die Triebspitze krümmt sich häufig. Stark befallene Triebe verkrüppeln und sterben ab.

Maßnahmen
In Ertragslagen sollte die Stechzeit möglichst bis zur Beendigung der Flugzeit der Spargelfliege abgewartet werden, so daß kein Befall erfolgen kann. Befallene Triebe möglichst tief abschneiden und entfernen. Junganlagen, aber auch Ertragsanlagen, bei denen das Stechen vor Ende der Flugzeit beendet wurde, sind ab Warndiensthinweis zu behandeln.

2.1.12 Spinat

2.1.12.1 Pilzkrankheiten

Falscher Mehltau
Der Pilz kommt nur auf Spinat vor. Der bis ins Frühjahr auf dem Feld stehende Winterspinat bietet ihm die Möglichkeit, über den Winter zu kommen.

Der Falsche Mehltau bildet helle, etwas aufgewölbte Flecken auf der Blattoberseite. An den entsprechenden Stellen der Unterseite der Blätter ist ein violettgrauer Pilzrasen festzustellen. Die Blätter werden brüchig und sterben ab.

Maßnahmen
Bisher wurden viele widerstandsfähige Sorten gezüchtet. Aufgrund der Bildung neuer Pilzrassen konnten diese Sorten aber wieder befallen werden. Zur Zeit sind verschiedene Sorten auf dem Markt, die gegen die bisher bekannten Pilzrassen A, B und C Resistenz aufweisen. Beim Anbau von anfälligen Sorten darf nicht zu dicht gesät werden. Frühjahrsspinat sollte nicht in der Nachbarschaft von Winterspi-

natbeständen gesät werden. Im Gewächshaus hohe Luftfeuchtigkeit vermeiden. Für eine direkte Bekämpfung ist zur Zeit kein Präparat ausgewiesen.

2.1.12.2 Schädlinge

Rübenfliege
Rübenfliegen-Befall erkennt man an den breiten Fraßminen in den Blättern. Die Minen sind zunächst weißlich. Wenn man die befallenen Blätter gegen das Licht hält, sind im Inneren der Minen die Maden und ihre Ausscheidungen zu sehen. Später trocknen die geschädigten Blatteile ein.

Maßnahmen
Winterspinat, wenn möglich, bei Befallsbeginn ernten. Bekämpfung mit den ausgewiesenen Präparaten durchführen und nach 10 bis 14 Tagen wiederholen.

2.1.13 Tomaten

2.1.13.1 Pilz- und Bakterienkrankheiten

Durch Pilze verursachte Welke-Erkrankungen
Welken in verschiedenen Ausprägungen: z. B. Absterben der Blätter, beginnend bei den ältesten Blättern; Schlappen der grünen Pflanzen bei hohen Temperaturen. Früchte bleiben klein oder werden abgestoßen.

Der Pilz *Fusarium oxysporum* stellt hohe Temperaturansprüche. In den Pflanzen verstopft er die Gefäße und bildet zusätzlich noch pflanzenschädliche Giftstoffe. Gelegentlich findet man auf den Stengeln rosa Sporenlager. Verhältnismäßig warm kultivierte Haustomaten werden bevorzugt befallen. Da die Übertragung durch Wurzelkontakt erfolgen kann, sind die Pflanzen oft reihenweise erkrankt.

Im Gegensatz zum Erreger der Fusarium-Welke werden *Verticilium*-Pilze vor allem bei niedriger Bodentemperatur schädlich. Über 20°C kommt es kaum zu Schäden. Eine Schädigung tritt bevorzugt bei schlechter Bodenstruktur und bei einem pH-Wert knapp unter 6 auf. Die Pilze sind samenübertragbar.

Der Pilz *Pyrenochaeta lycopersici* erzeugt die Korkwurzelkrankheit. Sie tritt im Freiland wie auch im Gewächshaus auf. Das eigentliche Schadbild der Korkwurzel mit korkigen, längs aufgerissenen, verdickten Wurzeln findet man zu Ende der Kulturzeit. Die Schadwirkung des Pilzes setzt aber viel früher ein, und schon die Wurzelverluste im Frühstadium der Kultur wirken sich auf die Ertragsmenge und -qualität aus. Die Verseuchung mit dem Schadpilz baut sich über mehrere Jahre auf.

Maßnahmen
Resistente Sorten anbauen. Es befinden sich viele resistente Sorten im Handel, wobei fast immer mehrere Resistenzen miteinander kombiniert sind.

Die Propfung auf voll resistenten Unterlagen sowie der Zukauf derartiger gepfropfter Sorten (Unterlage KVF 2) sind möglich. Die Bodenentseuchung erfaßt normalerweise die *Verticillium*-Pilze und den Korkwurzelerreger, nicht aber *Fusarium oxysporum*, da dieser Pilz bis 90 cm tief im Gewächshausboden vorkommt.

Bei welkenden Pflanzen kann durch Anhäufeln die Adventivwurzelbildung angeregt werden. Zusätzliches Wurzelwerk liefert der gestreßten Pflanze zusätzlich Wasser.

Phytophthora-Stengelgrundfäule
Befall tritt nur bei geheizter Frühkultur oder im Kalthaus im frühen Entwicklungsstadium der Kultur (bis 6 Wochen nach der Pflanzung) auf.

Der Stengelgrund ist graugrün, leicht eingeschrumpft und im Innern hohl. Die Hauptwurzel wird braun und die Pflanze stirbt dann allmählich ab.

Maßnahmen
Bodendämpfung, insbesondere auch Dämpfung der Anzuchterde. Nur kräftige, abgehärtete Jungpflanzen verwenden. Bodentemperaturen nicht unter 15 °C absinken lassen. Für zügiges Wachstum sorgen.

In Betrieben, die mit Befall rechnen müssen, ist das Angießen mit einem Fungizid entsprechend den Anwendungshinweisen möglich.

Grauschimmel, Geisterflecken
Besonders gefährdet sind Haustomaten. Auf Blättern, an Stielen und Stengeln entstehen Faulstellen. Da diese bei ausreichender Luftfeuchtigkeit einen dichten, mausgrauen Pilzbelag tragen, ist die Erkrankung leicht zu diagnostizieren. Es kann auch zum Durchfaulen des Stengels und des Stieles und damit zum Absterben der darüberliegenden Pflanzenteile kommen.

Auf den Früchten entsteht ein weißlicher Ring, meist von wenigen Millimetern Durchmesser, mit einem punktförmigen, gleichfarbigen Zentrum. Befallene Früchte weisen zumeist mehrere bis viele dieser Geisterflecken auf. Auf den Früchten findet kein Pilzwachstum statt.

Maßnahmen
So viel lüften, wie eine gute Kultur gerade noch verträgt. Notfalls »trockenheizen«, d. h. bei offener Lüftung heizen. So bewässern, daß die Bestände trocken in die Nacht gehen. So viel Laub entfernen, daß einerseits noch genügend Assimilationsfläche vorhanden, andererseits eine gute Durchlüftung des Bestandes gewährleistet ist. Unterste Blätter wegnehmen. Absterbende Blütenblätter möglichst abschütteln. Zur chemischen Bekämpfung des Grauschimmels ist ein Fungizid ausgewiesen.

Dürrflecken-Krankheit
Schwärzliche Flecken unterschiedlicher Größe entstehen auf Blättern, am Stengel und an den Stielen sowie auf den Früchten. Befallen werden hauptsächlich Freilandtomaten. Am größten und markantesten sind die Flecken auf den Früchten, wo sie oben im Umfeld des Stielansatzes auftreten.

Maßnahmen
Wiederbenutzte Tomatenpfähle gründlich reinigen und desinfizieren. Für die Spritzfolge sind mehrere Fungizide ausgewiesen. Während der Pflückphase müssen die Wartezeiten beachtet werden.

Kraut- und Braunfäule
Die Krankheit tritt vorwiegend an Freiland-, weit seltener auch an Gewächshaustomaten auf. Man findet graugrüne, später braun werdende Blattflecken. Sie dehnen sich bei feuchtwarmer Witterung rasch aus. Auf den Unterseiten der Blattflecken kann sich ein grauweißer Pilzrasen bilden. Auch am Stengel kann Befall auftreten. Am markantesten ist die Braunfäule der Früchte. Bei starkem Befall können fast alle Früchte befallen und damit unverkäuflich werden.

Maßnahmen
In Gebieten mit verstärktem Freilandtomatenanbau stellen unbehandelte Kartoffelpflanzungen in kleinen Feldschlägen oder Gärten eine latente Gefahr dar. Daher sollten solche Kartoffelschläge entsprechend den Warndienst-Aufrufen Spritzungen erhalten.

Tolerante Sorten sind vorhanden.

Bekämpfung erst dann vornehmen, wenn für das betreffende Gebiet Erstbefall bei Kartoffeln gemeldet wurde. Spritzungen während hochsommerlicher Dürreperioden bzw. wenn bei Beregnung während dieser Phasen eine rasche Abtrocknung der Pflanzen erfolgt, sind überflüssig und belasten nur die Umwelt.

Für die Spritzfolge sind mehrere Fungizide ausgewiesen. Während der Pflückphase kommen aber nur Präparate mit kurzer Wartezeit in Frage.

Samt- und Braunflecken
Die Krankheit tritt nur bei Haustomaten auf. Besonders gefährdet sind Kulturen in Folienhäusern und Häusern mit Doppelverglasung.

Auf den Blättern bilden sich viele auffällige gelbe Flecken, die linsen- bis pfenniggroß sind. Auf der Blattunterseite findet man auf diesen Flecken einen samtigen, bräunlichen Pilzrasen. Bei fortschreitendem Befall sterben die Blätter ab. Im Extrem kann der gesamte Bestand braun werden. Nur noch Stengel, Stiele und Früchte, die alle nicht befallen werden, sind grün.

Maßnahmen
Bevorzugt solche Sorten pflanzen, die sich im Betrieb als befallsfrei erwiesen oder die gegen möglichst viele Pathotypen-Gruppen resistent sind. Wenn Erstbefall aufgetreten ist, so trocken wie möglich kultivieren und so oft lüften wie vertretbar (eventuell zeitweise heizen bei offener Lüftung). Ab Erstbefall wiederholte Spritzungen mit Fungiziden durchführen.

Stengelfäule
Es erkranken sowohl Haus- wie auch Freilandtomaten. Im Gegensatz zur Phytophthora-Stengelgrundfäule werden bevorzugt nicht junge, sondern ältere Pflanzen befallen. Ganze Pflanzen oder Teile der Pflanzen welken bzw. zeigen Absterbeerscheinungen. Am hinteren Ende der abgestorbenen Partie – bevorzugt am Stammgrund – findet man einen großen, schwärzlichen, etwas eingesunkenen Fleck. Im Anfangsstadium des Befalls – noch ohne welken – ist der Fleck nur einseitig ausgebildet. Später umfaßt er den gesamten Stengel. Auf den dunklen Flecken befinden sich sehr viele winzige, kugelige Sporenbehälter.

Maßnahmen
Weitgestellte Fruchtfolge. Desinfektion der Pfähle. Unbenutzte Schnüre verwenden. Wenn nur einzelne kranke Pflanzen im Bestand sind, diese vorsichtig entfernen.

An der Stammbasis befallene Treibtomaten können weiterleben, wenn man sie rechtzeitig bis über die erkrankte Zone des Stammes anhäufelt. Zur chemischen Bekämpfung der Tomatenstengelfäule sind lediglich Grünkupfer-Präparate ausgewiesen. Diese dürfen nur im Freiland eingesetzt werden. Darauf achten, daß insbesondere der Stengelgrund allseitig gut getroffen wird. Wegen der Wartezeit von 7 Tagen können in der Regel Kupferpräparate während der Pflückphase nicht ausgebracht werden.

In Gewächshäusern, in denen starker Befall auftrat, ist eine Bodenentseuchung zu empfehlen.

Bakterienwelke

Bei Freilandtomaten welken im Sommer Pflanzenteile oder ganze Pflanzen. Die kranken Pflanzen sind deutlich kürzer als die gesunden im Bestand. Statt der normalen grünen Farbe überwiegen gelbe und braune Töne. Spezielle Symptome an den Früchten (sog. Vogelaugenflecke) treten nur selten auf.

Bei der kranken Pflanze sind die Gefäße gelbbraun verfärbt, aus ihnen läßt sich der gelbliche Bakterienschleim des Erregers herauspressen.

Maßnahmen

In Befallslagen sollen Tomaten höchstens alle 4 Jahre angebaut werden. Beim Ausgeizen kein Messer verwenden. Triebe ausbrechen und dabei beachten, daß die Wunden nicht berührt werden.

Kupferspritzungen können die Ausbreitung von Pflanze zu Pflanze verhindern. Wegen der Reifeverzögerung nach einer Kupferspritzung sind aus wirtschaftlichen Gründen nur wenige Kupferspritzungen vertretbar.

Da der Wassertransport in der Pflanze blockiert ist, Zusatzberegnung häufiger als normal in Betrieb nehmen.

Tomatenpfähle vor Wiederverwendung entseuchen.

2.1.13.2 Viruskrankheiten

Die wichtigsten Viren bei Tomaten gehören zum Tabakmosaikvirus-Komplex. Sie sind sehr leicht durch Kontakt (Messer, Hände, Kleidung), aber auch durch Pflanzenreste im Boden übertragbar. Daneben treten noch als Schaderreger auf: das Gurkenmosaik, das Kartoffel-X-Virus, das Kartoffel-Y-Virus, die sogenannte Bronzefleckenkrankheit und Mischinfektionen durch die benannten Viren.

Je nach Virusstamm und Witterung äußert sich die Krankheit als Mosaikscheckung, Farnblättrigkeit, Strichelnekrosen und Verformungen am Laub, leichte Adernaufhellungen der Blätter, Bildung blasser Ringe auf den Blättern; Absterben des Spitzentriebes und verstärkte Seitentriebbildung, stark gestauchte oder ausgeblichene Pflanzen.

Maßnahmen

Resistente Sorten anbauen. Tomaten nicht in Nachbarschaft von Kartoffeln kultivieren. Einzelpflanzen im Bestand mit ersten Krankheitserscheinungen unverzüglich entfernen.

In Beständen mit virösen oder virusverdächtigen Pflanzen und auch in benachbarten Kulturen Bekämpfung saugender Insekten (Blattläuse, Thripse) gewissenhaft vornehmen.

Um eine Übertragung von Tomatenmosaikviren über das Messer, die Hände oder die Kleidung möglichst einzuschränken, wird vor den Pflegearbeiten eine Spritzung der Jungpflanzen mit einer Mischung aus Mager- oder Vollmilch mit Wasser im Verhältnis 1:1 empfohlen.

2.1.13.3 Schädlinge

Weiße Fliege

Siehe bei Gurken.

2.1.14 Zwiebeln

2.1.14.1 Pilzkrankheiten

Falscher Mehltau

Der Pilzbefall ist an bleiche, graugrüne Flecken auf dem Zwiebellaub zu erkennen. Bei hoher Luftfeuchtigkeit, vor allem in den frühen Morgenstunden, ist auf den Befallsstellen der violettgraue Pilzrasen zu sehen. Bei starkem Befall sterben die Schlotten ab.

Maßnahmen

Frühjahrsaussaaten nach Möglichkeit nicht in der Nähe überwinternder Bestände durchführen. Der Fruchtwechsel ist eine der wichtigsten Maßnahmen, um eine von Dauersporen ausgehende Infektion zu verhindern. Feuchte Anbaulagen und dichte Bestände sind möglichst zu meiden. Befallsverdächtige Pflanzen aus Vermehrungsbeständen entfernen. Zur chemischen Bekämpfung kann nur die Nebenwirkung des gegen die Botrytis-Blattfleckenkrankheit ausgewiesenen Präparates genutzt werden.

Mehlkrankheit

Der Erreger der Mehlkrankheit bewirkt ein vereinzeltes oder nesterweises Absterben von Keimpflanzen. Bei älteren Pflanzen Fäule des Zwiebelbodens und der Wurzel. Diese Pflanzenteile werden dicht von den Pilzfäden überwachsen. Dadurch bilden sich mehlartige Überzüge, in denen schwarze Dauerkörper eingebettet sind.

Maßnahmen
Um eine Verseuchung der Anbaufläche zu verhindern, sollte ein vorbeugender weitgestellter Fruchtwechsel (4 bis 5 Jahre) eingehalten werden. Auf Befallsböden für 8 Jahre mit dem Zwiebelanbau aussetzen. Putzrückstände auf keinen Fall wieder auf das Feld bringen, sondern vernichten. Zur Zeit ist kein Pflanzenschutzmittel für diesen Anwendungsbereich ausgewiesen.

2.1.14.2 Schädlinge

Zwiebelfliege
Von der Zwiebelfliege befallene Pflanzen zeigen eine gelblichgraue Verfärbung des Laubes. Junge Pflanzen welken und sterben ab. Das Herzblatt läßt sich leicht herausziehen. In größeren Pflanzen sind Madengänge zu finden, die später meist faulen.

Maßnahmen
Die zweckmäßigste Bekämpfungsmaßnahme ist die Saatgutbehandlung. Des weiteren können Granulate oder entsprechende flüssige Präparate bandförmig oder breitflächig ausgebracht werden.

3 Obstbau

3.1 Schadursachen und Maßnahmen zur Schadensverhütung

Nachfolgend eine Auswahl wichtiger Krankheiten und Schädlinge an Obstkulturen.

Über die im Einzelfall für die Abwehr geeigneten Pflanzenschutzmittel und Einsatztermine orientiere man sich in den jährlich neu erscheinenden Empfehlungsschriften und weiteren regelmäßigen Warndiensthinweisen des zuständigen amtlichen Pflanzenschutzdienstes.

3.1.1 **Kernobst** (Apfel und Birne)

3.1.1.1 Pilz- und Bakterienkrankheiten

Schorf
Auf den Früchten entstehen kleine, runde, dunkle Flecke, die sich bei Frühbefall nicht selten zu größeren Schadstellen entwickeln und im Spätsommer aufreißen. Auf den Blättern haben diese Befallstellen ein dunkel- bis graubraunes, mattes Aussehen. Bei hochanfälligen Sorten, wie z.B. 'Golden Delicious', kommt es bei starkem Auftreten zu beachtlichem vorzeitigem Blattfall sowie schlechter Fruchtausbildung und -ausfärbung. Der Pilz überwintert auf den abgefallenen Blättern, teils auch den erkrankten jungen Zweigen. Infektionsgefahr besteht bei anhaltenden Niederschlägen sobald im Frühjahr die ersten grünen Blättchen und Blütenknospen sichtbar werden. Hier ist zu beachten: Je länger im Frühjahr und Vorsommer die Äpfel- und Birnbäume naß sind, desto größer ist die Infektionsgefahr.

Maßnahmen
- Ermittlung der Infektionstermine mit Hilfe von Registrier- und elektronischen Schorfwarngeräten
- auf die Infektionsbedingungen abgestimmter Einsatz von Fungiziden
- Beachtung der Warndiensthinweise des amtlichen Pflanzenschutzdienstes (automatischer Telefon-Auskunftgeber, schriftliche Hinweise u.a.)
- wichtig ist die Verhütung des Primärbefalls bis etwa Mitte Juni.

Apfelmehltau
Die erkrankten Blätter und Triebe sind teilweise oder ganz von einem weißen, mehlartigen Belag überzogen. Der Pilz überwintert in den befallenen Knospen und wächst dann im Frühjahr mit den austreibenden Blättern hervor. Schwülwarmes und luftfeuchtes Wetter fördert, naßkaltes hemmt die Entwicklung.

Maßnahmen
- konsequenter Rückschnitt aller befallenen Triebspitzen bei Beginn und während des Austriebs im Frühjahr. Dadurch werden zahlreiche Infektionsquellen im Bestand (auch im Einzelbaum) entfernt und der Befallsdruck gemindert
- bei Bedarf, zusätzlich auf die Infektionsbedingungen abgestimmter Einsatz von Fungiziden.

Obstbaumkrebs
An Ästen und Stämmen entstehen wulstartige Mißbildungen. Bei einem starken Befall können Äste und Bäume (Spindelformen in Dichtpflanzungen) auch absterben. Der Pilz infiziert die Bäume über frische Wunden (Schnittflächen, Frostschäden, Hagelschlag u.a.) und über noch nicht verkorkte Blattnarben während des Blattfalls. Perioden mit besonders hoher Infektionsgefahr sind bei feuchten Witterungsbedingungen während der Herbst- und Frühjahrsmonate gegeben. Staunässe, hoher Grundwasserstand und zu hoher Stickstoffgehalt im Boden fördern den Befall.

Maßnahmen
- befallene Zweige und Äste bald nach der Ernte – vor dem Winterschnitt – gut handbreit unterhalb der Krebsstelle abschneiden. Am Stamm und stärkeren Ästen die Krebsstellen gründlich bis ins gesunde Holz ausschneiden (Messer, Säge, Krebsfräse). Damit werden wichtige Quellen für Herbstinfektionen entfernt
- ausgeschnittene Stellen und Schnittflächen mit speziellen Wundpflegemitteln behandeln
- nach Hagelschlag zum Schutz vor Infektionen umgehend ein geeignetes Fungizid ausbringen (Hinweise des amtlichen Pflanzenschutzdienstes beachten!)
- im Herbst nach der Ernte während des Blattfalls, vor allem nach Frühfrösten, sind bei anfälligen Sorten in befallsgefährdeten Lagen ein bis zwei Behandlungen mit einem Fungizid anzuraten.

Birnengitterrost
Anfänglich gelbe, später leuchtend rote bis orangerote Flecken auf Birnenblättern. Wirtswechsel: Im Winter auf Wacholderarten (*Juniperus*), im Sommer auf Birnen. Der Pilz infiziert im Frühjahr die jungen Birnenblätter. Der Schaden ist geringer als das Erscheinungsbild vermuten läßt.

Maßnahmen
- nur bei jährlich wiederkehrendem, starkem Befall (mehr als 5 Flecken je Blatt) erforderlich
- wo möglich, ist die in der unmittelbaren Nähe stehende Wacholderpflanze (Winterwirt, z. B. *Juniperus sabinae, J. chinensis* u. a., nicht aber der Säulenwacholder) zu entfernen
- wird der Schorfpilz an Birnen bekämpft, ist bei der Wahl der Fungizide die Wirkung gegen den Birnengitterrost zu berücksichtigen.

Feuerbrand
Erkrankte Blüten und Triebe welken. Sie färben sich zunächst braun, später an den Befallsstellen mitunter schwarz.

Von den Infektionsstellen kann sich diese Bakterienkrankheit auf benachbarte Triebe, Äste und den Stamm ausbreiten. Die Erkrankung verläuft vor allem bei sehr anfälligen Birnensorten schnell und mit großer Intensität. Andere Erreger und nicht parasitäre Einflüsse können ähnliche Symptome verursachen. Überwinterung in Befallsherden (Rinde/Holz) des Vorjahres. Schwül-warmes (gewittriges) Wetter (über 23°C und mehr als 70% rel. Luftfeuchte) begünstigt das Auftreten.

Befallen werden nur die apfelfrüchtigen Rosengewächse wie Äpfel, Birnen, Quitten und verwandte Ziergehölze. Nicht befallen werden das Stein- und Beerenobst.

Maßnahmen
- schwach befallene Obstgehölze können meist durch einen großzügigen, sofortigen Rückschnitt bis mindestens 30 cm ins gesunde Holz gerettet werden. Stark befallene Gehölze sind zu entfernen
- das befallene Schnittgut ist, wo möglich, sofort zu verbrennen oder über die Müllabfuhr zu entsorgen
- da die Krankheit meldepflichtig ist, bei Erstbefall umgehend das zuständige Landwirtschaftsamt unterrichten. Dort erhalten sie weitere Informationen.

Frucht- und Lagerfäulen
Im Lager entstehen auf den Früchten mehr oder weniger ausgedehnte Fäulen, die oft auch die ganze Frucht erfassen können. Sie werden durch verschiedene Pilze hervorgerufen (z. B. *Gloeosporium sp., Penicillium sp., Monilinia sp.* u. a.). Die Schalen und Fleischbräunen sind dagegen nichtparasitäre, vorwiegend physiologisch bedingte Schäden.

Maßnahmen
- gute Baumpflege. Dazu gehört auch das sorgfältige Entfernen von Befallsherden an der Rinde (z. B. durch *Nektria galligena* = Obstbaumkrebs, *Gloeosporium sp.* u. a.). Sie sind wichtige Infektionsquellen für den Fruchtbefall
- Ernte zügig durchführen, da vor allem bei niederschlagsreichem, feuchtem Herbstwetter die Infektion von Tag zu Tag zunimmt
- Einsatz geeigneter Fungizide ab August.

3.1.1.2 Schädlinge

Blattläuse
Die Symptome sind hinreichend bekannt. Mehrere Arten. Wichtig sind die Mehlige Apfelblattlaus und die Mehlige Birnenblattlaus, gelegentlich auch die Apfelblattfaltenlaus und Grüne Apfelblattlaus, selten die Apfelgraslaus. Überwinterung im Eistadium. Alle, bis auf die Grüne Apfelblattlaus, wirtswechselnd.

Maßnahmen
- regelmäßige Befallskontrollen ab Austriebsbeginn und Einsatz eines geeigneten Insektizides bei Überschreiten der Schadensschwelle

- bei der Entscheidung über die erforderliche Gegenmaßnahme das eventuelle gleichzeitige Auftreten von Nützlingen berücksichtigen.

Blutlaus
An Wund- und Schnittstellen, bei starkem Befall auch an den Blattachseln junger Triebe, bilden sich zusammenhängende Kolonien, die leicht an den weißen, wollartigen Wachsausscheidungen der Tiere zu erkennen sind. Überwinterung in den Befallsstellen am Baum und am Wurzelhals.

Maßnahmen
- regelmäßige Befallskontrollen ab Austriebsbeginn. Bei Überschreiten der Schadensschwelle Einsatz eines geeigneten Insektizides
- bei den Kontrollen das Auftreten der oft sehr wirksamen Blutlauszehrwespe *(Aphelinus mali)* beachten.

Kleiner Frostspanner
Im Frühjahr Fraßschäden an jungen Blättern und Früchten. Die hellgrünen Larven (Räupchen) führen charakteristische, spannerartige Bewegungen aus, sie machen eine Art »Katzenbuckel«. Überwinterung im Eistadium.

Maßnahmen
- anlegen von Leimringen an den Baumstämmen (Halb- und Hochstämmen) im Oktober vor den ersten Frühfrösten
- bei Überschreiten der Schadensschwelle im Frühjahr Einsatz eines geeigneten Insektizides.

Apfelwickler (Obstmade)
Die Larve, das als Obstmade bekannte Räupchen, verursacht die wurmigen Äpfel. In der Regel zwei Generationen im Jahr. Die Falter der ersten Generation schlüpfen etwa ab Ende Mai, die der zweiten etwa ab Anfang August (im Oberrheintal oft etwas früher). Die Überwinterung in einem Kokon, Verpuppung im Frühjahr bzw. Juli.

Maßnahmen
- Überwachung des Auftretens mit Hilfe von Pheromon-(Lockstoff-)Fallen (Flug der Männchen) und durch zusätzliche Eiablagekontrollen
- bei Überschreiten der Schadensschwelle termingerechter, auf die Wirkungsweise des Präparates bezogener Einsatz eines Insektizides
- Warndiensthinweise des amtlichen Pflanzenschutzdienstes beachten.

Apfelschalenwickler
Im Gegensatz zur Obstmade dringen die Räupchen der Schalenwickler selten bis zum Kernhaus der Apfel- und Birnenfrüchte vor. Sie fressen am Blättchen und unter bestimmten Bedingungen auch an der Schale oder im Fruchtfleisch dicht darunter. Nicht selten spinnen die Räupchen ein Blatt an eine Frucht, unter dessen Schutz sie ihre typischen Fraßschäden verursachen. Bedeutende Fruchtschäden verursacht in der Regel die Herbstgeneration. Es ist ein Schädling intensiv bewirtschafteter Kernobstanlagen, in Streuobstbeständen ist sein Auftreten meist unbedeutend. Zwei Generationen im Jahr (Ende Mai bis Juli und August bis Mai).

Maßnahmen
- Überwachung des Auftretens mit Hilfe von Pheromon-(Lockstoff-)Fallen und zusätzlichen Eiablagekontrollen
- bei Überschreiten der Schadensschwelle termingerechter, auf die Wirkungsweise des Präparates bezogener Einsatz eines Insektizides
- Warndiensthinweise des amtlichen Pflanzenschutzdienstes beachten.

Obstbaumspinnmilbe
Auf den Blättern erscheinen punktförmige, weißlichgelbe Aufhellungen. Später ist ein Befall oft schon an der bronzebraunen Färbung der Blätter zu erkennen. Vorwiegend auf der Blattunterseite findet man kleine, mit dem bloßen Auge gerade noch sichtbare, rötliche oder gelbliche Pünktchen, die Spinnmilben. In der Regel fünf Generationen während einer Vegetationsperiode. Überwinterung in der Eiform. Starker Befall führt zu vorzeitigem Blattfall.

Maßnahmen
- Befallskontrollen, während der Vegetationsruhe auf Wintereier, im Frühjahr und Sommer auf Larven, Milben und Sommereier
- bei Überschreiten der Schadensschwelle termingerechter, auf die Wirkungsweise des Präparates bezogener Einsatz eines Akarizides (Wintereier bei Austriebsbeginn und Spinnmilben nach dem Schlüpfen)
- eventuell gleichzeitig auftretende Nützlinge, z. B. Raubmilben, bei der Entscheidung über die erforderliche Gegenmaßnahme berücksichtigen
- für die notwendigen Pflanzenschutzmaßnahmen gegen andere Schädlinge und Krankheiten, ebenfalls, wenn möglich, raubmilbenschonende Präparate wählen.

Birnblattsauger

Ab Ende April/Mai findet man die zunächst gelblich-braunen, später dunkelbraunen Larven der Birnblattsauger. Sie saugen an den jungen Trieben und Blättchen, hemmen dadurch das Wachstum und verursachen so verkrüppelte Blätter, teils auch Triebe. Nicht selten kommt es infolge der zuckerhaltigen Ausscheidung (Honigtau) der Blattsaugerlarven zur Ansiedlung von Schwärzepilzen, auch Rußtaupilze genannt. Früchte und Blätter werden dadurch stark verschmutzt. Es handelt sich um zwei Arten, die als erwachsene Tiere überwintern: um den kaum Schäden verursachenden »Gemeinen Birnblattsauger«, er wandert nach der Blüte ab, und den »Kleinen Birnblattsauger«. Er ist besonders schädlich und tritt bis zum Spätsommer in mehreren Generationen auf. Die Eiablage beginnt im Frühjahr. Er verursacht die bekannten Honigtauausscheidungen, auf denen sich die vorgenannten Schwärzepilze ansiedeln. Birnblattsauger sind wichtige Überträger des »Birnenverfalls«, einer bedeutenden Mykoplasmosekrankheit.

Maßnahmen
- regelmäßige Befallskontrollen ab Austriebsbeginn
- bei stärkerem Auftreten termingerechter Einsatz eines Insektizides, entsprechend den Empfehlungen des amtlichen Pflanzenschutzdienstes.

3.1.2 Steinobst (Kirsche, Pflaume, Zwetsche, Mirabelle, Pfirsich)

3.1.2.1 Pilz- und Bakterienkrankheiten

Schrotschuß

In luftfeuchten Lagen bilden sich nach dem Austrieb auf den Blättern des Steinobstes frühzeitig karminrote Flecken von einigen Millimetern Durchmesser. Das Gewebe in diesen Flecken stirbt ab, vertrocknet und fällt aus. Der Pilz überwintert vor allem in Befallsstellen der Rinde. Ein sehr starkes Auftreten kann zu vorzeitigem Blattfall führen. Neben den Blättern können auch die Früchte befallen werden.

Maßnahmen
- sorgfältiges Beobachten der jährlichen Befallstärke
- Einsatz von Fungiziden entsprechend den Hinweisen des amtlichen Pflanzenschutzdienstes, wenn die Krankheit jährlich Schaden verursacht.

Sprühfleckenkrankheit

Auf den Blättern von Süß- und Sauerkirschen verursacht der Pilz, etwa ab Ende Mai/Juni, kleine, rötlich-violette Flecken. Diesen entsprechen auf der Blattunterseite gelblich-weiße Sporenlager. Die befallenen Blätter vergilben. Vorzeitiger, oft sehr starker Blattfall im Sommer ist die Folge. Der Pilz überwintert in abgestorbenen Blättern und an den Blattstielnarben.

Maßnahmen
- wo diese Krankheit erfahrungsgemäß jährlich einen vorzeitigen Blattfall verursacht, können ab der Blüte – vor allem bei feuchtem Wetter –, zwei bis drei Fungizideinsätze entsprechend den Hinweisen des amtlichen Pflanzenschutzdienstes erforderlich werden.

Zweig- und Blütenmonilia der Kirsche

Der Pilz schädigt meist Kirschen. Gegen Ende der Blütezeit beginnen bei anfälligen Sauerkirschensorten, wie der »Schattenmorelle«, die jungen Zweige abzusterben. Bei Süßkirschen sterben meist nur die Blütenbüschel ab. Die Zweigmonilia tritt besonders in Jahren mit hohen Niederschlägen vor und während der Blüte auf, da die Ansteckung über die Blütenorgane erfolgt. Bei trockenem Witterungsverlauf während der Blüte ist das Auftreten unbedeutend.

Maßnahmen
- bei Befall alle erkrankten, absterbenden Triebe bis in das gesunde Holz zurückschneiden
- herrscht kurz vor und während der Blüte niederschlagsreiches Wetter, sind je nach dem Blüh- und Witterungsverlauf 2 bis 3 Behandlungen im Abstand von 6 bis 10 Tagen mit einem Fungizid entsprechend den Empfehlungen des amtlichen Pflanzenschutzdienstes anzuraten. Die erste Behandlung ist kurz vor der Blüte auszuführen.

Kirschensterben oder Valsakrankheit

Zunächst sterben nur einzelne Äste ab, später ganze Bäume. Es kommt zur Bildung von krebsartigen Wucherungen sowie Gummifluß an Zweigen und Ästen. Der Pilz kann auch andere Steinobstarten und Kernobst befallen. Er infiziert das ganze Jahr über, verstärkt aber im Herbst und Frühjahr die Gehölze über frische Wundstellen (Schnittwunden, andere Verletzungen und die noch nicht verkorkten Blattnarben während des Laubfalls). Staunasse Standortverhältnisse begünstigen das Auftreten.

Maßnahmen
- sorgfältige Wundpflege und gründliches Ausschneiden der noch jungen Befallsstellen bis in das ge-

sunde Holz. Wunden anschließend mit einem Wundverschlußmittel behandeln
- in befallsgefährdeten Lagen bei Beginn des Blattfalls, vor allem nach den ersten Frühfrösten zusätzlich zwei Behandlungen mit einem empfohlenen Fungizid
- bei Neupflanzungen Sorten wählen, die sich am Standort als weniger anfällig erwiesen haben
- keine Neupflanzung auf staunassen Standorten.

Narren- oder Taschenkrankheit der Zwetsche
Es entstehen langgestreckte, etwas gekrümmte, flache Früchte. Diese sind zunächst von einem weißgrauen, sich im Spätsommer braun verfärbenden Belag überzogen. Der Pilz infiziert bei niederschlagsreichem Wetter im Frühjahr bereits die sich bildenden Fruchtansätze während der Blüte. Bei trockenem Witterungsverlauf erfolgt keine Infektion.

Maßnahmen
- wo in den Vorjahren diese Krankheit öfters Ertragsausfälle verursacht hat, kann bei niederschlagsreichem Wetter (hohe Infektionsgefahr) kurz vor und während der Blüte mit je einer Behandlung größerer Schaden verhütet werden. Über geeignete Fungizide informiert der Pflanzenschutzdienst
- wichtig ist außerdem, vor allem im Selbstversorgeranbau, das sorgfältige Sammeln und Entfernen der befallenen, eingetrockneten Früchte, der sog. »Fruchtmumien« im Winter, da von ihnen im kommenden Frühjahr die Neuinfektionen ausgehen.

Pfirsich-, Kräuselkrankheit
Im Frühjahr sind die Pfirsichblätter blasig aufgetrieben und weißlich-grün bis rot gefärbt. Die erkrankten Blätter vertrocknen und fallen ab. Bei starkem Auftreten des Pilzes werden auch die Früchte abgestoßen.

Maßnahmen
- bei anfälligen Sorten gründliche Spritzung mit einem Fungizid zu Beginn des Knospenschwellens, jedoch vor Knospenaufbruch (in Südwestdeutschland oft schon Ende Februar/Anfang März). Bei niederschlagsreichem Wetter während des Austriebs ist nach etwa 10 bis 14 Tagen eine weitere Behandlung ratsam
- bei Neupflanzung weniger anfällige Sorten bevorzugen, wie z.B. 'Amsden', 'Mayflower' oder 'Roter Ellerstädter'.

3.1.2.2 Schädlinge

Blattläuse
Schäden verursachen an den einzelnen Steinobstarten vor allem: Schwarze Kirschblattlaus, Kleine Pflaumenblattlaus, Mehlige Pflaumenblattlaus und Mehlige Pfirsichblattlaus. Überwinterung in der Regel im Eistadium. Alle wirtswechselnd. Einige, wie z.B. die Kleine Pflaumenblattlaus, sind wichtige Überträger von Viruskrankheiten (z.B. Scharka).

Maßnahmen
- regelmäßige Befallskontrollen ab Austriebsbeginn und, bei Überschreiten der Schadensschwelle, Einsatz eines geeigneten Insektizides
- eventuell gleichzeitig auftretende Nützlinge in die Entscheidung über die erforderliche Gegenmaßnahme mit einbeziehen.

Kirschfruchtfliege
Die Maden in den Kirschen sind die Larven der Kirschfruchtfliege. Sie legt ihre Eier etwa von Ende Mai ab in die reifenden, sich gelb färbenden Kirschen. Sauerkirschen und Süßkirschensorten, die während der ersten drei Kirschenwochen reifen, werden in der Regel nicht befallen. Überwinterung als Puppe im Boden.

Maßnahmen
- wo in den Vorjahren Befall beobachtet worden ist, sind regelmäßige Flugkontrollen im Mai und Juni die Voraussetzung für die Bestimmung der geeigneten Behandlungstermine. Hierzu können auch die im Handel angebotenen Farbleimtafeln, z.B. Farbleimtafel »Rebell«, Neudorffs Kirschfliegen-Fallen o.ä., verwendet werden
- Warndiensthinweise des amtlichen Pflanzenschutzdienstes beachten
- im Bedarfsfall termingerechter Einsatz eines Insektizides
- zusätzliches, sauberes, vollständiges Abernten aller Früchte mindert den Befallsdruck.

Frostspanner: siehe unter Kernobst.

Pflaumenwickler
Befallene Früchte werden notreif und fallen vorzeitig ab. Im Innern findet man oft noch das rötliche Räupchen, die Larve des Falters. Die Fraßhöhle um den Kern ist reichlich mit Kot versetzt. Zwei Generationen im Jahr (Ende Mai bis Anfang Juli und Ende Juli bis Ende August bzw. Mai des Folgejahres). Der

Kleinschmetterling legt seine Eier an die Früchte von Zwetschen, Pflaumen und Mirabellen.

Maßnahmen
- Überwachung des Auftretens mit Hilfe von Pheromon-(Lockstoff-)Fallen (Flug der Männchen) und durch zusätzliche Eiablagekontrollen
- bei Überschreiten der Schadensschwelle termingerechter Einsatz eines Insektizides
- Warndiensthinweise des amtlichen Pflanzenschutzdienstes beachten.

Pflaumensägewespe
Bald nach der Blüte beginnen die jungen Früchte abzufallen. Jede abgefallene Frucht weist ein kleines Loch auf. Der noch weiche Kern ist aus- oder angefressen; neben ihm findet man oft noch die schmutzig-weiße Larve. Eine Generation im Jahr. Die Sägewespen schlüpfen im Frühjahr und legen ihre Eier während der Blüte in die junge Fruchtanlage.

Maßnahmen
- Flugüberwachung mit beleimten Weißtafeln möglich
- bei starkem Auftreten Einsatz eines Insektizides unmittelbar nach der Blüte, wenn keine Bienen mehr die Bäume aufsuchen
- Warndiensthinweise des amtlichen Pflanzenschutzdienstes beachten.

Obstbaumspinnmilbe: siehe unter Kernobst.

Tab. 32. Weitere für Obstkulturen wichtige Virus- und Mykoplasmakrankheiten

Kultur	Krankheiten
Apfel	Triebsucht (M) häufig verbunden mit Kleinfrüchtigkeit Gummiholzkrankheit (M) Flachästigkeit oder Rillenkrankheit (V) Rauhschaligkeit des Apfels (V) Apfelmosaik (V)
Birne	Ringfleckenkrankheit (V) Birnenverfall (M) Steinfrüchtigkeit (V)
Süßkirsche	Ringfleckenkrankheit (V) Pfeffinger Krankheit (V)
Sauerkirsche	Stecklenberger Krankheit (V)
Pflaume, Zwetsche, Pfirsich	Ring- und Bandmosaik (V) Scharka- oder Pockenkrankheit (V)
Johannisbeere	Brennesselkrankheit (M oder V?) an Schwarzer Johannisbeere
Himbeere	Fleckenmosaik (V) Verzwergung (Buschige und Gelbverzwergung (M oder V?)
Erdbeere	Kräuselkrankheit (V) Blattrandvergilbung (V) Arabismosaik (V)

(V) = Viruskrankheit (M) = Mykoplasmose

3.1.2.3 Viruskrankheiten

Scharkakrankheit
Die Zwetschenfrüchte weisen ring- oder linienförmige Narben und Einsenkungen auf. Das Fruchtfleisch darunter ist rötlich verfärbt. An erkrankten Bäumen fällt die Masse der Früchte vorzeitig ab und ist nicht verwertbar. Nicht alle Sorten reagieren mit deutlichen Fruchtsymptomen. Die Blattsymptome sind weniger gut erkennbar. Hier bilden sich im Gegenlicht deutlich sichtbare, verwaschen hellgrüne, teils ring- oder bandförmige Aufhellungen. Befallen werden neben Zwetschen auch Pflaumen, Mirabellen, Pfirsiche und Aprikosen. Wichtige Überträger sind Blattläuse.

Maßnahmen
- nur virusfreies bzw. virusgetestetes Pflanzgut verwenden
- keine Pfropfreiser aus befallenen Beständen entnehmen
- befallene Jungbäume roden
- befallene Wirtspflanzen (genannte Steinobstarten, Schlehen u. a.) gefährden gesunde Bestände
- künftig stehen möglicherweise tolerante Sorten zur Verfügung
- im Spätsommer und Herbst eventuell Einsatz eines Insektizides gegen virusübertragende Blattläuse (nach Rücksprache mit der zuständigen Pflanzenschutzdienststelle)

3.1.3 **Strauchbeerenobst** (Johannisbeeren, Stachelbeeren, Himbeeren, Brombeeren)

3.1.3.1 Pilz- und Bakterienkrankheiten

Blattfallkrankheit der Stachelbeere und der Johannisbeere

In niedergeschlagsreichen Jahren erscheinen auf den Blättern der Stachelbeeren, der rot- und weißfrüchtigen Johannisbeeren, selten der Schwarzen Johannisbeere, zahlreiche violette bis braune Flecken. Die Blätter vergilben und fallen ab. Der Pilz überwintert im abgefallenen Laub.

Maßnahmen

- wenn die Krankheit an Johannisbeeren und Stachelbeeren jährlich einen vorzeitigen Blattfall verursacht, sind drei Behandlungen mit einem Fungizid angebracht, eine vor der Blüte und zwei weitere im Abstand von 14 Tagen nach der Blüte
- wo möglich ist zusätzlich, spätestens vor Beginn des Austriebs, das erkrankte Fallaub zu entfernen. Dadurch werden zahlreiche Infektionsquellen beseitigt und demzufolge auch der Befallsdruck reduziert.

Rotpustelkrankheit und Grauschimmel-Infektionen am Holz

Bei Roten und Schwarzen Johannisbeeren, teilweise auch bei Stachelbeeren, sterben zahlreiche Triebe ab. An den von der Rotpustelkrankheit befallenen Trieben, häufig im unteren Basisbereich, erscheinen rötlich bis rosa gefärbte kleine Pusteln, die Fruchtkörper des Pilzes. Er infiziert die Pflanzen vorwiegend während der Herbst- und Wintermonate. Sind die Triebe vom Grauschimmelpilz *(Botrytis)* befallen, dann ist das Holz unter der Infektionsstelle verbräunt. Auf der Rinde bildet sich unter feuchten Bedingungen oft ein mausgrauer Pilzrasen. Die Infektion scheint häufig von nach einer verregneten Ernte hängengebliebenen, vom Grauschimmel befallenen Trauben auszugehen.

Maßnahmen

a) Bei Rotpustelbefall:
- frühen Schnitt-Termin wählen, am besten sobald der Schaden sichtbar wird. Je später (im Herbst und Winter) der Schnitt, desto größer die Befallsgefahr
- Zapfenschnitt vermeiden
- Schnittholz keinesfalls in oder in der Nähe der Pflanzungen lagern, sondern sofort vernichten.

b) Bei Grauschimmelbefall:
- möglichst früher, gründlicher Rückschnitt, sobald der Schaden sichtbar wird
- zur Reduzierung der Infektionsquellen ist der Abschnitt aus den Anlagen zu entfernen
- direkte Bekämpfung durch Einsatz von Fungiziden während der Blüte war bisher wenig erfolgreich.

Amerikanischer Stachelbeermehltau

Auf den Triebspitzen, Blättern und Früchten bilden sich dichte filzartige Überzüge, die anfangs weiß sind, sich später aber braun färben. Der an den Triebspitzen überwinternde Pilz schädigt Stachelbeeren, mitunter auch Schwarze Johannisbeeren. Feuchtes Wetter und eingeschlossene Lagen mit wenig Luftbewegung fördern das Auftreten der Krankheit.

Maßnahmen

- regelmäßiger Rückschnitt (etwa 5 cm) und Verbrennen des Abschnitts während der Wintermonate
- reicht diese Maßnahme nicht aus, ab Anfang Mai mehrmals im Abstand von 8 bis 14 Tagen ein empfohlenes Fungizid einsetzen
- vor allem im Selbstversorgeranbau bei Neupflanzungen die im Handel angebotenen weniger anfälligen Sorten wählen (z.B. 'Rixanta', 'Rolanda', 'Reflamba' u.a., bei Schwarzen Johannisbeeren z.B. 'Titania' u.a.).

Himbeerrutenkrankheit

An den jungen Ruten zeigen sich im Frühsommer bläulich-violette bis graue oder braune Flecken. Erkrankte Ruten sterben in der Regel im ersten Jahr nicht ab, werden aber geschwächt und bringen im folgenden Jahr nur eine geringe, minderwertige Ernte. An der aufgeplatzten, silbrig erscheinenden Rinde zahlreiche schwarze Punkte, die Sporenfrüchte des Pilzes. Die Krankheit nimmt dort überhand, wo der Feuchtigkeitsgehalt des Bodens stark wechselt. Sie wird durch drei Pilze hervorgerufen, wobei das Auftreten einer Gallmücke eine zusätzliche Rolle spielt.

Maßnahmen

- Bodenverbesserungsmaßnahmen sind auf weniger günstigen Standorten die absolute Voraussetzung für ein gesundes, kräftiges Wachstum
- rechtzeitiges Entfernen (bereits Anfang Juni) aller nicht für das nächste Jahr benötigten Jungruten
- bei Neupflanzungen, wenn im Handel angeboten, weniger anfällige Sorten wählen.

Wurzelfäule der Himbeere
Die Tragruten treiben nicht oder nur sehr geschwächt aus. Mitunter kommt es erst kurz vor und während der Ernte zu einem plötzlichen Absterben einzelner oder zahlreicher, in der Reihe hintereinander stehender Pflanzen. Im Gegensatz zur Himbeerrutenkrankheit sind die neuaustreibenden Ruten in der Regel auch befallen. Die Neutriebbildung ist deutlich schwächer oder unterbleibt völlig. Die Wurzeln der erkrankten Pflanzen sind schwarz und vermorscht. Die Ursache ist ein *Phytophthora*-Pilz, der viele Jahre im Boden überdauert.

Maßnahmen
- keine Nachpflanzung auf Flächen, die bereits mit an Wurzelfäule erkrankten Himbeeren bepflanzt waren (Bodenverseuchung)
- für Neupflanzung nur gesundes Pflanzgut verwenden (z. Z. schwer realisierbar)
- staunasse und zur Verdichtung neigende Standorte vom Anbau ausschließen.

Brombeerrankenkrankheit
Sie wird durch zwei Erreger hervorgerufen. Bei Befall durch den Pilz *Rhabdospora ramealis* bilden sich im Sommer auf den Ranken, die im nächsten Jahr tragen sollen, rötlich-violette Flecken, die sich später im Zentrum dunkel färben. Der Pilz *Gnomonia rubi* verursacht dagegen hellbraune bis silbrig-graue Flecken. Die befallenen Ranken sterben häufig im folgenden Vorsommer ab. Infektionsgefahr durch die *Rhabdospora*-Krankheit besteht im Frühjahr und Vorsommer. Die *Gnomonia*-Krankheit infiziert dagegen häufig Schnittwunden ab Juli/August.

Maßnahmen
- zur Minderung der Befallsgefahr durch den *Rhabdospora*-Pilz sind die Ranken frühzeitig – schon während des Austriebs – hochzubinden, um das Abtrocknen nach Regenfällen zu fördern.
- soweit es nur die *Gnomonia*-Krankheit betrifft, sind die Seitentriebe beim Sommerschnitt im August etwa 25 cm lang anzuschneiden und erst im Frühjahr auf die gewünschte Länge (2 bis 3 Augen) einzukürzen. Die erkrankten Triebteile können dann beim Frühjahrsschnitt entfernt werden.

3.1.3.2 Schädlinge

Blattläuse
Das Schadbild ist hinreichend bekannt. Bedeutend sind vor allem Johannisbeerblasenlaus, Johannisbeertrieblaus, Kleine Stachelbeerblattlaus, Kleine und Große Himbeerblattlaus, Kleine Brombeerblattlaus. Alle überwintern im Eistadium und sind bis auf die Johannisbeertrieblaus wirtswechselnd.

Maßnahmen
- regelmäßige Befallskontrollen ab Austriebsbeginn und Einsatz eines geeigneten Insektizides bei Beginn einer Übervermehrung
- bei der Entscheidung über die erforderliche Gegenmaßnahme auch das eventuelle gleichzeitige Auftreten von Nützlingen berücksichtigen.

Johannisbeerglasflügler
Im Sommer welken Zweige, die tunnelartig ausgehöhlt sind. Im Fraßgang lebt ein weiß-gelbes Räupchen, die Larven des Johannisbeerglasflüglers. Der Schmetterling schlüpft ab Ende Mai bis Anfang Juni. Seine Eier legt er oft in der Nähe von Schnittflächen und Knospen ab. Die Larven schlüpfen etwa 10 Tage später. Nur eine Generation im Jahr.

Maßnahmen
- beim jährlichen Rückschnitt keine Zapfen stehen lassen, an denen die Eiablage bevorzugt erfolgt
- Verfahren zur Verwirrung mit Pheromonen (Duftstoffen) sind in Erprobung
- für diese Kultur ausgewiesene Insektizide nicht ausreichend wirksam.

Johannisbeergallmilbe
Die befallenen Knospen, in denen in großen Massen die winzigen Milben leben, sind kugelig angeschwollen, bedeutend größer als die gesunden Knospen und treiben im Frühjahr nicht aus. Der Verlust der Knospen mindert den Ertrag und das Triebwachstum. Kurz vor der Blüte bis etwa Mitte Juni verlassen die Milben die befallenen Knospen und besiedeln die sich bildenden Knospen an den Jahrestrieben.

Maßnahmen
- stark befallene Pflanzen bis auf den Boden zurückschneiden und neu aufbauen oder roden
- befallene Knospen, wo möglich (z. B. Selbstversorgeranbau), vor sowie während des Austriebs sorgfältig ausbrechen und vernichten
- z. Z. keine wirksamen Pflanzenschutzmittel ausgewiesen.

Brombeermilbe (ungleiche Fruchtausreife)
Noch vor der Ernte kommt es zur fleckenweisen oder vollständigen Rötung der Früchte, die nicht aus-

reifen. Nicht selten ist der größte Teil der Ernte entwertet. Die Milben überwintern zwischen den Knospenschuppen und wandern im Frühjahr auf die austreibenden Blätter, im Sommer auf Blüten und Früchte.

Maßnahmen
- drei Behandlungen beginnend bei einer Länge der Seitentriebe von etwa 10 cm, 10 bis 14 Tage danach und zu Beginn der Blüte (nicht später!) mit einem empfohlenen Pflanzenschutzmittel. Ist diese Maßnahme zwei Jahre lang erfolgreich durchgeführt worden, sind weitere Behandlungen in den folgenden Jahren nur bei einem Neubefall erforderlich.

Himbeerkärfer
In den Himbeerfrüchten leben kleine »Würmchen«, es sind die Larven des Himbeerkäfers. Die Käfer fressen, zunächst ohne größeren Schaden zu verursachen, an den Stempeln und Staubblättern der Blüten. Die Weibchen legen ihre Eier an den jungen Früchten ab. Die Überwinterung ist vermutlich als Larve, Puppe oder Käfer möglich.

Maßnahmen
- regelmäßige Befallskontrollen kurz vor oder während der Blüte
- bei stärkerem Auftreten Einsatz eines nicht bienengefährlichen Insektizids bei Beginn der Blüte.

Stachelbeerblattwespe
Plötzlicher Kahlfraß an Stachelbeerpflanzen durch hellgrüne Afterraupen. Mehrere Generationen im Jahr. In der Regel überwintern die Larven der letzten Generation in einem Kokon (Gespinst) im Boden.

Maßnahmen
- regelmäßige Befallskontrollen im Frühjahr, damit ein stärkeres Auftreten rechtzeitig entdeckt wird
- die Bekämpfung der ersten Generation ist sehr wichtig, um größeren Schäden vorzubeugen
- im Bedarfsfall Einsatz eines für diese Kultur ausgewiesenen Insektizids mit kurzer Wartezeit.

Blattvergilbung
Blattvergilbungen sind bei Himbeeren und Brombeeren häufig. So vielfältig diese Gelbverfärbungen auftreten, wie z.B. Marmorierung, Sprenkelung, Gelbfleckung, gänzliche Vergilbung usw., so verschieden können auch die Ursachen sein, z.B. hoher Kalkgehalt (pH-Werte) des Bodens, ungünstige Witterung, dichter, verschlämmter Boden oder Befall durch eine Viruskrankheit.

Maßnahmen
- je nach Ursache Bodenverbesserung durch Torf und Humuszufuhr, Abdecken des Bodens mit Stallmist oder geschnittenem Gras u. ä.
- richtige Standortwahl: keine trockenen und heißen Lagen
- erkrankte Pflanzen entfernen
- bei Neuanpflanzung auf gesundes Pflanzenmaterial achten.

Eine direkte Bekämpfung der Virosen ist nicht möglich.

3.1.4 Erdbeeren

3.1.4.1 Pilzkrankheiten

Grauschimmel
Die reifen und halbreifen Erdbeerfrüchte sind mit einem dichten grauen Pilzrasen bedeckt, der sie schnell vollständig überwuchert und zum Faulen bringt. Enger Stand und feuchte Bedingungen fördern das Auftreten dieses Pilzes. Der Befall ist daher bei niederschlagsreichem Wetter während der Blüte und Fruchtreife stärker als unter trockenen Bedingungen.

Maßnahmen
- Kulturdauer möglichst nicht länger als zwei Jahre
- etwa drei Wochen vor der Ernte unterlegen von z.B. Stroh
- zwei- bis dreimaliger Einsatz für diesen Anwendungsbereich ausgewiesener Fungizide kurz vor der Blüte und später.

Kümmerwuchs und Welkeerscheinungen
An Erdbeeren können zahlreiche pilzliche Erreger, tierische Schädlinge, Viren und nichtparasitäre Faktoren Kümmerwuchs und Welkeerscheinungen verursachen. Die Pflanzen welken mitunter schon während der ersten Wochen nach dem Aussetzen im Spätsommer, in der Regel jedoch im Frühjahr, wenn plötzlich warmes, sonniges Wetter eine naßkalte Periode ablöst. Häufig sind pilzliche Erreger, die das Wurzelsystem oder Zentren der Leitungsbahnen zerstören, die Ursache. Zu diesen Krankheiten gehören u.a.:

Schwarze Wurzelfäule
Die Pflanzen sterben häufig kurz vor oder während der Ernte ab; oft zeigen bereits die Jungpflanzen

Kümmerwuchs. Die abgestorbene Wurzelrinde läßt sich leicht von dem noch hellen, fast weißen Zentralzylinder abziehen. Dies ist ein typisches Befallsmerkmal. Die Schwarze Wurzelfäule ist ein Komplex, an dem verschiedene, auch nichtparasitäre Faktoren beteiligt sein können.

Maßnahmen
- kein Anbau auf ungeeigneten Standorten, z.B. auf staunassen, zur Verdichtung neigenden Böden
- da wiederholter Anbau auf derselben Fläche das Auftreten der Schwarzen Wurzelfäule fördert, ist – wo möglich – die Fläche in eine Fruchtfolge (Flächenwechsel) einzubeziehen
- Bekämpfung durch Einsatz von Pflanzenschutzmitteln nicht möglich
- Verbesserung der Bodenstruktur durch Tiefenlokkerung als vorbeugende Maßnahme.

Rhizomfäule
Im Spätsommer nach dem Aussetzen und im Frühjahr welken einzelne Pflanzen. Untersucht man eine kranke Pflanze, dann fällt auf, daß die Wurzeln in der Regel noch gesund (Frühstadium), das Rhizom (Wurzelhals) im inneren Bereich dagegen teilweise oder ganz bräunlich verfärbt ist. Diese Pilzkrankheit schädigt vor allem durch ungünstige Standorteinflüsse (wie zeitweise Staunässe, Trockenperioden, verdichtete Böden) geschwächte Erdbeerbestände. Eine Infektion über den Boden ist möglich. Die Verschleppung der Krankheit erfolgt aber vorwiegend mit befallenen Jungpflanzen.

Maßnahmen
- ungeeignete (staunasse, schwere, verdichtete) Böden vom Anbau ausschließen
- auf gesundes Pflanzgut achten
- im Erwerbsanbau Einsatz eines Pflanzenschutzmittels entsprechend den Empfehlungen des amtlichen Pflanzenschutzdienstes:
  1. Tauchbehandlung (für bewurzelte Grünpflanzen, nicht in Töpfen). Tauchvorgang 15 bis 20 Minuten – Wurzeln einschließlich Blattherzen. Die Tauchbehandlung setzt voraus, daß nach der Pflanzung, bis die Pflanzen angewachsen sind, beregnet werden kann.
  2. Bandspritzung, Bandbreite etwa 20 cm. Die Verwendung von Flachstrahldüsen, z.B. Teejet 11015, ist empfehlenswert. Etwa 10 bis 14 Tage nach der Pflanzung, sobald die Setzlinge angewachsen sind bzw. bei Frigo-Material nach begonnener Laubentwicklung.
- im Garten sind die Pflanzen mit dem Hausmüll zu entsorgen. Niemals auf den Komposthaufen werfen, da sonst die Gefahr einer Verbreitung mit der Komposterde im Garten besteht.

Rote Wurzelfäule
Im Frühjahr und Vorsommer bleiben befallene Pflanzen gegenüber den gesunden in ihrem Wachstum zurück. Sie kümmern, entwickeln je nach Stärke des Befalls weniger Früchte und kaum Ausläufer. Bei Trockenheit welken die Pflanzen, erholen sich aber nach Regenfällen wieder etwas. Im Herbst verstärken sich die Symptome erneut. Dabei sind die älteren Blätter meist rötlich bis gelblich-braun verfärbt. In Extremfällen können die Pflanzen auch absterben. Die Wurzeln der erkrankten Pflanzen sind zum Teil rattenschwanzartig ausgebildet, d.h., es fehlen ihnen die Seitenwurzeln. Die verbliebenen Wurzeln faulen meist von der Spitze her. Werden diese Wurzeln von der Faulstelle aus längs aufgeschnitten, dann wird der rötlich verfärbte Zentralzylinder sichtbar. Die Ursache ist ein Befall durch den Pilz *Phytophthora fragariae.*

Hohe Bodenfeuchtigkeit, beispielsweise auf schweren, zur Verdichtung und Staunässe neigenden Böden, begünstigen das Auftreten. Gleiches gilt für saure Böden mit einem niedrigen pH-Wert. Auf leichteren oder gut durchlüfteten Böden werden in der Regel die Symptome schwächer ausgebildet.

Maßnahmen
- für den Erdbeeranbau nicht geeignete Standorte, z.B. staunasse, zur Verdichtung neigende und schwere Böden, meiden
- gesundes Pflanzgut verwenden
- im Erwerbsanbau Einsatz eines Pflanzenschutzmittels nach Empfehlung des amtlichen Pflanzenschutzdienstes:
  Ende September/Anfang Oktober eine Bandspritzung auf gut bewurzelte, normal entwickelte Pflanzen. (Bandbreite etwa 20 cm. Die Verwendung von Flachstrahldüsen, z.B. Teejet 11015, ist empfehlenswert.)Ein Einregnen ist nicht erforderlich
- im Garten sind die Pflanzen mit dem Hausmüll zu entsorgen. Niemals auf den Komposthaufen werfen, da sonst die Gefahr einer Verbreitung mit der Komposterde im Garten besteht
- in schwierigen Fällen kann auch auf Erddämme gepflanzt werden (etwa 30 cm hoch und 100 cm breit). Ein Nachteil dieser Anbauform ist, daß während niederschlagsarmer Perioden leicht Trok-

kenschäden entstehen. Daher auf eine regelmäßige, dem Bodenzustand entsprechende Bewässerung achten.

Verticillium-Welke der Erdbeere
Während der Fruchtreife im Frühjahr beginnen die Pflanzen bei warmem, sonnigem Wetter plötzlich von den äußeren Blättern her zu welken, teils auch abzusterben.

Der Pilz lebt in den Gefäßen (Leitungsbahnen), die er verstopft und so den Transport von Wasser und Nährstoffen blockiert. Außerdem werden wohl auch pflanzengiftige Stoffe ausgeschieden. Er infiziert die Pflanzen über die Wurzeln.

Maßnahmen
- keine Jungpflanzen aus verseuchten Beständen entnehmen
- ist diese Krankheit bereits aufgetreten, Anbauflächen wechseln
- keine Kartoffeln als Vorfrucht
- Einsatz von Pflanzenschutzmitteln z. Z. nicht möglich.

3.1.4.2 Schädlinge

Erdbeersamenlaufkäfer
Der Käfer frißt vorwiegend die Samen der reifenden Erdbeerfrüchte und verursacht so in manchen Jahren erheblichen Schaden.

Maßnahmen
- Ablenkungsfütterung mit einem Sojaschrotköder vornehmen, um den überwiegend nützlichen Käfer nicht zusammen mit anderen nützlichen Käfern abzutöten. Dazu pro Ar ein bis zwei kg Sojaschrot zwischen den Reihen ausstreuen. Da der Käfer vorwiegend ein Fleischfresser ist, nimmt er das Sojaschrot lieber an, wenn man dieses vor dem Ausstreuen mit etwas Fleischbrühe (Brühewürfel) angefeuchtet hat.

Erdbeerblütenstecher
Einzelne noch nicht geöffnete Blüten hängen herab und vertrocknen.

Der Rüsselkäfer benagt nach der Eiablage die Stiele der Blüten. Der Befall ist vor allem an großfrüchtigen Sorten mit wenigen Beeren an einem Fruchtstand von Bedeutung.

Maßnahmen
- die Bekämpfung ist schwierig, da der Käfer häufig erst nach Blütebeginn in die Anlagen einfliegt. Zu diesem Zeitpunkt dürfen in Erdbeeren jedoch keinerlei Insektizide mehr eingesetzt werden.

Erdbeermilbe
Ein Schädling älterer, schlecht gepflegter Bestände. Den Befall erkennt man an der starken Kräuselung und Verkrüppelung der Herzblätter. Die Pflanzen zeigen teilweise Kümmerwuchs. An den Herzblättern sind die winzigen, mit einer Lupe gut erkennbaren Milben vor allem in den Sommermonaten oft massenhaft zu finden. Von den Mutterpflanzen wandern sie auf die Ableger und werden mit diesen verschleppt.

Maßnahmen
- keine Jungpflanzen aus befallenen Beständen entnehmen
- wird nach regelmäßigen Kontrollen ein Befall festgestellt, nach der Ernte Einsatz eines Insektizids entsprechend den Empfehlungen des amtlichen Pflanzenschutzdienstes.

3.1.5 Allgemeine Schadorganismen

Wühlmaus und Feldmaus
Die Wühlmaus (Schermaus) ist der gefährlichste Wurzelfresser vor allem an Jungbäumen und älteren Bäumen auf schwach wachsenden Unterlagen.

Die Feldmaus (Springmaus) »ringelt« die Bäume über dem Boden (Wurzelhals), nagt aber auch Wurzeln im Boden an. Oberirdische Laufgänge, offene »Mauselöcher«.

Maßnahmen

a) Vorbeugende Maßnahmen:
- Fallobst (lockt die Mäuse an) nach der Ernte restlos aufsammeln und so dicht wie möglich an die Bäume heran mulchen
- Baumstreifen ganzjährig, vor allem über Herbst und Winter, frei von Unkraut und Gras halten
- Sitzstangen für mäusefangende Greifvögel aufstellen; andere natürliche Feinde sind Wiesel, in Hofnähe auch Katzen und Hunde
- Pflanzen in Drahtkörbe setzen (Schutz gegen Wühlmäuse).

b) Direkte Maßnahmen:
- Fang der Wühlmäuse mit Fallen: sicher und billig. Das ganze Jahr über – außer bei Frost und Schnee – möglich. Gebräuchlichste Fallentypen: Bayerische Drahtfalle, Blättchenfalle
- Phosphorwasserstoff entwickelnde Begasungsmittel gegen Wühlmäuse

Anwendung nur auf freien Flächen, nicht am oder im Wald oder unter Baumgruppen, nicht in der Nähe von Gebäuden.
Wegen der Giftigkeit des Phosphorwasserstoffgases ist der Verkauf solcher Mittel eingeschränkt. Packungsgrößen bis 125 g sind frei käuflich. Für größere Mengen benötigt man jedoch nach § 25 der Gefahrstoffverordnung eine Begasungserlaubnis. Nähere Auskünfte dazu erteilt der Pflanzenschutzdienst.
Frei käufliche und anwendbare Begasungspatronen wie Arrex-Patrone, Fumia-Räucher-Patrone entwickeln erst nach dem Abbrennen Phosphorwasserstoffgas. Sie werden in der üblichen Weise in die Gänge gelegt. Nur im Freien anwenden!

- Köder, Fraßgifte zur Wühlmausbekämpfung auf Zinkphosphidbasis, wie Cito Wühlmaustod, Rumetan-Wühlmausköder, zum Einbringen in die Gänge mit Suchstab
- Begasungsgeräte zum Einleiten von giftigem Kohlenmonoxid in die Wühlmausgänge. Sie sind anzuwenden bei starkem Befall und für Großflächenbekämpfung. Im Handel sind Geräte nach dem Schubkarrensystem oder als Aufsattelgerät mit Dreipunktaufhängung. Zu beachten ist jedoch, daß Geräte, bei denen das Kohlenmonoxid durch einen Motor produziert wird, eine Wasserschutzgebietsauflage haben. Nur die reinen Holzkohlevergaser dürfen auch in Wasserschutzgebieten eingesetzt werden
- gegen Wühlmäuse und Schermaus ausgewiesen ist Zinkphosphid. Giftgetreide mit Legeflinte tief in die Gänge oder in abgedeckte, nur den Mäusen zugängliche Dränrohre einbringen, damit andere Tiere wie Vögel, Wild oder auch Haustiere nicht gefährdet werden. Es ist verboten, Giftgetreide offen auszulegen oder zu streuen! Wühlmäuse sind vor allem Wurzelfresser, keine Körnerfresser, und nehmen Giftgetreide nicht so gut an wie Feldmäuse.

Abwehr von Vogelschäden
Gegen Knospenfraß durch Gimpel, Grünfink und Spatz haben sich »Weißspritzungen« gefährdeter Bäume und Beerensträucher bewährt, so beispielsweise:

- Mineralschlämme Nr. III der Firma Schwarzwälder Edelputz, Ottersweier, Industriestraße 10, erhältlich in 25 kg-Säcken. 10 kg Mineralschlämme für 100 l Wasser
- Schweizer Kalk-Leim-Gemisch, herzustellen aus 15 kg Branntkalk und 6 kg (6 l) angesetztem Tapetenkleister für 100 l Wasser

Gegen Fruchtfresser wie Amseln und Stare zur Kirschenzeit helfen mit wechselndem Erfolg Vogelscheuchen, Katzen- und Greifvogelattrappen, Knallscheuchen und Angstgeschrei (Tonbandaufnahmen). Mehr oder weniger gewöhnen sich die Vögel an diese »Abwehrmethoden«. Man darf deshalb nicht zu früh damit beginnen. Knallscheuchen in der Nähe von Wohngebieten nur mit Einschränkung oder gar nicht anwendbar (Ruhestörung!). Mindesabstände sind vorgeschrieben (Auskunft durch die Landwirtschaftsämter). Kurzzeitwirkung haben auch flatternde Schreckbänder oder glitzernde Folienstreifen. Nach der Ernte sofort entfernen. Auch die im Handel angebotenen engmaschigen und dickfädigen blauen Netze sind geeignet. Dabei die Baumkronen und Sträucher so abdecken, daß ein Einfliegen der Vögel von unten nicht möglich ist. Die Netze dürfen aber auch nicht auf dem Boden aufliegen, um zu vermeiden, daß sich andere Tiere, wie z. B. Igel, in ihnen verfangen. Eine sorgfältige Handhabung und Kontrolle ist erforderlich!

Schutz vor Wildverbiß (Hasen, Rehe, Kaninchen)

Maßnahmen

- bester Schutz ist ein »wildsicherer« Zaun
- als Einzelschutz für Jungbäume eignen sich auch Plastikbänder bestimmter Stärke (mit und ohne Löcher), die um die Stämmchen gewickelt werden. Diese sind im Sommer abnehmbar! Auch »Drahthosen«, um die Stämme gezogen, erfüllen diesen Zweck
- Einzelschutz der Bäume auch möglich durch Stammbehandlung mit abweisenden Stoffen (meist tierische Stoffe und Öle) enthaltende Mittel
- gegen Sommer- und Winterverbiß durch Hasen, Kaninchen und Rehwild in Kern-, Stein- und Strauchbeerenobst auch Flächenschutz durch Verwitterungsmittel. Wasserschutzgebietsauflage beachten. Lappen, Watte, Kunststoffschwämmchen mit z. B. Arbin tränken, an Stöcken befestigen und in Abständen von fünf bis sechs Meter um die zu schützende Fläche aufstellen.
  Vor Anwendung von Verbißschutz- oder Verwitterungsmitteln auf jeden Fall Gebrauchsanleitung lesen.

3.1.6 Unkräuter

Notwendigkeit der Unkrautbekämpfung vor allem im intensiven Kernobstanbau. Es braucht nur in den Fahrgassen gemulcht werden.

Wachstumsförderung der jungen Bäume durch Ausschaltung von Unkräutern und Ungräsern als Nahrungskonkurrenten in den Baumzeilen.

Indirekter Schutz der Stämme vor Rindenpilzen, da sie frei und trocken stehen. Vorbeugender Schutz vor Mäusen, wenn in den Baumzeilen die Krautschicht fehlt. Die Mäuse finden dadurch wenig oder keine Deckung und meiden daher diese Flächen. In diesem Zusammenhang ist es auch von Vorteil, in den Fahrgassen vor allem Gras wachsen zu lassen, d. h. weniger Kräuter, weil deren Wurzeln meist sehr attraktiv für Mäuse sind.

Auch im Steinobst, unter Strauchbeeren und in Erdbeeren hat die mechanische oder chemische Unkrautbekämpfung, je nach dem, wie intensiv der Anbau betrieben wird, ihren Zweck und ihre wirtschaftliche Berechtigung.

Maßnahmen

- Flächen mit Problemunkräutern sind vor einer Bepflanzung mit Obstgehölzen oder Erdbeeren zu sanieren
- mechanische Unkrautbekämpfung mit Zeilenmulchgeräten
- abdecken der Baumzeilen mit Rindenschrot (grobe über 10 cm lange, frische Nadelholzrinde), etwa 10 cm hoch aufgeschüttet, hemmt anhaltend (etwa 3 Jahre) den Unkrautaufwuchs. Darüber hinaus trocknet der Boden oberflächlich weniger aus. Rapsstroh ist ebenfalls zum Abdecken der Baumzeilen geeignet. Mäuse sollen dadurch – im Gegensatz zu Getreidestroh – nicht gefördert werden. Frisches Rapsstroh enthält allerdings noch Samen, die dann in der Baumzeile aufgehen. Vor dem Abdecken der Baumzeilen, egal womit, muß der Boden frei von Unkrautbewuchs sein. Mit der Zeit durchstoßende Wurzelunkräuter oder von Fahrgassen herauswachsendes Unkraut kann mechanisch oder punktuell mit Herbiziden unterdrückt werden
- Punkt- oder Horstbehandlung gegen störende Unkräuter (beispielsweise Ampfer) in Fahrgassen und in Baumzeilen mit der Rückenspritze oder dem Dochtstreichverfahren (Unkrautstab). Dies ist eine Möglichkeit, den Herbizideinsatz wirksam zu verringern
- Einsatz von Herbiziden auf den Pflanzstreifen (bei Erdbeeren ganzflächig). Wasserschutzgebietsauflage beachten!

Das Ziel ist die sinnvolle Kombination von mechanischen und chemischen Verfahren.

3.1.7 Entscheidungshilfen für den Pflanzenschutz im Obstbau

3.1.7.1 Wirtschaftliche Schadensschwellen

Nicht jeder Befall an Obstgehölzen ist bekämpfungswürdig. Aus wirtschaftlicher Sicht dürfen die Kosten für die Verhinderung eines Schadens nicht höher sein als der Schaden selbst. Mit anderen Worten: Es ist billiger, bis zu einer gewissen Grenze Schädlinge in der Obstanlage zu tolerieren als sie zu bekämpfen. Diese Grenze ist die »wirtschaftliche Schadensschwelle«.

Bei der Festlegung werden die möglichen Ertragsverluste den Bekämpfungskosten gegenübergestellt. Wegen der unterschiedlichen Preis- und Kostenentwicklung legt man dabei Durchschnittswerte zugrunde (Tab. 33/34, Seite 153/154).

Neben den direkten Bekämpfungskosten können Folge- und Nebenkosten einer chemischen Bekämpfung entstehen; etwa durch die Ausschaltung der natürlichen Gegenspieler der Schädlinge, die Resistenzgefahr und die Förderung anderer Schädlinge, wie z. B. Spinnmilben, beim Einsatz bestimmter Präparate. Für die praktische Handhabung der wirtschaftlichen Schadensschwellen ist es erforderlich, die Stärke der Schädlingspopulation in der Obstanlage laufend zu überprüfen. Der Umfang der Kontrollen ist abhängig von der Größe und Einheitlichkeit der Anlage. Dabei sind die lokalen Erfahrungen über Befallsunterschiede zu berücksichtigen. (Fortsetzung Seite 156)

Abb. 57. Die Klopfprobe, eine wichtige Kontrollmethode in Obstanlagen.

Tab. 33. Schadensschwellen im Apfelanbau

Entscheidungen nach Schadensschwellen erfordern ständige Kontrollen. Nur dadurch erhält man Einblick und Überblick über Entwicklung und Verlauf von Schädlingspopulationen. Die nachstehenden Zahlenangaben sind Richtwerte. Sie beziehen sich, sofern nicht anders angegeben, auf die »Visuelle Kontrolle«.

Schädling	Vorblüte	Nachblüte (Mai/Juni)	Sommer (Juli, August)
Apfelblütenstecher	30–40 Tiere/100 Äste (Klopfprobe)		
Raupen insgesamt (Wickler, Spanner, Eulen)	15 Raupen/ 100 Blütenbüschel		
Eulenraupen		1–2 Raupen/ 100 Büschel	
Schalenwickler		5–10 Raupen/ 100 Büschel	Auf Blattfraß besonders an Triebspitzen achten sowie auf Flächenfraß an Früchten. Pheromonfallen für den Falterflug, Suche nach Eigelegen (1 Gelege/300 Triebe).
Apfelwickler (Obstmade)			1–2% Befall/100 Früchte Pheromonfallen
Apfelgraslaus	80 Kolonien/ 100 Blütenbüschel		
Mehlige Apfellaus	1–2 Befallstellen/ 100 Büschel	1–2 Kolonien/ 100 Triebe	1–3 Kolonien/100 Triebe
Apfelfaltenlaus	5–10 Befallstellen/ 100 Büschel	5–10 Kolonien/ 100 Triebe	
Grüne Apfellaus		10 Kolonien/ 100 Triebe	10 Kolonien/100 Triebe
Apfelsägewespe		3–5 befallene Früchte/100	
Obstbaumspinnmilbe (Rote Spinne)	2000–5000 Eier/ Astprobe 2 m Fruchtholz (Winter)	60–70 befallene Blätter von 100	ab Mitte Juli: 30–40 befallene Blätter von 100

(Quelle: Pflanzenschutz im Erwerbsobstbau 1989)

Tab. 34. Wirtschaftliche Schadensschwellen im Steinobst/Kirschen

Vorbemerkung siehe unter Schadensschwellen im Apfelanbau

Kontrolltermin	Schädling	Art der Kontrolle	Schadensschwellen und Bemerkungen
Vegetationsruhe	Frostspanner	Zählen der Eier auf 1 m Fruchtspieße	2 bis 3 Eier/1 m Fruchtspieße Vorbeugende Bekämpfung durch Anlegen von Leimringen im Oktober ist zu empfehlen

Tab. 34. (Fortsetzung) Wirtschaftliche Schadensschwellen im Steinobst

Kontrolltermin	Schädling	Art der Kontrolle	Schadensschwellen und Bemerkungen
Kirschen			
Nachblüte (mehrmals) bis etwa 14 Tage vor der Ernte	Schwarze Kirschenblattlaus	Zählen der Blattlauskolonien an 100 Triebspitzen	2 bis 5 Kolonien/100 Triebspitzen
Letztes Junidrittel, Juli	Kirschfruchtfliege	Gelbe Leimtafeln (Flugkontrolle)	2 bis 3 Fliegen je Gelbfalle pro Tag; es werden nur die von grün auf gelb oder gelb-rot umfärbenden Kirschen von den Fliegen mit Eiern belegt.
Zwetschen – Pflaumen – Mirabellen			
Vegetationsruhe	Obstbaumspinnmilbe	Astprobe: Wintereier auf 2 m Fruchtholz	2000 Wintereier
	Frostspanner	Astprobe: Eier auf 2 m Fruchtholz	6 bis 10 Eier Schäden nur jahrweise
Beim Knospenschwellen	Obstbaumschildlaus	Astprobe: Larven auf 2 m Fruchtholz	100 lebende Larven
Kurz vor der Blüte	Kleine Pflaumenblattlaus	Auszählen von 100 Blütenbüscheln auf Befall	2 bis 3% befallene Blütenbüschel (einzelne Läuse!) Kontrolle mit Lupe (8fach) Überwinternde Stammütter beginnen mit dem Absetzen von Jungläusen
Blüte bis Nachblüte	Frostspanner	Auszählen von 100 Blütenbüscheln auf Befall oder Klopfmethode (100 Äste)	10 bis 15 Raupen/100 Blütenbüschel oder 15 bis 30 Raupen (Klopfmethode)
Blüte oder sofort nach Abwerfen der Blütenblätter	Pflaumensägewespe	Auszählen von 100 Fruchtkelchen auf Eiablage oder erste Einbohrstellen an den jungen Früchten	4 bis 8 Eiablagen (je nach Fruchtansatz) bzw. 2 bis 6 befallene Früchte 1 Larve kann bis zu 6 Früchte befallen Weißtafel zur Flugkontrolle
Nachblüte (mehrmals)	Kleine Pflaumenblattlaus oder Hopfenblattlaus	Zählen der Blattlauskolonien an 100 Trieben oder Klopfmethoden (100 Äste)	1 Kolonie/100 Triebe oder 20 Blattläuse (Klopfmethode) Wachstum befallener Triebe stark gehemmt, Früchte bleiben klein
Juni/Juli	Obstbaumspinnmilbe	Auszählen von 100 Blättern auf Befall	50% befallene Blätter
Anfang Juni bis Anfang September	Pflaumenwickler	Visuelle Kontrolle der Eiablage bzw. frischer Einbohrstellen an den Früchten	Je nach Fruchtansatz: 1 bis 3 Eier oder Einbohrstellen auf 100 Früchten Kontrolle des Falterfluges mit Pheromonfallen

Tab. 35. Beispiele für Schorfwarngeräte

Gerät	Hersteller bzw. Lieferfirma	Kurzbeschreibung	Preis* ca. DM
Blattnaß-Schreiber de Wit (Typ 2400-3c)	Resato GmbH Postfach 100624 D-4020 Mettmann	Mit Hanfschnurfühler zur Registrierung der Blattnässe. Kreisförmige Aufzeichnung. Keine Batterien, wöchentliche Wartung (ca. 1048,– DM). Da die Temperatur nicht erfaßt wird, ist für die Bestimmung des Infektionstermins zusätzlich ein Thermograph (ca. 750,– DM) erforderlich.	1798
Blattbenetzungs-dauerschreiber, mit Thermohygrograph	G. Lufft GmbH & Co. Altenbergstr. 3 D-7000 Stuttgart	Zeichnet Blattnässe, Temperatur und rel. Luftfeuchte (rF) parallel auf einem Schreibstreifen auf. Benetzungsfühler mit speziellem Filterpapier. Wöchentliche Wartung. Zuverlässiges 9-V-Batteriegerät.	1666
Schorfcomputer Metos	Maschinenfabrik Bermatingen GmbH & Co. Kesselbachstr. 2 D-7775 Bermatingen	Erfaßt Niederschlagsmenge, Blattnässe (2 Fühler). Temperatur und rF. Schorfgefahr wird in Prozent angegeben (100% = Alarm). Ausdruck erfolgt numerisch (2stündlich) und graphisch; Berechnung von Temperatursummen (im Tagesprotokoll). Batterie- oder Netzbetrieb (Ladegerät: DM 70,–).	3045
Schorfwarngerät Biomat SWG	Berghof GmbH Harretstr. 1 D-7412 Eningen u. A.	Metallsonde mißt Blattnässe, Temperatur und rF. Fortlaufend Anzeige der aktuellen Schorfsituation durch Ziffernfolge (keine Aufzeichnung). Temperatur und die Zeit seit Infektionsbeginn über Folientaster abrufbar: 6-V-Batterie.	4234 (bei 10 m Kabel)
Schorfwarngerät KMS-P	Fa. ELE-International GmbH Schönbergstr. 47 D-7302 Ostfildern (Kemnat)	Zeigt Blattnässe (2 Fühler), Temperatur rF und Niederschlagsmenge an. Ausdruck der Meßwerte (stündlich) und Temperatursummen (im Tagesprotokoll). Bei Schorfalarm erscheint ein Symbol (Stern). 6 Monozellen (1,5 V) oder Netzanschluß.	4300

* Preis für Grundausstattung ohne Mehrwertsteuer und Transportkosten. Unverbindliche Angaben der Hersteller (Stand November 1988).

Für die Überwachung der Anlage stehen verschiedene Kontrollmethoden zur Verfügung:

- **Astprobenkontrollen.** Es werden zehn Zweigstükke à 20 cm Länge (2 m Fruchtholz) auf Überwinterungsstadien von Schädlingen untersucht. Wichtig sind die Eier der Obstbaumspinnmilbe (rot), des Frostspanners (orangefarben) und der Blattläuse (schwarz)
- **visuelle Kontrollen.** Eine in der Praxis sehr leicht anzuwendende Methode. Knospen, Blätter, Triebspitzen, Früchte usw. werden auf vorhandene Schadbilder, Schädlinge oder Nützlinge kontrolliert. Die Schadensschwellen beziehen sich auf 100 kontrollierte Organe (= prozentualer Befall)
- **Klopfproben.** Mit einem gepolsterten Bambusstab und einem Klopftrichter werden 100 Astpartien abgeklopft. Die Methode gibt einen guten Überblick über die gesamte Fauna in der Obstanlage. Neben den Schädlingen werden auch die Nützlinge und die indifferenten Arten erfaßt (Abb. 57, S. 152).
- **Pheromonfallen.** Diese sind für die Kontrolle der Apfelwickler, Fruchtschalenwickler und Pflaumenwickler in Gebrauch. Die Flugkurve gibt Aufschluß über den besten Bekämpfungstermin. Darüber hinaus werden weitere Pheromone im Handel angeboten, z. B. zur Kontrolle von Rindenwickler, Apfelglasflügler, Johannisbeerglasflügler u. a.

In der Regel sind für eine verläßliche Prognose verschiedene Kontrollverfahren erforderlich, z. B. Pheromonfallen zur Kontrolle des Flugverlaufes, Temperatursummen zur Voraussage des möglichen Auftretens von Schädlingen, Eiablagekontrollen und Beobachtungen über den Schlüpfzeitpunkt der Larven u. a.

3.1.7.2 Geräte für die Schorfwarnung (Beispiele)

Beispiele für Schorfwarngeräte (s. Tab. 35)

3.1.7.3 Leimtafel-Fallen zur Flugkontrolle

- Sägewespen: weiße, beleimte Tafeln
- Kirschfruchtfliege: gelbe, beleimte Tafeln.

Die genannten Schädlinge werden durch die jeweilige Farbe der Leimtafeln angelockt. Farbleimtafeln werden wie die Pheromonfallen im Bestand verteilt aufgehängt und müssen während der Flugperiode der Schädlinge regelmäßig kontrolliert werden.

4 Weinbau

4.1 Schadursachen und Maßnahmen zur Schadensverhütung

4.1.1 Pilzkrankheiten und Bakterienkrankheiten

Botrytis (Grauschimmel)

Botrytis *(Botrytis cinerea)* ist weltweit verbreitet und besitzt einen großen Wirtskreis. Schäden durch diesen Pilz entstehen nicht nur an der Weinrebe, sondern auch an vielen obst- und gartenbaulichen Kulturpflanzen. Das graue Pilzgeflecht (Myzel) wächst auf lebenden und abgestorbenen Pflanzenteilen. Die Pilzfäden (Hyphen) dringen in Blätter, Blüten, Beeren, Stiele und einjähriges Holz ein und zerstören das Gewebe.

Botrytis überwintert als Dauergewebe auf dem einjährigen Holz. Hierzu wird ein schwarzes Geflecht aus Hyphen von zwei bis vier Millimeter Durchmesser (Sklerotien) ausgebildet. Die Vermehrung und Verbreitung erfolgt durch Sporen (Konidien), die sich laufend auf besonderen Sporenträgern an der Oberfläche von befallenen Pflanzenteilen bilden. Diese Sporenträger mit den Konidien sind als grauer Pilzrasen zu sehen. Die Sporen werden vom Wind verbreitet und keimen aus, wenn hohe Feuchtigkeit auf den Pflanzenteilen herrscht. In Wassertropfen auf den Beeren und Blättern geht die Keimung besonders rasch vor sich. Botrytis kann schon bei Temperaturen ab 3 °C auskeimen, das Temperatur-Optimum liegt allerdings zwischen 20 und 28 °C. Unter optimalen Bedingungen keimen die Sporen sehr rasch und dringen auch über intakte Pflanzenoberflächen in das Innere ein. Wenn die Infektion erfolgt ist und die Bedingungen gegeben sind (Temperaturen 20 bis 29 °C, relative Luftfeuchtigkeit über 85 %) werden innerhalb kurzer Zeit Sporenträger mit Konidien gebildet und Botrytis verbreitet sich sehr rasch innerhalb des Rebbestandes.

Man unterscheidet:

1. Gescheinsbotrytis
   Die befallenen Gescheine sind von einem grauen Pilzgeflecht überzogen und sterben ab. Hierdurch können bei sehr feuchtem Wetter um die Blütezeit große Ertragsverluste eintreten.
2. Blattbotrytis
   An den Blättern sind mehr oder weniger große abgestorbene Stellen zu beobachten. Am Über-

gang zwischen abgestorbenem und lebendem Gewebe ist das graue Pilzgeflecht zu erkennen, wenn die Befallsstellen hoher Luftfeuchtigkeit ausgesetzt sind.

3. Beerenbotrytis (Sauerfäule)
   Sie tritt an unreifen oder voll ausgereiften Beeren auf. Die Infektion erfolgt nach Sauerwurmbefall und leichten Verletzungen. Beim Reifevorgang entstehen durch die Einlagerung von Zucker und das starke Wachstum der Beeren feine Risse, die ideale Eintrittspforten für den Pilz bilden. Befallene Beeren sind rotbraun verfärbt und bei feuchtem Wetter mit einem grauen Pilzrasen bedeckt. Bei ausreichender Luftfeuchtigkeit wird in kurzer Zeit die ganze Traube befallen. Schäden entstehen durch mangelnde Reife befallener Beeren und die Besiedlung dieser Beeren mit Schimmelpilzen und Essigbakterien. Mit Botrytis befallenes Lesegut bereitet oftmals kellerwirtschaftliche Schwierigkeiten, und die Reintönigkeit dieser Weine ist in vielen Fällen nicht mehr befriedigend. Dieser negative Einfluß auf die Weinqualität tritt vielfach auch dann auf, wenn Botrytisbefall den Zuckergehalt (Oechslegrade) der Beeren erhöht. In bestimmten Jahren kann Botrytisbefall von vollreifen Beeren zu einer erheblichen Qualitätssteigerung führen. Diese sogenannte Edelfäule tritt aber nur dann auf, wenn die befallenen Beeren infolge einer Schönwetterperiode eintrocknen.
4. Stielfäule
   Die Stielfäule ist gekennzeichnet durch ein graues Pilzgeflecht am Stielgerüst. Die Stiele werden brüchig und die Trauben fallen ab, es kommt zu Ertrags- und Qualitätsverlusten durch Bodentrauben. Stielfäule tritt vor allem nach Stiellähmebefall auf.
5. Botrytis in der Rebveredlung
   Edelreiser, Unterlagen und Pfropfkombinationen sind mit einem grauen Pilzrasen überzogen. Botrytis in der Rebveredlung kann zu größeren Ausfällen beim Vortreiben und in der Rebschule führen.

Anfällig für Beerenbotrytis, insbesondere Sauerfäule, sind alle Sorten mit dünnhäutigen Beeren, z. B. Müller-Thurgau, Portugieser, sowie Sorten mit dichtgepackten Trauben, z. B. Ruländer, Blauer Spätburgunder und Weißburgunder. Lockerbeerige Sorten, z. B. Gutedel, sind weniger anfällig.

Maßnahmen

Der Befallsdruck durch *Botrytis cinerea* läßt sich durch weinbauliche Maßnahmen in erheblichem Umfang verringern. Insbesondere der Spätbefall, der von den bis Mitte August ausgebrachten Mitteln nicht mehr erfaßt wird, kann hierdurch in gewissem Rahmen begrenzt werden. Botrytis benötigt für die epidemieartige Ausbreitung hohe Luftfeuchtigkeit. In einem Rebbestand, in dem über lange Zeit hinweg hohe Luftfeuchtigkeit herrscht und nasse Blätter und Trauben vorhanden sind, kann sich der Pilz besonders rasch und gut ausbreiten. Alle Maßnahmen, die das schnelle Abtrocknen von Blättern und Trauben fördern, entziehen den zufliegenden Pilzsporen die Keim- und Infektionsbedingungen.

Folgende weinbauliche Maßnahmen können den Befallsdruck vermindern:
- luftige Erziehung
- ausreichende Zeilenbreite (mindestens 1,60 m)
- rechtzeitige Laubarbeit
- Entfernung von hochwachsendem Unterwuchs unter Stock
- Entblätterung der Traubenzone
- Pflanzung lockerbeeriger Klone.

Die Entblätterung der Traubenzone ist eine wirkungsvolle Maßnahme, um Botrytisbefall zu verhindern. Sie sollte auf jeden Fall bei den Burgundersorten durchgeführt werden.

Eine ausgeglichene Stickstoffversorgung und ausreichende Versorgung mit Magnesium (Magnesium beugt der Stiellähme vor) vermeidet eine zu starke Anfälligkeit der Rebe für Botrytis. Da der Pilz vielfach über Anstichstellen des Sauerwurms in die Beeren eintritt und sich von diesen angestochenen Beeren weiter verbreitet, stellt die gezielte Sauerwurmbekämpfung gleichzeitig eine vorbeugende Maßnahme gegen Botrytis dar.

Eine gezielte Bekämpfung von Botrytis ist mit speziellen Mitteln möglich, allerdings wird der gefürchtete Spätbefall, der vor bzw. während der Lese zu erheblichen Qualitäts- und Ertragsverlusten führt, durch chemische Bekämpfungsmittel nicht mehr erfaßt, da auf Grund der Wartezeiten in der ersten Augusthälfte die letzte Spritzung gegen Rebkrankheiten durchgeführt wird (Abschlußspritzung).

Zur Bekämpfung der Gescheinsbotrytis ist bei verstärkter Botrytisgefahr vor der Blüte und in die abgehende Blüte zum Peronospora-Fungizid zusätzlich ein Präparat mit Botrytiswirkung auszubringen. Hierzu steht derzeit nur Euparen zur Verfügung. Bei dieser Tankmischung ist die Konzentration des Peronospora-Fungizids und von Euparen entsprechend den Empfehlungen der Herstellerfirma zu reduzieren. In den meisten Fällen werden 150 g Euparen + 150 g

Kontaktfungizid gegen Peronospora je 100 Liter Spritzflüssigkeit empfohlen.

Gegen Traubenbotrytis wird bei anfälligen Sorten, insbesondere bei Sorten mit dichtgepackten Trauben, empfohlen:
Erste Anwendung eines Spezialbotrytizids (Ronilan 0,1%, Rovral 0,075%, Sumisclex 0,075%) oder Euparen (siehe unter Gescheinsbotrytis) kurz vor Traubenschluß.
Zweite Anwendung eines Spezialbotrytizids (siehe oben) beim Weichwerden der Beeren. Dieser Behandlungstermin entspricht der Abschlußspritzung Anfang bis Mitte August, bzw. der letzten Botrytisbehandlung.

Bei weniger anfälligen Sorten, insbesondere bei lockerbeerigen Sorten und bei geringem Befallsdruck sollte die Anwendung eines Spezialbotrytizids nur beim Weichwerden der Beeren (siehe oben) erfolgen.

In Rebanlagen, die häufiger mit Spezialbotrytiziden behandelt wurden, kann ein Abfall der Wirkung dieser Mittel eintreten. Dies beruht darauf, daß *Botrytis cinerea* bei häufiger Anwendung von Spezialmitteln resistent gegen diese Wirkstoffe wird. Im Falle einer Resistenz läßt die Wirkung der Spritzungen stark nach. Falls in einer Rebanlage trotz des Einsatzes dieser Mittel (Rovral, Ronilan, Sumisclex) starker Befall mit Sauerfäule auftritt, liegt vermutlich eine Resistenz des Pilzes vor. In diesem Fall sollte auf die Spritzung mit Spezialmitteln in den nächsten Jahren verzichtet werden. Falls eine Botrytisbekämpfung angezeigt ist, muß zur Spritzung die Tankmischung mit Euparen angewandt werden.

Rebenperonospora (Falscher Mehltau)

Dieser Pilz *(Plasmopara viticola)* befällt nur die grünen Organe der Rebe. Er kann ausschließlich durch die Spaltöffnungen der Blätter (auf der Blattunterseite) bzw. der Blüten und jungen Beeren in die Pflanze eindringen. Für sein Wachstum und die Entwicklung der Vermehrungsorgane benötigt der Pilz vor allem hohe Luftfeuchtigkeit und ausreichend Wärme.
Der Pilz überwintert als Winterspore (Oospore) in alten Rebblättern am Erdboden.

Die Wintersporen keimen im Frühjahr sobald die Temperaturen 13°C überschritten haben und die alten Rebblätter durch ausgiebige Niederschläge (10 l/m^2 und mehr) durchnäßt sind. Bei der Keimung entwickeln sich Sporangien, aus denen bewegliche Schwärmsporen (Zoosporen) schlüpfen. Die Sporangien oder die bereits geschlüpften Schwärmsporen gelangen mit hochspritzenden Regentropfen auf die austreibenden Blätter der Rebe. Auf den nassen Blättern schwimmen die Schwärmsporen im Wasserfilm auf die Spaltöffnungen zu. Der Pilz dringt über die Spaltöffnungen des Blattes in das Innere der Pflanze ein. Die erste Infektion der Rebe durch die Winterspore im Frühjahr wird Primärinfektion genannt. Die Anzahl von Blättern, auf denen eine Primärinfektion stattgefunden hat, ist sehr gering.

Nach der Primärinfektion wächst der Pilz im Inneren der befallenen Reborgane und ernährt sich von den Zellen des Blattinneren. Nach einer bestimmten Zeit, die vom Temperaturverlauf abhängig ist, bildet der Pilz Sporenträger aus, die nachts bei einer Luftfeuchtigkeit von über 92% und Temperaturen über 13°C aus den Spaltöffnungen herauswachsen. Am Ende der mehrfach verzweigten Sporenträger haben sich Sporangien gebildet. Die Sporangien sind die Verbreitungsorgane des Pilzes. Das Heraustreten der Sporenträger aus den Spaltöffnungen wird als Ausbruch bezeichnet. Er wird kurz vorher durch das Erscheinen von Ölflecken auf den befallenen Blattstellen angekündigt. Der Zeitraum von der Infektion bis zum Erscheinen der ersten Symptome – also von Ölflecken und Ausbrüchen – wird Inkubationszeit genannt. Die Sporangien werden vom Wind verbreitet; wenn sie auf grüne Reborgane gelangen, keimen sie aus, sofern Keim- und Infektionsbedingungen vorliegen.

Für die Keimung der Sporen und die Infektion müssen folgende Voraussetzungen erfüllt sein:
- Temperaturen zwischen 5°C und 29°C
- das Blatt muß benetzt sein (Wasserfilm oder Wassertropfen auf der Blattunterseite).

Je höher die Temperatur ist, desto schneller läuft die Keimung der Sporangien und die Bewegung der Schwärmsporen zu den Spaltöffnungen ab, und um so kürzer kann dann auch die Zeit der Blattbenetzung sein.

Auf jede Infektion folgt nach Ablauf der Inkubationszeit wieder ein Ausbruch, sobald die Bedingungen hierzu erfüllt sind. Bei hoher Luftfeuchtigkeit, hohen Temperaturen und häufiger Blattbenetzung wiederholt sich dieser Vorgang sehr oft und die Krankheit kann sich rasch ausbreiten. Herrscht dagegen trockenes, heißes Wetter mit wenig Niederschlägen, so verbreitet sich der Pilz nicht oder nur in geringem Umfang.

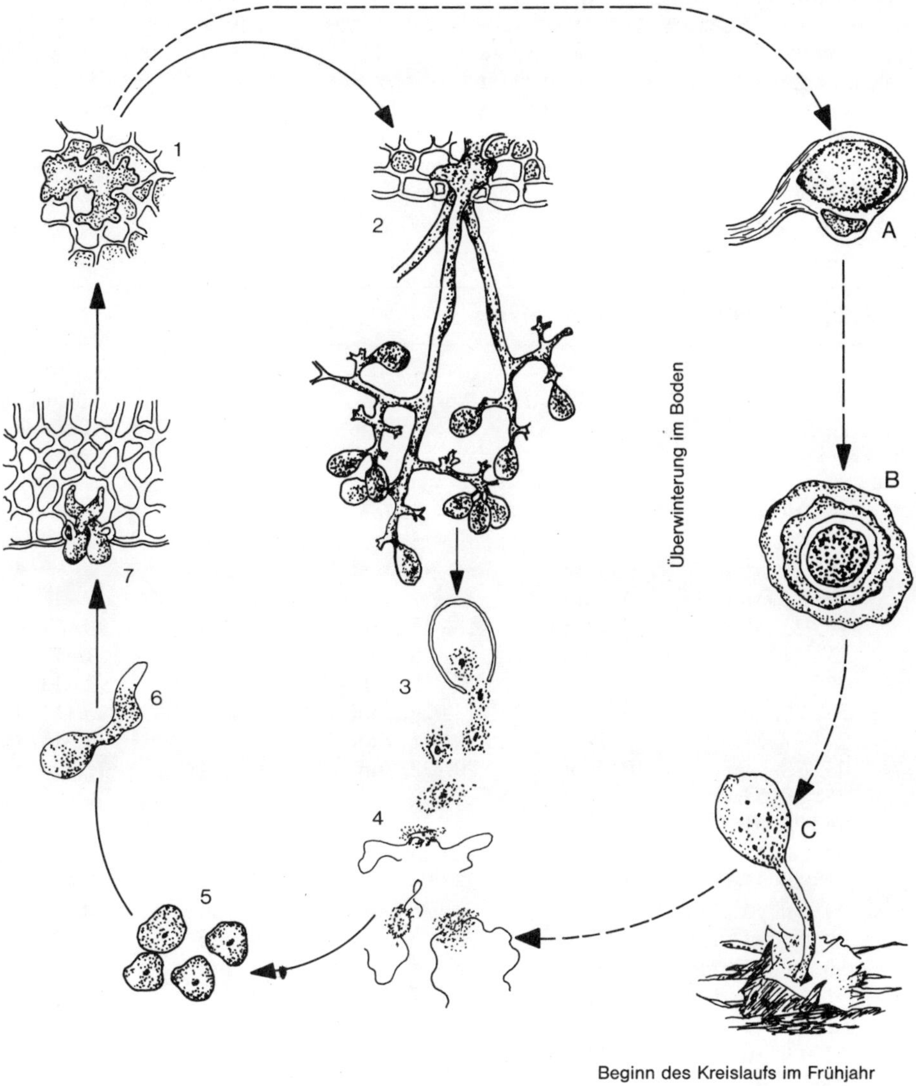

Abb. 58. Entwicklungskreislauf des Falschen Mehltaus. Sommersporenform: Die Entwicklung folgt im Jahre mehrmals aufeinander: 1 = Schnitt durch ein Rebblatt mit dem zwischen den Zellen wuchernden Pilzgeflecht, 2 = Querschnitt eines Rebblattes, aus einer Spaltöffnung herauswachsende Sporenträger mit Sporenbehältern, 3 = Sporenbehälter mit austretenden Schwärmsporen, 4 = Schwärmsporen, 5 = Schwärmer, Schwimmfaden abgestoßen, 6 = Keimschlauch, 7 = in die Spaltöffnung eines Blattes einwachsender Keimschlauch. Geschlechtliche Entwicklungsform: Bildung von befruchteten Dauersporen (Wintersporen) : A = Befruchtung der weiblichen Zelle, B = dickhäutige, befruchtete Dauerspore (Winterspore), C = Keimschlauch mit Primärsporenbehälter, aus dem bis zu 60 Schwärmsporen hervorgehen.

Inkubationskalender nach Prof. Karl Müller
Mit Hilfe des Inkubationskalenders (Tab. 36) ist es möglich, den Ablauf der Inkubationszeit und den Zeitpunkt des nächsten Ausbruchs der Rebenperonospora vorherzubestimmen. Hierbei ist der Tag zu ermitteln, an dem ein frischer Ausbruch beobachtet wurde. Der diesem Datum entsprechende Termin des nächsten Ausbruchs kann aus der Inkubationstabelle (Tab. 36) abgelesen werden. Vor dem nächsten Ausbruch (Gefahr der Neuinfektion) muß gespritzt werden. Für diese Vorhersage (Prognose) ist es notwendig, die Rebanlagen laufend auf Peronospora-Ausbrüche hin zu beobachten.

Die europäischen Rebsorten sind sehr empfindlich gegenüber einer Infektion durch Peronospora. Ein starker Befall führt zum Abfallen der infizierten Blätter. Hierdurch wird die Reife der Beeren und die Holzreife verzögert. Als Folge davon ist die Mostqualität vermindert, und durch die verringerte Einlagerung von Reservestoffen in die einjährigen Triebe

Tab. 36. Inkubationskalender nach Prof. K. Müller

Ausbruch beobachtet am	nächster Ausbruch zu erwarten am	Ausbruch beobachtet am	nächster Ausbruch zu erwarten am	Ausbruch beobachtet am	nächster Ausbruch zu erwarten am
1. Mai	16.–19. Mai	1. Juni	12.–15. Juni	1. Juli	6.– 7. Juli
2. Mai	17.–20. Mai	2. Juni	13.–15. Juni	2. Juli	7.– 8. Juli
3. Mai	18.–21. Mai	3. Juni	14.–16. Juni	3. Juli	8.– 9. Juli
4. Mai	19.–22. Mai	4. Juni	15.–17. Juni	4. Juli	9.–10. Juli
5. Mai	20.–23. Mai	5. Juni	16.–18. Juni	5. Juli	10.–11. Juli
6. Mai	21.–24. Mai	6. Juni	16.–18. Juni	6. Juli	11.–12. Juli
7. Mai	22.–25. Mai	7. Juni	17.–19. Juni	7. Juli	12.–13. Juli
8. Mai	23.–26. Mai	8. Juni	18.–20. Juni	8. Juli	13.–14. Juli
9. Mai	24.–27. Mai	9. Juni	19.–21. Juni	9. Juli	14.–15. Juli
10. Mai	25.–28. Mai	10. Juni	20.–22. Juni	10. Juli	15.–16. Juli
11. Mai	25.–28. Mai	11. Juni	20.–22. Juni	11. Juli	16.–17. Juli
12. Mai	26.–29. Mai	12. Juni	21.–23. Juni	12. Juli	17.–18. Juli
13. Mai	27.–30. Mai	13. Juni	22.–23. Juni	13. Juli	18.–19. Juli
14. Mai	28.–30. Mai	14. Juni	23.–24. Juni	14. Juli	19.–20. Juli
15. Mai	29. Mai–1. Juni	15. Juni	24.–25. Juni	15. Juli	20.–21. Juli
16. Mai	29. Mai–1. Juni	16. Juni	25.–26. Juni	16. Juli	21.–22. Juli
17. Mai	30. Mai–2. Juni	17. Juni	25.–26. Juni	17. Juli	22.–23. Juli
18. Mai	31. Mai–3. Juni	18. Juni	26.–27. Juni	18. Juli	23.–24. Juli
19. Mai	1.– 4. Juni	19. Juni	26.–28. Juni	19. Juli	24.–25. Juli
20. Mai	2.– 5. Juni	20. Juni	27.–28. Juni	20. Juli	25.–26. Juli
21. Mai	2.– 5. Juni	21. Juni	27.–28. Juni	21. Juli	26.–27. Juli
22. Mai	3.– 6. Juni	22. Juni	28.–29. Juni	22. Juli	27.–28. Juli
23. Mai	4.– 7. Juni	23. Juni	29.–30. Juni	23. Juli	28.–29. Juli
24. Mai	5.– 8. Juni	24. Juni	30. Juni–1. Juli	24. Juli	29.–30. Juli
25. Mai	6.– 9. Juni	25. Juni	1.–2. Juli	25. Juli	30.–31. Juli
26. Mai	7.–10. Juni	26. Juni	2.–3. Juli	26. Juli	31. Juli–1. Aug.
27. Mai	8.–11. Juni	27. Juni	3.–4. Juli	27. Juli	1.–2. Aug.
28. Mai	9.–12. Juni	28. Juni	4.–5. Juli	28. Juli	2.–3. Aug.
29. Mai	10.–13. Juni	29. Juni	4.–5. Juli	29. Juli	3.–4. Aug.
30. Mai	11.–14. Juni	30. Juni	5.–6. Juli	30. Juli	4.–5. Aug.
31. Mai	12.–15. Juni			31. Juli	5.–6. Aug.

ist die Holzreife schlecht. Wenn mehrere Jahre hintereinander ein starker Befall auftritt, werden die Rebstöcke sehr stark geschwächt und ihre Leistungsfähigkeit läßt nach.

In den meisten Jahren können die Ölflecke und die Ausbrüche der Primärinfektion nur sehr selten gefunden werden. Die Symptome der Krankheit werden vielfach erst dann auffällig, wenn sich die Krankheit schon ausgebreitet hat. Typisch ist der weiße Sporenrasen von frischen Ausbrüchen, der auf der Blattunterseite zu finden ist, bzw. der Gescheine und junge Beeren überzieht. Unmittelbar vor dem Ausbruch werden die befallenen Blatteile durchscheinend (Ölflecken). Befallene Blatteile und Gescheine vertrocknen nach der Verbreitung der Sporen. Infizierte junge Beeren schrumpfen und verfärben sich rötlich-braun (Lederbeeren).

Maßnahmen

Die im Weinbau zugelassenen Mittel gegen Peronospora können den Pilz in der Pflanze nicht hinreichend bekämpfen, sie sind lediglich in der Lage, die keimenden Sporangien und die Schwärmsporen abzutöten. Daher kann Peronospora nur während der Keimung der Sporangien und der Infektion mit chemischen Mitteln bekämpft werden. Da Keimung und Infektion nach einem Ausbruch erfolgt, muß zu diesem Zeitpunkt die Spritzung durchgeführt worden sein, damit die Sporangien sofort mit dem Spritzbelag auf der Blattunterseite in Kontakt kommen. Der Zeitpunkt der Ausbrüche und somit der Spritztermin kann mit Hilfe des Inkubationskalenders festgelegt werden. Der amtliche Rebschutzdienst weist in seinen Mitteilungen auf mögliche Spritztermine hin.

Eine noch genauere Bestimmung des Spritztermins ist möglich, wenn Luftfeuchtigkeit, Temperatur und Blattbenetzung registriert werden. Dieses Verfahren erfordert den Einsatz eines entsprechenden Geräts und wird normalerweise für die Rebflächen einer ganzen Gemeinde oder Teilflächen davon in Zusammenarbeit mit dem örtlichen Rebschutzwart durchgeführt.

Mittel zur chemischen Bekämpfung:

1. Kontaktmittel

Eigenschaften der Kontaktmittel:
- sie besitzen nur vorbeugende Wirkung, die Wirkungsdauer beträgt 10 bis 12 Tage
- die Wirkstoffe dringen nicht in das Pflanzengewebe ein; somit wird der Pilz nach der Infektion im Blatt bzw. in den Gescheinen und jungen Beeren nicht mehr erfaßt
- die Wirkstoffe werden in der Pflanze nicht transportiert und verteilt. Der Neuzuwachs ist daher nicht geschützt.
- Kupfermittel werden in der Regel nur bei der Abschlußspritzung eingesetzt.

2. Teilsystemische Mittel

Eigenschaften der teilsystemischen Mittel:
- die Wirkstoffe dringen in die Blätter ein, sie werden aber nicht mit dem Saftstrom in der ganzen Pflanze verteilt
- die kurative (heilende) und befallsstoppende Wirkung dauert nur bis zwei Tage nach der Infektion an
- die Wirkungsdauer ist gegenüber den Kontaktmitteln um zwei bis vier Tage verlängert. Man kann mit 11 bis 16 Tagen rechnen.

Wenn hohe Luftfeuchtigkeit im Bestand vermieden und das Abtrocknen grüner Rebteile gefördert wird, verschlechtern sich die Keim- und Infektionsbedingungen für den Pilz. Dies ist durch folgende Maßnahmen zu erzielen:
- genügend große Pflanzabstände
- geeignete Erziehungsart (Bildung von Laubglokken vermeiden)
- gründliche Laubarbeit (rechtzeitiges Heften, Ausbrechen, Gipfeln)
- rechtzeitige Beseitigung des hochwachsenden Unterwuchses.

Oidium (Echter Mehltau, Äscherich)

Oidium *(Uncinula necator)* kann sich ebenso wie Peronospora nur auf lebendem Gewebe entwickeln. Das Pilzgeflecht wächst auf der Oberfläche von Blättern, Beeren und einjährigen Trieben und bildet dort einen weißen Belag. Die befallenen Reborgane sehen aus wie mit Mehl oder Asche bestäubt (Mehltau, Äscherich).

Das Pilzgeflecht überwintert in den Rebknospen und auf den einjährigen Trieben. Es beginnt im Frühjahr bei ansteigenden Temperaturen auf den austreibenden Knospen zu wachsen. Bei hohen Temperaturen im Sommer breitet sich der Pilz sehr schnell auf der Oberfläche von Blättern und Beeren aus. Die Vermehrung und Verbreitung erfolgt durch einzellige Sporen (Konidien), die in langen Ketten an besonderen Traghyphen gebildet werden. Die Sporen benötigen zur Keimung hohe Luftfeuchtigkeit, aber nicht unbedingt Wasser. Optimale Keimbedingungen herrschen bei Temperaturen zwischen 20 und 28°C und einer Luftfeuchtigkeit über 80%. Die Keimung der Sporen kann aber bereits bei 5°C einsetzen, sie läuft dann sehr langsam ab. Die Sporen werden durch Wind und spritzende Regentropfen verbreitet. Die Zeit von dem Auftreffen der Sporen auf die Pflanzenoberfläche bis zum Ausbruch der Krankheit (Inkubationszeit) beträgt je nach Witterung 7 bis 14 Tage. Wechselhafte Temperaturen und hohe Luftfeuchtigkeit fördern die Ausbreitung von Oidium (heiße Tage, kühle Nächte mit Tau in den Morgenstunden).

Wichtigstes Merkmal der Krankheit ist der mehlige Belag auf der Blattoberseite sowie auf Gescheinen und Beeren, der durch das Pilzgeflecht und die Sporenträger mit den Sporen hervorgerufen wird. Befallene Gescheine und kleine Beerchen (bis Erbsengröße) sterben ab. Größere Beeren sind von Pilzgeflecht überzogen. Da das Innere der Beere noch wächst, die äußere Beerenhaut aber infolge des Befalls nicht mehr, platzen die Beeren auf und die Samen treten heraus (Samenbruch). Trauben mit derartigen Beeren sind nicht verwertbar, da die Gefahr einer Geschmacksveränderung des Weines durch den Pilzbefall besteht. Starker Blattbefall vermindert die Leistungsfähigkeit der Rebe, dadurch wird weniger Zucker in die Beeren eingelagert und im Holz werden weniger Reservestoffe gespeichert. Dies führt zu vermindertem Mostgewicht und geringerer Winterfrostfestigkeit.

Das überwinternde Pilzgeflecht bildet auf der Rinde einjähriger Triebe dunkelgraue bis schwarz-violette, unregelmäßige Flecken (Oidium-Figuren). Bei hohem Befallsdruck im Vorjahr und vielen Oidium-Figuren auf dem Holz ist mit starkem Frühbefall zu rechnen. Daher sollte beim Rebschnitt auf diese Oidium-Figuren geachtet werden.

Maßnahmen

1. Netzschwefel

Vor der Blüte 600 bis 200 g auf 100 l Spritzflüssigkeit, während der Blüte 100 g auf 100 l Spritzflüssigkeit, nach der Blüte 200 bis 100 g auf 100 l Spritzflüssigkeit. Wartezeit: 56 Tage.

Bei hohem Befallsdruck (starker Vorjahresbefall sowie Oidium-Figuren) ist eine Austriebsbehandlung im Rebstadium 02 bis 09 (Knospenschwellen bis 3-Blattstadium) (Abb. 59) mit 600 g/100 l notwendig. Bei geringem Befallsdruck kann die erste Behandlung gegen Oidium zusammen mit der ersten Peronosporabehandlung durchgeführt werden. Von der ersten Oidiumbehandlung bis zur Blüte wird der Mittelaufwand von 600 g/100 l auf 100 g/100 l reduziert. Bei heißer Witterung kann Netzschwefel in den hohen Konzentrationen Verbrennungen an den Blättern und vor allem an den Blüten verursachen.

2. Organische Mehltaufungizide

Bei jeder Peronosporaspritzung sollte vorbeugend gleichzeitig ein Mittel gegen Oidium ausgebracht werden:

Bis zur 1. Nachblütespritzung Netzschwefel oder ein organisches Oidium-Mittel. Bei den beiden letzten Spritzungen kein Netzschwefel, sondern ein zugelassenes organisches Oidium-Mittel.

Aus kellerwirtschaftlichen Gründen ist der Einsatz von Netzschwefel zu den beiden letzten Spritzungen unbedingt zu vermeiden! Hier darf nur ein organisches Oidium-Mittel ausgebracht werden, das auch im Großversuch keine Gär- und Geschmacksbeeinflussung zeigt.

Schwarzfleckenkrankheit

Der Pilz *Phomopsis viticola* befällt nur grüne Rebteile, in erster Linie junge Blätter und Triebe. In den Blättern wird er durch das Wachstum der Rebe sehr rasch abgekapselt. In den infizierten Trieben entwickelt sich der Pilz im Laufe des Sommers und kann bis in die neu gebildeten Augen hineinwachsen. Auf den verholzenden einjährigen Trieben entstehen auf der Rinde die Fruchtkörper (Pyknidien) von Phomopsis. Im Verlaufe des Frühjahrs reifen in den Fruchtkörpern die Sporen heran, die bei ansteigenden Temperaturen und reichlichen Niederschlägen aus den Fruchtkörpern als klebrige Sporenranken ausgeschieden werden. Die Sporen werden durch Wassertropfen, Insekten und Milben, nach Eintrocknen auch durch den Wind verbreitet. Sie keimen auf grünen Rebteilen, insbesondere auf den Blättern und den jungen Trieben, wobei die Luftfeuchtigkeit mindestens 86% betragen muß. Optimale Keimbedingungen herrschen bei 23°C und 98 bis 99% relativer Luftfeuchtigkeit.

Die Infektionen finden größtenteils in der Zeit zwischen Austrieb (erstes Grün sichtbar) und dem 6-Blattstadium statt. Daher sind die Symptome des Pilzbefalles hauptsächlich an den unteren Teilen der einjährigen Triebe zu finden.

Auf den befallenen Blättern erscheinen schwarze punktförmige Stellen, die von einem aufgehellten Hof umgeben sind. Im Verlauf des Größenwachstums der Blätter kräuseln sich diese und reißen teilweise ein. Auf dem einjährigen grünen Holz sind zuerst schwarze Infektionsstellen zu beobachten, die

Abb. 59. Entwicklungsstadien der Rebe.

 00 01 03	00	Nicht beobachtet	
	01	Winterruhe, Winteraugen rund bis spitzbogenförmig, je nach Rebsorte hell- bis dunkelbraun, Knospenschuppen je nach Sorte mehr oder weniger geschlossen	**Winter-bekämpfung**
	02	Knospenschwellen, Augen vergrößern sich innerhalb der Knospenschuppen	
	03	Wollestadium, braune Wolle deutlich sichtbar	
	05	Knospenaufbruch, erstes Grün des Triebes sichtbar	
 07 09 12 15	07	Erstes Blatt entfaltet und vom Trieb abgespreizt	
	09	Zwei bis drei Blätter entfaltet	
	12	Fünf bis sechs Blätter entfaltet, Gescheine (Infloreszenzen) deutlich sichtbar	**Austriebs-bekämpfung**
	15	Gescheine (Infloreszenzen) vergrößern sich, Einzelblüten sind dicht zusammengedrängt	
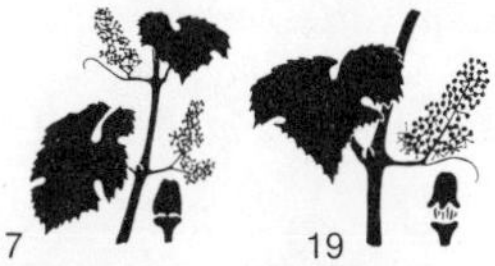 17 19	17	Gescheine (Infloreszenzen) sind voll entwickelt, die Einzelblüten spreizen sich ab	**Vorblüte-bekämpfung**
	19	Blühbeginn, die ersten Blütenkäppchen lösen sich vom Blütenboden	
			Blüte
 21 23	21	Vorblüte, 25% der Blütenkäppchen sind abgeworfen	
	23	Vollblüte, 50% der Blütenkäppchen sind abgeworfen	
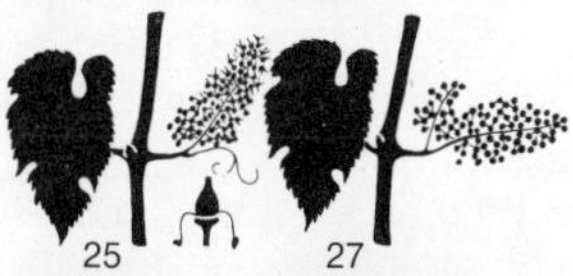 25 27	25	Nachblüte, 80% der Blütenkäppchen sind abgeworfen	**Bekämpfung in die abgehende Blüte**
	27	Fruchtansatz, Fruchtknoten vergrößern sich, „Putzen der Beeren" wird abgeschlossen	
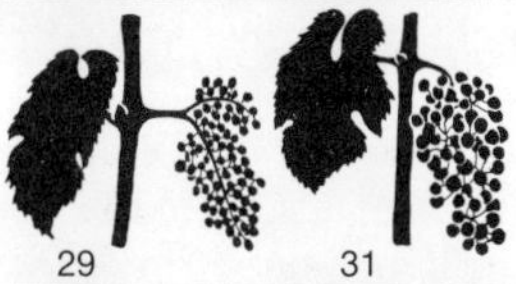 29 31	29	Beeren sind schrotkorngroß, Trauben beginnen sich abzusenken	
	31	Beeren sind erbsengroß, Trauben hängen	**Nachblüte-bekämpfung**
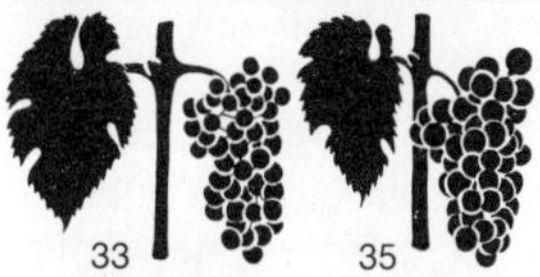 33 35	33	Beginn des Traubenschlusses	
	35	Reifebeginn, Beeren werden hell (beginnen sich zu verfärben)	
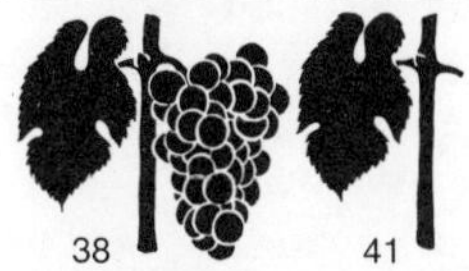 38 41	38	Beeren befinden sich im Reifestadium (Lesereife)	
	41	Nach der Lese, Holzreife wird abgeschlossen	
 43 47	43	Beginn des Laubfalls	
	47	Ende des Laubfalls	

sich dann im Verlauf des weiteren Pilzwachstums und der Vegetationsentwicklung zu länglich-ovalen, schwarz verfärbten Verschorfungen ausweiten. Im fortgeschrittenen Stadium sind diese verschorften Stellen aufgerissen. Bei starkem Befall ist die Basis des Triebs umfassend schwarz verfärbt. Das befallene Stielgerüst von Gescheinen zeigt ähnliche Symptome wie befallene Triebe. Vereinzelt tritt der Pilz auch auf Gescheinen und Beeren auf. Die Gescheine weisen auf den Blütenkäppchen und den Stielchen schwarze Punkte auf. Infizierte Beeren sind dunkelviolett verfärbt. Im Winter verfärbt sich das einjährige Holz weißgrau und ist mit den länglich-ovalen aufgerissenen Flecken besetzt.

Der Pilz wächst auf den Trieben in die Augen und bringt diese zum Absterben. Da am einjährigen Holz der Bereich bis zum fünften, bei sehr starkem Befall bis zum sechsten Knoten befallen wird, sind in der Regel insbesondere die untersten Augen abgestorben. Dies führt dazu, daß sich im Bereich des Stammes fruchtbares Holz nur sehr schwer anschneiden läßt. Bei fortgeschrittenem Befall wächst der Pilz in das alte Holz des Stammes hinein, hierdurch werden im Bereich des Kopfes die schlafenden Augen abgetötet. Derart befallene Stöcke vergreisen sehr rasch. Es läßt sich kein wirtschaftlich tragbarer Rebschnitt mehr durchführen.

Wirtschaftlicher Schaden entsteht durch:
- Augenausfälle
- Stockaufbau wird behindert
- einjährige Triebe sind nur schwach entwickelt, dies führt zu Ertragsausfällen
- Absterben von Stöcken.

Beim Rebschnitt ist auf die Symptome am Holz zu achten. Wenn die Rebstöcke in großem Umfang ausgebleichte Triebe mit zahlreichen Fruchtkörpern aufweisen, sollte im darauf folgenden Frühjahr zur Sicherheit eine vorbeugende Spritzung durchgeführt werden.

Maßnahmen
Da der Pilz im Innern des Holzes wächst, ist eine chemische Bekämpfung der Schwarzfleckenkrankheit im fortgeschrittenen Stadium nicht möglich. Die Bekämpfungsmaßnahmen müssen sich daher gegen die auskeimenden Sporen richten. Pflanzenschutzmittel zur Bekämpfung der Schwarzfleckenkrankheit sollten nur in Befallslagen eingesetzt werden. Die Spritzungen sind gezielt durchzuführen, um die grünen Rebteile vor Neuinfektionen zu schützen. Folgende Spritztermine sind einzuhalten:

1. Spritzung. Im Frühjahr zum Knospenaufbruch, wenn das erste Grün sichtbar wird (Rebstadium 05).
2. Spritzung. Im Abstand von 8 bis 10 Tagen nach der 1. Spritzung, wenn zwei bis drei Blätter entfaltet sind (Rebstadium 09).
Weitere Spritzungen. Im Abstand von 10 bis 12 Tagen bis zur ersten Peronosporaspritzung.

Durch die Peronospora-Mittel wird in den meisten Fällen der Erreger der Schwarzfleckenkrankheit mit erfaßt. Bei Auswahl der entsprechenden Mittel ist daher eine gesonderte Bekämpfung nicht notwendig.

Beim Spritzvorgang ist zu beachten, daß die Spritzflüssigkeit die grünen Rebteile gut benetzt. Die beste Wirkung infolge der durchdringenden Benetzung und den geringsten Mittelverbrauch bringt eine Behandlung mit der Rückenspritze mit sich. Es ist nicht notwendig, verholzte Rebteile mitzubehandeln.

Roter Brenner

Der Pilz *Pseudopeziza tracheiphila* wächst in den Leitungsbahnen der Rebblätter und unterbindet die Wasser- und Nährstoffversorgung. Die Überwinterung erfolgt im abgestorbenen Reblaub am Boden. Bei ansteigenden Temperaturen im Frühjahr entwikkeln sich hier die Fruchtkörper, in denen Sporen heranreifen. Bei Temperaturen über 13 °C und hoher Luftfeuchtigkeit werden die Sporen ausgeschleudert. Wenn diese auf Rebblätter gelangen, keimen sie aus und der Keimschlauch dringt in die Leitungsbahnen der Blätter ein.
Nach dem Befall erscheinen auf den Blättern durch Blattadern abgegrenzte, rot bis rotbraun verfärbte Flächen mit einem gelben Saum. Im Verlauf des Sommers trocknen die Befallsstellen ein. Wenn der überwiegende Teil der Blattfläche befallen ist, fallen die Blätter ab. Bei sehr hohem Befallsdruck können auch Gescheine und Beeren infiziert werden.

Nur ein sehr starker Befall durch den Roten Brenner führt zu erkennbaren Schäden. In diesen Fällen kommt es infolge der verringerten Blattfläche zur Zeit der Blüte zu Verrieselungsschäden. Ein leichter Blattbefall kann toleriert werden.

Maßnahmen
Die derzeit zugelassenen Peronospora-Fungizide zeigen eine gute Wirkung gegen den Roten Brenner. Wenn eine Bekämpfung notwendig ist, dann sollte folgende Spritzfolge eingehalten werden:
1. Spritzung im 3-Blattstadium der Rebe (Rebstadium 09)

2. Spritzung im 6-Blattstadium der Rebe (Rebstadium 12).

Mauke
Im deutschen Weinbau führt derzeit nur eine Bakterienkrankheit, die Mauke, zu Schäden. Diese Krankheit wird durch *Agrobacterium tumefaciens* hervorgerufen. Das Bakterium regt die Rebe an, Kallusgewebe an der Infektionsstelle zu bilden. Dieses Gewebe wuchert sehr stark und bildet regelrechte Geschwulste (Tumoren) am Stämmchen und, bei starker Infektion, am jungen Holz. Befallene Reben sterben über kurz oder lang ab. *Agrobacterium tumefaciens* kann in der Rebe längere Zeit ohne Symptome vorkommen und erst Streßfaktoren (Frost und mechanische Verwundungen) können dazu führen, daß durch die Bakterien die Bildung der Wucherungen verursacht wird. Eine direkte Bekämpfung der Bakterien, die im Holz leben, ist nicht möglich. Auch hier sollte vorbeugend für die Vermehrung nur Holz von gesunden Mutterstöcken verwendet werden. Aus bereits erkrankten Stöcken kann ein neues Stämmchen gezogen werden, wenn der Stockaustrieb unterhalb der Infektionsstelle erfolgt.

4.1.2 Viruskrankheiten

Viren besitzen keinen eigenen Stoffwechsel, sie können sich nur vermehren, indem sie mit Hilfe ihrer Erbsubstanz die Wirtszelle soweit umstimmen, daß diese nur noch viruseigene Eiweiße aufbaut und zu neuen Viruspartikeln zusammenfügt. Viruskrankheiten sind bei Kulturpflanzen weit verbreitet, und auch die Rebe wird von einer Reihe von Viren befallen. Im deutschen Weinbau sind derzeit zwei Viruskrankheiten von größerer Bedeutung.

Reisigkrankheit
Als Reisigkrankheit wird ein Komplex von Krankheitserscheinungen bezeichnet, der von vier verschiedenen Viren verursacht werden kann. Als Erreger können das Virus der Reisigkrankheit (GFV), das Arabismosaik-Virus (ArMV), das Himbeerflekken-Virus (RRV) und das Tomatenschwarzringflekken-Virus (ToSRV) nachgewiesen werden; Mischinfektionen führen zu besonders schwerem Krankheitsverlauf. Erste Anzeichen einer Virusinfektion sind Verrieselungsschäden, leichte Blattverfärbungen (Panaschüren) und verkürzte Triebe. Im weiteren Verlauf der Krankheit treten starke Blattveränderungen auf, der Wuchs der Rebe ist gestaucht, häufig sind Doppelknoten zu beobachten und insgesamt läßt die Wuchsleistung der Rebe stark nach. Schäden entstehen durch Ertragsverlust infolge des Verrieselns und durch das vorzeitige Nachlassen der Leistungsfähigkeit der Stöcke. Die vier Viren, die die Reisigkrankheit verursachen können, werden durch wandernde Wurzelnematoden (Fadenwürmer) übertragen. Diese Nematoden stechen Rebwurzeln an und saugen daran. Wenn eine viruskranke Rebe angestochen wird, werden die Viruspartikel beim Saugakt aufgenommen und können auf gesunde Wurzeln übertragen werden.

Viruskrankheiten können nicht direkt bekämpft werden, desgleichen ist eine Bekämpfung der Nematoden im Boden nicht mehr möglich. Einzige wirtschaftliche Möglichkeit derzeit ist, den Kreislauf der Übertragung von Viren durch Nematoden, auf gesunde Pflanzen zu unterbinden, indem nur gesunde Mutterstöcke vermehrt werden. Hierzu werden die Mutterstöcke einem Virustest unterworfen und die Nachkommenschaft dieser getesteten Mutterstöcke wird laufend auf Viruskrankheiten hin untersucht. Die Vermehrungsanlagen von virusgetestetem Rebpflanzgut dürfen nur auf Flächen erstellt werden, auf denen keine virusübertragenden Nematoden gefunden werden.

Blattrollkrankheit
Die Blattrollkrankheit wird durch ein Virus verursacht, das nach dem derzeitigen Stand der Kenntnisse in den nördlicheren Weinbaugebieten nur durch Pfropfung übertragen wird. Infizierte Stöcke neigen zum Verrieseln, und die Blätter beginnen schon im Sommer eine Herbstfärbung zu zeigen. Diese sich früh verfärbenden Blätter sind stark eingerollt. Durch das Verrieseln und die frühe Blattverfärbung treten Ertrags- und Qualitätsverluste auf, und es werden weniger Reservestoffe in das Holz eingelagert. Die mangelnde Holzreife führt zu einem Nachlassen des Wachstums und zu einem vorzeitigen Abbau der Stöcke. Auch bei dieser Krankheit muß die Ausbreitung durch Verwendung gesunder Mutterstöcke verhindert werden.

4.1.3 Schädlinge

Milben

Obstbaumspinnmilbe, Rote Spinne

- Überwinterung
  als rotes, zwiebelförmiges Winterei (0,15 mm) an Knoten (Augen) des einjährigen Triebes und am zweijährigen Holz sowie am Kopf des Stammes

- Frühjahr
  Larvenschlupf im 1 bis 3-Blattstadium (E 07–09). Entwicklung zu geschlechtsreifen Tieren (0,5 mm). Sommereiablage im Mai/Juni (E 15–17)
- Sommer
  Ausbreitung über die gesamte Laubwand, alle Entwicklungsstadien vorhanden, vier bis sechs Generationen pro Jahr. Abwanderung der Weibchen ab August/September zur Wintereiablage.

Im Frühjahr nach Austrieb dunkle Blattzipfel und dunkle Stichstellen; verkrüppelte Blätter, die frühzeitig abfallen; Kümmertriebe. Im Sommer Verfärbung der Blätter (braun-bronze-farbene Laubwand). Bei Frühjahrsbefall Mengenverluste, bei Sommerbefall Qualitätseinbußen und verminderte Winterfrosthärte.

Befallskontrollen
- Im Winter
  Kontrolle auf Wintereier beim Rebschnitt. Rotverfärbung der Finger durch Zerquetschen der Wintereier
- im Frühjahr
  Kontrolle auf dunkle Blattzipfel beim Austreiben
- im Sommer
  Kontrolle von Blättern auf Anwesenheit der Roten Spinne.
  Besatzziffer-Methode: Kritische Zahl

nach der Blüte	70% befallene Blätter
vor Traubenschluß	50% befallene Blätter
vor Peronospora-Abschlußspritzung	30% befallene Blätter.

Maßnahmen
Chemische Bekämpfung bei kritischem Befall nach Kontrolle:
- im Frühjahr
  im Wollestadium mit reinen Mineralölen (z. B. Attraco)
  im 1 bis 3-Blattstadium mit spezifischen Akariziden
- im Sommer
  mit spezifischen Akariziden.

Biologische Bekämpfung durch Freilassen bzw. Schonung von Raubmilben *(Typhlodromus pyri)* und Raubinsekten (Raubwanzen, Florfliegen, Marienkäfer).

Schädliche Förderung der Roten Spinne durch Überdüngung mit Stickstoff und gelegentlich durch Anwendung bestimmter Pflanzenschutzmittel (z. B. Pyrethroide).

Bohnenspinnmilbe, Gemeine Spinnmilbe
- Überwinterung
  als orange Weibchen (0,5 mm) in Gruppen unter der Rinde am Stämmchen, in abgefallenem Reblaub und am wintergrünen Unterwuchs
- Frühjahr
  Abwanderung auf Pflanzen des Unterwuchses und der Raine
- Sommer
  Zuwanderung auf Reben, meist im Juli/August. Kolonien aller Entwicklungsstadien auf der Blattunterseite; sechs bis acht Generationen pro Jahr. Abwanderung der Weibchen zu den Überwinterungsplätzen.

Im Sommer helle Flecken auf Blättern, Falten am Blattrand, Zerreißungen an der Stielbucht, Blattfall; dunkle Flecken an Beeren; Kolonien mit Spinnmilben auf Blattunterseite, feines Gespinst, besonders an der Triebspitze. Erhebliche Qualitätsverluste und verminderte Frosthärte.

Befallskontrollen
- Frühjahr
  Befallskontrollen am Unterwuchs und am Rain
- Sommer
  Kontrolle von Blättern auf Anwesenheit der Befallszeichen und Spinnmilben.

Maßnahmen
Im Sommer nach Befallskontrolle sofort mit spezifischem Akarizid.

Blattgallmilbe, Pockenmilbe
- Überwinterung
  als Weibchen (0,15 mm) unter Knospenschuppen, teilweise unter der Rinde, besonders am Kopf des Stämmchens
- Frühjahr
  Einwandern in das Knospeninnere, Saugen an den jungen Reborganen; nach dem Austrieb Vermehrung und Entwicklung in Filzgallen der Blattunterseite
- Sommer
  ein Teil der Gallmilben wandert zur Triebspitze und bewirkt durch Saugen an jungen Blattanlagen neue Filzgallen; ab Spätsommer Auswandern zu den Winterknospen und unter die Rinde.

Blätter oberseits mit pockenartigen Erhebungen, denen unterseits ein Haarfilz, die Filzgalle, entspricht. Es entsteht kein Schaden, solange nicht der gesamte

Stock befallen ist. Bei Filzgallen an Gescheinen ergeben sich Ertragsverluste.

Befallskontrollen
Einzelne Stöcke, besonders Randstöcke, die stark befallen sind, markieren und Ausmaß des Befalls weiterverfolgen. Die Blattgallmilbe ist mit bloßem Auge nicht sichtbar!

Maßnahmen
Einzelstockbehandlung als Austriebsspritzung ab Wollestadium mit Folidol-Öl, Beosit oder Thiodan, wenn Blätter auch oberseits oder Gescheine vergallt sind.

Kräuselmilbe

- Überwinterung
  als Weibchen (0,15 mm) unter Knospenschuppen und unter der Rinde, besonders am Kopf des Stämmchens
- Frühjahr
  Einwandern in das Knospeninnere, Saugen an den jungen Reborganen; nach dem Austrieb auf der Blattunterseite
- Sommer
  Verbreitung auf die gesamte Laubwand, leben auf der Blattunterseite; im Spätsommer Abwandern zu den Überwinterungsplätzen.

Beim Austrieb fehlende oder kurze Triebe in Stammnähe, Doppeltriebe, Hexenbesenwuchs, Blätter verkrüppelt, mit sternförmigen Stichstellen. Ertrags- und Qualitätseinbußen, bei mehrjährigem Befall Absterben der Pflanze.

Befallskontrollen
Kräuselmilben sind mit bloßem Auge nicht sichtbar! Auf Schadbilder achten.

Maßnahmen
Austriebsspritzung mit Eftol-Öl, Folidol-Öl, Beosit oder Thiodan; im Sommer mit zugelassenem Mittel die Laubwand behandeln.

Traubenwickler

Einbindiger Traubenwickler, Heuwurm, Sauerwurm
- Überwinterung
  als Puppe (6 mm) in Rindenritzen des Stämmchens
- Frühjahr (1. Generation)
  Schlupf und Flug der Heuwurm-Motten Ende April/Anfang Mai (Vorderflügel strohgelb mit dunklem Band); Eiablage an Gescheinen; Schlupf und Fraß der Heuwürmer (Kopfkapsel schwarz) Ende Mai bis Juni; Verpuppung im Juni/Juli in Gespinst am Geschein
- Sommer (2. Generation)
  Schlupf und Flug der Sauerwurm-Motten im Juli, Eiablage auf Beeren der Trauben; Schlupf und Fraß der Sauerwürmer Ende Juli/August; Aufsuchen und Verpuppung an den Überwinterungsplätzen.

Heuwurm: Fraß an Gescheinen, Gespinst (»Nester«) führt zu Ertragsverlusten
Sauerwurm: Fraß an Beeren, führt zu Fäulnis durch Botrytis und zu Qualitätseinbußen (Sauerfäule).

Befallskontrollen
Da Befallskontrollen schwierig sind, muß eine **Mottenflug-Kontrolle** über den zeitlichen Verlauf und die Stärke des Traubenwicklerfluges Auskunft geben.
Prinzip: Sexfallen mit Sexuallockstoff (Pheromon) des weiblichen Falters.

Beginn des Mottenfluges:
1. Generation – Ende April/Mai
2. Generation – Ende Juni/Juli
je nach Temperatursumme

Kontrolle der Sexfallen:
3 × pro Woche (Montag, Mittwoch, Freitag)

Erkenntnisse aus Mottenflug:
1. Generation: Heuwurm-Schlupf 14 Tage nach Flughöhepunkt
2. Gerneration: Sauerwurm-Schlupf 8 Tage nach Flughöhepunkt

Um diese Zeit muß die chemische Heuwurm- bzw. Sauerwurmbekämpfung durchgeführt werden!
Die Mottenflugkontrolle ist eine Zeitpunkt-Prognose für die chemische Bekämpfung.

Kritische Fangzahlen:
Eine chemische Bekämpfung ist nicht nötig, wenn bei richtiger Ausbringung der Biotrap-ET-Falle
- keine oder nur einzelne Motten
- weniger als 100 Heuwurmmotten bis zum Flughöhepunkt
- weniger als 75 Sauerwurmmotten bis zum Flughöhepunkt

gefangen werden.

Schadensschwelle (vorläufig): In Abhängigkeit von der Sorte und vom Jahr wird z. Z. folgende Schadensschwelle angenommen:

- Heuwurm-Generation: 20–30% Befall
- Sauerwurm-Generation: 5–10% Befall

Man beachte, daß zum Zeitpunkt der Befallsermittlung eine schadensregulierende Wurmbekämpfung meist nicht mehr möglich ist.

Maßnahmen
- chemische Bekämpfung: mit zugelassenen Insektiziden; gegen Heuwurm mit langwirksamen Mitteln, da oft »verzettelter« Flug und Eiablage; gegen Sauerwurm mit Mitteln mit Tiefenwirkung
- biologische Bekämpfung: mit *Bacillus thuringiensis* (Dipel, Thuricide HP, usw.) u. U. mit 1% Zukkerzusatz gegen Sauerwurm
- biotechnisches Verfahren mit Pheromon (Verwirrungstechnik): gegen die Sauerwurm-Generation, durch Ausbringen einer Pheromon-Duftwolke mittels Verdampfer wird das Auffinden der Weibchen durch die männlichen Traubenwickler verhindert; die Folgen sind: keine Begattung, keine fruchtbaren Eier und damit keine Sauerwürmer! In größeren Rebflächen, ab etwa 10 ha, werden in Gemeinschaftsarbeit z.Z. 500 Pheromon-Verdampfer pro Hektar am Draht bzw. Trieb befestigt.

Bekreuzter Traubenwickler

Die Biologie ist im wesentlichen wie beim Einbindigen Traubenwickler; der Flug der 1. Generation geht oft unmittelbar in den der 2. Generation über; gelegentlich tritt eine 3. Generation im Herbst auf, die auch als »Süßwurm» bezeichnet wird.
Schadbild und Schaden entsprechen denen des Einbindigen Traubenwicklers.

Befallskontrollen
Die Mottenflugkontrolle mit dem spezifischen Duftstoff des Bekreuzten Traubenwicklers entspricht ebenfalls der Verfahrensweise wie beim Einbindigen Traubenwickler, kritische Fangzahlen sind jedoch für diese Traubenwicklerart noch nicht erarbeitet, ebenso wenig gelten die Schadensschwellen.

Maßnahmen
- Die chemische Bekämpfung wird in Anlehnung an die Mottenflugkontrolle durchgeführt, wobei auf den oft verzettelten und langen Flug des Bekreuzten Traubenwicklers besonders zu achten ist
- die biologische Bekämpfung mit *Bacillus thuringiensis*-Präparaten bedarf unter Umständen eines zweimaligen Einsatzes pro Generation
- das biotechnische Verfahren der Verwirrungstechnik ist für den Bekreuzten Traubenwickler noch nicht bis zur praktischen Anwendung entwickelt.

Knospenschädlinge
Im Frühjahr können mit Beginn des Knospenschwellens verschiedene Schädlinge die Reben befallen und teilweise erhebliche Schäden verursachen.

Erdraupen – Larven von Eulenschmetterlingen (Nachteulen)
Verschiedene Arten, z.B. *Noctua fimbriata,* Bandeule und *Noctua pronuba,* Hausmütterchen.

- Überwinterung
  als ausgewachsene Raupe im Boden
- Frühjahr
  nachts klettern die Raupen vom Boden auf die Rebe, dort Fraß an den Knospen ab Knospenschwellen, tagsüber leben sie versteckt im Boden; danach verpuppen sich die Erdraupen im Boden
- Sommer
  Schlupf und Flug der Eulenfalter im Sommer (Juni bis September), Eiablage in Gelegen, wahrscheinlich an Pflanzen des Unterwuchses, dort Fraß bis zur Überwinterung.

Starker Fraß an den Knospen und jungen Trieben bzw. Blättern, bei starkem Auftreten Verlust an Fruchttrieben und Ertrag.

Befallskontrollen
Ab Knospenschwellen nach Eintritt der Dunkelheit gefährdete Rebanlagen auf Erdraupen am Bogen oder Strecker kontrollieren.
Mit Stroh und ähnlichem abgedeckte Flächen sind besonders gefährdet!

Maßnahmen
Mechanisch: in kleinen Flächen können die Erdraupen nachts von Hand abgelesen werden; gesammelte Raupen außerhalb der Rebfläche vernichten.
Chemisch: in Junganlagen und Rebschulen mit Streunex-Granulat ab Befall streuen. Gebrauchsanleitung beachten!

In Ertragslagen Boden um Stamm sowie Stämmchen und Ruten mit einem Phosphorsäureester oder Pyrethroid gründlich behandeln.

Rhombenspanner (Kreppelwurm)

- Überwinterung
  als Spannerraupe unterschiedlichen Alters und Größe am Boden

- Frühjahr
  ab Knospenschwellen nachts Fraß an den Knospen, halten sich tagsüber versteckt auf den Rebruten und am Draht auf; Verpuppung im Boden
- Sommer
  Schlupf und Flug der Falter ab Ende Juni; Eiablage am Rebholz und Unterwuchs, dort auch Fraß bis zur Überwinterung.

Teil- oder Totalfraß an den Knospen und jungen Trieben bzw. Blättern, bei starkem Auftreten Verlust an Fruchttrieben und Ertrag.

Befallskontrollen
Ab Knospenschwellen Kontrolle auf angefressene Knospen; im Bereich von frischen, noch grünen Fraßstellen Rebteile und Draht, v.a. verholzte alte Ranken auf Rhombenspanner absuchen.
Achtung: Rhombenspanner sind bestens getarnt und gleichen verholzten Ranken (= Kreppel) und Draht. Größe drei bis fünf cm, drahtrund.
Kräftiges Schlagen an den Drahtrahmen veranlaßt Rhombenspanner, sich fallenzulassen und an Gespinstfaden hängend zu schwingen! Erkennungsmerkmal: Rhombenspanner bewegen sich katzenbuckelartig fort.

Maßnahmen
Sofort nach einer positiven Befallskontrolle mit zugelassenem Mittel die Bogen oder Strecker sowie den Drahtrahmen mit einem feinen Spritzstrahl behandeln.

Gefurchter Dickmaulrüßler

- Überwinterung
  als Larve (Engerling) oder Käfer im Boden
- Frühjahr
  Käfer (ca. 1 cm) verlassen nachts den Boden und ersteigen die Rebe; Fraß an den Knospen ab Knospenschwellen nur nachts; tagsüber verstecken sie sich im Bereich des Stammes am Boden. Nach dem Austrieb typischer Blattrandfraß an den unteren Blättern.
- Sommer
  oberirdisch Blattrandfraß durch Käfer während der Nacht, unterirdisch Wurzelfraß durch Larven, die sich im Herbst oder Frühjahr verpuppen können. Mehrjährige Entwicklung möglich!

Fraß an den Knospen, nach dem Austrieb an den Blättern, Verlust an Fruchttrieben und Ertrag, unterirdischer Fraß an Wurzeln führt zum Absterben der Pflanze.

Befallskontrolle
Ab Knospenschwellen Knospenfraß kontrollieren, tags am Boden, nachts am Bogen oder Strecker Käfer suchen, Käfer 0,9 bis 1,0 cm groß, grau-erdfarben.

Maßnahmen
In Junganlagen und Rebschulen Streunex-Granulat, in Ertragslagen Curaterr-Granulat 10 g/Pflanze streuen und leicht einarbeiten.

Springwurmwickler

- Überwinterung
  als frisch geschlüpfte Eiräupchen von etwa zwei cm Länge
- Frühjahr
  mit Beginn des Knospenschwellens bohren sich die Räupchen in die Knospe und fressen diese von innen hohl; nach dem Austrieb befallen die größer gewordenen grünen Räupchen die jungen Blätter
- Sommer
  Blattfraß und Zusammenspinnen einzelner Blätter zu Blattknäueln, darin Verpuppung (Puppe 1,4 cm); Flug der Springwurmwicklermotten im Juli/August, Eiablage in Gelegen auf Blattoberseite, geschlüpfte Eiraupen seilen sich ab und suchen Verstecke am Stämmchen zur Überwinterung.

Im Frühjahr bei Knospenfraß Verlust von Fruchtruten, im Sommer infolge Blattfraß u.U. Auswirkungen auf Ertrag und Holzreife; bei starkem Befall Kahlfraß (Laubwurm).

Befallskontrollen
Im Frühjahr Knospenfraß, an schwarzen Kotbällchen im Bereich der Einbohrstelle erkennbar, im Sommer Lochfraß und Blattknäueln mit zwei bis drei cm langer, grüner Raupe oder brauner Puppe sichtbar.

Maßnahmen
Im Frühjahr gegen Eiräupchen mit zugelassenen Mitteln nach Befallskontrolle als Austriebspritzung, nach dem Austrieb gegen blattfressende Räupchen. Beim Sichtbarwerden der Blattknäuel sind Spritzungen wirkungslos.

4.1.4 Vögel

Der Traubenschutz vor Vögeln erfordert besondere Sachkenntnisse des Winzers.

Im allgemeinen richtet sich die Vogelabwehr gegen **Stare,** die in mehr oder weniger großen Schwärmen in die Reben einfallen, sowie insbesondere gegen verschiedene **Drosselarten,** wie Amsel, Singdrossel, Rotdrossel, die gewöhnlich von Hecken und Waldsaum einzeln in benachbarte Rebflächen einfliegen. Dementsprechend sind die Abwehrmaßnahmen ausgerichtet.

Maßnahmen
Für diese sicherste Methode des Traubenschutzes dürfen nur Netze mit folgenden Kriterien zum Einsatz kommen:
- Fadenstärke von mindestens 1 mm
- Maschenweite von höchstens 30 mm
- möglichst nicht grün oder schwarz gefärbt
- straff gespannt ausgelegt, ohne lose herabhängende und am Boden herumliegende Enden.

Nach Abschluß der Lese sind die Netze sorgfältig zu entfernen. Traubenzonennetze sind oberhalb und unterhalb der Trauben beidseitig miteinander zu verankern.
Schreckschußgeräte sind so aufzustellen, daß die Einhaltung der vorgeschriebenen Immissionsrichtwerte gewährleistet ist. Hierzu dürfen bestimmte Entfernungen zu Wohnbereichen nicht unterschritten werden. Der Betrieb solcher Knallgeräte ist nur tagsüber zu festgelegten Zeiten erlaubt.

Die phonoakustischen Vogelscheuchen, die einen arttypischen Warnschrei nachahmen, haben einen nur zeitlich und räumlich begrenzten Wirkungsbereich, eignen sich jedoch vor allem im Nahbereich von Wohngebieten.
Die großräumige Vogelabwehr durch das Abfeuern von Platzpatronen und Schreckraketen richtet sich vor allem gegen den Zuflug von Starenschwärmen. Für den Gebrauch der entsprechenden Weinbergpistolen ist eine Erlaubnis erforderlich.

4.1.5 Unkräuter und Ungräser

In Rebanlagen stellen sich je nach Bewirtschaftungsweise ganz bestimmte Begleitpflanzen ein. Ein Teil der Pflanzen ist als Bestandteil der Dauerbegrünung von Nutzen, ein anderer steht mit der Rebe in Konkurrenz um Wasser und Licht und wird daher als »Unkraut« bezeichnet. Durch einen starken Unkrautbesatz kann sich das Mikroklima im Rebbestand verschlechtern, vor allem wenn die Unkräuter in die Traubenzone einwachsen.

Es handelt sich in erster Linie um folgende hochwachsenden oder windenden Pflanzenarten:

Große Brennessel	*Urtica dioica*
Acker-Kratzdistel	*Cirsium arvense*
Acker-Gänsedistel	*Sonchus arvensis*
Gewöhnliche Gänsedistel	*Sonchus oleraceus*
Rauhe Gänsedistel	*Sonchus asper*
Erigeron (Kanadisches Berufskraut)	*Conyza canadensis*
Ampfer	*Rumex obtusifolius*
Acker-Winde	*Convolvulus arvensis*
Winden-Knöterich	*Polygonum convolvulus*
Rauhhaariger Amaranth	*Amaranthus retroflexus*
Kletten-Labkraut	*Galium aparine*
Quecke	*Agropyron repens*
Taube Trespe	*Bromus sterilis*

Unter den genannten Arten sind solche, die leicht mechanisch bekämpft werden können, z.B. Amaranth, Erigeron und die Gänsedistelarten. Andere Pflanzenarten, die sich aus Wurzeln oder unterirdischen Sproßteilen regenerieren, sind hartnäckiger, z.B. Ackerwinde und Quecke. Niedrigwachsende Pflanzen in Rebanlagen sollten auf jeden Fall toleriert werden, da sie als Bodendecker einen günstigen Einfluß auf den Boden ausüben.

Wenn hartnäckige Unkräuter im Rebbestand vorhanden sind, ist es derzeit aus wirtschaftlichen Gründen in vielen Fällen noch unumgänglich, diese Unkräuter unter Stock mit Hilfe von Herbiziden zu bekämpfen. Allerdings muß beachtet werden, daß durch die vollkommene und langandauernde Wirkung von Bodenherbiziden die Wurzelunkräuter, hier wäre insbesondere die Ackerwinde zu erwähnen, gefördert wewrden. Diese Arten sind sehr konkurrenzschwach und verbreiten sich sobald der Boden frei ist von niedrigwachsenden Kräutern und Gräsern. Daher sollte eine dauernde Bodenbedeckung gefördert werden.

Die Herbizide sollten so ausgebracht werden, daß keine Abtrift entsteht, d.h. es ist mit niederem Druck großtropfig zu spritzen. Die angegebenen Mittelmengen dürfen in keinem Fall überschritten werden. Daher ist es notwendig, mit gut eingestelltem Spritzgerät und dem richtigen Düsentyp zu arbeiten. Folgender Wasseraufwand ist einzuhalten:

Frühjahrsanwendung 400 l/ha, Sommeranwendung 600 bis 1000 l/ha. Bei der Unterstockbehandlung (Bandspritzung) ist darauf zu achten, daß nur ein schmaler Streifen von ca. 30 cm Breite behandelt wird. Der hierzu benötigte Wasseraufwand hängt vom Reihenabstand ab (Tabelle 37).

Grüne Rebteile, insbesondere auch Bodentriebe, dürfen nicht mit wuchsstoffhaltigen Mitteln und dem Präparat Roundup benetzt werden. Bei diesen Mitteln können nachhaltige Schäden an der Rebe eintre-

Tab. 37. Mittel- und Wasseraufwand beim Einsatz von Herbiziden zur Unterstockbehandlung

Reihenbreite	Breite des Herbizidstreifens	Zugelassene Aufwandmenge (kg oder l/ha)						Empfohlene Wasseraufwandmenge (l/ha)					
(cm)	(cm)	4	5	6	7,5	8	10	200	400	600	800	1000	1200
		Mittelbedarf zur Unterstockbehandlung (kg oder l/ha)						Wasserbedarf zur Unterstockbehandlung (l/ha)					
140	30	0,86	1,07	1,29	1,61	1,71	2,14	43	86	129	171	214	257
	40	1,14	1,43	1,71	2,14	2,29	2,86	57	114	171	229	286	343
160	30	0,75	0,94	1,13	1,41	1,50	1,88	38	75	113	150	188	225
	40	1,00	1,25	1,50	1,88	2,00	2,50	50	100	150	200	250	300
180	30	0,67	0,83	1,00	1,25	1,33	1,67	33	67	100	133	167	200
	40	0,89	1,11	1,33	1,67	1,78	2,22	44	89	133	178	222	267
200	30	0,60	0,75	0,90	1,13	1,20	1,50	30	60	90	120	150	180
	40	0,80	1,00	1,20	1,50	1,60	2,00	40	80	120	160	200	240
220	30	0,55	0,68	0,82	1,02	1,09	1,36	27	55	82	110	136	164
	40	0,73	0,91	1,09	1,36	1,45	1,82	36	73	109	145	182	218

ten. Vor der Anwendung dieser Mittel sollten unbedingt alle Bodentriebe entfernt werden.

Die Angaben zum Wasserschutz müssen unbedingt eingehalten werden. Nach Möglichkeit sollten Mittel gewählt werden, die den Unterwuchs zwar abtöten, die aber das Auflaufen von Samen erlauben. Hiermit soll gewährleistet werden, daß der Boden nicht längere Zeit unbedeckt bleibt. Bodenherbizide mit Dauerwirkung, z.B. simazinhaltige Mittel, sollten hierbei jedoch nach Möglichkeit nicht angewandt werden.

Besondere Beachtung verdient der Mittel- und Wasseraufwand beim Einsatz von Herbiziden im Unterstockbereich. In Tabelle 37 sind die entsprechenden Daten für Behandlungsbreiten von 30 cm und 40 cm zusammengestellt.

4.2 Integrierter Pflanzenschutz im Weinbau

Der heutige Pflanzenschutz im Weinbau ist weitestgehend gekennzeichnet durch Maßnahmen gegen pilzliche Schaderreger, den Falschen Mehltau oder die Peronospora *(Plasmopara viticola)* und den Echten Mehltau oder Äscherich bzw. Oidium *(Uncinula necator)*. Beide waren im europäischen Weinbau ursprünglich nicht heimisch, sondern sind erst in der zweiten Hälfte des vorigen Jahrhunderts aus Nordamerika nach Europa eingeschleppt worden.

Dies trifft auch für den bekanntesten tierischen Schaderreger zu, die Reblaus *(Phylloxera vitifolii)*. Daß die Reblaus, die in Europa zu verheerenden Schäden im Weinbau und zu großen sozialen Problemen in den Weinanbaugebieten geführt hat, heute keiner Pflanzenschutzmaßnahmen mehr bedarf, verdanken wir der Einführung des Pfropfrebenanbaues. Die Unterdrückung der Reblaus mittels Pfropfreben kann als weltweit praktiziertes Verfahren des Integrierten Pflanzenschutzes angesehen werden.

Der derzeitige Stand des Integrierten Pflanzenschutzes im Weinbau sieht folgendermaßen aus:

Für die wichtigsten **tierischen Schaderreger** liegen Verfahren vor, die es erlauben, im Sinne des Integrierten Pflanzenschutzes auf die Anwendung chemischer Bekämpfungsmittel weitestgehend zu verzichten.

Die **Traubenwickler**-Bekämpfung kann direkt mikrobiologisch mit *Bacillus thuringiensis* bzw. biotechnisch mittels der Verwirrungstechnik (derzeit nur beim Sauerwurm des Einbindigen Traubenwicklers) vorgenommen werden. Die Mottenflugkontrolle mit Pheromonfallen ermöglicht eine gezielte chemische Bekämpfung und bietet bereits Ansätze für eine Negativ-Prognose, wenn bestimmte Fangzahlen nicht überschritten werden.

Die **Rote Spinne** stellt in weiten Teilen des baden-württembergischen Anbaugebietes keine Gefahr mehr dar, sofern der wirksame natürliche Gegenspieler, die Raubmilbe *Typhlodromus pyri,* im Bestand anwesend ist und entsprechend erhalten wird. Als Schutzräuber verhindert diese Raubmilbe eine Besiedlung und Massenvermehrung der Roten Spinne, sofern nicht Maßnahmen getroffen werden, die diese Spinnmilbenart fördern.

Die befallsmindernde Wirkung von *Typhlodromus pyri* gegenüber der **Bohnenspinnmilbe** kommt gelegentlich nicht in ausreichendem Maße zum Zuge, vor allem dann, wenn eine Masseninvasion dieser Spinnmilbenart vom Unterwuchs oder von den Pflanzen der Raine her stattfindet.

Bei den **Pilzkrankheiten** ist der Integrierte Pflanzenschutz noch nicht so weit fortgeschritten wie bei den tierischen Schädlingen. Er umfaßt vor allem indirekte Maßnahmen, wie Standort- und Sortenwahl, angepaßte Erziehung, geeigneter Rebschnitt, sorten- und lagenbezogene Laubarbeiten sowie eine optimale Bodenpflege und Düngung. Diese Verfahren sind vor allem dazu geeignet, die Befallsbedingungen für die Pilze zu verschlechtern und dabei gleichzeitig die Widerstandsfähigkeit der Rebpflanze zu erhöhen.

Zur Verbesserung der Erfassung von befallskritischen Witterungsbedingungen werden zur Zeit sog. Peronospora-Warngeräte entwickelt und geprüft, mit denen versucht wird, die Anzahl der Peronospora-Behandlungen von derzeit durchschnittlich sieben Spritzungen zu reduzieren.

Man muß klar erkennen, daß die natürlichen Abwehrmechanismen der europäischen Rebsorten, wie die der derzeitig angebauten Ertragsreben, nur begrenzt sind gegenüber den eingeschleppten Schaderregern Peronospora und Oidium. Deshalb ist ein wichtiger Weg zum Integrierten Pflanzenschutz im Weinbau bei diesen Pilzkrankheiten die **Resistenzzüchtung,** wobei widerstandsfähiges Erbgut von Amerikanerreben mit Europäerreben gekoppelt wird. Beispiele für solche Züchtungserfolge liegen zur Zeit in den interspezifischen Rebsorten Fr 993-60 und Fr 946-60 des Staatlichen Weinbauinstituts Freiburg vor, die derzeit der Praxis-Vergleichsprüfung unterliegen.

Der Integrierte Pflanzenschutz im Weinbau kann aber nur erfolgreich greifen, wenn der Winzer die erarbeiteten Verfahren übernimmt und auf seine Betriebsstruktur umsetzt.

Tab. 38. Veränderung des Mittelaufwandes pro Hektar bei verschiedenen Entwicklungsstadien der Reben

Entwicklungsstadium (ES)	Wasseraufwandmenge (l/ha)	Mittelkonzentration (%)	Mittelaufwand (je ha)
12	400	0,15	0,6 kg (l)
19	600	0,15	0,9 kg (l)
25	1000	0,15	1,5 kg (l)
29	1400	0,15	2,1 kg (l)
35	1800	0,15	2,7 kg (l)

4.3 Pflanzenschutzmittelaufwand

Da durch den Laubwandzuwachs die zu behandelnde Blattfläche eine stetige Veränderung erfährt, ist im Weinbau eine Angabe des Mittelaufwandes pro Hektar nicht sinnvoll. Tabelle 38 zeigt dies anhand einiger Entwicklungsstadien auf.

Berechnungsbeispiel für Wasser- und Mittelaufwand
Eine Fläche von 38 Ar soll zur 2. Nachblütebehandlung (ES 29) mit
a) Aktuan 0,125% und
b) Netzschwefel 0,2%
behandelt werden.

Ermittlung des Wasseraufwandes
Laut Tabelle 37 sind zu diesem Behandlungszeitpunkt 1400 l/ha notwendig.

Für 38 Ar benötigt man $\frac{1400 \times 38}{100} = 532$ l Wasser

Ermittlung des Mittelaufwandes
a) Aktuan 0,125% = 125 g/100 l

Für 532 l benötigt man $\frac{532 \times 125}{100} = 665$ g Aktuan

b) Netzschwefel 0,2% = 200 g/100 l

Für 532 l benötigt man $\frac{532 \times 200}{100} = 1064$ g Netzschwefel

Merke:
Bei der Reduzierung des Wasseraufwandes/ha bleibt der dem jeweiligen Entwicklungsstadium der Rebe entsprechend errechnete Mittelaufwand gleich.

Tab. 39. Berechnung der Spritz- und Sprühkonzentration am Beispiel der 2. Nachblütebehandlung

Wasser	Konzentration der Brühe	Mittelaufwand
Ausgangswassermenge 1400 l/ha Für 38 Ar benötigt man 532 l Wasser	1fach	665 g Aktuan 1064 g Netzschwefel
Reduzierung der Wassermenge auf 700 l/ha Für 38 Ar benötigt man 266 l Wasser	2fach	665 g Aktuan 1064 g Netzschwefel
Reduzierung der Wassermenge auf 400 l/ha Für 38 Ar benötigt man 152 l Wasser	3,5-fach	665 g Aktuan 1064 g Netzschwefel

5 Zierpflanzenbau

5.1 Schadursachen und Maßnahmen zur Schadensverhütung

5.1.1 Pilzkrankheiten

Keimlingskrankheiten

Dem Gärtner fällt die Krankheit vor allem auf, wenn die schon aus der Erde gekommenen Sämlinge infolge Fäulnis am Wurzelhals schwarz werden und umkippen. Innerhalb weniger Tage können große, herdförmige Ausfallstellen in den Saatbeeten entstehen. Nicht selten wird die ganze Saat vernichtet. Es ist typisch, daß durchweg nur ganz junge Sämlinge der Krankheit anheimfallen, ältere (etwa vom ersten Laubblattstadium an) werden nur noch angegriffen, wenn sie unter extrem ungünstigen Bedingungen stehen. Stecklinge werden meist schon in den ersten Tagen nach dem Abstecken von der Schnittstelle aus befallen. Sie faulen und sterben ab, ehe es zur Wurzelbildung kommt. Seltener entstehen auch nach der Bewurzelung noch Ausfälle, vor allem, wenn infolge ungünstiger Kulturbedingungen die Pflanzen nicht zügig durchwachsen können. Zu hohe oder zu niedrige Temperatur, übermäßige Feuchtigkeit, besonders bei schlecht durchlüftetem oder oberflächlich verkrustetem Substrat, sowie enger Stand der Pflanzen, fördern das Auftreten dieser Krankheiten. Die Erreger sind verschiedene, im Boden weit verbreitete Pilze.

Maßnahmen

Wo noch Praxiserde verwendet wird, sollte diese durch Sand- oder Torfzusatz gut aufgelockert sein. Eine Verkrustung der Erdoberfläche muß unter allen Umständen vermieden werden. Seltenes, aber intensives Überbrausen ist zweckmäßiger als häufige, geringe Befeuchtung der Oberfläche. Es ist darauf zu achten, daß Pflanzen und Erdoberfläche nach dem Gießen bald wieder abtrocknen können und nicht zu feucht in die kühleren Nachttemperaturen gelangen. An sonnigen Tagen ist durch leichte Beschattung dafür zu sorgen, daß die Sämlinge oder Stecklinge keine Schwächung erleiden, die sie gegenüber den Krankheitserregern anfällig macht. Für nicht zu engen Stand der Pflanzen, genügende Belüftung und ausreichende Belichtung ist Sorge zu tragen. Jede Maßnahme, die die Pflanzen in ihrer Entwicklung fördert, ist geeignet, sie rasch über das Stadium größter Anfälligkeit hinwegzubringen.

Am sichersten beugt man dem Keimlings- und Stecklingssterben durch Verwendung von Einheitserde, Torf oder gedämpfter Erde vor. Diese Maßnahme ist allerdings nur sinnvoll, wenn auch die Saatkistchen und -schalen entseucht wurden und keine ungedämpfte Erde untergemischt wird. Andernfalls ist oft ein besonders heftiger Ausbruch der Krankheit die Folge.

An chemischen Maßnahmen sind die Bodenentseuchung, das Beizen des Saatgutes, das Überbrausen der Saaten, Stecklinge oder Jungpflanzen und Tauchbehandlungen der Pflanzen mit Fungiziden zu nennen.

Wurzel-, Stengelgrund- und Herzfäulen

Für diese Schäden sind hauptsächlich Pilze aus den Gattungen *Phytophthora* und *Pythium* verantwortlich. Beide leben hauptsächlich im Boden. Erstes Anzeichen der Erkrankung ist meist eine Verfärbung oder Vergilbung der Blätter. Bei fortschreitendem Befall welken die Pflanzen und sterben ab.

Maßnahmen
Will man gegen die genannten Erreger mit Erfolg angehen, muß auf krankheitsfreie Substrate und Pflanzflächen geachtet werden. Böden und Erden sind durch Dämpfen oder mit einem chemischen Mittel zu entseuchen. Ebenso wichtig sind desinfizierte Kulturgefäße, Stellflächen und sauberes Gießwasser. Hygienemaßnahmen allein reichen jedoch in stark verseuchten Betrieben im allgemeinen nicht aus, die Krankheit in kurzer Zeit unter Kontrolle zu bringen. Die Sanierung dieser Betriebe nimmt meist mehrere Jahre in Anspruch. Es ist deshalb erforderlich, vorbeugende Hygienemaßnahmen von Fall zu Fall durch chemische Maßnahmen zu ergänzen. Da auch andere Schaderreger (z. B. *Fusarium*-Pilze, *Rhizoctonia, Botrytis*) ähnliche Krankheitsbilder hervorrufen können, sollte bei Auftreten von Wurzelhals- und Stengelgrundfäulen die Erregerfrage vor Anwendung irgendwelcher Bekämpfungsmittel zweifelsfrei geklärt sein. Nur so sind Mißerfolge zu vermeiden.

Die gegen *Pythium*- und *Phytophthora*-Pilze ausgewiesenen Fungizide haben in erster Linie eine hemmende Wirkung. Pflanzen, die Schadsymptome zeigen, sind daher nicht mehr zu retten und müssen mit der umgebenden Erde entfernt werden. Pflanzen, die noch nicht befallen sind, können durch Vorbehandlung der Anzuchterde oder Gießbehandlungen geschützt werden.

Wurzelbräune
Die Pflanzen kümmern, vergilben und welken. Wurzeln zuerst stellenweise, später ganz gebräunt wobei (im Gegensatz z. B. zu nichtparasitären Wurzelerkrankungen) die Spitzen zuletzt erfaßt werden. Auch am Wurzelhals oftmals Faulstellen. Das Wurzelgewebe wird von außen her angegriffen, die Rinde fault und schließlich bleiben oft nur noch die faserigen Gefäßbündel oder auch nur noch Wurzelstumpen übrig.

Maßnahmen
Trockene, gut durchlüftete, warme und leicht saure Böden wirken einem Befall entgegen. Dämpfung der Erde oder eine Behandlung mit Mitteln für die Entseuchung beugen durch Vernichtung des Krankheitserregers der Erkrankung vor. Gelangen jedoch Pilzsporen erneut in auf diese Weise krankheitsfrei gemachte Erde, kann es unter Umständen zu einer besonders schweren Erkrankung kommen. Man achte daher vor allem auch auf die gründliche Entseuchung der Saatkisten, Töpfe, Tische und Stellagen. Krankheitsgefährdete Kulturen können mit einer Fungizidbrühe angegossen werden.

Sclerotinia-Fäule
Die Erkrankung beginnt meist mit einer wäßrig-weichen Stelle am Stengel. Die Fäule breitet sich rasch aus und greift auf Blattstiele und Blätter über.

Sofern nicht besonders ungünstige Kulturbedingungen vorliegen, werden im allgemeinen nur wenige Pflanzen befallen, die dann allerdings meist in kürzester Zeit völlig zusammenbrechen. Bei genügend hoher Luftfeuchtigkeit tritt auf dem Faulgewebe ein wattig-weißes Pilzgeflecht zutage. Darin eingelagert entstehen schmutzig-weiße Myzelzusammenballungen, die sich allmählich zu knorpeligen, schwarzen, bis bohnengroßen Dauerkörperchen verhärten. Diese »Sklerotien« gelangen beim Abfallen oder mit gefaulten Pflanzenteilchen leicht in die Erde wo sie jahrelang am Leben bleiben, oder auch – unter günstigen Bedingungen – auskeimen und für neuen Befall sorgen können.

Maßnahmen
Wichtig ist ein steter Anbauwechsel. Krankheitsverseuchtes Land möglichst vom Anbau empfindlicher Gewächse ausschließen. Dichten Stand der Pflanzen vermeiden. Da die chemische Entseuchung des Bodens im allgemeinen nur einen Teilerfolg (die Dauerkörperchen sind sehr widerstandsfähig) erwarten läßt, ist für krankheitsverseuchte Flächen unter Glas das Dämpfen (95 °C) anzuraten. Dasselbe gilt auch für verseuchte Anzuchterde.

Tritt die Stengelfäule in stehenden Beständen auf, befallene Pflanzen oder Pflanzenteile entfernen und vernichten, ehe es zur Bildung von Sklerotien kommt. Danach kann mit den gegen den Grauschimmel ausgewiesenen Fungiziden Ronilan und Rovral gespritzt werden. Der Stengelgrund muß gut getroffen werden.

Rhizoctonia-Fäule
Der Erreger dieser Pilzkrankheit schädigt hauptsächlich Keimlinge und Jungpflanzen. Er greift aber auch ältere Pflanzen an, bevorzugt am Stammgrund und an den oberen Wurzelteilen. Die Stengelbasis fault und die Pflanze welkt. Die dunklen Pilzfäden auf den Faulstellen und dem Boden sind mit dem bloßen Auge zu erkennen.

Maßnahmen
Die Luftfeuchtigkeit so niedrig wie möglich halten. Zur Bekämpfung eignen sich Spritzungen mit Antra-

col und Rovral. Der Stengelgrund muß gut benetzt werden.

Welkekrankheiten

Die in dieser Gruppe zusammengefaßten Krankheiten zeichnen sich dadurch aus, daß ihre Erreger (Bakterien oder Pilze) im Inneren der Wasserleitungsbahnen leben und eine Allgemeinerkrankung der ganzen Pflanze auslösen. Durch teilweise Blokkierung der Wasserzufuhr und Ausscheidung von Giftstoffen durch die Krankheitserreger kommt es zu Welkeerscheinungen oder Blattvergilbungen, wie sie auch durch Wassermangel oder infolge von Wurzel- oder Stengelgrunderkrankungen verschiedenster Art vorkommen können. Lassen sich durch Wasserabgaben die Welkesymptome nicht beheben und ist auch, zum mindesten im Anfangsstadium der Erkrankung, eine sichtbare äußere Schädigung der Wurzel oder des Wurzelhalses bzw. des Stengelgrundes nicht festzustellen, so liegt der Verdacht auf eine Welkekrankheit nahe. Er wird gefestigt durch die Tatsache, daß die wasserleitenden Teile des Stengelgrundes braun verfärbt sind, während die Rinde gesund erscheint (aufschneiden). Ebenso wie im Stengel ist auch in den Knollen und Wurzeln die Erkrankung zunächst nur beim Aufschneiden an der braunen Verfärbung des Leitsystems zu erkennen.

Sind nur wenige Gefäße befallen, so welken oder vergilben nur die an sie angeschlossenen Blätter und Triebe der einen Stengelseite, entsprechend ist oft auch nur eine Blatthälfte betroffen. An Zwiebelgewächsen entsteht eine vom Zwiebelboden ausgehende Fäule.

Maßnahmen

Bei allen Welkekrankheiten geht die Infektion – abgesehen von der Übertragung durch die Stecklinge selbst – hauptsächlich vom Boden aus. Unter den hygienischen Vorbeugungsmaßnahmen steht daher dort, wo ein Wechsel der Anbaufläche bzw. die Verwendung frischen Bodens nicht möglich ist, die Entseuchung durch Dämpfung an der Spitze, wobei die Wege, sofern sie nicht durch Asphaltbelag abgegrenzt sind, in die Behandlung einbezogen werden müssen. Da die tieferen Bodenschichten durch die Entseuchungsmaßnahmen nicht erfaßt werden, die Welkeerreger aber selbst in einer Tiefe von 70 cm und mehr noch anzutreffen sind, beugt man einer Erkrankung am sichersten durch Pflanzung in abgeschlossene Wannen oder auf Bankbeete vor, die in allen Teilen desinfiziert werden können. Widerstandsfähige Sorten verwenden.

Die unmittelbare Bekämpfung der im Pflanzeninneren lebenden Welkeerreger bringt besondere Probleme mit sich. Gegen Bakterien sind keine Mittel zugelassen und selbst Fungizide mit systemischen Eigenschaften wirken gegen pilzliche Welkeerreger nicht ausreichend. Deshalb sind befallene Pflanzen und die umgebende Erde sofort zu entfernen. Das Angießen der benachbarten Pflanzen mit einem Fungizid kann die Ausbreitung der Krankheit eindämmen.

Um Infektionen über befallenes Pflanzgut zu verhindern, müssen Knollen und Zwiebeln sorgfältig ausgelesen werden. Da auf krankem Pflanzgut große Mengen von Pilzsporen entstehen, ist eine Beizung zu empfehlen.

Grauschimmel

Der Grauschimmel ist unschwer zu erkennen, wenn er z. B. auf abgewelkten Blütenständen oder Blättern von Pelargonien, Primeln, Begonien, Fuchsien u. a. seine graubraune, dichte Schimmelrasen ausbildet, von denen bei geringster Berührung Wolken von Sporenstaub aufwirbeln. Von den abgestorbenen Pflanzenteilen kann er auf die lebende Pflanze übergehen. Dort entstehen zunächst meist nur fleckige, braune Verfärbungen. Der Schimmelbelag tritt erst nach Abtötung des Gewebes auf und auch nur dann, wenn die Außenbedingungen für die Pilzentwicklung anhaltend günstig sind. So kommt es, daß die Grauschimmel-Erkrankung nicht immer ohne weiteres als solche erkannt wird. Stengelfäule bei der Fuchsie äußert sich z. B. nur durch unscheinbare bräunliche Verfärbung des Stengels, Sporenbelag tritt nur bei ungewöhnlich hoher Luftfeuchtigkeit auf. Bei manchen Stengelgrundfäulen, die zum völligen Abwelken und Umfallen der Pflanzen führen, ist die Ursache oft ebenfalls ein versteckter Grauschimmelbefall. Auch die Sprenkelung der Blütenblätter bei *Cyclamen,* Rosen, Chrysanthemen u. a. kann eine Folge leichter Grauschimmel-Infektionen sein.

Maßnahmen

Man achte auf peinlichste Sauberkeit. Abstehende Pflanzenteile und absterbende Pflanzen regelmäßig entfernen. Die Pflanzen unter Glas nicht zu eng, sondern weiträumig, hell und luftig aufstellen. Auf angemessene Temperaturen achten. Krankheitsgefährdete Bestände mit aller Vorsicht gießen. Dafür Sorge tragen, daß sie trocken in die Nacht kommen Notfalls die Kulturen bei geöffneten Lüftungsklappen trockenheizen. Stehende Luft und Niederschlag vermeiden. Möglicherweise Ventilatoren einsetzen.

Für die chemische Bekämpfung des Grauschimmelpilzes gibt es eine Reihe von Präparaten.

Falscher Mehltau

Der Falsche Mehltau tritt vorwiegend auf der Blattunterseite als flockiger, schmutzig-weißer Rasen in Erscheinung. Blattoberseits macht sich die Krankheit meist nur durch Bildung schwach gelbbrauner Flecken oder Verkrüppelungen bemerkbar. Auch die Stengel und Triebspitzen können Verdickungen und Deformationen aufweisen.

Maßnahmen

Einem Befall durch Falschen Mehltau läßt sich am besten dadurch vorbeugen, daß man die Pflanzen bei nicht zu engem Stand kultiviert, unter Glas auf gute Lichtverhältnisse achtet und feuchte, stehende Luft vermeidet. Man lüfte reichlich und sorge stets für ausreichende Luftbewegung. Auch eine Luftumwälzung durch Ventilatoren wirkt Feuchtigkeitsstauungen entgegen. Im übrigen auf angemessene Temperaturen achten und Niederschlag vermeiden. Nur an hellen Tagen gießen; die Bestände sollen am Abend abgetrocknet sein.

Reichen die Maßnahmen nicht aus, ist vorbeugend und wiederholt mit einem der ausgewiesenen Mittel zu spritzen.

Echter Mehltau

Die Echten Mehltaupilze überziehen die Oberfläche der befallenen grünen Pflanzenteile (Blätter, Triebe, Knospen) gleichmäßig oder in fleckiger Verteilung mit locker-flaumigem, mehlartig-weißem, später sich oft schmutzig-bräunlich verfärbendem Belag. Wachstumsstockungen, Einkrümmung der Blätter, bei stärkerem Befall auch Bräunung und Absterben der erkrankten Organe sind die Folge.

Maßnahmen

Die vorbeugenden Maßnahmen bestehen im allgemeinen darin, die Pflanzen möglichst luftig (nicht zu enger Stand, gute Belüftung) bei sehr gleichmäßiger Beheizung und guter Belichtung zu kultivieren. Jeder Stillstand im Wachstum der Jungpflanzen und jede Schwächung der älteren Pflanze erhöht die Bereitschaft für den Mehltaubefall. Hohe Stickstoffgaben fördern die Krankheitsbereitschaft der Pflanze und müssen daher vermieden werden.

Die chemische Bekämpfung der Echten Mehltaupilze stellt den Praktiker vor keine allzu schwere Aufgabe. Es wird heute eine größere Zahl gut wirksamer Präparate angeboten.

Dem Hobbygärtner können Mittel auf Lecithin-Basis empfohlen werden. Bei einem Einsatz unmittelbar nach Befallsbeginn wird die Ausbreitung des Mehltaus verhindert. Bei fortgeschrittenem Befall sind andere Fungizide geeigneter.

Rostkrankheiten

Rostpilze sind leicht kenntlich an ihren meist unter der Oberhaut entstehenden, sich pustelförmig aufwölbenden und bei der Reife meist becherartig aufplatzenden Sporenlagern, deren oft rostbraune Färbung der ganzen Pilzgruppe ihren Namen gab.

Unter den Ziergehölzen wird häufig der Wacholder vom Wacholder- bzw. Birnengitterrost befallen. An Trieben und Ästen anfälliger Arten wie z. B. *Juniperus sabinae* (Sadebaum), *J. chinensis* oder *J. virginiana* verursacht der Pilz spindelförmige Verdickungen. Erkrankte Triebe können eintrocknen. Im Frühjahr bilden sich gallertartige, orangebraune Pilzfruchtkörper. Es erfolgt dann der Wirtswechsel zur Birne. Die im Spätsommer gebildete Sporenform ermöglicht die Rückinfektion zum Wacholder (siehe dazu Birnengitterrost, Teil Obstbau).

Maßnahmen

Unter Glas lang andauernde Blattnässe verhindern. Für ausreichende Standweiten sorgen, damit die Pflanzen rasch abtrocknen können. Befallene Pflanzenteile entfernen.

Kontaktmittel schützen die Pflanzen vor Infektionen. Bei der Anwendung muß auf eine gründliche Benetzung, insbesondere der Blattunterseite, geachtet werden. Bei Befall sind Mittel mit systemischer Wirkung zu bevorzugen.

An erkankten Wacholdern kann einer Ausweitung des Befalls nur durch Rückschnitt bis tief in das gesunde Holz entgegengewirkt werden.

Gesunde Wacholder können durch wiederholtes Spritzen im Spätsommer mit Kontaktmitteln vor Befall geschützt werden. Anpflanzungen von Wacholder und Birne in unmittelbarer Nähe sind zu vermeiden.

Rotpustelkrankheit

An Laubgehölzen bilden sich auf der Rinde absterbender oder abgestorbener Zweige, Äste oder Stammteile rote bis rosafarbene stecknadelkopfgroße Pusteln.

Maßnahmen

Da es sich bei der Rotpustelkrankheit um einen Schwächeparasiten handelt, ist die Schaffung günstiger Wachstumsbedingungen zur Vorbeugung eines Befalls besonders wichtig. Erkrankte Zweige und Äste sind 10 bis 20 cm tief in das gesunde Holz zurückzuschneiden und die Schnittstellen mit einem Wundverschlußmittel zu versehen. Der jährliche Rückschnitt sollte frühzeitig im September/Oktober ausgeführt werden, da im Spätherbst die höchste Infektionsgefahr über frische Schnittwunden besteht.

5.1.2 Viruskrankheiten

Die Schadbilder der Virosen äußern sich oft in Wachstumshemmungen, die sich auf alle Organe erstrecken können (Kümmerpflanzen), insbesondere verkrüppeln jedoch die wachsenden Triebspitzen.

Farb- und Formabweichungen der Blätter und Blüten sind häufig zu beobachten. Bei Tulpen hatten die »buntstreifig« blühenden Pflanzen, die sonst kaum irgendwelche Anzeichen einer Erkrankung zeigen, zu manchen Zeiten besonderen Liebhaberwert.

Störungen in der Chlorophyllbildung der grünen Organe, vor allem der Blätter, führen zu fleckigen Aufhellungen (Mosaik). Verläuft die Aufhellung den Blattadern entlang, so spricht man von einer »Aderbänderung«.

Auch Nekrosen können sich als Folge des Virusbefalls zeigen. Eine schwere Nekroseerkrankung ist z.B. die Augustakrankheit der Tulpe, bei der sich vor allem entlang den Blattrippen, aber auch an Stengeln, Blüten und Zwiebeln weißlichgraue oder bräunliche Flecken abgestorbenen Gewebes hintereinanderreihen.

Um die Bilder der Virosen zu vervollständigen, sei schließlich noch der Besenwuchs genannt, der durch übermäßiges Wachstum der Seitentriebe und Hemmung des Haupttriebes zustande kommt.

Maßnahmen

Kranke Pflanzen müssen unverzüglich vernichtet werden (verbrennen oder auf den Müll abfahren, nicht auf den Kompost!). Auf die Bekämpfung der saugenden Insekten (vor allem Blattläuse, Wanzen, Zikaden, Thripse) ist besondere Sorgfalt zu verwenden. Die Mutterpflanzen für die Vermehrung sind in Zeiten, in denen die Virosen erfahrungsgemäß am stärksten in Erscheinung treten, auszuwählen und zu bezeichnen. Da eine Ansteckung häufig von kranken Unkräutern ausgeht, ist auf deren Bekämpfung besonderer Wert zu legen. Wertvollere Zierpflanzenbestände sollten nicht in unmittelbarer Nachbarschaft von Gurken- und Tomatenkulturen, die als besonders gefährliche Virusquellen bekannt sind, stehen. Krankheitsverdächtige Pflanzen sollten möglichst erst nach den gesunden geschnitten werden. Bei wertvolleren Kulturen ist zu empfehlen, nach jeder Pflanze eine Messerdesinfektion vorzunehmen.

Zur Erzeugung gesunder, virusfreier Stecklinge gibt es spezielle Methoden: einmal eine sich über mehrere Wochen erstreckende Wärmebehandlung der Mutterpflanzen, zum anderen die »Meristemkultur«. Meistens werden beide Verfahren kombiniert.

5.1.3 Bakterienkrankheiten

Die durch Bakterien verursachten Erkrankungen können in ihrem Erscheinungsbild recht verschieden sein, doch lassen sich einige charakteristische Kennzeichen herausstellen. Hell nadelstichähnliche, durchscheinende Blattflecken oder solche mit wäßrig durchscheinender Randzone legen immer den Verdacht einer Bakteriose nahe. Bakterien als Erreger von **gefäßparasitären Welkekrankheiten** kennen wir insbesondere bei Chrysanthemen, Nelken, Pelargonien u. a. Sie verursachen im Gefäßteil zum Teil heftige Zerstörungen, die auch auf die umliegenden Gewebe übergreifen können. Manchmal in Verbindung mit der Welkekrankheit oder auch unabhängig davon treten bakterielle **Stengelfäulen** auf. **Weichfäulen** an Knollen, Zwiebeln und Rhizomen werden ebenfalls durch Bakterien hervorgerufen. Des weiteren kann es auch zu Wucherungen am Stengelgrund und, insbesondere bei Ziergehölzen, an den Wurzeln kommen.

Eine besonders gefährliche Bakterienkrankheit der Ziergehölze ist der **Feuerbrand**. Erkrankte Blüten und Triebe verbräunen und zeigen später mitunter Schwärzungen an den Befallsstellen. Die einsetzende Welke ruft krückstockartige Verkrümmungen der Triebspitzen hervor. Die Triebe sterben ab. Bei feuchtwarmem Wetter kann sich die Krankheit rasch ausbreiten.

Wirtspflanzen sind alle apfelfrüchtigen Rosengewächse. Besonders anfällige Ziergehölze sind Weiß- und Rotdorn, große blättrige Zwergmispel *(Cotoneaster sp.)*, Feuerdorn, Mehlbeere, Stranvaesie sowie Zierformen von Apfel, Birne und Quitte.

Maßnahmen

Am wichtigsten ist die Kontrolle der Pflanzen. Besondere Sorgfalt ist bei Mutterpflanzen und Pflanzgut geboten. Krankes Material muß sofort entfernt werden. Bei der Stecklingsgewinnung ist eine Desinfektion der Messer unerläßlich. Auf befallenen Flächen muß, wenn die nachfolgende Kultur ebenfalls gefährdet ist, eine Desinfektion der Beete, Tische oder Stellagen durchgeführt werden. Bei Blatt- und Stengelbakteriosen dürfen die Pflanzen nicht mehr überbraust werden. Tierische Schaderreger, die Bakterien übertragen (z.B. Trauermücken) oder Eintrittspforten schaffen, sind sorgfältig zu bekämpfen. Freilandbestände sollten erst nach dem Abtrocknen bearbeitet werden. Kupferspritzungen können neue Infektionen verhindern, lassen aber, insbesondere bei mehrmaliger Anwendung, in ihrer Verträglichkeit zu wünschen übrig.

Gegen den Feuerbrand sind in Baumschulen vorbeugende Behandlungen mit dem Kupfersulfat Copac E möglich. Es muß während der Vegetationsperiode wiederholt gespritzt werden.

In Haus- und Kleingärten sind stark befallene Pflanzen zu entfernen. Im Falle einzelner, erkrankter Triebe kann ein Rückschnitt bis tief in das gesunde Holz ausreichen (siehe auch dazu Feuerbrand, Teil Obstbau).

5.1.4 Schädlinge

Nematoden

Die verschiedenen Nematoden oder Fadenwürmer werden wegen ihrer aalförmig sich schlängelnden Bewegung auch als »Älchen« bezeichnet. Mit Hilfe eines Mundstachels bohren sich die Älchen vom Boden aus in die Wurzel ein oder, wenn sie durch aktive Fortbewegung oder durch Wasserspritzer auf die oberirdischen Pflanzenteile gelangen (Blatt- und Stengelälchen), auch in Triebe und Blätter. Spaltöffnungen und kleine Verletzungsstellen können dabei als Eintrittspforten dienen, doch können die Tiere auch durch die unverletzte Oberhaut eindringen. Durch Säfteentzug sowie durch Ausscheidung von Giftstoffen aus ihren Speicheldrüsen bewirken die Tiere eine Veränderung des Zellinhaltes, häufig auch eine Vergrößerung der Zellen.

Die Gefäßbündel werden durch diese Störungen im Zellgefüge oft stark zusammengedrückt, so daß Wasser- und Nährstofftransport gehemmt sind. Abgestorbene Gewebezonen und Verkrümmungen, Stauchungen und mangelnde Ausbildung der einzelnen Organe sind die Folge. In die geschädigten Gewebe können, wie insbesondere beim Befall durch Wurzelälchen oft beobachtet werden kann, leicht Bakterien und Pilze eindringen, die das Zerstörungswerk der Nematoden fortsetzen. Am bekanntesten ist das Zusammenwirken von Wurzelälchen und Fusariumpilzen.

Maßnahmen

Einzelne befallene Pflanzen sind zu entfernen und zu vernichten. Bei der Bekämpfung der Nematoden spielt eine geeignete Fruchtfolge die größte Rolle. Man muß sich darüber im klaren sein, daß in jedem Boden eine ganze Reihe parasitisch lebender Nematoden vorhanden sind, ohne daß sichtbare Schäden eintreten. Erst bestimmte Kulturbedingungen, wie sie durch ungünstige Fruchtfolge, Bodenbearbeitung und Düngung sowie unter dem Einfluß bestimmter Witterungsbedingungen zustande kommen, lassen die Zahl plötzlich so ansteigen, daß es zu merklichen Schäden an der Pflanze kommt.

Stark befallene Flächen können durch Dämpfen oder auch mit einem chemischen Mittel entseucht werden. In stehenden Kulturen ist der Einsatz des Aldicarb-Granulates Temik 5 G möglich. Blattälchen können zudem durch Spritzungen mit einer Parathion-Emulsion bekämpft werden. Es sind drei Behandlungen im Abstand von 8 bis 10 Tagen erforderlich. Wenn noch keine Erfahrungen vorliegen, sollte in einem Versuch die Kulturverträglichkeit geprüft werden.

Weichhautmilben

Mit dem Namen Weichhautmilben bezeichnet man einige, bei vielen Gewächshauspflanzen schädlich werdende Milbenarten, die nahe Verwandte der Spinnmilben sind.

Man hat es bei den Weichhautmilben mit ausgewachsen kaum 0,3 mm langen, achtbeinigen (als Larven nur etwa 0,15 mm langen und sechsbeinigen), je nach Art länglichen oder etwas breitovalen, weißlich durchscheinenden Tieren zu tun. Für den Praktiker ist es im allgemeinen schwierig, die sehr kleinen Milben festzustellen. Es gehört eine gute Lupe und auch etwas Übung dazu, um die im Blattfilz (z.B. der Gesneriaceen), in Triebspitzen oder zwischen Kelch- und Blütenblättern (z.B. bei *Cyclamen*) versteckt sitzenden Milben zu finden. Die Milben schaden vor allem durch Besaugen junger, wachsender Pflanzenteile. Je nach Pflanzenart können dabei oft sehr verschiedenartige und z.T. auch sehr charakteristische Schadbilder entstehen. So kann sich der Befall in einem Verkümmern oder Braunwerden bzw. Absterben des Vegetationspunktes, in Triebstauchungen, Kleinblättrigkeit, umgebogenen Blatträndern (z.B. bei *Fatsia*), Blattkräuselung, Blattverkrüppelung, unterseitiger Korkfleckenbildung, in einer Blattverdickung (z.B. bei Saintpaulien), abnormer Haarbildung oder auch in Auswüchsen der Blattspreite bemerkbar machen. In schweren Fällen werden die Blätter braun, vertrocknen und sterben ab. Blütenknospen verkümmern und trocknen ein. Die Blüten erscheinen mißgestaltet und fleckig.

Im Gegensatz zur Roten Spinne finden die Weichhautmilben beste Lebensbedingungen bei hoher Luftfeuchtigkeit.

Maßnahmen
Stark befallene Pflanzen vernichten. Zur Bekämpfung kann die Nebenwirkung von Endosulfan-Emulsionen, Rody und Temik 5 G genutzt werden. Wichtig ist, daß sehr sorgfältig gespritzt und die Behandlung im Abstand von 8 bis 10 Tagen wiederholt wird.

Springschwänze
Die ein bis drei Millimeter langen, ungeflügelten Insekten sind weißlich oder grau bis schwarz gefärbt. Man wird auf sie meist nach dem Gießen aufmerksam, wenn sie sich mit Hilfe ihrer Springgabel fortbewegen. Es gibt aber auch Arten, die nicht springen können. Springschwänze leben von zerfallenden pflanzlichen Stoffen und greifen nur selten Pflanzen an. Je feuchter die Erde ist, desto besser können sie sich vermehren.

Maßnahmen
Den Kunden ist zu empfehlen, bei starkem Auftreten die Zimmerpflanzen trockener und luftiger zu halten. Wenn diese Maßnahme nicht zum Erfolg führt, kann die Bodenoberfläche nach dem Gießen auch mit einem Insektizid behandelt werden.

Spinnmilben
Spinnmilben erreichen nur eine Größe von ca. 0,5 mm und saugen bevorzugt versteckt auf der Blattunterseite. Sie sind deshalb nur bei genauerem Hinsehen, am besten mit Hilfe einer Lupe, zu erkennen.

Durch die Saugtätigkeit auf der Blattunterseite entstehen auf der Oberseite kleine helle Flecken. Damit rechtzeitig Gegenmaßnahmen ergriffen werden können, müssen anfällige Pflanzen regelmäßig kontrolliert werden.

Maßnahmen
Ausreichend mit Wasser und Nährstoffen versorgte Zimmerpflanzen sind weniger anfällig gegen Spinnmilben. Zugluft sollte vermieden werden. Da sich die Tiere in trockener Luft besonders wohl fühlen, kann durch Aufstellen von Schalen mit Wasser oder durch Übersprühen der Pflanzen einer starken Vermehrung entgegengewirkt werden.

Zur Behandlung einzelner befallener Pflanzen eignen sich am besten Sprühflaschen oder Sprühdosen. Der Kunde muß jedoch darauf hingewiesen werden, daß die Eier der Spinnmilben von diesen Präparaten nicht ausreichend erfaßt werden. Deshalb wird nach acht Tagen eine weitere Behandlung erforderlich. Wenn sich die Blätter bereits gelb oder bronzefarben verfärbt haben und mit Spinnfäden überzogen sind, müssen die Behandlungen mehrmals wiederholt werden. Bei Gartenpflanzen oder größeren Pflanzen, die zur Behandlung ins Freie gestellt werden können, ist der Einsatz eines Mineralöls zu empfehlen. Bei weichblättrigen Zierpflanzen muß vorab die Verträglichkeit geprüft werden.

In Wintergärten und Innenbepflanzungen ist ein Einsatz der Raubmilbe *Phytoseiulus persimilis* möglich.

Im Erwerbsanbau stehen zur Bekämpfung normaler Spinnmilben Organophosphor-Verbindungen zur Verfügung. Gegen widerstandsfähige Stämme sind Spezialpräparate zu bevorzugen. Die besten Erfolge sind bei rechtzeitiger Anwendung und gründlicher Benetzung der Blattunterseite zu erzielen.

Thripse
Thripse sind ein bis zwei Millimeter lange, schlanke Insekten. Die ausgewachsenen Tiere haben zwei Paar fransige Flügel. Die Larven sind flügellos. Sie sind je nach Art und Entwicklungsstadium gelblich bis braunschwarz gefärbt.

Die Thripse stechen einzelne Pflanzenstellen an und saugen sie aus. Die leeren Zellen füllen sich mit Luft. Dadurch entsteht häufig ein silbriger Glanz auf den Blättern. Auf den Blüten entstehen weißliche Flecken. Die Saugstellen trocknen später ein und werden bräunlich. Bei starkem Befall vergilben die Blätter und fallen ab. Die Blüten trocknen vorzeitig ein. Ein weiteres Befallsmerkmal sind die punktförmigen, dunkel gefärbten Kothäufchen.

Maßnahmen
Gute Pflege und hohe Luftfeuchtigkeit beugen einem Befall vor. Bei der Bekämpfung ist zu beachten, daß die chemischen Präparate nur auf die jungen Larven und die erwachsenen Tiere wirken. Die Eier und die älteren Larven (Nymphen), die keine Nahrung aufnehmen und sich bei vielen Arten im Boden aufhalten, werden nicht erfaßt. Deshalb muß mehrmals in Abständen von acht Tagen behandelt werden.

Im Erwerbsanbau hat sich der eingeschleppte Thrips *Frankliniella occidentalis* zum Problemschädling entwickelt. Zu seiner Bekämpfung sind Spritzabstände von drei bis vier Tagen erforderlich. Aufgrund seiner versteckten Lebensweise wird der Befall oft zu spät festgestellt. Beleimte Blautafeln helfen bei der Befallsermittlung.

Mit den Raubmilben *Amblyseius cucumeris* und *Neoseiulus barkeri* stehen zwei Thripsjäger zur Verfügung. Bei vorbeugender Freilassung ist eine Bekämpfung möglich.

Blattläuse

Fast alle Zierpflanzen und Ziergehölze können von Blattläusen befallen werden. Um den Befall rechtzeitig zu erkennen, müssen besonders die Blattunterseiten, die Triebspitzen und die Blüten kontrolliert werden.

Die Läuse schädigen die Pflanzen durch Anstechen der Leitbahnen und das Saugen des Saftes. Da die Läuse beim Saugen oft auch ihren giftigen Speichel in die Pflanzen entlassen, äußert sich der Befall in Triebstauchungen und Mißbildungen der Blätter. Die Blattläuse verwerten hauptsächlich Eiweißbestandteile aus dem Pflanzensaft und scheiden deshalb große Mengen zuckerhaltiger Lösung, den sog. Honigtau, aus. Dieser überzieht die Blätter als klebrige lackartige Schicht, Darauf siedeln sich verschiedene Rußtaupilze an, die die Pflanzen noch unansehnlicher machen. Sehr schädigend an Fichten, besonders an Blaufichten, kann die Sitkafichtenlaus sein. Sie verursacht Vergilben und vorzeitiges Abfallen der Nadeln etwa ab Ende Mai. Der Neuaustrieb bleibt meist verschont. Massenvermehrungen sind vor allem nach milden und trockenen Wintern zu erwarten.

Maßnahmen

Befallene Pflanzen müssen gut mit Wasser und Nährstoffen versorgt werden. Dadurch lassen sich die Auswirkungen der Saugtätigkeit der Läuse vermindern. Um einem massiven Befall der Fichten mit der Sitkafichtenlaus vorzubeugen wird ab Vegetationsbeginn bis etwa Mitte Mai wöchentlich kontrolliert: Man klopft Zweige aus dem inneren Kronenbereich über einer hellen Unterlage (Blatt Papier z.B.) ab, so daß abfallende Läuse leicht sichtbar werden. Nach Feststellen eines beginnenden Befalls muß unverzüglich behandelt werden. Sind die Nadeln bereits verfärbt, ist es für eine Behandlung zu spät.

Gegen Blattläuse ist eine Vielzahl von Präparaten gut wirksam. Dem Hobbygärtner sollten bevorzugt Mittel auf Kaliseifen-Basis empfohlen werden. Auf Nützlinge achten.

Unter Glas können Blattläuse auch biologisch mit Hilfe der Gallmücke *Aphidoletes aphidimyza* und mit Florfliegen bekämpft werden. *Aphidoletes* wird als Puppe in Torf geliefert und in kleinen Häufchen auf die Blumentöpfe oder die Erde gelegt. Der Torf muß eine Woche feucht gehalten werden. Die Eier der Florfliege lassen sich auf Mullgaze oder mit der Spritze ausbringen. Der Einsatz dieser Nützlinge befindet sich im Zierpflanzenbau jedoch noch im Versuchsstadium.

Wurzelläuse

Als Wurzelläuse bezeichnet man einige Arten von Blatt- und Schildläusen, die an den Wurzeln oder am Wurzelhals ihrer Wirtspflanzen leben. Die befallenen Pflanzen bleiben im Wachstum zurück, die Blätter vergilben. In schweren Fällen wird sogar ein Welken und Absterben der Pflanzen beobachtet. Meist sind die Läuse mit Wachsausscheidungen bedeckt oder sie tragen weiße, fädige Wachsfortsätze.

Maßnahmen

Befallene Pflanzen unter Beachtung der Kulturpflanzenverträglichkeit mit einem Blattlausmittel bei feuchtem Ballen angießen oder auch die Wurzelballen in die Brühe tauchen.

Weiße Fliege

Die Weiße Fliege, oder richtiger die Gewächshausmottenschildlaus, ist eine Verwandte der Blatt- und Schildläuse. Die mehlig bepuderten erwachsenen Tiere fliegen bei Berührung der Blätter auf und sind deshalb leicht festzustellen.

Der Schaden entsteht wie bei den Blattläusen durch das Saugen und durch den ausgeschiedenen Honigtau, der von Rußtaupilzen besiedelt wird. Die Weiße Fliege lebt auf der Blattunterseite. Sie legt dort auch ihre Eier ab. Die schlüpfenden Larven sind zunächst frei beweglich. Später setzen sie sich fest und sind dann durch eine starke Rückenhaut geschützt.

Maßnahmen

Bei rechtzeitigem Einsatz kann mit Gelbtafeln, die jetzt auch in für Zimmerpflanzen geeigneten Größen angeboten werden, einer Vermehrung der Weißen Fliege entgegengewirkt werden. Durch häufiges Bewegen der Pflanzen wird das Fangergebnis verbessert.

Unter Glas ist ein Einsatz der Schlupfwespe *Encarsia formosa* möglich. Voraussetzung sind eine ausreichende Belichtung und Durchschnittstemperaturen von 18°C. Dieser Nützling, ein natürlicher Feind der Weißen Fliege, muß nach dem Feststellen der ersten Weißen Fliege bestellt werden. Die Pappkärtchen werden dann an die befallenen Pflanzen gehängt.

Mit den zur Verfügung stehenden Pflanzenschutzmitteln werden die Eier und die festsitzenden Larven nicht erfaßt. Die Behandlungen müssen deshalb in Abständen von drei bis vier Tagen wiederholt werden. Eine gute Wirkung ist nur bei gründlicher Benetzung der Blattunterseite zu erzielen. An Zimmerpflanzen ist auch durch Besprühen mit einem Blattglanzspray eine Bekämpfung möglich.

Schild- und Woll- oder Schmierläuse

Schild- und Wolläuse sind, wie ihr Name schon sagt, durch einen runden oder ovalen, deckelartigen Schild bzw. durch ein Knäuel von weißen Wachsfäden und -schuppen bedeckt. Wolläuse sind zeitlebens beweglich. Sie sitzen aber meist in Kolonien am Ansatz der Blattstiele. Bei den Schildläusen können nur die Jungläuse zur Ausbreitung beitragen. Sie setzen sich später fest und bilden die nicht mehr benötigten Fühler, Beine und Augen zurück. Deshalb sind sie nicht sofort als Insekt zu erkennen.

Wie Blattläuse schädigen auch Schild- und Wolläuse durch Saugen und Honigtaubildung.

Maßnahmen

Zur Bekämpfung stehen verschiedene Insektizide zur Verfügung. Viele dieser Mittel erfassen nur bewegliche Stadien, so daß sie wiederholt angewandt werden müssen.

Bei hartblättrigen Pflanzen, Laub- und Nadelgehölzen kann ein Mineralöl-Präparat eingesetzt werden. Die Behandlung ist nach etwa 10 Tagen zu wiederholen. Weichblättrige Zierpflanzen müssen erst auf ihre Verträglichkeit geprüft werden.

Wenn nur einzelne Topfpflanzen befallen sind, können die schützenden Schilde und die Wollknäuel mit einem Pinsel oder einer Bürste entfernt werden. Gegen die freigelegten Läuse ist dann eine gegen Blattläuse ausgewiesene Sprühflasche oder Spraydose wirksam.

Blattwanzen

Die Blattwanzen sind nahe Verwandte der Blattläuse. Sowohl Larven als auch Vollinsekten können durch ihre Saugtätigkeit an jungen Blättern, weichen Trieben und Knospen großen Schaden anrichten. Eine wichtige Rolle spielt dabei auch der von gewissen Arten ausgeschiedene und auf das Pflanzengewebe giftig wirkende Wanzenspeichel.

Auf den Blättern zeigt sich der Schaden zunächst in kleinen, gelblichen Saugstellen. In der Folge bräunen sich diese, sinken ein und sterben ab. Da abgestorbene Gewebestellen das normale Weiterwachsen der noch gesunden Blatteile hemmen, kommt es zu wellig verbogenen, verkrüppelten Blättern oder, wenn die abgestorbenen Gewebepartien ausbrechen, sogar zu einer Durchlöcherung der Spreitenteile. Befallene Triebe zeigen sich verkrüppelt, die Triebspitzen verkümmern, die Knospen entwickeln sich einseitig, bringen nur mißgebildete Blüten hervor oder bleiben überhaupt stecken. Besaugte Blüten lassen braune Flecken erkennen.

Bei warmer Witterung und bei Sonnenschein sind die Wanzen sehr lebhaft. Da sie bei drohender Gefahr – oft genügt schon das Wahrnehmen eines Schattens – schnell davonfliegen oder -laufen, wobei sie sich auf die vor Sicht schützende Unterseite der Blätter begeben oder sich nur fallen lassen, wird man selten auf sie aufmerksam. Mehr Glück hat man am frühen Morgen, wenn die Tiere noch von der Nacht her starr sind.

Maßnahmen

Erfahrungsgemäß gefährdete Pflanzenbestände laufend auf Wanzenschäden überprüfen. Sobald sich die ersten Saugstellen zeigen, mit einem gegen saugende Insekten ausgewiesenen Mittel spritzen. Da laufend mit Wanzenzuflug aus der Umgebung gerechnet werden muß, ist die wiederholte Anwendung der Präparate unerläßlich. Kulturpflanzenverträglichkeit der Mittel beachten!

Trauermücken

An den Pflanzen sind oft die drei bis vier mm langen Trauermücken zu sehen. Die Mücken selbst verursachen keine Schäden. Sie legen jedoch ihre Eier in feuchte, humusreiche Erde. Die daraus schlüpfenden Larven sind durchscheinend bis glasig weiß und haben einen schwarzen Kopf. Sie werden bis zu sieben mm lang. Ihr Fraß an feinen Wurzeln und unterirdischen Stammteilen, bleibt oft lange unentdeckt. Bei starkem Auftreten schädigen sie jedoch auch größere Topfpflanzen nachhaltig. Besondere Vorsicht ist bei Stecklingen notwendig.

Maßnahmen

Die Mücken können mit leimbeschichteten Gelbtafeln gefangen werden. Die ca. 40 × 25 cm großen Tafeln sind im Abstand von vier Metern so aufzuhängen, daß sich die Unterkante 30 bis 40 cm über der Kultur befindet. Kleine Gelbtafeln für Zimmerpflanzen werden direkt in die Erde gesteckt oder an einem Stab befestigt.

Bei starkem Befall können im Gewächshaus die Mücken durch Spritzen, Nebeln oder Räuchern, die Larven durch Ausbringung von Granulaten oder Gießbehandlungen bekämpft werden.

Beißende Insekten

Larven von Faltern und Käfern, aber auch Käfer selbst, verüben oft Fraßschäden an Zierpflanzen und Ziergehölzen. Während für kleine Gehölze der Schaden beträchtlich sein kann, werden größere Gehölze kaum nachhaltig geschädigt, lediglich ihr Zierwert gemindert.

Maßnahmen

An kleinen Pflanzen ist im Garten das Absammeln oder Abklopfen von Larven und Käfern möglich und oft auch ausreichend.

Bei Massenvermehrung ist ein- bis zweimal mit gegen beißende Insekten ausgewiesenen Präparaten zu spritzen. Gegen Raupen sind bei Temperaturen über 18 °C auch *Bacillus thuringiensis*-Präparate wirksam (jedoch nicht gegen Nonnen- und Eulenraupen).

Gefurchter Dickmaulrüßler

Der Käfer hinterläßt typische Fraßspuren in Blättern und Trieben von zahlreichen Pflanzenarten wie *Cyclamen, Rhododendron,* Zwergmispel, Eibe u. a. Die Blätter sind vom Rand ausgehend bogenförmig befressen. Die weißlichen Larven liegen im Wurzelballen und befressen die Wurzeln.

Maßnahmen

Der Käfer ist bekämpfbar durch regelmäßiges Spritzen der von ihm befressenen Pflanzen mit Präparaten gegen beißende Insekten. Da der Käfer nachtaktiv ist, sollte vorzugsweise in den Abendstunden behandelt werden.

Die Bekämpfung der Larven mittels Insektiziden ist meist von nur unzureichender Wirkung. Sehr gute Erfolge erzielt man dagegen über die biologische Bekämpfung mit dem insektenparasitischen Nematoden *Heterorhabditis heliothidis*. Die Nematoden werden im Gießverfahren auf mit Larven befallene Erde ausgebracht. Bei ausreichender Bodenfeuchte und einer Bodentemperatur von mindestens 12°C suchen die Nematoden die Wirtslarven aktiv auf und parasitieren diese.

Der Einsatz der Nematoden zur Bekämpfung der Dickmaulrüßler-Larven ist besonders in Gartenanlagen nahe Wohnbereichen und in Containerkulturen der Baumschulen zu empfehlen.

Schnecken

Die durch Abfressen junger Pflänzchen und weicher Pflanzenteile bzw. durch Rand- und Lochfraß schädlich werdenden Schnecken sind nur allzu gut bekannt. In nassen und feuchten Jahren und besonders bei kühler Witterung können sie beträchtlichen Schaden anrichten. Zierpflanzenschädlinge sind vor allem die Nacktschnecken.

Wenn auch die Schnecken ihren Schadfraß meist in der Nacht ausüben und sich tagsüber in ihren Verstecken im Boden, unter Erdschollen, Steinen oder Pflanzenabfall aufhalten, so verraten doch die typischen glänzenden Schleimspuren und die feuchten, etwas schmierigen, graugrünen Kothäufchen, die sie hinterlassen, leicht den Schädling.

Maßnahmen

Im Gartenbau geht man gegen die Schnecken am besten mit den zugelassenen methiocarb- oder metaldehydhaltigen Schneckenködern vor. Bei richtiger Anwendung wirken die Mittel gegen die meisten Schneckenarten befriedigend. Wiederholtes Ausbringen ist in jedem Fall wichtig. Schneckenempfindliche Kulturen (z. B. Salvien, Strohblumen, Zinnien, Sommerastern) nicht in der Nähe von Bachläufen, Wassergräben und Wiesen anpflanzen. Gegebenenfalls müssen Schutzstreifen von Ködermitteln um die gefährdeten Bestände gelegt werden. Auch ein Streifen von Branntkalk der jedoch nach einem Regen wieder erneuert werden muß, kann vor Zuwanderung schützen. Bei wertvollem Pflanzenmaterial lohnt es sich, die Schnecken während der Nacht abzulesen. Auch das Aufstellen von Fangpflanzen, also von Schnecken bevorzugter Fraßpflanzen (z. B. *Datura stramonium* und *Tagetes*) ist empfehlenswert. Sie müssen dann jeweils in der Frühe überprüft werden.

Im Garten besteht die Möglichkeit, Schnecken mit Bierfallen zu fangen. Die im Handel erhältlichen Fallen sind mit einem gegen Regen schützenden Dach versehen.

Die Fallen werden so eingegraben, daß die Schnecken den etwas überstehenden Becherrand ohne Mühe überwinden können. Sie müssen regelmäßig mit frischem Bier gefüllt werden. Gute Fangergebnisse sind auch mit der Schneckenlösung Limagard zu erzielen. Die Zuwanderung in die Blumenbeete kann auch mit Hilfe von Schneckenzäunen verhindert werden.

5.1.5 Nichtparasitäre Wachstumsstörungen und Vergilbungserscheinungen

Störungen im Wachstum, die nicht durch Krankheitserreger oder tierische Schaderreger verursacht werden, nennt man »Nichtparasitäre Wachstumsstörungen«. An Laubgehölzen sind dies häufig Blattvergilbungen, Blattrandbräunungen und Triebspitzendürren. An Nadelgehölzen vergilben und verbräunen Nadeln und Blattschuppen innerer Triebteile und fallen ab. Die für pilzliche Erkrankungen typischen Fruchtkörper (braunschwarze oder orangebraune Pusteln und Schwielen) fehlen.

Ursachen für nichtparasitäre Wachstumsstörungen können sein:

- Bodenverdichtung und infolgedessen Mangel an Sauerstoff im Boden
- stauende Nässe und folgende Wurzelfäule
- Wassermangel bei anhaltender Trockenheit oder starkem Konkurrenzdruck von benachbarten Gehölzen
- zu hohe Salzkonzentration im Boden, bedingt durch übermäßige Düngung
- Unterversorgung der Pflanze mit Nährstoffen
- Festlegung von Nährstoffen im Boden infolge zu hohem oder zu niedrigem pH-Wert
- bei Moorbeetpflanzen zu hoher Kalkgehalt im Substrat
- Mangel an Licht
- starker Konkurrenzdruck durch benachbarte Gehölze.

Maßnahmen

In den meisten Fällen kann durch Verbesserung der allgemeinen Standortbedingungen und einer bedarfsgerechten Wässerung nichtparasitären Wachstumsstörungen und Vergilbungserscheinungen vorgebeugt werden. Nährstoffmangel ist durch eine maßvolle und dem Bedarf der Pflanze angepaßte Düngung zu beheben.

Anhang

Fachbegriffe

Abflammgerät: Mit Öl oder Gas betriebenes Gerät zur Bekämpfung von Unkräutern mittels offener Flamme (direkt) oder durch Lufterwärmung (indirekt).

Abiotische Schadsymptome: Schadsymptome, verursacht durch unbelebte Umwelt wie Klima, Witterung, Boden, Transportmittel usw.

Abtrift: Bei der Ausbringung von Pflanzenschutzmitteln durch Wind verursachtes unerwünschtes Verwehen feiner und leichter Brühetropfen auf Nachbarflächen.

ADI-Wert: **a**cetable **d**aily **i**ntake: Höchstdosis eines Pflanzenschutzmittel-Rückstandes (mg/kg Körpergewicht), die bei täglicher lebenslanger Aufnahme unbedenklich ist.

Agrarbiozönose: Lebensgemeinschaft von Pflanze und Tier in vom Menschen bebauten Kulturflächen mit Pflanzenbeständen, die zur Entnahme z. B. für Nahrungsmittel dienen.

Agrarökosystem: Beziehungsgefüge von Lebewesen und Umwelt in einer vom Menschen gestalteten landwirtschaftlichen Kulturfläche.

Aggressivität: Die unterschiedlich hohe Fähigkeit eines Schädlings oder eines Krankheitserregers, eine Pflanze zu befallen, anzugreifen, sie zur Ernährung zu nutzen oder sich auf ihr zu vermehren.

Akarizid: Pflanzenschutzmittel gegen Milben.

Akute Wirksamkeit: Wirksamkeit eines Pflanzenschutzmittels nach einmaliger Aufnahme; unmittelbar, schnell, sofort.

Antennen: Fühler an der Kopfkapsel der Insekten, die vor allem Träger von Sinnesorganen sind.

Applikation: Die Anwendung oder Ausbringung von Pflanzenschutzmitteln zum Schutz der Kulturpflanzen vor Schädlingen und Krankheiten.

Askospore: schlauchförmiger Fortpflanzungskörper.

Atemgift: Mittel, das über die Atmungsorgane in den Körper gelangt und von dort aus wirkt.

Attraktant: Stoff (Substanz), der aufgrund seiner chemischen Eigenschaft Schädlinge anlockt (z. B. Pheromonfalle).

Aufwandmenge: Menge eines Pflanzenschutzmittels (kg oder l pro ha und g pro m^3) zur Behandlung einer bestimmten Flächeneinheit eines Pflanzenbestandes oder einer Raumeinheit (Gewächshaus, Silo im Vorratsschutz).

Bakterien: Zu den einfachen Pflanzen zählende, sehr kleine (durchschnittlich 1 µm groß) meist chlorophyllfreie einzeln, selten in Zellverbänden lebende Organismen, die begeißelt sein können.

Bandspritzung: Beschränkung der Anwendung von Pflanzenschutzmitteln auf den unmittelbaren Bereich der Pflanzenreihe (z. B. Zuckerrüben, Mais). Einsparung von Mittelkosten und geringere Herbizidbelastung des Bodens.

Beizen: Aufbringen von Pflanzenschutzmitteln auf das Saatgut zur Abtötung anhaftender oder im Saatgut befindlicher Krankheitserreger.

Biotische Schadsymptome: Schadsymptome, verursacht duch belebte Umwelt wie Schädlinge und Krankheiten. Gegensatz: abiotische Schadsymptome.

Blattherbizid: Unkrautbekämpfungsmittel, das über die oberirdischen grünen Pflanzenteile (Blätter) wirkt oder aufgenommen wird.

Bodenherbizid: Unkrautbekämpfungsmittel, das auf den Boden aufgebracht und von keimenden Samen, Wurzeln oder anderen unterirdischen Pflanzenorganen aufgenommen wird.

Biologische Schädlingsbekämpfung: Die Bekämpfung von Schadorganismen durch natürliche Feinde (Nützlinge), die gezielt ausgebracht oder gefördert werden.

Chlorophyll: Blattgrün, grüner Pflanzenfarbstoff.

Endosporen: Fortpflanzungszellen, die im Innern eines Sporenbehälters gebildet werden.

Epidermis: Oberhaut, äußerste Zellschicht des Pflanzenkörpers.

Expositionsdauer: Zeitabschnitt, in dem eine Pflanze dem Befall durch einen Erreger bzw. ein bestimmter Gegenstand oder der Anwender einem Pflanzenschutzmittel ausgesetzt ist.

Fraßgift: Mittel, das über die Verdauungsorgane wirkt (z. B. Rattengift, bestimmte Insektenbekämpfungsmittel).

Fruchtfolge: Planmäßige, zeitliche Aufeinanderfolge verschiedener Kulturpflanzenarten auf dem gleichen Feld innerhalb eines bestimmten Zeitraumes (z.B. 3 Jahre mit Zuckerrübe, Winterweizen, Wintergerste) mit dem Ziel, Übervermehrungen von Schadorganismen zu verhindern.

Fungizid: Pflanzenschutzmittel gegen Pilze.

Gasfilter: Filter zur Reinigung der Atemluft von Giftstoffen.

Gebrauchsanleitung: In der Gebrauchsanleitung zu einem Pflanzenschutzmittel sind die vom Anwender zu beachtenden Kennzeichnungsauflagen aufgeführt (Anwendungsbestimmungen, Wasserschutzgebietsauflage, R- und S-Sätze, Wartezeiten usw.).

Haftmittel: Hilfsstoff, der die Haftfähigkeit von Pflanzenschutzmitteln verbessert.

Haustorium: Saugorgan von Pilzen zur Nahrungsaufnahme in Pflanzen.

Heißwasserbeize: Saat- und Pflanzgutbehandlung mit Wasser von 46 bis 47 °C für 2 bis 3 h oder 51 bis 52 °C für 10 min zur Abtötung von Schadorganismen.

Herbizid: Pflanzenschutzmittel gegen Unkräuter.

Höchstmenge, zulässige: In der Pflanzenschutzmittel-Höchstmengenverordnung gesetzlich zugelassene Menge (mg Wirkstoff/kg Lebensmittel) von Stoffen, z.B. von Pflanzenschutzmittel-Wirkstoffen, Wachstumsreglern, die in oder auf pflanzlichen und tierischen Lebensmitteln im Höchstfall vorhanden sein dürfen.

Horstbekämpfung: Durchführung von Pflanzenschutzmaßnahmen auf abgegrenzten Stellen im Feld, die von Schadorganismen (z.B. Unkraut) besiedelt sind.

Hyphen: Pilzfäden, die das Pilzlager bilden, das der Nahrungsaufnahme und Fortpflanzung dient.

Infrarotgerät: Gerät zur Unkrautbekämpfung und zum Pflanzenabtöten mittels über einen Gasbrenner erzeugter und an einem Infrarot-Wärmegitter reflektierter Wärmeenergie von 920 °C.

Insektizid: Pflanzenschutzmittel gegen Insekten.

Integrierter Pflanzenschutz: Eine Kombination von Verfahren, bei denen unter vorrangiger Berücksichtigung biologischer, biotechnischer, pflanzenzüchterischer sowie anbau- und kulturtechnischer Maßnahmen die Anwendung chemischer Pflanzenschutzmittel auf das notwendige Maß beschränkt wird.

Kleistothezium: Fruchtkörper, der Sporen enthält.

Kombinationsfilter: Filter, die zur Reinigung der Atemluft von Pflanzenschutzmitteln, -gasen, -stäuben, -nebel oder -rauch dienen.

Konidien: ungeschlechtliche Fortpflanzungszellen der Pilze.

Konstitution: Die Widerstandskraft und Gesundheit von Lebewesen in bezug auf das Verhalten gegenüber den Einflüssen von Schadorganismen.

Kontaktherbizid: Unkrautbekämpfungsmittel, das Unkräuter nur an den getroffenen Stellen beeinflußt und zerstört; wird in der Pflanze nicht oder nur wenig verlagert.

Kumulative Wirksamkeit: Speichernde, anhäufende Wirkung einzelner Wirkstoffgaben.

Kurative Wirkung: Heilende Wirkung auf eine schon ausgebrochene Krankheit.

LD 50: LD = **L**etal **D**osis. Dosis eines Stoffes, bei dem nach einmaliger Verabreichung 50% der Versuchstiere getötet werden.

Sie dient als Maßstab für die akute Giftigkeit. Angabe erfolgt meist in mg Wirkstoff pro kg Körpergewicht.

Leitunkraut: Unkraut, das auf einem Standort vorherrscht und besonders bekämpfungswürdig ist (z.B. Ackerfuchsschwanz, Klettenlabkraut, Kamille).

Lockstoffe: Pheromone, z.B. zur Anlockung von Insekten, Sexuallockstoffe zur Verwirrung der Geschlechtspartner.

Mechanische Pflanzenschutzmaßnahmen: z.B. Hakken von Unkräutern.

Metabolisieren: Die Umwandlung, Aufspaltung, Abbau von Wirkstoffen im Inneren der Pflanzen zu Metaboliten (Zerfallsprodukten).

Mikroorganismen: Kleinste, meist nur mit dem Mikroskop sichtbare Lebewesen wie Bakterien, Pilze.

1 Mikrogramm:

$$= \frac{1}{1000} \underset{(\text{mg})}{\text{Milligramm}} = \frac{1}{100000} \underset{(\text{g})}{\text{Gramm}}$$

1 Milligramm: $= \frac{1}{1000}$ Gramm (g)

Molluskizid: Pflanzenschutzmittel gegen Schnecken.

Monokotyle (Pflanzen): Einkeimblättrige Pflanzen (z.B. Gräser, Getreide). Gegensatz: Dikotyle = zweikeimblättrige Pflanzen (z.B. Kamille, Klettenlabkraut, Zuckerrübe, Kartoffel).

Mundstachel: Saugorgane der pflanzenschädigenden Nematoden zum Anstechen der Pflanzenzellen und der Nahrungsaufnahme.

Mykotoxine: von Pilzen gebildete Giftstoffe.

Myzel: Gesamtheit von Pilzfäden, die den Vegetationskörper eines Pilzes bilden.

Naturhaushalt: Bestandteile von Boden, Wasser, Luft, Tier- und Pflanzenarten sowie das Wirkungsgefüge zwischen ihnen.

Nematizid: Pflanzenschutzmittel gegen pflanzenschädigende Nematoden.

Nichtparasitäre Schadeinflüsse: Schadenseinflüsse auf eine Pflanze, die nicht durch Schmarotzer sondern durch Umweltfaktoren wie Klima, Hitze usw. ausgelöst werden.

Nichtpersistente Viren: Viren, die sofort nach der Aufnahme durch Insekten übertragen werden, aber nur wenige Stunden übertragen werden können.

No-effect-level: Höchstmögliche Dosis eines Mittels, die im Tierversuch keine Vergiftungserscheinungen hervorgerufen hat.

Ökologie: Lehre vom Haushalt der Natur, der Beziehung der Lebewesen zu den an einem Standort gebotenen Einflüssen.

Ökosystem: Beziehungsgefüge von Lebewesen in einer gemeinsamen Umwelt.

Oral: Aufnahme von Wirkstoffen durch den Mund.

Organisches Material: Von Lebewesen herrührendes Material.

Organismus: Lebewesen.

Ovizid: Pflanzenschutzmittel zur Abtötung von Insekten- und Milbeneiern.

Pathogen: Krankheitserreger, krankheitserregend.

Parasitäre Schadenseinflüsse: (Schadursachen): Schadenseinflüsse, die durch Schmarotzer (Parasiten) auf oder in Pflanzen lebende Organismen, z.B. durch Nahrungsentzug, entstehen.

Partikelfilter: Filter zur Reinigung der Atemluft von staubförmigen Teilen.

Persistente Viren: Viren, die in Insekten eine lange Zeit verbleiben, sich in ihnen vermehren, von ihnen fortlaufend übertragen werden können und gelegentlich auch auf Nachkommen übertragen werden.

Pflanzenpathogene: Lebewesen, Krankheitserreger oder Viren, die Pflanzen krank machen.

pH-Wert: Wasserstoffionenkonzentration, angegeben durch den Wasserstoffexponenten = pH-Wert, wobei pH 7 = neutral, pH $<$ 7 = sauer und pH $>$ 7 alkalisch bedeutet.

Phytomedizin: Pflanzenschutz.

Phytopathologie: Die Lehre von den Pflanzenkrankheiten.

Phytotoxizität: Giftigkeit, Giftwirkung von Mitteln gegenüber Pflanzen.

Population: Gesamtheit aller Lebewesen einer bestimmten Art in einem begrenzten Gebiet.

Positivkatalog: Katalog, in dem die Pflanzenschutzmittel aufgeführt sind, die in Baden-Württemberg in Wasserschutzgebieten eingesetzt werden dürfen.

Prognose: Die Vorhersage zum Auftreten von Schadorganismen, um rechtzeitig Gegenmaßnahmen treffen zu können.

Prophylaktische Wirksamkeit: Präventive, vorbeugende Wirksamkeit gegen den Ausbruch einer Krankheit.

Protektive Wirksamkeit: Wirksamkeit von Pflanzenschutzmitteln, die nicht von der Pflanze aufgenommen werden, an der Oberfläche verbleiben und zur Entfaltung der Wirkung mit dem Schaderreger zusammentreffen müssen.

Radula: Reibplatte, die sich auf der Zunge von Schnecken befindet und den typischen Schabefraß an Pflanzen bewirkt.

Resistenz: Widerstandsfähigkeit von Pflanzen gegen Schaderreger oder bestimmte Substanzen.

Rodentizid: Pflanzenschutzmittel gegen Nagetiere (Ratte, Maus).

Rückstandsmenge, technisch unvermeidbare: Die Menge eines Pflanzenschutzmittels oder seiner Metaboliten, die im oder am Pflanzengewebe nach einer gewissen Zeit bei normaler landwirtschaftlicher Anwendungspraxis noch vorhanden ist. Dieser Wert wird zur Höchstmengenfestlegung verwendet, wenn er niedriger als die vorgeschriebene toxikologische Toleranz ist.

Sachkenntnis: Nach der Gefahrstoffverordnung müssen Verkäufer von giftigen Pflanzenschutzmitteln eine Sachkenntnisprüfung ablegen.

Sachkunde: Anforderungen an Anwender und Verkäufer, die mit Pflanzenschutzmitteln umgehen. Die erforderlichen Voraussetzungen an den Sachkundennachweis sind in der Sachkundeverordnung und in Ländervorschriften geregelt.

Schadensschwelle: Zahlenmäßiger Grenzwert für Schadorganismen, bei dessen Überschreitung mit Schäden zu rechnen ist.

Schadorganismen: Lebewesen (Viren, Pilze, tierische Schädlinge usw.), die die Entwicklung und Gesundheit von Pflanzen beeinträchtigen und sie schädigen.

Selektion: Auslese von Mitgliedern einer Art oder verschiedener Arten durch bestimmte Umweltbedingungen bzw. Pflanzenschutzmaßnahmen.

Selektive Wirksamkeit: Spezifische Wirkung von Pflanzenschutzmitteln und -verfahren auf bestimmte Arten von Schadorganismen.

Spaltöffnung: Atemöffnung der Pflanzen an Blättern und anderen Organen.

Sporangium: Behälter, in deren Innerem Sporen gebildet werden.

Sporen: Ein- oder mehrzellige Fortpflanzungskörper

z. B. von Pilzkrankheiten; meist in Massen gebildet, dienen sie der Verbreitung. Als Dauersporen (Ruhestadium) überdauern sie ungünstige Umweltbedingungen.

Stomata: Spaltöffnungen, dienen dem Gasaustausch bei höheren Pflanzen.

Suspension: Verteilung eines festen Stoffes in einer Flüssigkeit.

Symptome: Äußere oder innere Reaktionen und Veränderungen bei Pflanzen nach Befall durch Schadorganismen.

Synergismus: Fördernde, steigernde Wirkung durch das Zusammenwirken von Stoffen, z. B. bei Kombination von Pflanzenschutzmitteln.

Systemische Wirksamkeit: Wirksamkeit eines Pflanzenschutzmittels oder seiner Metaboliten nach Aufnahme und Verteilung in der Pflanze. Die Wirkung beschränkt sich nicht nur auf den Aufnahmeort.

Thermische Verfahren: Vernichtung von Schadorganismen (z. B. Unkräuter, Krankheitserreger, Schädlinge) durch hohe Temperaturen (Hitzesterilisierung, Dämpfen, Abflammen, Infrarot-Strahlung).

Totalherbizid: Unkrautbekämpfungsmittel, das gegen alle Pflanzen wirkt.

Toxikologie: Lehre von den Giftstoffen.

Toxin: Giftige Naturstoffe, die häufig von Bakterien und Pilzen im Zusammenhang mit dem Befall von Pflanzen gebildet werden.

Toxizität: Giftigkeit eines Stoffes. Akut: bei einmaliger Aufnahme. Chronisch: bei langandauernder Aufnahme.

Tumor: Unregelmäßige Gewebewucherung.

Unvollständige Umwandlung: Bei Insekten, deren Jugendstadium dem des erwachsenen Tieres ähnelt, sich wie dieses ernährt und von ihm nicht durch ein Puppenstadium getrennt ist (z. B. Blattlaus, Blattsauger, Blasenfuß, Wanze).

Vektor: Lebewesen, das durch seine Aktivität zur Übertragung von Infektionskrankheiten befähigt ist (z. B. Blattlaus überträgt Virosen).

Viren: Sehr kleine mit dem Elektronenmikroskop sichtbar zu machende infektiöse Teile, ohne eigenen Stoffwechsel, die sich nach Infektionen in lebenden Zellen vermehren. Die Übertragung erfolgt über Vektoren (Blattläuse, Zikaden), Kontakt mit kranken Pflanzen, Bearbeitungsgeräten usw.

Virose: Durch Virus hervorgerufene Krankheit.

Vollständige Umwandlung: Bei Insekten, deren Jugendstadium im Körperbau nicht mit dem des erwachsenen Tieres übereinstimmt, eine abweichende Lebens- und Ernährungsweise hat und ein Puppenstadium durchläuft (z. B. Käfer, Fliege, Blattwespe, Schmetterling).

Vorsaat-, Vorauflaufverfahren: Anwendung von Unkrautbekämpfungsmitteln vor der Saat oder vor dem Auflaufen der Kulturpflanzen.

Wachstumsregler: Schutzstoffe, die die Lebensvorgänge von Pflanzen beeinflussen, ohne ihrer Ernährung zu dienen.

Wärmetherapie: Wärmebehandlung z. B. zur Erzeugung virusfreier Pflanzen.

Warmwasserbeize: Saatgutbehandlung zur Abtötung von Krankheitserregern (z. B. Flugbrand bei Getreide) mit 46 bis 47 °C warmem Wasser für 2 bis 3 h (s. auch Heißwasserbeize).

Wartezeit: Karenzzeit, Zeitabschnitt zwischen der letzten Anwendung mit einem Pflanzenschutzmittel und der Ernte der behandelten Pflanzenprodukte. Die Wartezeit ist in der Gebrauchsanleitung der Pflanzenschutzmittel angegeben und strikt zu beachten.

WHO-Werte: Von der Welt-Gesundheits-Organisation (einer Unterorganisation der Vereinten Nationen, UNO) festgelegte Werte.

Wirkstoff: Die für die Wirkung verantwortliche Substanz eines Pflanzenschutzmittels, auch als Aktivsubstanz (AS) bezeichnet.

Wirkungsspektrum: Wirkungsbreite eines Pflanzenschutzmittels auf die Gesamtheit bestimmter Schadorganismen, z. B. Unkräuter.

Wirtschaftliche Schadensschwelle: Die wirtschaftliche Schadensschwelle ist erreicht, wenn der zu erwartende Schaden größer als die Bekämpfungskosten ist. Sie ist wichtig für den integrierten Pflanzenschutz.

Zusatzstoffe: Den Pflanzenschutzmitteln zugesetzte Haft-, Netz- oder Trägerstoffe zur Verbesserung ihrer Eigenschaften und Wirkungsweisen im Hinblick z. B. auf die Anlagerung, Benetzung usw. an der Pflanze.

Zysten: Eier und Larven beinhaltende Weibchen der Zystennematoden, die über mehrere Jahre überdauern können (Getreide-, Rübenzystenälchen).

Wichtige Adressen

Informations- und Behandlungszentren für Vergiftungen in der Bundesrepublik Deutschland

Berlin		
+ Beratungsstelle für Vergiftungserscheinungen Universitäts-Kinderklinik KAVH, Pulsstr. 3–7 1000 Berlin 19	Telefon: (030) Fernschreiber:	3023022 183191 bgi
* Reanimationszentrum der Freien Universität im Klinikum Charlottenburg Spandauer Damm 130 1000 Berlin 19	Telefon: (030) Zentrale:	3035466 3035436 30352215 3035-1
Bonn		
+ Universitäts-Kinderklinik und Poliklinik, Informationszentrale gegen Vergiftungen Adenauerallee 119 5300 Bonn 1	Telefon: (0228) Zentrale: Fernschreiber:	2606211 2606-1 8869546 kibo d
Braunschweig		
* Medizinische Klinik des Städtischen Klinikums Salzdahlumer Str. 90 3300 Braunschweig	Telefon: (0531) Zentrale:	62290 6880
Bremen		
* Kliniken der freien Hansestadt Bremen, Zentralkrankenhaus St.-Jürgen-Straße, Klinikum für Innere Medizin – Intensivstation – St.-Jürgen-Str. 2800 Bremen 1	Telefon: (0421)	4975268 4973688
Freiburg		
+ Universitäts-Kinderklinik Freiburg, Informationszentrale für Vergiftungen Mathildenstr. 1 7800 Freiburg	Telefon: (0761) Pforte: Zentrale:	2704361 2704300-01 270-1
Göttingen		
+ Universitäts-Kinderklinik und Poliklinik Humboldtallee 38 3400 Göttingen	Telefon: (0551) Zentrale: Fernschreiber:	396239° 396241° 396210 396211 96703 unigö d

Informations- und Behandlungszentren für Vergiftungen in der Bundesrepublik Deutschland

Hamburg		
* Giftinformationszentrale Hamburg,	Telefon: (040)	63853345
I. Medizinische Abteilung		63853346
des Krankenhauses Barmbek		
Rübenkamp 148		
2000 Hamburg 60		
Homburg/Saar		
+ Beratungsstelle für Vergiftungsfälle	Telefon: (06841)	162257
im Kindesalter		162846
Universitäts-Kinderklinik		
6650 Homburg/Saar	Zentrale:	16-0
Kiel		
* Zentralstelle zur Beratung	Telefon: (0431)	5974268
bei Vergiftungsfällen	Pförtner:	5971393
an der I. Medizinischen		5971394
Universitätsklinik Kiel	Zentrale:	5970
Schittenhelmstr. 12		
2300 Kiel	Fernschreiber	299871
	der Landesregierung	ireg d
	(Innenministerium)	(Kennwort:
		Vergiftungszentrale)
Koblenz		
* Städtisches Krankenhaus	Telefon: (0261)	499648
Kemperhof, Koblenz,	Zentrale:	499-1
I. Medizinische Klinik	Fernschreiber	862699
Koblenzer Str. 115–155	der Berufs-	stbko d
5400 Koblenz	feuerwehr:	
Ludwigshafen		
* Städtische Krankenan-	Telefon: (0621)	503431
stalten Ludwigshafen,	Zentrale:	5031
Entgiftungszentrale	Fernschreiber	464861
I. Medizinische Klinik	der Berufs-	stlu d
Bremserstr. 79	feuerwehr:	
6700 Ludwigshafen		
Mainz		
* Beratungsstelle bei Vergiftungen,	Telefon: (06131)	232466
II. Medizinische Klinik und	Zentrale:	17-1
Poliklinik der Universität		
Langenbeckstr. 1		
6500 Mainz		

München		
* Giftnotruf München	Telefon: (089)	41402211
Toxikologische Abteilung	Fernschreiber:	524404
der II. Medizinischen		klire d
Klinik rechts der Isar		
der Technischen Universität München		
Ismaninger Str. 22		
8000 München 80		
Münster		
* Medizinische Klinik	Telefon: (0251)	836245
und Poliklinik		836188
Albert-Schweitzer-Str. 33		836259
4400 Münster	Zentrale:	83-1
Spezielle toxikologische Fragen:	Telefon: (0251)	835510
Institut für Pharmakologie		
und Toxikologie der Westfälischen		
Wilhelms-Universität°		
Nürnberg		
* II. Medizinische Klinik	Telefon (0911)	3982451
des Städtischen Klinikums,	Fernschreiber:	622903
Toxikologische Intensiv-		stnbg d
station, Flurstr. 17		
8500 Nürnberg 90		
Papenburg		
+ Marienhospital Kinder-	Telefon: (04961)	831°°
abteilung°	(Zentrale)	
Hauptkanal rechts 75		
2990 Papenburg		

° = Kein 24-Stunden-Dienst
°° = Vermittlung an den diensthabenden Arzt
+ = Kinderklinik
* = Medizinische Klinik

Pflanzenschutzdienst in der Bundesrepublik Deutschland

Baden-Württemberg: Landesanstalt für Pflanzenschutz, 7000 Stuttgart 1, Reinsburgstr. 107, Tel. 0711/647-2573.

Regierungspräsidium Karlsruhe – Pflanzenschutzdienst – 7500 Karlsruhe, Amalienstr. 25, Tel. 0721/135-1 (Zentrale); mit der Übergebietlichen Pflanzenschutzberatung beim Landwirtschaftsamt 6802 Ladenburg, Trajan-Str. 66, Tel. 06203/5006. – **Regierungspräsidium Stuttgart – Pflanzenschutzdienst – 7000 Stuttgart 1,** Breitscheidstr. 4, Tel. 0711/2050-4188. – **Regierungspräsidium Freiburg – Pflanzenschutzdienst – 7800 Freiburg i. Br.,** Erbprinzenstr., 2, Tel. 0761/2042503; mit der Übergebietlichen Pflanzenschutzberatung beim Landwirtschaftsamt 7600 Offenburg, Okenstraße 20/22, Tel. 0781/24071 und beim Landwirtschaftsamt 7760 Radolfzell, Friedr.-Weber-Str. 20, Tel. 07732/3066. – **Regierungspräsidium Tübingen – Pflanzenschutzdienst** – 7400 Tübingen, Konrad-Adenauer-Str. 20, Tel. 07071/280 (Zentrale); mit der Übergebietlichen Spezialberatung Pflanzenschutz, 7770 Überlingen/Bodensee, Rauensteinstr. 64, Tel. 07551/2017-9.

Bayern: Bayerische Landesanstalt für Bodenkultur und Pflanzenbau – Abteilung Pflanzenschutz – München, 8000 München 19, Menzinger Str. 54 (Postanschrift: Postfach 380269, 8000 München 19), Tel. 089/1799-1. – **Außenstelle Sachgebiet Nematoden und Kartoffelkrebs,** 8858 Neuburg/Donau, Bahnhofstr. B 147, Tel. 08431/2159. – **Abschnitt Hopfen:** 8069 Wolnzach, Kellerstr. 1, Haus des Hopfens, Tel. 08442/3587 und Hüll bei Wolnzach (Institut für Hopfenforschung), Tel. 08442/2071. – **Staatliche Vogelschutzwarte:** 8100 Garmisch-Partenkirchen, Gsteigstr. 43, Tel. 08821/2330.
Abteilungen »Pflanzenschutz« bei den Ämtern für Landwirtschaft und Bodenkultur: Oberbayern: Rosenheim, Prinzregentenstr. 39, Tel. 08031/15048; 8070 Ingolstadt, Esplanada 40, Tel. 0841/2593. – **Niederbayern:** 8360 Deggendorf, Grafingerstr. 81, Tel. 0991/8024-26. – **Oberpfalz:** 8400 Regensburg, Weinweg 2–6, Tel. 0941/24001. – **Oberfranken:** 8580 Bayreuth-Altstadt, Adolf-Wächter-Str. 10, Tel. 0921/63068. – **Mittelfranken:** 8800 Ansbach, Brauhausstr. 9a, Tel. 0981/85048. – **Unterfranken:** 8700 Würzburg, Luxburgstr. 4, Tel. 0931/72011 und 72012. – **Schwaben:** 8901 Stadtbergen, Bismarckstr. 62, Tel. 0821/526015 und 526016.
Bremen: Der Senator für Umweltschutz-Pflanzenschutzdienst: 2800 Bremen 1, Slevogtstr. 48, Tel. 0421/361-2575.

Hamburg: Institut für Angewandte Botanik – Pflanzenschutzamt Hamburg – 2000 Hamburg 36, Marseiller Straße 7/Postfach 302722, Tel. 040/4123-2352. – **Institut für Angewandte Botanik – Amtliche Pflanzenbeschau – 2000 Hamburg 11** (Freihafen), Versmannstr. 4, Tel. 040/32102-2185.

Hessen: Hessisches Landesamt für Ernährung, Landwirtschaft und Landentwicklung – Pflanzenschutzdienst: 6000 Frankfurt/Main 93, Friedrich-Wilhelm-v.-Steuben-Str. 2/Postfach 930129, Tel. 069/775051-52. – **Nebenstelle in Kassel:** 3500 Kassel-Harleshausen, Am Versuchsfeld 17, Tel. 0561/885041.

Niedersachsen: Pflanzenschutzamt der Landwirtschaftskammer Hannover, 3000 Hannover 91, Wunstorfer Landstr. 9/Postfach 910810, Tel. 0511/40050. – **Bezirksstellen in:** 3300 Braunschweig, Hochstr. 17/18, Tel. 0531/71084. – 2740 Bremervörde, Neue Str. 22/Postfach 99, Tel. 04761/3089. – 3000 Hannover 91, Wunstorfer Landstraße 9, Tel. 0511/4005-148. – 3070 Nienburg/Weser, Rühmkorffstr. 12/Postfach 1634, Tel. 05021/2016 und 17. – 3410 Northeim 1, Teichstr. 9–11, Tel. 05551/62046. – 3110 Uelzen 1, Wilhelm-Seedorf-Str. 1/Postfach 609/709, Tel. 0581/18048.
Pflanzenschutz der Landwirtschaftskammer Weser-Ems, 2900 Oldenburg, Sedanstraße 4/Postfach 2549, Tel. 0441/801-1. – **Bezirksstelle in:** 2900 Oldenburg (Oldb.) Mars-la-Tour-Straße 9, Tel. 0441/801-1. – 2960 Aurich, Am Pferdemarkt 1 (Haus der Landwirtschaft), Tel. 04941/2582 und 3460. – 4470 Meppen, Hasebrinkstr. 1/Postfach 1420, Tel. 05931/7014 und 15. – Osnabrück, Jahnstr. 13, Tel. 0541/33102/44 bis 47.

Nordrhein-Westfalen: Pflanzenschutz der Landwirtschaftskammer Rheinland – Institutszentrum – 5300 Bonn 3, Rodeweg 5–11/Postfach 300709, Tel. 0228/434-0 – **Institut für Pflanzenschutz, Saatgutuntersuchung und Bienenkunde der Landwirtschaftskammer Westfalen-Lippe, 4400 Münster/Westf.,** Nevinghoff 40/Postfach 5925, Tel. 0251/2376-626.

Rheinland-Pfalz: Landespflanzenschutzamt Rheinland-Pfalz, 6500 Mainz 1, Essenheimer Str. 144, Tel. 06131/34081-83 – **Bezirkspflanzenschutzämter: Koblenz:** 5401 Emmelshausen, Rathausstr. 1, Tel. 06747/6505. – **Rheinhessen:** 6500 Mainz s. Landespflanzenschutzamt Mainz. – **Pfalz:** 6730 Neustadt-Mußbach, Breitenweg 71, Tel. 06321/671-252. – **Trier:** 5500 Trier, Christophstr. 4, Tel. 0651/4601-501.

Saarland: Landwirtschaftskammer für das Saarland – Pflanzenschutzamt –, 6600 Saarbrücken 3, Lessingstraße 12–14, Tel. 0681/65521 und 22.

Schleswig-Holstein: Pflanzenschutzamt des Landes Schleswig-Holstein (Landesoberbehörde), 2300 Kiel 1, Westring 383/Postfach 3548, Tel. 0431/88002. – **Untere Landesbehörden: Ämter für Land- und Wasserwirtschaft – Abtl. Pflanzenschutz** – in 2240 Heide, Berliner Str. 19, Tel. 0481/921. – 2250 Husum, Herzog-Adolf-Str. 1b, Tel. 04841/667-0. – 2340 Kappeln/Schlei, Hindenburgstr. 21/Postfach 1266, Tel. 04642/4031. – 2300 Kiel, Sophienblatt 50a/Postfach 2980, Tel. 0431/608-1. – 2400 Lübeck, Schönböckener Straße 102, Tel. 0451/45551. – 2084 Rellingen/Holst., Hauptstraße 108, Tel. 04101/22581.

Berlin (West): Pflanzenschutzamt Berlin, 1000 Berlin 33, Altkircher Str. 1 und 3, Tel. 030/8313082.

Biologische Bundesanstalt für Land- und Forstwirtschaft (BBA), Braunschweig und Berlin-Dahlem

Messeweg 11/12, **3300 Braunschweig;** Tel. 0531/399-1; Arbeitsgebiete; Amtliche Prüfung und Zulassung von Pflanzenbehandlungsmitteln und amtliche Prüfung und Anerkennung von Pflanzenschutzgeräten – Pflanzenschutz in Ackerbau und Grünland – Pflanzenschutz im Forst – Pflanzenschutz im Gartenbau – Wirtschaftliche Fragen und Rechtsangelegenheiten – Unkrautforschung – Biochemie – Viruskrankheiten der Pflanzen.

Königin-Luise-Str. 19, **1000 Berlin-Dahlem** (Post: 1000 Berlin 33); Tel. 030/8304-1; Arbeitsgebiete: Dokumentationsschwerpunkt Pflanzenkrankheiten und Pflanzenschutz – Informationszentrum für tropischen Pflanzenschutz – Vorratsschutz – Mikrobiologie – Ökologische Chemie.

Außeninstitute:

Institut für biologische Schädlingsbekämpfung, Heinrichstr. 243, **6100 Darmstadt;** Tel. 06151/44061 und 422502. – **Institut für Nematologie,** Toppheideweg 88, **4400 Münster (Westf.);** Tel. 0251/862532. – **Institut für Pflanzenschutz im Obstbau,** Schwabenheimer Straße 101/Postfach 73, **6901 Dossenheim über Heidelberg;** Tel. 06221/85238. – **Institut für Pflanzenschutz im Weinbau,** Brüningstr. 84, **5550 Bernkastel-Kues (Mosel);** Tel. 06531/2364. – **Institut für Resistenzgenetik,** Graf-Seinsheim-Str. 23, **8059 Grünbach,** Tel. 08122/1651.

Weinbauanstalten und Rebschutzdienst

Biologische Bundesanstalt Institut für Pflanzenschutz im Weinbau, 5550 Bernkastel-Kues, Brüningstr. 84, Tel. 06531/2364. – **Baden-Württemberg: Staatliches Weinbauinstitut,** 7800 Freiburg (i. Br.), Merzhauser Str. 119, Tel. 0761/409026. – **Staatliche Lehr- und Versuchsanstalt für Wein- und Obstbau,** 7102 Weinsberg/Kr. Heilbronn, Postfach 1309, Tel. 07134/504-0. – **Rebschutzdienst – Regierungspräsidium Karlsruhe,** Abt. III – Landwirtschaft/Weinbau, 7500 Karlsruhe 1, Ernst-Frey-Str. 9, Tel. 0721/8107-572, in Zusammenarbeit mit **Staatl. Weinbau-Versuchsgut,** 7500 Karlsruhe-Durlach, Posseltstr. 19, Tel. 0721/41061. – **Regierungspräsidium Freiburg,** Abt. III – Landwirtschaft/Weinbau, 7800 Freiburg/Br., Erbprinzenstr. 2, Tel. 0761/204-2509. – **Regierungspräsidium Stuttgart,** Abt. III – Ernährung und Veterinärwesen, Sachgebiet 34 – Weinbau –, 7000 Stuttgart 1, Breitscheidstr. 4, Tel. 0711/2050/4192. – **Bayern: Bayerische Landesanstalt für Weinbau und Gartenbau, 8702 Veitshöchheim,** Herrnstr. 8a, Tel. 0931/90021. – **Staatl. Fachschule für Gartenbau und Weinbau, 8702 Veitshöchheim,** Steige, Postfach 1140, Tel. 0931/90021. – **Amtlicher Rebschutzdienst** – 8702 Veitshöchheim, Herrnstr. 8a, Tel. 0931/90021. – **Hessen: Weinbauamt mit Weinbauschule,** 6228 Eltville/Rheingau, Wallufer Str. 19, Tel. 06123/4117-19. – **Institut für Phytomedizin und Pflanzenschutz der Forschungsanstalt für Weinbau, Gartenbau, Getränketechnologie und Landespflege,** 6222 Geisenheim/Rhein, von-Lade-Str. 1, Tel. 06722/502266. – **Nordrhein-Westfalen** (Siebengeb.) **Pflanzenschutzamt,** 5300 Bonn 3, Rodeweg 5-11, Postfach 300709, Tel. 0228/434-0 – **Rheinland-Pfalz: Landes-Lehr- und Forschungsanstalt für Landwirtschaft, Weinbau und Gartenbau,** 6730 Neustadt-Mußbach, Breitenweg 71, Tel. 06321/671-1. – **Landes-Lehr- und Versuchsanstalten für Landwirtschaft, Weinbau und Gartenbau,** 6504 Oppenheim, Tel. 06133/2090, 2098 und 2099. – 5500 Trier, Egbertstr. 18/19, Tel. 0651/49061; 6550 Bad Kreuznach, Rüdesheimer Str. 68, Tel. 0671/2473 und 2478; 5483 Bad Neuenahr-Ahrweiler, Walporzheimer Str. 48, Tel. 02641/4083. – **Staatliche Beratungs- und Weiterbildungsstelle für Weinbau,** 5401 St. Goar, Am Hafen 2, Tel. 06741/7404 und 7405. – **Reblausaufsichtsdienst: Kommissare für Reblausbekämpfung und Wiederaufbau: 6730 Neustadt-Mußbach,** Breitenweg 71, Tel. 06321/671-1. – 6504 Oppenheim, Am Zuckerberg, Tel. 06133/2098. – Am Hafen 2, 5401 St. Goar; Tel. 06741/7404 und 7405; mit Außenstelle Bad Kreuznach, Wilhelmstr. 7/11, 6550 Bad Kreuznach; Tel. 0671/2161. – Egbertstr. 18/19, 5500 Trier, Tel. 0651/49061.

Fundstelle für Rechtsvorschriften

Abfallgesetz: Gesetz über die Vermeidung und Entsorgung von Abfällen, vom 27. August 1986, BGBl. I, S. 1410, ber. am 11. 9. 1986 (BGBl. I, S. 1501)

Bundesnaturschutzgesetz: Gesetz über Naturschutz und Landschaftspflege, Neufassung vom 12. März 1987, BGBl. I, S. 889.

Pflanzenschutzgesetz: Gesetz zum Schutz der Kulturpflanzen, vom 15. September 1986, BGBl. I, S. 1505.

Lebensmittel- und Bedarfsgegenständegesetz: Gesetz zur Gesamtreform des Lebensmittelrechts vom 15. August 1974, BGBl. I, S. 1945, geändert am 24. August 1976 (BGBl. I, S. 2445, Art. 6) und das Pflanzenschutzgesetz vom 15. September 1986 (BGBl. I, S. 1505)

Wasserhaushaltsgesetz: Bekanntmachung der Neufassung des Wasserhaushaltsgesetzes vom 23. September 1986, BGBl. I, S. 1529, ber. am 8. 10. 1986 (BGBl. I, S. 1654)

Naturschutzgesetz: Gesetz zum Schutz der Natur, zur Pflege der Landschaft und über die Erholungsvorsorge in der freien Landschaft, vom 21. Oktober 1975, Gesetzblatt für Baden-Württemberg S. 654, geändert durch Verordnung des JM vom 19. März 1985, GBl. S. 71, Art. 49.

Wassergesetz: Bekanntmachung der Neufassung des Wassergesetzes für Baden-Württemberg vom 1. Juli 1988, Gesetzblatt für Baden-Württemberg, S. 269.

Bienenschutzverordnung: Verordnung zum Schutz der Bienen vor Gefahren durch Pflanzenschutzmittel, vom 19. Dezember 1972, BGBl. I, S. 2515.

Futtermittelverordnung vom 8. April 1981, BGBl. I, S. 352, zuletzt geändert am 15. Juni 1989 (BGBl. I, S. 1096)

Gefahrstoffverordnung: Verordnung über gefährliche Stoffe, vom 26. August 1986, BGBl. I, S. 1470, geändert durch Verordnung vom 16. Dezember 1987, BGBl. I, S. 2721.

Pflanzenschutz-Anwendungsverordnung: Verordnung über Anwendungsverbote für Pflanzenschutzmittel, vom 27. Juli 1988, BGBl. I, S. 1196.

Pflanzenschutzmittelverordnung: Verordnung über Pflanzenschutzmittel und Pflanzenschutzgeräte, vom 28. Juli 1987, BGBl. I, S. 1754.

Pflanzenschutz-Sachkundeverordnung: Planzenschutz-Sachkundeverordnung vom 28. Juli 1987, BGBl. I, S. 1752.

Pflanzenschutzmittel-Höchstmengenverordnung: Bekanntmachung der Neufassung der Pflanzenschutzmittel-Höchstmengenverordnung vom 16. 10. 1989 (BGBl. I, S. 1861)

Trinkwasserverordnung: Verordnung über Trinkwasser und über Wasser für Lebensmittelbetriebe, vom 22. Mai 1986, BGBl. I, S. 760.

Virusverordnung: Verordnung zur Bekämpfung von Viruskrankheiten im Obstbau vom 1. Dezember 1989, BGBl. I, S. 2105

Pflanzenschutz-Sachkundeprüfungsverordnung: Verordnung des Ministeriums Ländlicher Raum über die Prüfung zum Sachkundenachweis für die Anwendung und für die Abgabe von Pflanzenschutzmitteln, vom 23. Dezember 1988, Gesetzblatt für Baden-Württemberg S. 7.

Schutzgebiets- und Ausgleichsverordnung: Verordnung des Ministeriums für Umwelt über Schutzbestimmungen in Wasser- und Quellenschutzgebieten und die Gewährung von Ausgleichsleistungen, vom 27. November 1987, Gesetzblatt für Baden-Württemberg S. 742.

Durchführungsverordnung zum Pflanzenschutzgesetz

Verordnung des Ministeriums für Ernährung, Landwirtschaft, Umwelt und Forsten zur Durchführung des Pflanzenschutzgesetzes, vom 14. Mai 1987, Gesetzblatt für Baden-Württemberg S. 235, geändert durch Verordnung des MLR und JM vom 5. Dezember 1989, GBl. S. 547

Verwaltungsvorschrift Bienenschutzausschüsse: Verwaltungsvorschrift des Ministeriums für Ernährung, Landwirtschaft, Umwelt und Forsten über Bienenschutzausschüsse, vom 8. Juni 1984, Gemeinsames Amtsblatt S. 634.

Unfallverhütungsvorschriften der landwirtschaftlichen Berufsgenossenschaften UVV 3. 11. Besondere Bestimmungen für Flüssigkeitsstrahler UVV 4.2 Gartenbau, Obstbau, Parkanlagen UVV 4.5 Umgang mit Arbeitsstoffen in der Land- und Forstwirtschaft

Verwaltungsvorschrift des Sozialministeriums zur Durchführung der Sachkenntnisprüfung nach § 13 Abs. 2 der Gefahrstoffverordnung, vom 5. Oktober 1989. Gemeinsames Amtsblatt S. 1241.

GBl. Gesetzblatt für Baden-Württemberg
BGBl. Bundesgesetzblatt

Literaturverzeichnis

AID (Auswertungs- und Informationsdienst für Ernährung, Landwirtschaft und Forsten e. V.) Bonn:
–: Kostensparen im Pflanzenschutz, 425, 1978.
–: Prüfung, Zulassung, Anwendung und Rückstände von Pflanzenschutzmitteln, 118, 1983.
–: Schützt die Biene, 96, 1984.
–: Unkrautbekämpfung nach Schadensschwellen im Getreidebau, 138, 1984.
–: Auslitern und Einstellen von Feldspritzgeräten. Arbeitstechnische Merkblätter für Landjugendberatung, Aus- und Fortbildung im Agrarbereich, 36, 1985.
–: Spritz- und Sprühgeräte in Landwirtschaft und Gartenbau, 81, 1985; 1081, 1987.
–: Integrierter Pflanzenschutz, 32, 1986.
–: Vorsicht beim Umgang mit Pflanzenschutz- und Schädlingsbekämpfungsmitteln, 42, 1986.
–: Befüllen von Pflanzenschutzgeräten: Vorsicht bei der Wasserentnahme aus Leitungen und offenen Gewässern, 2079, 1986.
–: Umgang mit Pflanzenschutzmitteln. Arbeitsanleitung für Agrarberufe, 4030, 1988.

Anonym: Ernährungsbericht. Deutsche Gesellschaft für Ernährung, Frankfurt/Main 1988.

Bäcker, G.: Pflanzenschutztechnik im Weinbau. KTBL-Schrift 295. Hrsg.: Kuratorium für Technik und Bauwesen in der Landwirtschaft. Darmstadt 1984.

Baggiolini, M., Keller, E., Milaire, H. G., Steiner, H.: Visuelle Kontrollen im Apfelanbau. OILB, Arbeitsgruppe für integrierten Pflanzenschutz, 1980.

Biologische Bundesanstalt für Land- und Forstwirtschaft, Braunschweig: Kennzeichnung von Pflanzenschutzmitteln – Gesundheitsschutz. Richtlinie für die amtliche Prüfung von Pflanzenschutzmitteln, Teil I, 3–2, 1986.

Börner, H.: Pflanzenkrankheiten und Pflanzenschutz. Verlag Eugen Ulmer, Stuttgart 1978.

Buhl, C.: Krankheiten und Schädlinge an Getreide und Mais. Verlag Eugen Ulmer, Stuttgart 1975.

Crüger, G.: Pflanzenschutz im Gemüsebau. Verlag Eugen Ulmer, Stuttgart 1983.

Fink, A.: Pflanzenernährung in Stichworten. Verlag Ferdinand Hirt, Wien 1976.

Franz, J. M., Krieg, A.: Biologische Schädlingsbekämpfung: unter Berücksichtigung integrierter Verfahren. Verlag Paul Parey, Berlin und Hamburg 1982, 3. Aufl.

Gartenbau-Berufsgenossenschaft: Pflanzenschutzmittel. 1985, 5. Ausgabe.

Götz, A., Konrad, J.: Pflanzenbau. Verlag Eugen Ulmer, Stuttgart 1987, 6. Aufl.

Heddergott, H., Thiede, H.: Taschenbuch des Pflanzenarztes. Landwirtschaftsverlag, Münster-Hiltrup 1988, 37. Folge.

Heinze, K.: Leitfaden der Schädlingsbekämpfung, B II: Schädlinge und Krankheiten im Obst- und Weinbau. Wissenschaftliche Verlagsgesellschaft mbH, Stuttgart 1978.

Heitefuß, R.: Pflanzenschutz. Georg Thieme Verlag, Stuttgart 1975.

Heitefuß, R., König, K., Obst, A., Reschke, M.: Pflanzenkrankheiten und Schädlinge im Ackerbau. DLG-Verlag, Frankfurt 1984.

Hillebrand, W., Eichhorn, K. W.: Rebschutz-Taschenbuch. Fachverlag Dr. Fraund, Wiesbaden, 1988, 8. Aufl.

Hoffmann, G. M., Nienhaus, F., Schönbeck, F., Weltzien, H., Wilbert, H.: Lehrbuch der Phytomedizin. Verlag Paul Parey, Berlin und Hamburg 1976.

Hoffmann, G. M., Schmutterer, H.: Parasitäre Krankheiten und Schädlinge an landwirtschaftlichen Kulturpflanzen. Verlag Eugen Ulmer, Stuttgart 1982.

Industrieverband der Pflanzenschutz- und Schädlingsbekämpfungsmittel e. V. (ips/iva): IPS-Kodex. Stand Okt. 1986.

IPS/IVA: Jahresberichte. Frankfurt/Main.

Industrieverband Agrar: Sachkundenachweis: Lernprogramm für den Nachweis der erforderlichen Kenntnisse für die Abgabe von Pflanzenschutzmitteln im Einzelhandel. Vertrieb: DLG-Verlag GmbH, Frankfurt/Main 1989, 3. Aufl.

Jarczyk, H. J.: Über die Migration von Herbiziden in verschiedenen Bodenarten. Pflanzenschutznachrichten Fa. Bayer 25, 3–20, 1972.

Kadisch, E.: Der Winzer. Band 1: Weinbau. Verlag Eugen Ulmer, Stuttgart 1986.

Klinkowski, M. und Mitarb.: Phytopathologie und Pflanzenschutz. Akademie-Verlag, Berlin 1974.

Klischowski, B., Mittnacht, A., Kälberer, R.: Allgemeiner und spezieller Pflanzenschutz. Pflanzenschutzdienst der Regierungspräsidien Stuttgart und Tübingen 1985.

Koch, W., Hurle, K.: Grundlagen der Unkrautbekämpfung. Verlag Eugen Ulmer, Stuttgart 1977.

Kohsiek, H.: Befüllen von Pflanzenschutzgeräten AID-Merkblatt, 1988.

König, K., Klein, W., Grabler, W.: Sachkundig im Pflanzenschutz: Arbeitshilfe zum Erlangen des Sachkundenachweises im Pflanzenschutz mit einem Fragenkatalog als Beilage. Verlagsunion Agrar 1988.

Landesanstalt für Pflanzenschutz, Stuttgart: Lehrgangsunterlage Sachkundenachweis. Allgemeiner Teil, Spezieller Teil: Obst- und Gartenbau. Stuttgart 1988.

Mengel, K.: Ernährung und Stoffwechsel der Pflanze. Gustav Fischer Verlag, Stuttgart 1972.

Merkblätter zum integrierten Pflanzenschutz praxisgerecht der Bayerischen Landesanstalt für Bodenkultur und Pflanzenbau.

–: zum integrierten Pflanzenschutz der Landwirtschaftskammer Hannover, Weser-Ems, Pflanzenschutzamt.

Merkblatt Pflanzenschutzdienst Baden-Württemberg: Pflanzenschutzmittel und Gewässerschutz, 1988.

Merz, F., Michel, H. G., Bühl, R.: Pflanzenschutzmaßnahmen im Haus- und Freizeitgarten. Ministerium für Ländlichen Raum, Landwirtschaft und Forsten, Stuttgart 1988.

Michel, H. G., Umgelter, H.: Pflanzenschutz im Garten. Verlag Eugen Ulmer, Stuttgart 1982.

Ministerium für Ländlichen Raum, Landwirtschaft und Forsten Baden-Württemberg: Integrierter Pflanzenschutz im Gemüsebau. 1986.

–: Lehrgangsunterlage Sachkundenachweis: Pflanzenschutz im Ackerbau, 1986.

Moser, E.: Vorlesungsmanuskript Pflanzenschutztechnik.

Oehmichen, J.: Pflanzenproduktion. Verlag Paul Parey, Berlin und Hamburg 1986.

Ohnesorge, B.: Tiere als Pflanzenschädlinge. Georg Thieme Verlag, Stuttgart 1976.

Pflanzenschutzamt der Landwirtschaftskammer Weser-Ems, Oldenburg: Pflanzenschutz 1986/87, 14. Aufl.

Pflanzenschutzdienst Baden-Württemberg: Pflanzenschutzmaschinen und deren Einsatz; Anwendungsverfahren, Anwendungstechnik, Maschinentechnik 1979.

Reschke, M. und Mitarb.: Gute fachliche Praxis im Pflanzenschutz. Gesunde Pflanzen 39, H. 12, 1987.

Salzmann, R., Keller, E. R.: Krankheiten und Schädlinge der Kartoffel. Landwirtschaftliche Lehrmittelzentrale Zollikofen 1969.

Staatliche Führungsakademie für Ernährung, Landwirtschaft und Forsten, München: Pflanzenschutz und Umwelt 1985.

Staatliches Weinbauinstitut Freiburg: Lehrgangsunterlagen Sachkundenachweis im Rebschutz 1989.

Stahl, M., Umgelter, H.: Pflanzenschutz im Zierpflanzenbau. Verlag Eugen Ulmer, Stuttgart 1976.

Steiner, H., Baggiolini, M.: Anleitung zum integrierten Pflanzenschutz im Apfelanbau. OILB und Landesanstalt für Pflanzenschutz, Stuttgart 1988.

Tonneijck, A., von der Eerden, L.: Auch die Luftverschmutzung schädigt Kulturpflanzen. Pflanzenschutz-Praxis, H. 2, 1989.

Toussaint, E.: Die künftige Entwicklung des Pflanzenschutzdienstes. Gesunde Pflanzen 38, H. 8. 1986.

Unruh, M.: Beachtung des Pflanzenschutzwarndienstes. Landwirtschafts-Verlag, Bonn 1974.

Verband der Landwirtschaftsberater in Bayern e.V.: Die Landwirtschaft, Band 1. BLV-Verlag, München 1981.

Vogt, E., Götz, B.: Weinbau. Verlag Eugen Ulmer, Stuttgart 1987, 7. Aufl.

Bildquellen

aus Börner, H., Pflanzenkrankheiten und Pflanzenschutz: Abb. 12, 13, 14, 29
Lindenbaur, E.: Abb. 6, 7a und b, 10, 11a und b, 15.
Preuninger, D.: Abb. 58.
aus Vogt, E., B. Götz, Weinbau: Abb. 59.
Alle übrigen Zeichnungen K. Heß.

Stichwortverzeichnis